Von der Demokratie zur Agonie

Das Buch

Demokratie – was ist das? Der Autor beschreibt Widersprüche und Konflikte, die die Herausbildung und Entwicklung, die Krisen und den Niedergang der Demokratie von Anbeginn bis
in unsere Tage begleiten. Sein Text ist lebendige Zeitgeschichte, die auf eigenen Erfahrungen
und Untersuchungen fußt, es ist eine anschauliche Auseinandersetzung mit Theorie und Praxis
gesellschaftlichen Zusammenlebens. Professor Herbert Graf führt seine Untersuchungen über
Dogmen und Grenzen des gegenwärtigen Demokratieverständnisses hinaus. Er fragt also nicht
nur nach den Beschränkungen, sondern auch nach Optionen, wie wir aus der gegenwärtigen
Zuschauerdemokratie herauskommen könnten. Demokratie ist nämlich nichts Statisches,
sondern eine Bewegung, in der sich Gesellschaft praktisch entwickelt – jenseits von Stammtisch
und nölender Unzufriedenheit.

Der Autor

Herbert Graf, geboren 1930, entstammt einer Arbeiterfamilie aus Egeln bei Magdeburg.
Er studierte in Berlin Ökonomie und promovierte an der Juristischen Fakultät der Martin-
Luther-Universität Halle. Annähernd zwei Jahrzehnte war er Mitarbeiter Walter Ulbrichts.
Nach Lehr- und Forschungsarbeiten in Afrika, Asien und Lateinamerika übernahm er den
Lehrstuhl Staatsrecht junger Nationalstaaten an der Akademie für Staat und Recht in Potsdam-
Babelsberg. Seine staatswissenschaftlichen und zeithistorischen Veröffentlichungen fanden
international Beachtung. Einige wurden in mehrere Sprachen übersetzt.
Nach 1990 war er als Justitiar in der Industrie tätig. In der edition ost erschienen 2008 »Mein
Leben. Mein Chef Ulbricht. Meine Sicht der Dinge« und 2011 »Interessen und Intrigen. Wer
spaltete Deutschland«.

Herbert Graf

VON DER DEMOKRATIE ZUR AGONIE

Ursprung, Aufstieg
und Niedergang
einer guten Idee

edition ost

Mein Dank gilt den Demokraten, die mir, dem Arbeiterjungen aus der Magdeburger Börde, 1948 den Weg an die Universität ermöglicht haben. Zu danken habe ich den Gefährten aus mehr als 25 Ländern auf vier Kontinenten, die mir die Erfahrungen und Werte und Entwicklungserfordernisse ihrer Völker nahebrachten. Nicht vergessen seien die Freunde, mit denen ich mich über Spezialprobleme dieser Untersuchung austauschen konnte. Herzlicher Dank gilt meiner Frau Helga, deren Hilfe und Unterstützung ich auch bei dieser Altersarbeit immer gewiss sein konnte.

Inhalt

Vorworte

Ich war 15, als mir erstmals die Frage gestellt wurde: Was ist Demokratie? Meine Antwort damals: Demokratie ist eine Hoffnung, aber doch wohl eher Illusion der Arbeiterklasse. – Wir schrieben das Jahr 1945.

Dies war kein Ergebnis eigener Erfahrungen. Es war allein die Reflexion der Meinung meines Großvaters. Der war seit 1902 Mitglied der SPD und der Bauarbeitergewerkschaft. Am Ende des Ersten Weltkriegs gehörte er dem Soldatenrat seiner Division an. Wie viele andere Arbeiter und Soldaten hoffte er nach dem sinnlosen, opferreichen Krieg auf mehr als lediglich die Abdankung des Kaisers. Mein sozialdemokratischer Großvater war, wie viele andere auch, für eine grundlegende Veränderung der politischen Verhältnisse in Deutschland. Die Entscheidung des Reichskongresses der Arbeiter- und Soldatenräte, des Machtzentrums der Novemberrevolution, enttäuschte ihn. Im Dezember 1918 votierte das Gremium mehrheitlich für das bürgerliche Modell.

Während der Weimarer Republik gehörte mein Großvater zu den gewählten Abgeordneten des Stadtparlaments seines Heimatortes. Er fand zwar dort Anerkennung, aber die bürgerliche Demokratie vermittelte ihm nie Zufriedenheit. Es gab viele Sitzungen, nicht selten Streit. Macht aber wurde von den Abgeordneten selten ausgeübt. Die wesentlichen Entscheidungen trafen Verwaltungen und übergeordnete Behörden. Das alles hatte er mir erzählt. Deshalb meine impulsive, aber keineswegs durchdachte Antwort zur Demokratie nach dem Ende des Zweiten Weltkrieges.

Zu jenem Zeitpunkt konnte ich nicht wissen, dass das Suchen nach demokratischen Lösungen gesellschaftlicher und staatlicher Probleme zu einer Zentralachse meiner praktischen Tätigkeit und meiner wissenschaftlichen Arbeit in Deutschland, in Europa und in Staaten der sogenannten Dritten Welt werden würde. Über fünf Jahrzehnte sollte ich auf mehreren Kontinenten in sehr verschiedenen Kulturkreisen die Beziehungen der Bürger zu Machtorganen, die Motive staatsorganisatorischer Lösungen, Erfolge, Irrtümer und Niederlagen bei der Herausbildung und Gestaltung demokratischer Verhältnisse erleben. Inzwischen gehöre ich zu den wenigen noch lebenden Zeitzeugen, die viele der Verantwortlichen in der DDR und in vormaligen sozialistischen Staaten über Jahrzehnte im Arbeitsprozess erlebt, von ihnen gelernt und mit ihnen gearbeitet haben. Das gilt auch für eine Reihe Persönlichkeiten in kolonial befreiten Ländern und Repräsentanten internationaler Konzerne. Das hat mein Leben bereichert und die Achtung jenen gegenüber begründet, die unter widrigen Umständen Neuanfänge wagten.

Gegenstand meiner Dissertation an der Martin-Luther-Universität Halle war die gesellschaftliche Funktion der Wahlen und des Wahlrechts. Bereits damals stellte ich fest, dass Demokratie sich weder auf den Wahlprozess noch auf die Regularien der parlamentarischen Tätigkeit reduzieren lässt. *Demokratie* – verstanden im Sinne des griechischen Wortes – bedeutet Volksherrschaft, also Machtausübung. Die Macht oder, anders ausgedrückt, die Herrschaft bzw. die Staatsgewalt wird bis in unsere Tage – gerade im Zusammenhang mit der Demokratiedebatte – zu oft nur als äußere Form analysiert und dargestellt. Meist wird dabei die wesentliche Frage umgangen: Welche sozialen Kräfte nehmen auf die grundsätzlichen Entscheidungen Einfluss und üben damit wirklich Macht aus?

Demokratie – kein anderes Wort im politischen Sprachschatz des 21. Jahrhunderts wird so inflationär gebraucht wie dieses. Kaum ein Begriff wird mit derart vielen Attributen (echte, reale, parlamentarische, soziale, sozialistische, bürgerliche, libertäre, delibertäre, reflexive, identitäre, empirische, kosmopolitische, gelenkte, grüne, starke, freiheitliche, feministische, marktkonforme u. a.) versehen und damit sehr unterschiedlich interpretiert. Nach der Beseitigung der antiken direkten Demokratie in Griechenland wurde über mehr als 2000 Jahre nirgendwo in Europa der Versuch einer demokratischen Gestaltung der Staatsordnung unternommen. In dieser langen Zeit gehörte der Begriff »Demokratie« weder zum Vokabular der gesellschaftlichen Eliten noch zu dem der Völker. Politische, soziale und religiöse Konflikte wurden über Jahrhunderte um den Glauben (die Kreuzzüge, der Dreißigjährige Krieg) oder zur Befreiung von Unterdrückung (Sparkakusaufstand, Bauernkriege) oder zur Landeroberung, nie aber *für* Demokratie geführt.

Wegmarken bei der Herausbildung der parlamentarischen Demokratie waren die amerikanische Verfassung (1787) und die Französische Revolution (1789). Zu beiden Ereignissen führte kein gerader Weg. Dieser fand seinen Ausgangspunkt in den Widersprüchen, die sich nach der Reformation (auch Frühbürgerlicher Revolution genannt) zu Beginn des 16. Jahrhunderts und dem Dreißigjährigen Krieg (1618–1648) zwischen der absoluten Herrschaft der Monarchen und der Feudalkaste einerseits und dem aufstrebenden Bürgertum und der Masse der Bauern andererseits herausgebildet hatten.

Das 17. und das 18. Jahrhundert waren eine Periode großer politischer, sozialer und kultureller Veränderungen. Die Erfindung der Dampfmaschine 1690 öffnete die Tür zum industriellen Zeitalter. Der inzwischen verbreitete Buchdruck ermöglichte einen vorher nicht gekannten geistigen Austausch. Erste Zeitschriften fanden Verbreitung. Die Alphabetisierung machte erste Fortschritte … Jene beiden Jahrhunderte werden zu Recht als Periode der Aufklärung bezeichnet.

Die *Aufklärung* bewirkte die schrittweise Überwindung der vorher auf Glauben und Tradition beruhenden Vorstellungen. Mit der Berufung auf die Vernunft als Urteilsinstanz und dem Aufblühen der Geistes- wie der Naturwissenschaften eröffnete die Aufklärung neue Wege der geistigen und sozialen Entwicklung und schuf Voraussetzungen für künftige demokratische Versuche. Die politischen Verhältnisse nicht nur in Europa, sondern in allen Teilen der Welt wandelten sich grundlegend.

Trotz enorm gewachsener Produktivität, hoher Konsumraten, erstaunlicher technischer Fortschritte mehren sich heute aber die Anzeichen, dass die *Regenerationsfähigkeit* der bürgerlich-kapitalistischen Gesellschaft weitgehend geschwunden ist. Im zweiten Jahrzehnt des 21. Jahrhunderts belastet ein Bündel von Krisen – Staatskrisen, Schuldenkrisen, Eurokrisen, Flüchtlingskrisen, Demokratiekrisen – und eine vorher nie gekannte Differenz zwischen

Arm und Reich die Handlungsfähigkeit der Regierenden und verstärkt berechtigte Sorgen vieler Bürger. In den etwa 65 Jahren, in denen ich bemüht war, in das Wesen der politischen, ökonomischen, kulturellen und juristischen Erscheinungen und deren Hintergründe einzudringen, habe ich das Entstehen und den Untergang von Staaten und politischen Systemen – in einigen Fällen auch hautnah – erlebt. Selten jedoch begegnete ich allerdings einer derart politisch polarisierten, von Unvernunft und kurzatmiger Politik geprägten, zerbrechlichen, hoffnungsarmen und gefahrvollen Situation wie gegenwärtig.

Rund um den Erdball konstatieren besorgte Bürger, Politiker (wenn sie nicht gerade Sonntagsreden halten), auch mancher Wissenschaftler oder Journalist einen eklatanten Vertrauensverlust, eine sich bedrohlich vertiefende Kluft zwischen Wohlstand und Elend, zwischen Wählern und Gewählten. Auf allen Kontinenten wächst die Furcht vor der ungebändigten Macht des globalisierten Kapitals. Das Unverständnis über die Abgehobenheit politischer Eliten, die Simplifizierung der Berichterstattung der dominierenden Medien, die Furcht vor aufquellendem Populismus, die Angst vor Altersarmut wie vor fehlenden Perspektiven der Jugend nehmen zu. Der Begriff »erschöpfte Demokratie« wird zum Menetekel.

Der Ernst der Situation erfordert profunde Ursachenanalysen und grundlegende Änderungen der politischen und sozialen Strategien. Dabei geht es um mehr als das oft zitierte Parteienversagen und dessen Korrektur, auch nicht vordergründig um »handwerkliche Fehler« einzelner Politiker in Detailfragen oder um eine plausible Erklärung der bisherigen Politik. Das ist nicht die Lösung. Oft genug wurde bewiesen, dass derartige Kosmetik keinen Ausweg darstellt. Zudem: Der in den USA hervorgebrachte Neoliberalismus – diese in den letzten Jahrzehnten vorherrschende raue, skrupellose, vordergründig auf optimale Gewinnwirtschaftung getrimmte Variante kapitalistischer Strategie – hat sich als verheerend erwiesen. Trunken vom Rausch des Sieges über den sozialistischen Gegner wurden vor allem in den vergangenen 25 Jahren frühere Zurückhaltung im sozialen Bereich aufgegeben und die Arbeitsintensität erhöht. Ein Niedriglohnsektor entstand, der sich noch immer ausweitet. Vor allem in den Mittelmeer-Anrainerstaaten wuchs die Zahl der Arbeitslosen. Jugendarbeitslosigkeit erreichte dort bisher unbekannte Dimensionen.

Im vergangenen Vierteljahrhundert wurden permanent Kriege geführt, die zahllose Opfer kosteten, den Rüstungskonzernen üppige Gewinne bescherten und im Ergebnis zu katastrophalen chaotischen Verhältnissen in den angegriffenen Staaten führten. »Entscheidender Wendepunkt« der US-amerikanischen Geostrategie »war der im Frühjahr 2003 von den USA fast im Alleingang begonnene Irak-Krieg, dem postwendend die Beistandserklärung der NATO für den bis heute andauernden ›Krieg gegen den Terror‹ folgte. [...] Am Hindukusch wurde nicht unsere Freiheit verteidigt, sondern die sinnlose Illusion einer monokulturellen Weltordnung.«[1]

Der einflussreiche langjährige US-Außenminister Henry Kissinger analysierte 2014, dass die Politik der USA in dieser Periode auf eine *Transformation der Weltordnung* gerichtet war. »Kernstück dieser Politik, die schließlich *Freedom Agenda* genannt wurde, sollte die Transformation des Irak werden. Einer der repressivsten Staaten des Nahen Ostens sollte in eine Mehrparteiendemokratie verwandelt werden, die auch andere Staaten in der Region zu einer Transformation inspirieren sollte. Die Demokratie im Irak wird erfolgreich sein und ihr Erfolg eine Botschaft hinaussenden von Damaskus bis Teheran, dass Freiheit die Zukunft jeder Nation sein kann.«[2] So Kissinger.

Das Ergebnis dieser anmaßenden expansiven Politik ist bekannt. Es betrifft allerdings inzwischen nicht allein die USA und die überfallenen Staaten. Längst haben die USA ihre Verbündeten in ihre neoliberale und expansive Politik – die der Öffentlichkeit als ein *Feldzug für Demokratie und Freiheit* anzupreisen versucht wird – hineingezogen.

Vertreter der politische Elite in Deutschland, die die universellen Menschenrechte im Rederepertoire haben, enthielten sich meist einer öffentlichen Reaktion auf US-amerikanische Offizielle, wenn diese offen und brutal etwa Foltermethoden der US-Geheimdienste oder deren weltweite Spitzelei rechtfertigten. Kommentarlos nahmen sie hin, als der ehemalige Chef der CIA und der NSA Michael Hayden in einer auflagenstarken deutschen Illustrierten erklärte, dass dauerhafter Schlafentzug von Gefangenen oder Waterboarding »eine ziemlich erfolgreiche Methode« seien, um Informationen zu erlangen. Lässig und frei von Skrupeln sagte Hayden in seinem Gespräch mit dem *Stern* im Mai 2016: »Guantanamo? Einige Gefangene werden ihr Leben lang dort bleiben, sie werden niemals vor Gericht gestellt. Gezielte Tötungen? Obama weitete sie aus. […] Heute drücken wir eher auf den Tötungsknopf, wenn wir Terroristen vom Schlachtfeld entfernen wollen.« Und weiter: »Wenn wir – rein theoretisch – das Handy der Kanzlerin abgehört haben, sollten wir uns schämen! Und zwar dafür, dass wir es nicht geheimhalten konnten.«[3]

Wo blieb da der Aufschrei, der Protest der »Demokraten« im Deutschen Bundestag, von denen einige selbst jede neue Nuance im US-amerikanischen Transgenderbereich für Deutschland diskussionswürdig halten? Warum das ausnahmslose Schweigen in der Medienlandschaft?

Ob es um neoliberale Wirtschaftspolitik oder um die Bereitschaft zum Mitwirken bei militärischen Abenteuern geht, in jedem Fall gehörte Bundespräsident Joachim Gauck zu den Getreuen der USA, auf die sich Washington bei jeder Volte seiner Politik stets verlassen konnte. Man stand in Nibelungentreue fest an der Seite der USA.

Zu Gaucks peinlichen Ergebenheitsadressen gehörte auch seine Erklärung auf der Münchener Sicherheitskonferenz 2014: »Im außenpolitischen Vokabular der Republik reimt sich Freihandel auf Frieden und Warenaustausch auf Wohlstand.«[5]

In der gleichen Rede wurden gemäß den überseeischen Erwartungen kräftige Worte für eine intensivere deutsche Beteiligung an militärischen Aktionen gefunden. Dann folgte der für ein (demokratisches) Staatsoberhaupt unerwartete und ungeheuerliche Satz: »Das Prinzip der staatlichen Souveränität und der Grundsatz der Nichteinmischung dürfen gewalttätige Regime *nicht unantastbar* machen. Hier setzt das Konzept Schutzverantwortung an.«[6]

Das 2005 von der Generalversammlung der UNO beratene Schutzprogramm *(Responsibility to Protect, R2P)* ist jedoch kein Hau-drauf-Programm, das staatliche Souveränität in Zweifel zieht. Es besteht bekanntlich aus drei Säulen, deren erste und wichtigste die Verpflichtung jedes Staates ist, für den Schutz seiner Bevölkerung selbst zu sorgen.

Die Mandatierung des Sicherheitsrates mit Bezug auf die UN-Schutzklausel für den Libyen-Einsatz ausländischer Truppen 2011 (bei der sich die BRD klugerweise der Stimme enthielt) hat sich bekanntermaßen als ein folgenschwerer Fehler erwiesen. Mit *Responsibility to Protect* wurde kein neues Völkerrecht geschaffen![7]

Die Politik der Bundesrepublik Deutschland nach der Münchener Sicherheitskonferenz 2014 hat deutsche Soldaten in kostspielige, hochriskante Auslandseinsätze geführt, deren Ergebnisse eher zweifelhaft erscheinen. Internationale Spannungszeiten schufen schon zu oft ein Klima für autoritäre Populisten.

Demokratie ist keine statische, sondern eine sensible und vitale Ordnung des Zusammenlebens. Sie gedeiht national wie international vor allem in einer Atmosphäre der Verständigung, des Vertrauens und eines für alle Beteiligten ehrenhaften Interessenausgleichs. In der direkten wie in der repräsentativen Demokratie ist und bleibt als Bewertungskriterium: Was wird – möglichst unter Einbeziehung großer Teile des Volkes – im transparenten demokratischen Prozess mit welcher Effizienz für das Volk, den Souverän, erreicht? Ergebnisse entscheiden!

Deutschland gehört zweifellos zu den bedeutenden Staaten der internationalen Gemeinschaft. Sollte es darum – im Interesse der Demokratie im Lande und in den internationalen Beziehungen – nicht besser ein ausgleichender Partner sein? Unter Bedingungen friedlicher Zusammenarbeit und der Bereitschaft der Koexistenz verschiedener politischer Systeme und Lebensweisen lassen sich die Probleme unserer Zeit besser lösen als in bedingungsloser Gefolgschaft einer sendungsbewussten Supermacht. Dann könnte Politik wieder Vertrauen gewinnen. Vertrauen bleibt in erster und letzter Instanz die Grundlage jedweden demokratischen Zusammenlebens.

Nicht nur die Demokratie steht auf dem Spiel, wenn die international mächtigen Kräfte der Wirtschaft und der Politik weiter dem Motto folgen »Nach uns die Sintflut« und die Fatalisten kleinlaut meinen: »Lasst uns hoffen, dass es dauern wird.« Die Zukunft darf nicht den Kräften des Marktes überlassen werden. Der Markt kennt nur Gier, Konkurrenz und Profit. »Die Staatsform Demokratie ist einer imperialen Mobilmachung abträglich«[8], meinte 2015 Zbigniew Brzezinski, ein einflussreicher Sicherheitspolitiker der USA. Nur unter Bedingungen einer humanen Welt aber könnten sich Freiheit, Sicherheit und Demokratie entwickeln.

Der herausragende Historiker Fritz Stern sprach in seinem letzten Interview im Januar 2016 besorgt von einem »neuen Zeitalter der Angst«. Um dem zu begegnen, wäre es erforderlich, »erst einmal Vertrauen aufzubauen«. Er regte an, Politiker sollten »sich bemühen, mit den Menschen in ein vertrauliches Zueinander zu kommen«.[9] Vertrauen aber entwickelt sich nicht auf einer Einbahnstraße. Es ist ein vitales Verhältnis zwischen unterschiedlichen Kräften und bedarf auf beiden Seiten – sowohl der Bürger als auch der von ihnen Gewählten – verständnisvolle Partner. Partner, die fähig und bereit sind, sich wechselseitig entgegenzukommen.

Vertrauen aller Beteiligten zueinander ist die nationale wie internationale Währung der Demokratie.

Die moderne Gesellschaft vibriert im Ergebnis von Vertrauenskrisen zwischen den Banken, zwischen den konkurrierenden Konzernen, zwischen den Marktkräften und politischen Entscheidungsträgern, zwischen Bürgern und Staat. Neoliberaler Kapitalismus und Demokratie verhalten sich natürlicherweise zueinander wie Kain zu Abel in der biblischen Geschichte.[10] Unter der Dominanz des Kapitals und in den Spannungen der Polarisierungspolitik schwindet die Hoffnung auf demokratische Lösungen der Gegenwarts- und Zukunftsaufgaben!

»Die Demokratie, wie immer ihre Meinung über die Menschen sei, meint es jedenfalls gut mit den Menschen. Sie möchte sie heben, denken lehren und befreien, möchte der Kultur den Charakter eines Vorrechtes nehmen und sie ins Volk tragen – mit einem Worte: sie ist auf Erziehung aus. Erziehung ist ein optimistisch-menschenfreundlicher Begriff – die Achtung vor dem Menschen ist untrennbar von ihm.«[11] Diesem humanen Bekenntnis von Thomas Mann aus dem Jahr 1938 stehen Theorien und Praxis der Verfechter des »modernen« Informationsimperialismus (einer der aktuellen Erscheinungsform des Neoliberalismus) unserer Tage diametral entgegen.

Ihre Protagonisten gehen davon aus, dass die IT-Programmcodes und die Genese einer künstlichen Intelligenz Zug um Zug den Menschen und die Demokratie überflüssig machen. Die bekannte »Big Data-Expertin« Yvonne Hofstetter prophezeite: »Den neuen Technologiegiganten ist das Humane zwangsläufig egal, sie scheuen sich nicht einmal, sich entsprechend zu äußern. […] Das Humane ist ihnen überflüssig, denn der Mensch, sagen sie, sei nur eine Maschine. […] Im unmenschlich komplexen dynamischen System aus vernetzten Dingen und intelligenten Maschinen hat der Mensch keine Sonderstellung inne. Er gliedert sich in die digitalen Strukturen ein, er ordnet sich unter, er übernimmt keine Hauptrolle.« Unter der gestalterischen Kraft künstlicher Intelligenz und maschineller Autonomie »leidet die Rechtsstaatlichkeit, die nicht nur die Grundrechte und die Partizipationsrechte, sondern auch die Gewaltenteilung garantieren sollte. Wird dem einzelnen Menschen die Selbstbestimmung abgenommen, besteht kein Grund mehr, die Demokratie und die Wahl zwischen alternativen Parteien aufrechtzuerhalten, es sei denn als wirkungslose Fiktion. […] Die neuen digitalen Technologien und Geschäftsmodelle gefährden die demokratische Gesellschaft.« Algorithmische Kontrollstrategien »dürften zur großen Versuchung des Herrschaftsapparates dieses Jahrhunderts werden«.[12]

Angesichts solcher Prognosen ist die Demokratie einer Agonie näher als einer Revitalisierung.

Doch ich will in meinem Buch nicht dem Pessimismus das Wort reden, wenngleich ich auf manche Fragen auch keine Antworten weiß. Ich möchte jedoch zum weiteren Nachdenken (und Handeln) anregen. Und zwar jene Menschen, die den Idealen der Humanität, der Demokratie und der sozialen Gerechtigkeit folgen. Ich will Erfahrungen und Analysen vermitteln, ohne damit den Anspruch zu erheben, den Stein des Weisen gefunden zu haben. Zudem: Selbst in einer digitalisierten Welt lassen sich Humanität und Demokratie nicht in Algorithmen auflösen, dem gesunden Menschenverstand und der Herzensgüte muss Raum bleiben.

Herbert Graf,
Januar 2017

Anmerkungen

1 Antje Vollmer und Hauke Ritz: Mutwillig verspielt; in: *Frankfurter Rundschau* vom 24. Januar 2014

2 Henry Kissinger: Weltordnung, Bertelsmann Verlag, München 2014, S. 367, (Der letzte Satz dieses Zitats ist aus einer Rede von George W. Bush, die er anlässlich der Gründung der *National Endowment for Democracy* (NED) am 6. November 2003 hielt

3 Alle Zitate Haydens aus: *Stern* Nr. 21 vom 19. Mai 2016, S. 85–89

4 Joachim Gauck, Rede auf dem 60. Jahrestag des Eucken-Instituts am 16. Januar 2014, veröffentlicht vom Bundespräsidialamt

5 Joachim Gauck: Deutschland muss bereit sein, mehr zu tun. Rede auf der Münchener Sicherheitskonferenz 2014, im Wortlaut veröffentlicht in: *Frankfurter Allgemeine Zeitung* vom 31. Januar 2014

6 Joachim Gauck, a. a. O.

7 Vgl.: Über Responsibility to Protect zum Regimewechsel; Stiftung Wissenschaft und Politik, Berlin 2012, S. 7

8 Zbigniew Brzeziński: Die einzige Weltmacht – Amerikas Strategie der Vorherrschaft, Kopp Verlag, Rottenburg 2015, S. 52

9 Fritz Stern: Ein neues Zeitalter der Angst; Interview im *DeutschlandRadio Kultur* im Januar 2016, gesendet am 26. Mai 2016, 17 Uhr

10 Die Bibel, Altes Testament, Erstes Buch Moses/Genesis, 4,1–16

11 Thomas Mann: Von der kommenden Demokratie, in: Zeit und Werk, Aufbau, Berlin 1965, S. 805 f.

12 Yvonne Hofstetter: Das Ende der Demokratie – Wie künstliche Intelligenz die Politik übernimmt und uns entmündigt, C. Bertelsmann Verlag, München 2016, S. 416, S. 374–377 sowie S. 402

I.
Demokratie? Lass den Zweifel deinen guten Freund sein

Demokratie ist keine abstrakte Kategorie. Sie entsteht, entwickelt sich, oder fällt in dem Maße zusammen, wie das als Souverän erkannte Volk sich als Objekt oder Subjekt im System der Staatsmacht erweist. Dabei zeigt sich: Je stabiler die historisch gewachsenen kulturellen und zivilisatorischen Beziehungen der Bürger sind, desto stärker werden die Möglichkeiten für demokratisches Mitgestalten.

In vielen Ländern erweist sich der Nationalstaat zumeist als eine maximale Größe für die Gestaltung demokratischer Systeme. Debatten über die Reduzierung der Nationalstaatlichkeit in der Europäischen Union sind mit hoher Wahrscheinlichkeit deshalb auch Bremssignal für die verbliebenen Reste der Demokratie.

Die einflussreiche deutsche Politikwissenschaftlerin Ulrike Guérot, Gründerin und Direktorin des »European Democracy Lab« in Berlin, publizierte 2016 die Vision, dass bis 8. Mai 2045 alle europäischen Nationalstaaten zugunsten einer *Republik Europa* überwunden sein würden.[1] Aufforderungen zur Reduzierung nationaler Souveränität, um der Globalisierung mehr Raum zu schaffen, sind aus Brüssel und aus allen Fraktionen des Deutschen Bundestages zu hören.

Wie aber sieht es dann mit der Demokratie aus?

Frau Prof. Guérot hat dafür ein Rezept bei der Hand. Sie setzte in die Welt: »Die europäische Demokratie von morgen ist eine Netzwerkdemokratie, die sich auf exterritoriales Regieren in der Welt vorbereitet und eine neue Verbindung zwischen Regionalem und Globalem jenseits der Staaten sucht.«[2] Mir scheint, Derartiges ist blanker Unsinn. Damit werden weder die komplexe Ausgangslage demokratischer Systeme noch unabdingbare lebensnahe Kriterien ihrer Genese berücksichtigt. Das Leben findet jetzt und sicher auch künftig nicht digital, sondern analog statt. Demokratie lebt als menschennahes Gemeinschafts- und Verantwortungssystem, oder sie verkommt zu einem Cyberhomunculus. Im Netz sind Mitgefühl, Vertrauen und Verantwortung zwangsläufig Fremdworte. In dessen oft anonymisierten herrschaftsfreien Strukturen eines imaginären Raums dominiert Anarchie. Die aber kann kein geeigneter Nährboden für demokratisches Denken und Handeln sein.

1. Offene Fragen

Wer redet nicht über Demokratie? Wer wünscht sich nicht eine in allen wichtigen Lebensbereichen demokratisch strukturierte Gesellschaft? Doch der allgemeine Befund lautet: Wir erleben eine tiefe Krise der Demokratie. Wohl jeder Interessierte kann aus eigener Erfahrung dafür Beispiele nennen, wie ihn einsam gefasste Beschlüsse von Politikern oder machtvolle Marktentscheidungen nicht nur überrascht, sondern getroffen und besorgt gemacht haben.

Täglich versorgen ihn auch die Medien mit neuen Informationen über das Versagen demokratischer Institutionen, über die Ohnmacht der Wähler und die sich ständig verringernde Handlungsmöglichkeit der Gewählten. Dringlich erscheint folglich eine Analyse der Erscheinungen und der gesellschaftlichen Folgen dieses Phänomens. Noch wichtiger ist jedoch die Erkundung der Ursachen für die unbestreitbare Misere der so lebenswichtigen und im günstigen Fall systemstabilisierenden Demokratie.

Ist aber der Schlüssel für das Tor einer lebendigen und effektiven demokratischen Ordnung vorrangig in einer weiteren juristischen Perfektionierung des parlamentarischen Systems zu finden? Geht es vordergründig um die Befreiung des politischen Feldes von der erdrückenden Umklammerung der Märkte? Ist eine Umkehr des Primats der Ökonomie und des Profits zugunsten des Sozialen, der Politik und der Demokratie erforderlich und möglich? Kann die weitgehend unkontrollierte Macht der global agierenden Finanz-, Industrie- und Medienkonzerne reduziert oder gar überwunden werden?

Der Einfluss der Repräsentanten aus Industrie, Finanzen und Handel auf die Entscheidungen staatlicher Organe hat sich in den vergangenen 200 Jahren spürbar geändert. In der Frühzeit des deutschen Parlamentarismus richtete sich das Interesse der Vertreter der Wirtschaft in den deutschen Landesparlamenten fast ausschließlich darauf, dass die zu entrichtenden Steuern – die vorrangig zur Finanzierung des Unterhaltes der Monarchen und Fürsten genutzt wurden – möglichst niedrig waren. Charakteristisch dafür war die Erklärung des Kaufmanns und Bankiers David Hansemann am 8. Juni 1847 in der Haushaltsberatung des Preußischen Landtags: »Beim Geld hört die Gemütlichkeit auf.« Hansemann votierte dagegen, dass das Parlament zur »Pumpanstalt« für die Ausgaben des königlichen Hofes wurde.

Dreißig Jahre danach knauserten die Vertreter der Wirtschaft nicht allein in Haushaltsfragen. Sie verlangten von der Politik Einfluss und Schutz für ihre Eroberungen in anderen Teilen der Welt. Der Hamburger Kaufmann und Reeder Adolph Woermann attackierte Reichskanzler Otto von Bismarck mit Denkschriften und bei zahlreichen Begegnungen. Ihm ging es darum, dass preußische Truppen die deutschen Eroberungen in Westafrika schützten und deutsche Beamte in Gebieten der Woermannschen Eroberung den Widerstand der dort ansässigen Stämme brachen. Bismarck, der selbst nicht viel von Kolonialpolitik hielt, unterstützte dennoch dieses Anliegen der Wirtschaft. Die Folge: Woermann steigerte Einfluss und Gewinn, Deutschland erhielt Rohstoffe. Deutsche Militärs und Beamte verübten – wie der Journalist Christian Bommarius in einer Dokumentation nachwies – einen sadistischen Terror in den eroberten Gebieten, um deutschen Händlern einen konkurrenzlosen Markt zu erschließen.[3]

Inzwischen haben die Vertreter des internationalen Kapitals einen umfassenden Einfluss auf alle wichtigen staatlichen Entscheidungen. Die Interessen der Konzerne, vor allem an der Sicherung von Rohstoff- und Energiereserven sowie der internationalen Transportwege, bestimmen ebenso den Takt des Regierungshandelns wie das Verhalten führender Politiker in Umweltfragen oder in sozialen und kulturellen Angelegenheiten. Als in der EU 2013 ein Vorschlag zur Reduzierung der CO_2-Emissionen auf den Weg gebracht werden sollte, machte die Bundesregierung die Verhinderung dieses Anliegens der EU zur Chefsache. Regierungsemissäre besuchten alle EU-Länder, in denen deutsche Autofirmen Werke haben, um sie für die Verweigerung dieser Umweltmaßnahme zu gewinnen. Um Großbritannien kümmerte sich das Kanzleramt. Es wurde der Deal verabredet: »Ihr helft uns bei den Autos, wir kommen euch bei der geplanten Bankenunion entgegen.«[4]

Die in keiner Weise demokratisch legitimierte Europäische Zentralbank (EZB) hat inzwischen weitaus mehr Macht als gewählte Parlamente und Regierungen. Ohne erkennbaren Widerstand der gewählten Parlamente werden allein durch die Zinspolitik der EZB Millionen Sparer in allen Ländern der EU beraubt. Ebenso ist es – wie etwa die EU-Politik gegenüber Griechenland erkennen ließ – in der Geschichte Europas ohne Beispiel, wie Parlamente ökonomisch erpresst und große Teile des Volkes in eine humane Katastrophe getrieben werden.

Man muss dem ehemaligen amerikanischen Außenminister Henry Kissinger in seinen Bewertungen des Zustandes der Europäischen Union nicht folgen, es lohnt jedoch zweifellos, die Argumente des kundigen Analysten zur Kenntnis zu nehmen. Er schrieb 2014: »Die Europäische Union schränkt die Souveränität und Macht ihrer Mitgliedstaaten wie die Kontrolle über die Währung und ihre Grenzen ein. [...] In vielen Ländern wurden Einwände gegen die EU-Politik zu einem Kernthema der nationalen Politik. Das Ergebnis ist eine Mischform, die konstitutionell zwischen einem Staat und einem Staatenbund liegt, der mithilfe von Ministertreffen und einer gemeinsamen Bürokratie operiert – eher nach Art des Heiligen Römischen Reiches als nach dem europäischen System des im 19. Jahrhundert [...]. Ihre Bürokratie widerspricht der Demokratie.«[6]

Der Einfluss der Wirtschaft auf die Politik vollzieht sich nicht nur in den oberen Etagen der Macht, sondern durchzieht ebenso die Arbeit der Parlamente und die Strukturen des Regierungs-

und Verwaltungsapparates. Im Bundestag sind etwa 2000 Lobby-isten als Vertreter von etwa 5000 Interessenverbänden mit einem Hausausweis unterwegs. In der am Gebäude des Deutschen Bundestages angrenzenden Reinhardtstraße gibt es kaum ein repräsentatives Gebäude, das nicht den Sitz einer Lobbyzentrale – vom Bund der Selbständigen über den Bund der Energie- und Wasserwirtschaft bis zum Gesamtverband der Textil- und Modeindustrie und vielen anderen – beherbergt.

Der SPD-Gesundheitspolitiker Karl Lauterbach konstatierte: »Demokratie ohne Lobbyismus ist nicht vorstellbar. Aber wir müssen uns klarmachen, dass der Lobbyismus uns stärker beeinflusst, als wir das selbst eingestehen. Die Art, wie wir diskutieren, wird oft durch Interessenvertreter geprägt. Wir stellen uns zu selten die Frage, wie eigentlich die Interessen der Bürger aussehen.«[7] Welchen realen Einfluss hat unter solchen Umständen der *Demos,* das als Souverän gepriesene und tatsächlich so einflusslose Volk? Die Lobbykratie hat sich ihren Platz in der ersten Reihe der Macht gesichert!

Ist zu erwarten, die Probleme der modernen Zeit könnten in Komplexität und bei internationalen Verknüpfungen politischer, sozialer und ökonomischer Prozesse mit dem Instrumentarium der Vordenker der Demokratie aus dem antiken Griechenland oder der Aufklärer aus dem 18. Jahrhundert gelöst werden? Die Prinzipien und die Regelungen aus jenen Tagen wurden bekanntlich unter Voraussetzungen entwickelt, die seit mehr als einem Jahrhundert nicht mehr existieren. Damals konnte davon ausgegangen werden, dass die Gegenstände der Entscheidungen der Vertretungskörperschaften und auch der Gerichte mit gesundem Menschenverstand von den Entscheidungsbefugten verstanden, beurteilt und durch Beschluss in diese oder jene Richtung gesteuert werden konnten. Damals existierte die Hoffnung: Wem Gott ein Amt gab, dem gab er auch Verstand. Das aber hat sich offensichtlich und unumkehrbar verändert.

Mit welcher Sachkunde entscheiden heute Parlamentarier und Richter über naturwissenschaftlich bedingte, technische, ethische und ökonomische Grundprobleme? Wer dringt durch den Dschungel der geltenden Rechtsnormen und verbindlichen Gerichtsentscheidungen, wer kann sich den Weg durch den deut-

schen Rechtswegestaat bahnen? Erschöpfen sich Parlamentsde-
batten nicht zu oft im rechthaberischen Schlagabtausch zwischen
Regierung und Opposition? Wird nicht die Demokratie durch
die wachsende Kluft zwischen den Bürgern und den politischen
und medialen Eliten bedroht, die vorgeben oder sich einbilden, im
Namen des Volkes zu wirken? Wo geht es noch kenntnisreich um
sachliche Abwägungen oder um strategische Orientierungen? Wer
ist der Souverän? Das Volk? Oder die gewählte Vertretung? Der
Publizist Roger Willemsen stellte nach einjähriger Teilnahme an
den Sitzungen des Bundestages ernüchtert fest: »Die Regierungsparteien kontrollieren das Kabinett nicht, vielmehr begleiten sie
sein Tun repräsentativ, meist rühmend und dankend. Die Opposition sieht ohnmächtig zu.«[8]

Der Staatsrechtsprofessor Christoph Möllers vertritt die Meinung: Die Frage, wer mehr Macht hat, ein Parlament oder ein
Gericht, stelle sich nicht. »Parlamente haben das erste Wort, Gerichte das letzte.«[9] Befindet sich demnach das Machtzentrum
in den Zentralen der Regierungsparteien? Oder vielleicht gar
beim Bundespräsidenten, der die Gesetze unterschreibt? Dessen
Wahl durch die Bundesversammlung erklärt der Präsident des
Bundesverfassungsgerichtes Andreas Voßkuhle als einen »eigen-
tümlichen demokratisch veredelten Rückgriff auf das Erbe der
konstitutionellen Monarchie, der vom Verfassungsgeber aber so
gewollt war«.[10]

Auch der veredeltste Rückgriff in die Vergangenheit der Demokratie wird angesichts der weltweiten Krise der Demokratie kaum
zielführend sein. Vorbehaltlos über die Probleme unserer Zeit,
über Alternativen und zeitgemäße Lösungen in unserer globalisierten und IT-vernetzten Welt nachzudenken, erscheint als ein
dringliches Gebot!

2. Die Aufklärer

Die geistigen Debatten, die am Ende des 18. Jahrhunderts zu den
ersten Versuchen einer parlamentarischen Demokratie führten,
begannen mehr als ein Jahrhundert zuvor vorrangig als Kritik an
den politischen Machtverhältnissen. Die herausragenden Persön-

lichkeiten dieser Entwicklungsphase waren Universalgelehrte, die sich mit philosophischen, staatsrechtlichen, naturwissenschaftlichen und literarischen Publikationen in Europa einen Namen gemacht hatten.

Thomas Hobbes, britischer Mathematiker, Staatsrechtler und Philosoph, kritisierte in seinem 1651 erschienenen Werk »Leviathan« den ungebremsten Absolutismus und entwickelte als Erster die Idee eines unkündbaren Gesellschaftsvertrages. Voltaire (1694–1778), der als bekannter Wissenschaftler in Frankreich, in England und in Preußen Zutritt zu den Höfen der Monarchen hatte, befürwortete die Monarchie, kritisierte jedoch den Absolutismus und die Feudalherrschaft. Die Gleichheit der Bürger vor dem Gesetz gehörte zu seinen Forderungen.

Der gläubige Brite John Locke (1632–1704) leitete seine Gedanken über die Gleichheit der Menschen – einschließlich der Gleichheit von Mann und Frau – und die Notwendigkeit der Einschränkung der Macht des Herrschers aus Bibeltexten ab. In einer Abhandlung über die Regierung stellte Locke eine Theorie der Gewaltenteilung von Exekutive, Föderative (im Verständnis von Locke eine Gewalt, die Entscheidungen über Krieg und Frieden trifft) und eine (prärogative) Gewalt, die außerhalb des Gesetzes für das öffentliche Wohl handelt, zur Debatte.

Zu den bekanntesten Vertretern der Aufklärung gehört zweifellos Charles de Secondat Baron des Montesquieu (1689–1755). Er war der erste Jurist in der Phalanx der Aufklärer. Er entstammte einer Juristenfamilie und war als Gerichtspräsident tätig. In seinem juristischen Hauptwerk »Der Geist der Gesetze« tritt er – an Locke anknüpfend – für eine (gegenüber Lockes Idee andersartige) Trennung der Bereiche Gesetzgebung, Rechtsprechung und Regierung ein. Auch wenn in Montesquieus »Geist der Gesetze« der Begriff *Gewaltenteilung* nicht vorkommt, wird dieser seither mit ihm verbunden. Dabei ging es ihm lediglich um die Verhinderung absoluter Machtausübung.

Schon die unterschiedliche Vorstellung der Gewaltenteilung bei Locke und Montesquieu lässt erkennen, dass der Begriff *Gewaltenteilung* allein keine Antwort darauf erkennen lässt, wie welche Gewalten geteilt werden sollten. Betrachtet man die Gesetzgebung in den Staaten der Europäischen Union, wird man so manchen Unterschied in der Stellung und im Zusammenwirken der Organe der Staatsmacht feststellen. Dem Göttinger Staatsrechtler Christoph Möllers ist zuzustimmen, wenn er feststellt: »Die Demokratie kennt viele Formen der Gewaltenteilung. [...] Der entscheidende Unterschied besteht darin, *welche* Gewalten gewählt werden.«[11] In der Bundesrepublik Deutschland beispielsweise entscheiden ernannte und berufene Richter über Entscheidungen der gewählten Vertretungen, auch über die des Bundestages.

In nicht wenigen juristischen und historischen Publikationen wird die Gewaltenteilung als ehernes Element parlamentarischer Demokratie behandelt. In dieser Dreierformel schwingen – so der Historiker Paul Nolte – »Mythen und das christliche Konzept der Dreieinigkeit Gottes mit«.[12] In dieser biblischen Dreieinigkeitsformel bleibt dann allerdings kein Raum für eine selbsternannte vierte Gewalt in Gestalt der Presse (oder exakter ausgedrückt: der Medienkonzerne).

In einer sehr freien Zitierung des offiziellen Grundgesetztextes schreibt dieser Berliner Professor für neue Geschichte: »Das Grundgesetz legt die Gewaltenteilung, ohne den Begriff zu benutzen, im Artikel 20 fest: ›Die Staatsgewalt wird durch besondere Organe der Gesetzgebung, der vollziehenden Gewalt und der Rechtsprechung ausgeübt.‹«[13] Im Grundgesetz aber wird bei der Definition der Staatsgewalt nicht vorrangig, vor allem nicht wie es Nolte tut, auf die institutionellen Aspekte, sondern auf das Volk, den Souverän, verwiesen. Der wirkliche Text des Grundgesetzes lautet bekanntlich: »Alle Staatsgewalt geht *vom Volke* aus. Sie wird vom Volke in Wahlen und Abstimmungen und durch besondere Organe der Gesetzgebung, der vollziehenden Gewalt und der Rechtsprechung ausgeübt.«[14]

Das Volk aber wird – wie in der Praxis der Bundesrepublik – auch in der Darstellung Noltes ignoriert. Wie variabel dieser Verfassungsgrundsatz zu handhaben ist, lässt ein Urteil des Bundesverfassungsgerichts erkennen, in dem festgestellt wurde: Das Grundgesetz fordert keine »absolute Trennung«, sondern die gegenseitige Kontrolle, Hemmung und Mäßigung der Gewalten.[15]

Für Nolte ist »eine unabhängige Gerichtsbarkeit der praktisch wichtigste Einzelbaustein der klassischen Gewaltenteilung«.[16] Er komplettiert seine erstaunliche hyperjuristische Sichtweise mit der Erklärung: »Vielmehr steht die Unabhängigkeit der Gerichte, auch ihre Professionalität im Vordergrund, und beides könnte gefährdet sein, wenn man die Richter vom Volk oder sogar aus der Mitte des Volkes wählen ließe.«[17] Der in dieser Aussage erkennbare Abstand des Historikers zum Souverän, zur Vernunft und der Legitimation des Volkes ruft Zweifel hervor. Zu oft wird geflissentlich die Tatsache übersehen, dass in den Staaten Europas wie in anderen Kontinenten sehr unterschiedliche Beziehungen der Verfassungsorgane, vor allen sehr unterschiedliche Vollmachten der Gerichte, festzustellen sind. Selbst EU-Staaten wie Großbritannien und die Niederlande verfügen über keine Regelung und keine Praxis der verfassungsmäßigen Überprüfung von Parlamentsentscheidungen.

Zweifellos bedarf jedwede politische Macht der Begrenzung und der Kontrolle. Ob nunmehr 250 Jahre nach Montesquieu die Trennung der Gewalten, wie sie im Grundgesetz der Bundesrepublik geregelt ist und aktuell praktiziert wird, eine Ideallösung für Gegenwarts- und Zukunftsprobleme darstellt – darüber muss es erlaubt sein nachzudenken. Dies vor allem unter dem Aspekt der Stärkung der Souveränität der gewählten obersten Vertretungskörperschaft. Das aber ebenso hinsichtlich der erheblichen formellen und praktischen Reibungsverluste, die sich aus der Herrschaft von Gerichten gerade auch über Entscheidungen legitimierter Staatsorgane ergeben. Vor allem Verwaltungsgerichtsentscheidungen haben sich in der Bundesrepublik zu einem Hindernis für eine zeitnahe Realisierung von sozialen Projekten und von Investitionen erwiesen.

Kaum jemand hat die Demokratietheorie stärker beeinflusst als Jean-Jacques Rousseau (1712–1778). Rousseau entstammte ärmlichen Verhältnissen. Er hatte das vierzigste Lebensjahr schon überschritten, als er sich mit sozialen Problemen der französischen Gesellschaft beschäftigte. In einer Abhandlung über die Ungleichheit der Menschen begründete er 1755, dass die Aneignung der Arbeit vieler durch einige wenige, letztlich die Ausbeutung, Ursache der Ungleichheit sei. In einem Text über die Ökonomie kam er zu dem Schluss, dass die Entstehung des Eigentums die Menschheit in *Klassen* spalte. Dabei gehörte zu seinen veröffentlichten Erkenntnissen, dass die Ausbeuter ein autoritäres Staatswesen organisieren, um ihren Besitzstand zu schützen.

Im Zentrum seiner Arbeiten zur politischen Ökonomie steht die Eigentumsfrage. Sein Anliegen ist dabei nicht der Schutz des Eigentums an Produktionsmitteln Einzelner. Er entwickelt den Gedanken, dass das Produktionseigentum dem staatlichen Souverän übertragen wird. In das Eigentum des Einzelnen geht nach dieser Vorstellung das über, was er durch seine Arbeit verdient hat.[18]

Auch aktuelle Schriften zur Demokratie kommen nicht ohne einen Bezug zu Jean-Jacques Rousseau und die Idee des Gesellschaftsvertrages aus. Warum wird aber fast ausnahmslos übergangen, dass die Vision Rousseaus über die künftige Gesellschaftsverfassung auf der Herstellung der Gleichheit der Bürger durch *Vergemeinschaftung des Eigentums an Produktionsmitteln* beruht? In dieser sozialen Vision unterscheiden sich die Menschen nach Stärke und Begabung »durch Vertrag und Recht«.[19]

Kernstück von Rousseaus *Gesellschaftsvertrag* ist die Theorie des »Allgemeinen Willens.« Er kritisierte die schon zu seiner Zeit erkennbare entfremdende Vergesellschaftung der Menschen in der feudal-aristokratischen Gesellschaft. Der »Gemeinsame Wille« solle sich auf einer von Ausbeutung befreiten Basis in einem souveränen Staatswesen reflektieren. Das Gesellschafts- und Menschenbild von Rousseau betont nicht das Individuum, sondern strebt in einer harmonischen Gemeinschaft eine höhere soziale Ordnung an. Niemand solle Herr und niemand Sklave sein. Im Unterschied zu anderen Aufklärern – ebenso im Gegensatz zu den derzeitigen neoliberalen Modeerscheinungen – geht Rousseau vom Guten im Menschen aus. Er orientiert darauf, dass eine künftige Gesellschaft auf einem vom Volke beschlossenen Gesellschaftsvertrag beruht. Daran knüpfte er allerdings die kaum akzeptable Vorstellung, dass ein derart begründeter Staat den Einzelnen zu gemeinschaftsgerechtem Verhalten *zwingen* kann.

Natürlich konnte Rousseau bei seinen Überlegungen nicht von Gemeinschaften ausgehen, die sich in den großen Dimensionen der später entstandenen europäischen Flächenstaaten herausbildeten. Er ging von relativ kleinen »naturnahen« Gebieten etwa in der Größe seiner Geburtsstadt Genf (die seinerzeit gegen 60 000

Einwohner zählte) aus. Er schrieb:»In einem gut verwalteten Gemeinwesen eilt jeder zu den Versammlungen: unter einer schlechten Regierung hat niemand Lust, auch nur einen Schritt dazu zu tun, weil an dem, was dort vorgeht, niemand Anteil nimmt. Sobald man die Worte hören kann: Was geht das mich an, kann man darauf rechnen, dass der Staat verloren ist.«[20]

Für diese aus der Antike entlehnte Vorstellung von der kleinen übersehbaren Gemeinschaft, in der die gegenseitige Verständigung und auch eine gemeinsame direkte Willensbekundung machbar erschien, gab es allerdings schon im 18. Jahrhundert und danach keine Voraussetzung mehr.

Die wachsende Größe und die zunehmende Einwohnerzahl der sich vor allem im 19. Jahrhundert herausbildenden Nationalstaaten bedingten ein Vertretungssystem, das sich von den Konturen der theoretischen Vorstellungen der Aufklärer wesentlich unterschied. Als 1789 die großen Bewegungen zum Sturz der absoluten Monarchie und zur Herausbildung eines demokratischen Staatswesens begannen, lebte keiner dieser Aufklärer mehr.

3. Sendungsbewusstsein und Grenzen der Initiatoren der bürgerlichen Demokratie

Die nach der französischen Revolution von 1789 entstandenen Verfassungen der Republik Frankreich (von 1791, 1793, 1795, 1799) und die amerikanische Verfassung von 1787 ließen erste embryonale Konturen einer parlamentarischen Demokratie erkennen. Mit ihren Beschränkungen gegenüber Frauen, Lohnarbeitern, Sklaven und dem Zensus (Wahlrecht nach Einkommen bzw. Steuerzahlung) ließen sie zugleich erkennen, dass diese ersten Versuche auf dem Weg zur parlamentarischen Demokratie noch weit von den Idealen der Aufklärer, von der Volkssouveränität, von der Verwirklichung eines gemeinsamen Willens in einem demokratischen Gemeinwesen entfernt waren.

Jährlich gedenkt Frankreich am 14. Juli des Sturms auf die Bastille 1789. Als ein halbes Jahr nach dieser Volkserhebung im Dezember 1789 eine Ordnung des Wahlrechts zu beschließen war, blieben nicht wenige der Revolutionäre des Sommers ausgeschlossen. Das aktive Wahlrecht wurde davon abhängig gemacht, ob der Bürger eine Mindeststeuer zahlte und sich nicht in einem Dienstbotenverhältnis befand.[21] Zwei Jahre danach wurden eine Reihe der Wahlrechtsbeschränkungen aufgehoben. Die Zahl der französischen Wahlberechtigten stieg (bei einer Einwohnerzahl von 30 Millionen) durch diese Rechtsänderung von etwa vier auf sieben Millionen Wähler. Nach dem Sieg des französischen Bürgertums über die Jakobiner wurde das Wahlrecht des französischen Volkes drastisch reduziert und so gestaltet, dass das Parlament unter dem Deckmantel eines Regiments der »Kundigsten und Erlauchtesten«[22] zum Klasseninstrument der bürgerlichen Elite schrumpfte. Direkte Wahlen wurden durch indirekte ersetzt, das Wahlalter erhöht.

Weder derartige Einschränkungen demokratischer Errungenschaften der französischen Revolution noch die inneren blutigen Auseinandersetzungen während der Jakobinerdiktatur (1793/94) oder die nachfolgende Übernahme der Macht durch das französische Besitzbürgertum beeinträchtigten das aus dem Sieg über die Feudalherrschaft und aus den Ideen der Aufklärung gespeiste Sendungsbewusstsein der französischen Bourgeoise. Im Frühjahr 1796 wurde sowohl zur Ausweitung des französischen Machtgebietes als auch zum Export der Ideen der französischen Revolution Italien besetzt. Dem folgte die Eroberung Ägyptens (1798/99) und im ersten Jahrzehnt des 19. Jahrhunderts die Okkupation von Staaten in Zentraleuropa. Im Oktober 1810 zogen Napoleons Truppen in Berlin ein. Zwei Jahre danach dann die Einnahme von Moskau. Dem folgte jedoch die entscheidende Niederlage der Truppen Napoleons in der Schlacht von Borodino, der sich ein verlustreicher Rückzug anschloss.

Auch wenn danach das in historisch kurzer Zeit geschaffene französische Okkupationsregime in Europa zusammenbrach, hinterließen die Prinzipien der französischen Revolution, die durch die französische Verwaltung vermittelten Ideen der Gleichheit, der bürgerlichen Eigentumsrechte und andere in der Revolution hervorgebrachten Grundrechte erkennbare Spuren. Ebenso das französische Zivilrecht, das zeitweise mit dem Titel »Code Napoleon« versehen war. Sein offizieller Titel lautete »Code civil des Français.«

Dieses Zivilgesetzbuch war ein Produkt der Französischen Revolution. Es reflektierte wie andere rechtliche Dokumente dieser Aufbruchszeit die Selbstbehauptung des aufstrebenden Bürgertums gegenüber dem Feudaladel. Seine Ausarbeitung nahm seit 1793 unter wechselnden politischen Einflüssen mehr als zehn Jahre in Anspruch. Bedingt durch den Vormarsch der französischen Armeen im ersten Jahrzehnt des 19. Jahrhunderts war das für seine Zeit moderne *Code civil* in fast allen europäischen Ländern verbindliches Recht. An den Prinzipien dieses Gesetzeswerks orientierten sich auch die Gesetzgeber in nord- und südamerikanischen Staaten. Im Gegensatz zu den vorher geltenden feudalen und ständischen Obrigkeitsregeln vermittelte der Code civil zumindest den männlichen Bürgern allgemeine Freiheitsrechte, besonders die Gewerbe- und Berufsfreiheit, die Gleichheit vor dem Gesetz, die Trennung von Staat und Kirche, den Schutz des Privateigentums und damit eine juristische Basis für eine bürgerlich dominierte Marktwirtschaft.

In Deutschland hatten Prinzipien des Code civil erheblichen Einfluss auf die Verfassungsberatungen des Frankfurter Paulskirchen-Parlamentes (1848). Er blieb unter der Bezeichnung *Rheinisches Recht* bis zur Inkraftsetzung des Bürgerlichen Gesetzbuches 1900 in Kraft.

Mit den Niederlagen und den Verbannungen Napoleons begann in Frankreich die Periode der Restauration unter dem Bourbonen-König Ludwig XVIII. Dessen Versuch der innenpolitischen Konsolidierung des Landes wurde insbesondere in den ersten Jahren seiner Herrschaft von einem »teurreur blanche«, also einem weißen Terror gegen Anhänger der Revolution, begleitet. Wann kannte die Reaktion je Gerechtigkeit gegenüber besiegten Revolutionären? Mit der Inthronisierung der Monarchie endete die kurze Periode der Verbreitung der Ideen der Aufklärung und der Revolution in Frankreich und über die Grenzen des französischen Staates hinaus.

Derartige Zurückhaltung, wie Frankreich seit der Restauration in Hinblick auf die Verbreitung der Ideen der Gründungsväter des bürgerlichen Staates erkennen lässt, hat man in Amerika zu keiner Zeit gekannt. Die amerikanische Unabhängigkeitserklärung wurde nach dem Ende des Siebenjährigen Kriegs der

Kolonisten gegen das britische Mutterland am 4. Juli 1776 auf dem Gründungskongress (Kontinentalkongress) der vereinigten Staaten beschlossen.

Der Entwurf war von Thomas Jefferson, Benjamin Franklin und ihren Mitstreitern in einer Symbiose der Ideen der Freiheit und dem vorherrschenden Geist der Religion erarbeitet worden. Der bis in die Gegenwart immer wieder zitierte Eingangssatz des Dokuments besagt, dass alle Menschen von ihrem *Schöpfer* gleich erschaffen wurden, dass sie von ihrem *Schöpfer* mit unveräußerlichen Rechten auf Leben, Freiheit und Glückseligkeit ausgestattet worden sind. Damit erfolgte gegenüber dem Gottesbezug der Feudalherrschaft *(König von Gottes Gnaden)* lediglich ein Adressatenwechsel.

So wird das Axiom der göttlichen Machtbegründung auf die bürgerliche Gesellschaft übertragen. Die auf diese Weise definierten *ewigen Rechte* sind aus sich selbst bewiesene Wahrheiten. Sie sind keiner Begründung bedürftig, keiner Begründung fähig.[23] Angemerkt sei hier, dass der Kontinentalkongress dem Vorschlag Jeffersons zur Verurteilung der Sklaverei nicht folgte.[24]

Der Gottesbezug der amerikanischen Menschenrechtsidee begründete von der Anfangsphase der amerikanischen Staatsentwicklung bis in die heutige Zeit ein ungebrochenes – wenn auch in keiner Weise begründetes – Sendungsbewusstsein. Am amerikanischen Wesen soll die Welt genesen. Die Lebensweise, die amerikanische Demokratie sei – so wurde und wird das verbreitet – für alle Völker der Welt das Maß der Dinge. Schon 1792 behauptete der Geistliche Jedidiah Morse, dass die Vereinigten Staaten »den Gipfelpunkt der Geschichte« markieren.[25]

Etwa 50 Jahre später hieß es im *United States Magazine and Democrative Review:* »Wir sind die Nation des menschlichen Fortschritts, und wer wird und was kann unserem Vormarsch Grenzen setzten? Die Vorsehung ist mit uns und keine irdische Macht vermag es.«[26] Kissinger kommentierte derartige Auffassungen in der Weise, dass aus solcher Sicht die Vereinigten Staaten »nicht einfach ein Land, sondern eine der Triebkräfte des göttlichen Plans und der Inbegriff der Weltordnung seien«.[27]

Am Beginn des 20. Jahrhunderts verkündete US-Präsident Theodore Roosevelt (mit der *Roosevelt Corolary*) das Recht der

Vereinigten Staaten, »vorbeugend in die inneren Angelegenheiten anderer Nationen der westlichen Hemisphäre zu intervenieren, um eklatanten Fällen von Fehlverhalten und Unfähigkeit abzuhelfen«.[28]

Der aus dieser Gründungsidee resultierende Missions- und Interventionsdrang der USA entwickelte sich nicht – wie oft angenommen – in der Gegnerschaft zum sozialistischen Russland, sondern bereits im 19. Jahrhundert nach Beendigung des Bürgerkrieges der Nord- und Südstaaten 1861–1865. Er begann mit dem Vorstoß nach Hawaii (1893) über die Philippinen (1889) bis in den lateinamerikanischen Raum.

Im 20. Jahrhundert erfolgten Interventionen gegen nationale und soziale Emanzipationsbewegungen im Iran (1953) in Guatemala (1954), Kuba (1961 und 1962), in Vietnam (ab 1962), in Panama (1903 und 1989).[29]

Im 21. Jahrhundert wurde Afghanistan und der Nahe Osten zum Operationsfeld US-amerikanischer Weltmachtbestrebungen und des Exportes US-amerikanischer Lebensweisen und der Implantierung der aus dem 18. Jahrhundert stammenden US-amerikanischen Demokratievorstellungen.

Laut dem von US-amerikanischen Autoren und deren europäischen Apologeten oft zitierten göttlichen Plan haben die amerikanischen Siedler über ein Jahrhundert lang die indigene Bevölkerung massakriert, afrikanische Sklaven gehandelt, ausgebeutet und ermordet, bis in unsere Zeit Afroamerikaner und Einwanderer aus Südamerika diskriminiert und in den letzten Jahrzehnten in Afghanistan, im Irak und in anderen Ländern des Nahen Ostens Kriege angezettelt, die Millionen Opfer gekostet haben. Womit ist der Drohnenkrieg der USA legitimiert, in dem der Präsident als Ankläger, Richter und Scharfrichter tätig ist?

Der Präsidentschaftswahlkampf 2016 offenbarte das ethische Defizit von Spitzenkandidaten und auch das gesunkene Kulturniveau und die Geisteshaltung einer Vielzahl der Wahlbürger. Es wird berichtet, dass 26 Prozent der Amerikaner nicht wissen, dass sich die Erde um die Sonne dreht. Etwa 10 Prozent der Erwachsenen sind Analphabeten. Gegen 40 Prozent der US-Bürger glauben an Wunder. Mehr als die Hälfte der US-Bürger sind davon überzeugt, dass Gott die Welt erschaffen hat und die Astrologie wissenschaftliche Erkenntnisse liefert.[30] So der US-Ökonom Prof. Robin Hanson 2007.

Der Psychologe der Cornell University, David Dumming, stellte fest, das Kompetenzniveau vieler Amerikaner »sei so dürftig, dass sie kompetente Politiker von inkompetenten nicht zu unterscheiden vermögen«.[31] Dazu kommt, dass die Macht der Wall Street noch immer stärker ist als der Einfluss jedweden staatlichen Organs bis hin zum Präsidenten der USA. Schon 2007 kam eine amerikanische Sozialanalyse zu dem Ergebnis, Amerika erliegt »zunehmend einem naiven Populismus, dem Offenheit und Beliebtheit als höchster Ausdruck politischer Legitimation gelten«.[32]

Die allen ethischen Prinzipien widersprechende Anmaßung der universellen Geltung der Werte und Organisationsformen ihres politischen Systems wurden bis in unsere Tage nie durch Erkenntnis oder empfindliche Niederlagen in Zweifel gezogen. »Alle Präsidenten beider politischer Parteien machten deutlich«, so urteilte der kundige Henry Kissinger, »dass die amerikanischen Prinzipien für die ganze Welt gelten.«[33] Diese arrogante und irrige Vorstellung paarte sich in den Köpfen amerikanischer Politiker mit einem hysterischen Antikommunismus.

Der staatstragende Historiker der BRD Heinrich August Winkler[34] stößt seit langer Zeit laut in das Horn der konservativen und Weltmacht erstrebenden Amerikaner. Seine immer wieder – auch vor dem deutschen Bundestag – vertretene Grundthese lautet: »Die unveräußerlichen Menschenrechte sind die Errungenschaft des transatlantischen Westens, und es ist eine Eigenart des Westens, auf der weltweiten Geltung der Menschenrechte zu bestehen.«[35] In Winklers Hauptwerk »Der lange Weg nach Westen« findet sich seine Vorstellung »vom normativen Projekt der Ideen der atlantischen Revolution«, die zu seinen Kernhypothesen gehört. Winkler ignoriert dabei, dass es lange vor der amerikanischen Unabhängigkeitserklärung von 1776 auf anderen Kontinenten demokratische Ideen und auch erste praktische Schritte zu einer demokratischen Gestaltung von Gemeinschaftsangelegenheiten gab. Für ihn gibt es offensichtlich nur ein »Go west.«

Nachdem wissenschaftliche Kontrahenten seiner Aussage vom »normativen Projekt« widersprachen, redet Winkler in jüngster Zeit – ohne sich in seinem Fehlurteil zu revidieren – von einem

»normativen Prozess«. Ein solcher Etikettenwechsel ist eher anrüchig als überzeugend. Für Winkler, dem kämpferischen Gegner von allem, was nach Kommunismus riecht, ist Deutschland eine funktionierende Demokratie, ein loyaler Partner der USA, der dessen Idealen zu folgen hat und auch folgt.[36]

Es ist offensichtlich eine dubiose Annahme, dass die Gedanken der Gründungsväter der USA durch das Attribut *universell* weltweit und für alle Zeiten als verbindlich gelten. Demokratie ist keine Mumie, die ihre Kraft vorrangig aus jahrhundertalten Dokumenten gewinnt. Demokratie bleibt ein vitales, vertrauensvolles Verhältnis von Wählern zu Gewählten, dass sich in jeder Entwicklungsphase eines Landes verändern kann, um zeitgemäße Lösungen zu ermöglichen.

4. Erste Versuche – bittere Niederlagen

Auch das 19. Jahrhundert war in Europa keinesfalls eine Periode des Siegeszuges der parlamentarischen Demokratie. Die Verfassungen in einigen deutschen Ländern, die in der ersten Hälfte des 19. Jahrhunderts in Kraft gesetzt wurden, waren Königliche Erlasse, die maximal eine feudale Ständevertretung begründeten. Die Bayerische Verfassung von 1818 sah z. B. eine »parlamentarische« Vertretung vor, die sich aus den volljährigen Prinzen, Kronbeamten, den Erzbischöfen, den Häuptern einiger fürstlichen Familien und weiteren Personen, die der König auf Grund ihrer Verdienste »oder wegen ihrer Geburt oder ihres Vermögens zu Mitgliedern dieser Kammer entweder erblich oder lebenslänglich« ernannte, zusammensetzte.[37]

Auf dem Weg zum Parlamentarismus in Deutschland schieden sich die Geister – fernab jedweder Überlegung über die Volkssouveränität oder den allgemeinen Willen – vor allen in der Frage, wer kann und darf sich an der Bildung einer parlamentarischen Körperschaft beteiligen? »Es waren, wie auch bürgerliche Historiker feststellten [...], nunmehr nicht Erwägungen der Staatstheorie, der Staatsmetaphysik, des Idealismus, der Romantik und des neuen Humanismus allein, aus denen sich das Programm der deutschen Verfassungsreform entwickelte. [...] Das wirtschaftliche Unternehmertum wurde, seit das Finanzwesen sich in wachsendem Maße auf das System direkter Steuern gründete, der größte Steuerzahler im Staat. Zu den Hauptgrundsätzen des modernen Staatsdenkens aber gehört, dass der, der Steuern zahlt, auch über die Staatsausgaben zu entscheiden hat. [...] Der nüchterne Wirklichkeitssinn erfahrener erfolgreicher Geschäftsleute [...] wurde zur Verfassungsmacht.«[38] So urteilte 1960 Ernst Rudolf Huber (1903–1990), Staatsrechtler und einst »Kronjurist« des Dritten Reiches.

Die Ideale der Aufklärer waren den Privilegierten des deutschen Bürgertums ebenso bekannt wie die Grundideen der französischen Revolution – Freiheit, Gleichheit, Brüderlichkeit. Zweifellos waren ihnen auch der Text der auf Freiheit und Gleichheit orientierenden amerikanischen Unabhängigkeitserklärung (sie erschien 1776 erstmals in deutscher Sprache) bekannt. Das konservative deutsche Bürgertum, geplagt von der Furcht vor den ausgebeuteten, arbeitenden Menschen, unternahm in Liaison mit den herrschenden feudal-aristokratischen Ständen alles in seiner Macht Stehende, um das Volk von der Macht fernzuhalten. Sie fanden ihre Klasseninteressen in der Erklärung der Schlussakte der Wiener Konferenz (1820) gut aufgehoben. Darin war sowohl die Volkssouveränität wie auch die Gewaltenteilung strikt abgelehnt worden.[39]

In der bürgerlichen März-Revolution von 1848 trat die sich entwickelnde Arbeiterbewegung erstmals in Deutschland als politische Kraft auf. Schon am 3. März 1848 – als die bürgerlichen Kräfte völlig anderen Interessen folgten – forderten Kölner Arbeiter in einem Flugblatt insbesondere »Gesetzgebung und Verwaltung durch das Volk. Allgemeines Wahlrecht und allgemeine Wählbarkeit in Gemeinde und Staat«.[40]

Im Frankfurter Paulskirchenparlament, das vom Mai 1848 etwa über ein Jahr um eine Verfassung des Deutschen Reiches rang, spielten die Regelungen dafür, wer in welcher Weise an Parlamentswahlen mitwirken und somit zur Bildung der Legislative teilnehmen dürfe und wer davon auszuschließen sei, eine zentrale Rolle. Der Präsident des Paulskirchenparlaments Heinrich von Gagern erklärte: »Den Mittelklassen den überwiegenden Einfluss im Staat zu sichern, ist die Richtung unserer Zeit.« Einer seiner

Kollegen hinterließ: »Die Zahl der Proletarier überflügelt schon die der Besitzenden, und so ist für Europa der Zensus gerechtfertigt.«[41] Der Verfassungsausschuss legte dazu 1849 einen Entwurf vor, der das Wahlrecht rigoros beschränkte. Danach sollten die nichtselbständigen Arbeiter und auch alle Frauen von Wahlen ausgeschlossen bleiben. Eine Gruppe Liberalkonservativer votierte gegen ein geheimes Wahlrecht.

Diese Positionen führten zum Widerstand vor allem bei den organisierten Arbeitern. Magdeburger Proleten wandten sich gegen aristokratische und großbürgerliche Auffassungen und monierten in einem Aufruf: »Dieser Entwurf erklärt jeden 25-jährigen selbständigen unbescholtenen Deutschen für berechtigt zu wählen und gewählt zu werden. Nur der eigentliche Lebensnerv des deutschen Volkes, die große Klasse der Arbeiter, ob sie die Arbeitskraft in den Fabriken eines Industriellen, in den Werkstätten eines Gewerbemeisters, auf dem Hofe oder den Feldern eines Grundbesitzers oder in einer Haushaltung zum Nutzen der Genannten verwenden – sie alle sind unmündig, sind politisch rechtlos, gleich den Bankrotteuren, den Blödsinnigen, den Verbrechern [...]. Nie und nimmer lässt er *(der deutsche Arbeiter – H. G.)* sich die teuerste Errungenschaft der Märzrevolution, das allgemeine Wahlrecht, rauben.«[42] Nach heftigen Debatten einigte man sich im Parlament im März 1849 auf den »Frankfurter Wahlrechtskompromiss«.[43] Die Vertreter eines demokratischen Wahlrechts stimmten, um dieses zu retten, entgegen ihrer vorherigen Position *für* die Einführung eines Erbkaisertums.

Der Preußenkönig Friedrich Wilhelm IV. erklärte das Frankfurter Parlament für inkompetent. Als sich der Rest des Parlaments nach Stuttgart zurückzog, rückten Preußische Truppen vor. Im Juni besetzen sie die Pfalz. Demokraten, die sich ihnen entgegenstellen, wurden massakriert. 27 Freiheitskämpfer wurden zum Tode verurteilt, viele wanderten in die Zuchthäuser. Die mit der bürgerlichen Märzrevolution von 1848, verbundenen Hoffnungen auf eine demokratische Ordnung fanden ein bitteres Ende.

Die Bismarcksche Reichsverfassung von 1871 entstand in einer (gegenüber der Mitte des 19. Jahrhunderts) veränderten politischen und sozialen Situation. In mehreren Kriegen (1864 gegen Dänemark, 1866 gegen Österreich und 1871 gegen Frankreich) hatte Preußen seine Dominanz im Kreis der deutschen Teilstaaten gefestigt. Es war die Zeit großer technischer und ökonomischer Fortschritte. Es begann die Ablösung der Dampfmaschine durch die Elektrizität. Die durch den Finanzstrom der enormen französischen Reparationszahlungen[44] gestärkte Industrie entwickelte sich sprunghaft und stellte Ansprüche an den Staat zum Ausbau einer leistungsfähigen Infrastruktur, vor allem für den Güterverkehr. In Deutschland waren Parteien entstanden, darunter die von August Bebel und Wilhelm Liebknecht geführte Sozialdemokratie. Unter dem Einfluss von Marx und Engels bildeten sich in Deutschland erste Elemente einer *Massendemokratie* heraus.

Die Reichsverfassung von 1871 bewegte sich auf dem dürren Fundament der Verfassung des deutschen Bundes. Das Wahlrecht übernahm sie aus der letzten Fassung des Paulskirchen-Entwurfs. Gemäß dem politischen Willen der verfassungsgebenden Kräfte war sie im Kern ein Organisationsstatut. Demokratie, Bürger- und Menschenrechte spielten keine Rolle. Das Gründungsdokument des deutschen Reiches entsprang nicht der Willensbekundung einer Nation, sondern war ein »militärisch-dynastischer Akt, der eine triumphale Reihe von Kriegen abschloss«.[45] In dieser konstitutionellen Monarchie waren die Interessen der Feudalkaste, des industriellen Großbürgertums, der ostelbischen Junker und der kaiserlichen Beamten gut aufgehoben. Bismarck regierte in diesem in der Verfassung auf ihn zugeschnittenen Macht- und Obrigkeitsstaat in cäsarenhafter Weise.

Dass die Reichsverfassung kein demokratisches Dokument war, zeigte sich wenige Monate nach ihrer Annahme im Mai 1871. Weil die Führer der Sozialdemokratie August Bebel und Wilhelm Liebknecht gegen die Kriegskredite zum Feldzug gegen Frankreich gestimmt hatten, wurden beide in einem Hochverratsprozess zu je zwei Jahren Festungshaft verurteilt. Bebel wurde das demokratisch erworbene Abgeordnetenmandat aberkannt.

Dem folgten 1878 die berüchtigten »Sozialistengesetze«, mit denen Bismarck die Arbeiterbewegung zu Reichsfeinden erklärte, die Partei verbot und eine politische Verfolgungswelle in Gang setzte. Annähernd 1000 Sozialdemokraten wurden aus ihren Wohnorten ausgewiesen. Über die großen deutschen Städte wurde der »kleine Belagerungszustand« verhängt.

Bismarcks Plan aber ging nicht auf. Die Anhängerschaft der Sozialdemokratie wuchs wie nie zuvor. Die Stimmenzahl bei Reichstagswahlen für die Partei stieg von 311 961 (1881) auf 1 427 000 im Jahre 1890.

Nach der Außerkraftsetzung der »Sozialistengesetze« blieben politische und rechtliche Schikanen gegen Arbeiterorganisationen nicht aus. Im Reichstag wurden 1894 ein »kleines Sozialistengesetz«, eine Zuchthausvorlage (1897) und ein Sonderstrafrecht für Arbeiter (1899) eingebracht. Diese Vorstöße kennzeichneten die geistige Haltung der Konservativen. Sie fanden aber keine Mehrheit mehr. Die Erklärung des Kaisers 1914, er kenne keine Parteien mehr, veranlasste die Reichstagsfraktion der Sozialdemokratie – mit Ausnahme von Karl Liebknecht –, den Kriegskrediten zuzustimmen. Es folgten katastrophale politische Fehlurteile und Fehlentscheidungen der rechten Kräfte in dieser Partei. Diese paktierten nach der Novemberrevolution 1918 mit dem kaiserlichen Militär gegen die revolutionäre Bewegung der Arbeiter und Soldaten.

5. Bürgerliche oder Rätedemokratie?

Vor die Frage »bürgerliche oder Rätedemokratie« gestellt, entschied sich der Reichsrätekongress am 21. Dezember 1918 nach heftigen kontroversen Debatten für die bürgerliche Variante der Wahl einer verfassungsgebenden Nationalversammlung. Nun wurde von den restaurativen Kräften entschieden gehandelt. Am 24. Dezember 1918 beschoss Militär die im Berliner Marstall neben dem Schloss untergebrachte Volksmarinedivision, zu deren Aufgabe es gehörte, den Schutz der Regierung zu gewährleisten. Kämpfe entbrannten in allen Berliner Stadtteilen. Am 6. Januar 1919 war Berlin in der Hand der revolutionären Kämpfer.

Die Reichsregierung hatte sich – wie Scheidemann in seinen Memoiren berichtete – tags zuvor über den Hinterausgang des Regierungsgebäudes davongeschlichen. Dann trat der SPD-Politiker Gustav Noske auf den Plan. Er ließ starke Kontingente von Freikorpsverbänden in die Hauptstadt einmarschieren. Wenige Tage später war alles, was sich diesen Truppen entgegenstellte, niedergemacht. Eine Woche danach fanden in einer angespannten, zum Teil von Unruhe und Angst vor militärischen Attacken geprägten politischen Atmosphäre die Wahlen zur verfassungsgebenden Versammlung statt. Diese Nationalversammlung aber tagte nicht in Berlin, sondern zog sich in das beschauliche Weimar zurück. Dort stand sie unter dem Schutz eines zuverlässigen reaktionären Landjägerkorps.

Das schmähliche Ende der Weimarer Republik ist bekannt. Naziherrschaft und ein von Hitlerdeutschland vom Zaun gebrochener Weltkrieg folgten. Bis zur Konferenz der Repräsentanten der Antihitlerkoalition in Jalta im Februar 1945, auch noch auf der Konferenz im Sommer 1945 in Potsdam, gehörte die Schaffung eines demokratischen, entnazifizierten, entmilitarisierten Deutschland zu den herausragenden Zielen der Antihitlerkoalition.

Bald verließen aber die Westmächte diese vereinbarte Linie. Nach einer einseitigen Währungsreform in den Westzonen und in den Westsektoren Berlins übergaben am 1. Juli 1948 die Militärgouverneure der Westmächte den Ministerpräsidenten der Westzonen die nicht einmal drei Schreibmaschinenseiten umfassenden »Frankfurter Dokumente.« Das war der Befehl, innerhalb weniger Monate einen westlichen Separatstaat zu bilden.

Was blieb unter diesen Umständen der UdSSR – in der die Politik der Errichtung eines einigen demokratischen Deutschland über Jahre Leitachse der Politik war – anderes übrig, als in ihrer Zone der Gründung eines Staates, der Deutschen Demokratischen Republik (DDR), zuzustimmen? Die SED hatte schon 1946 den Entwurf einer gesamtdeutschen Verfassung, die auf dem Prinzip der Volkssouveränität beruhte, zur öffentlichen Diskussion gestellt. Die Verfassung der DDR vom Oktober 1949 entsprach in ihren Grundsätzen dem Verfassungsentwurf von 1946, der seither intensiv beraten und präzisiert worden war.

Nunmehr wird diese DDR von Vertretern aller im Bundestag vertretenen Parteien – bis hin zur Fraktion der Partei Die Linke – geschmäht und denunziert. Je länger der Untergang dieses Staates zurückliegt (der einmal ein angesehenes Mitglied der UNO war, zeitweise dem Sicherheitsrat angehörte, 1987 die 42. Generalversammlung und 1988 die 15. Sondersitzung der UN leitete), desto schriller wird der Dauerton, mit dem die DDR diffamiert, kriminalisiert, verunglimpft wird. Das Totschlagargument heißt »Unrechtsstaat«.

Der bekannte Jurist und Rechtsphilosoph Ernst-Wolfgang Böckenförde (von 1983 bis 1996 Bundesverfassungsrichter) schrieb 2015 in der *FAZ:* »Auch die DDR hat nicht darauf verzichtet, in vielen Bereichen in der Weise des Rechts zu handeln und für ihre Bürger und Bürgerinnen Gerechtigkeit anzustreben. Entsprechend haben die ostdeutschen Bürger und Bürgerinnen in vielen Bereichen ein Leben in rechtlich-ethischer Normalität geführt, in Achtung und Befolgung bestehenden Rechts und getragen von einem darauf bezogenen Ethos.«[46]

Die Rechtsstaatsdebatte wird in Deutschland seit mehr als zweihundert Jahren geführt.

Anfangs wurde selbst die Monarchie als Rechtsstaat bezeichnet, dann auch die konstitutionelle Monarchie. Katharina Gräfin von Schlieffen – sie habilitierte sich 1995 zum Prinzip Rechtsstaat – stellte dazu fest: »Bis in das 20. Jahrhundert bleibt der Rechtsstaat als Begriff und Institut auf den deutschen Sprachraum beschränkt. Jedoch bewährte sich der Begriff seit einem halben Jahrhundert in anderen Ländern.«[47]

Der Mitherausgeber des deutschen Verwaltungsblattes, Georg-Christoph von Unruh, bezeichnete den Rechtsstaat 1983 zunächst als einen Staat der Verwaltungsgerichte und dann der Verfassungsgerichte.[48]

Einhundertfünfzig Jahre zuvor war davon keine Rede. Damals definierte man den Rechtsstaat als denjenigen Staat, »in welchem nach vernünftigem Gesamtwillen regiert und nur das allgemein Beste bezweckt wird«.[49]

Im Februar 2016 präsentierte Generalbundesanwalt Dr. Peter Frank folgende zweifelhafte Erklärung der Öffentlichkeit: »Die Justiz sollte sich immer dessen bewusst sein, was wir in den letzten zweihundert Jahren erreicht haben: einen Rechtsstaat, in dem die Rechte des Bürgers und auch die Rechte der Gemeinschaft wichtig sind.«[50] Hätte der gute Mann – nicht selten als »einer der höchstqualifizierten Juristen im Freistaat«[51] gepriesen – sich ein wenig gründlicher der Rechtsgeschichte seiner bayerischen Heimat zugewandt, wäre er möglicherweise mit einer solchen Zeitangabe zurückhaltender gewesen.

Vor 198 Jahren – also zwei Jahre nach der Datierung des deutschen Rechtsstaats durch Bundesanwalt Frank – erließ Bayerns König Maximilian Joseph eine Verfassung, die darauf baute: »Der König ist das Oberhaupt des Staats, vereinigt in sich alle Rechte der Staats-Gewalt und übt sie unter den ihm gegebenen in der gegenwärtigen Verfassungsurkunde festgesetzten Bedingungen aus. Seine Person ist heilig und unverletzlich.« Titel V § 4 dieser Verfassung regelte die »gutsherrliche Gerichtsbarkeit«.[52] Arglosen Bürgern wird bayerischer Absolutismus als deutscher Rechtsstaat angepriesen.

Der Justizminister in der Merkel-Regierung, Heiko Maas (SPD), hat im Mai 2016 etwa 50 000 Urteile aufgrund – des 1994 aufgehobenen – § 175 für Unrecht erklärt und diese als »Schandtaten des Rechtsstaats« bezeichnet, deren Opfer rehabilitiert und entschädigt werden sollen.[53]

Bis zu welchem Ausgangsdatum reicht im historischen Horizont des Bundesjustizministers in dieser Angelegenheit der deutsche Rechtsstaat? Denkt der Bundesjustizminister der Großen Koalition an den 1. Januar 1872, als jener § 175 als Bestandteil des Strafrechts des Norddeutschen Bundes kodifiziert wurde? Oder denkt er gar bis in das 13. Jahrhundert zurück, als eine analoge Strafbestimmung in die »Constitutio Criminalis Carolina« des Heiligen römischen Reiches deutscher Nation als § 116 aufgenommen wurde?

War und ist diese kritikwürdige Regelung des deutschen Strafrechts die einzige und die gravierendste Ungerechtigkeit, deren Umsetzung aus heutiger Sicht zu ungerechten Urteilen führte, die vielen Menschen das Leben erschwert, wenn nicht gar gekostet hat?

Der Radikalenerlass der Bundesregierung von 1972 und so manches Gerichtsurteil gäben zweifellos Anregung für ein demokratisches, rechtsstaatliches Nachdenken.

2014 wurden in der Bundesrepublik 304 830 Urteile in Strafsachen gesprochen.[54] Davon waren nach der veröffentlichen Einschätzung des Richters am Bundesgerichtshof Ralf Eschelbach ein Viertel, also mehr als 76 000 Fehlurteile.[55]

Über die 60 Jahre der Bundesrepublik ergibt sich demnach eine Summe von Fehlurteilen in Millionenhöhe.

6. Rechtsstaat – Unrechtsstaat

Bis 1990 vollzogen sich die Debatten um den Rechtsstaatsbegriff in Deutschland – wenn auch mit Nuancen in jeweiligen Analysen – seriös und weitgehend ohne politische Instrumentierung. Das Münchener Rechtslexikon definiert den Rechtsstaat 1987 »als einen Staat, in dem nicht Willkür, sondern Recht und Gerechtigkeit herrschen«.[56] Es wird darauf hingewiesen, dass die Begriffe Rechtsstaat und Verfassungsstaat identisch seien.

Zu fatalen Folgen der deutschen Einheit gehört auch die unbegründete und inflationäre Bezeichnung der DDR als »Unrechtsstaat«, eine juristische Charakterisierung, die Gustav Radbruch (1878–1949) für das verbrecherische Naziregime fand. Nunmehr wurde und wird diese Bezeichnung von bundesdeutschen Juristen, von Politikern und Journalisten zur Diskreditierung des untergegangenen antifaschistischen Staates verwandt. Korrekterweise erklärte jedoch der Wissenschaftliche Dienst des Bundestages 2008: »Eine wissenschaftlich haltbare Definition des Begriffs *Unrechtsstaat* gibt es weder in der Rechtswissenschaft noch in den Sozial- und Geisteswissenschaften.«[57]

Im Zentrum dieser Unrechtsstaats-Beschuldigung stand – auch wenn darüber nicht viel öffentlich bekannt wurde – zweifellos das in der DDR geschaffene *Volkseigentum*.

Dieses Eigentum des Volkes resultierte 1989/90 nur noch zu einem marginalen Teil aus früheren – auf Gesetzen basierenden – Enteignungen. Der dominierende Teil des Volkseigentums entstand im Resultat der Tätigkeit der Ostdeutschen. Das begann mit der Beseitigung der Kriegszerstörungen, mit einem umfangreichen Wohnungsbau in Stadt und Land. Fabriken, Häfen, Transportmittel, Krankenhäuser, Schulen, Kindergärten, Ferienheime, Kulturstätten, Sportstätten von internationalem Format und vieles mehr wurde neu geschaffen.

Danach und besonders auch zum volkseigenen Grund und Boden in den Städten und auf dem Lande bis hin zu Wäldern und Seen streckten sich viele Hände in der Bundesrepublik aus. Die 1989/90 von Bürgerbewegten favorisierte Idee der Ausgabe von Anteilscheinen am Volkseigentum[58] (zu deren Realisierung »Demokratie Jetzt!« auch den Lutherischen Weltbund konsultierte) wurde ebenso wie der Verfassungsentwurf des Runden Tisches vom April 1990 unter dem Einfluss Bonner Berater schnell und tief vergraben.[59] Derartiges passte nicht in die Vereinnahmungsstrategie der bundesdeutschen Konzerne und auch nicht in das Konzept der Bundesregierung.

Es bleibt wohl ein Beispiel der Doppelzüngigkeit der bundesdeutschen Regierung, dass ihr Finanzminister Theo Waigel in öffentlicher Sitzung des Bundestages am 5. Februar 1990 erklärte: »Es könnte auch an die Ausgabe von Volksaktien [...] gedacht« werden.[60] Während Waigel so den Bürgerrechtlern und deren Wählern Hoffnung machte, lagen die gegenteiligen Pläne seines Staatssekretärs Horst Köhler und dessen Mitarbeiters Thilo Sarrazin bereits auf seinem Tisch. Die DDR-Regierung de Maizière war im April 1990 kaum gebildet, als sie von Bonn zur Vorbereitung eines Transfers des volkseigenen Vermögens gedrängt wurde.[61] Sie erließ am 11. Juli 1990 eine »Verordnung für die Anmeldung vermögensrechtlicher Ansprüche« und im September 1990 ein »Gesetz zur Regelung offener Vermögensfragen«. Damit wurde der größte Vermögenstransfer in der europäischen Geschichte und die nachhaltig katastrophale Deindustrialisierung Ostdeutschlands eingeleitet. Millionen Bürger der DDR verloren in jener Zeit nicht nur den Arbeitsplatz, sondern es wurde ihnen auch der zustehende Anteil am Volkseigentum genommen. Man kann auch sagen: gestohlen.

Was in Teilen der alten Bundesrepublik als Sieg des bürgerlichen Eigentumsrechts bewertet wurde, war für die enteigneten DDR-Bürger ein nicht nur fiktiv empfundenes, sondern bitteres reales Unrecht.

Auch im 21. Jahrhundert macht die Bundesrepublik mit Wäldern, Feldern und Seen aus dem Volkseigentum der DDR noch immer lukrative und spekulative Geschäfte.

In der *Süddeutschen Zeitung* war 2014 zu lesen: »Die verbale Versessenheit auf das Wort ›Unrechtsstaat‹ hat etwas Gesslerhuthaftes.« Es »nervt die Selbstgefälligkeit derer, die das laute Grüßen des Wortes ›Unrechtsstaat‹ zum Prüfstein für demokratische Gesinnung machen wollen.«[62]

Bei der Bildung der Thüringer Landesregierung 2014 wurde bekanntlich die Verwendung des Unrechtsstaatsbegriffes zur Bedingung für den Abschluss eines Koalitionsvertrages gemacht und von der Partei Die Linke, die den Ministerpräsident stellte, akzeptiert. Dass dies nichts zur Lösung der Probleme der Thüringer Bevölkerung beitrug, war vermutlich allen Beteiligten bewusst. Sie taten es dennoch. Warum?

Auf manchen Jahrmärkten gab es früher einen »Watschenmann«. Das war eine mannsgroße Puppe, der jeder für einige Pfennige Ohrfeigen versetzen konnte, um auf diese Weise seinen Unmut und Ärger abzubauen. Wer hätte je angenommen, dass diese Jahrmarktmethode einmal Platz in der politischen Auseinandersetzung finden würde, um aktuellen Frust zu kompensieren?

Zur Kenntnis derer, die die DDR nicht erlebt haben, sei gesagt, dass die DDR über ein auf der Verfassung basierendes Rechtssystem verfügte, das in vielfacher Hinsicht demokratischer und moderner war als das der Bundesrepublik. Die Gleichberechtigung der Frau, das Familienrecht, das (von überholten Floskeln des BGB befreite) Zivilrecht, das Arbeitsrecht mit einem starken Kündigungsschutz, die Entscheidung zur Jugendförderung und zum Bildungswesen gehörten zu Lebensbereichen und zu den Rechtsregelungen der DDR, die über Jahrzehnte internationale Würdigung fanden.

Von den Verfechtern der Unrechtsstaats-Bezeichnung für die DDR wird in der Regel das Grenzregime oder auch die eine oder andere Entscheidung staatlicher Verwaltungen oder von Gerichten als Begründung ins Feld geführt. Bei der Charakterisierung des Grenzregimes der DDR wird in der Regel ausgeblendet: Diese Grenzregelung wurde im Ergebnis von Verhandlungen zwischen den Großmächten UdSSR und USA gefunden, um eine drohende atomare Auseinandersetzung zu verhindern.

Zu manchen stichhaltigen oder auch märchenhaften Argumenten unrechter Entscheidungen in der DDR ist zu bemerken: In keinem noch so demokratischen Rechtssystem ist man vor Irrtümern oder Fehlern gefeit. Darum verweigern selbst konservative Politiker wie Lothar de Maizière, Rechtsanwalt in der DDR, die Verwendung des Begriffs »Unrechtsstaat«. »Die DDR war kein vollkommener Rechtsstaat. Aber sie war auch kein Unrechtsstaat. Der Begriff unterstellt, dass alles, was dort im Namen des Rechts geschehen ist, Unrecht war«, erklärte er im August 2010 gegenüber der *Passauer Neuen Presse*. Wenn die DDR ein Unrechtsstaat gewesen wäre, hätte im Einigungsvertrag nicht vereinbart werden können, dass Urteile aus DDR-Zeiten weiter vollstreckt werden können, sagte er. »Auch in der DDR war Mord Mord und Diebstahl Diebstahl.«

Die langjährige Ministerpräsidentin des Landes Thüringen Christine Lieberknecht (CDU) bekannte 2009 öffentlich, dass »ihre Jahre als Pastorin in der DDR die freiesten überhaupt gewesen seien.« Soviel Freiheit habe sie nie wieder gehabt.[64]

Wer über die DDR befindet, sollte sein Urteil nicht allein auf der Basis von Erzählungen tatsächlich oder angeblich Geschädigter stützen. Er kann sonst in die Situation geraten, dass er selbst zu ungerechten Einschätzungen kommt.

7. Hoffnungsvolle Alternativen?

Kanzlerin Merkel hat den Gedanken einer *marktkonformen Demokratie* der Öffentlichkeit der Bundesrepublik präsentiert. Nie wurde erläutert, was sie darunter versteht, wie sie diesen Slogan – mehr als ein Slogan ist es wohl nicht – begründet.

Auch diese Kanzlerinnenidee leidet an fehlender Ernsthaftigkeit. Demokratie und Markt entwickeln sich seit Jahrhunderten gegenläufig. Der Markt kennt nur ein Ziel: die Sicherung maximalen Profits. Demokratie steht dem entgegen. Ihre Kriterien lauten Gemeinschaftssinn, Solidarität, Verantwortung für das Wohl des Volkes. Der Markt ist ohne erbitterte Konkurrenz undenkbar. Demokratie ist dagegen ohne Vertrauen und Miteinander unmöglich. Der Markt verlangt uneingeschränkte Freiheit für das Kapital. Demokratie bedeutet und verlangt Bürgerfreiheit!

Einer andersartigen, jedoch illusionären Zukunftsvorstellung reden auch linke Theoretiker und Politiker das Wort. Sie hoffen darauf, die Gesellschaft durch eine sozialökonomische und solidarisch-emanzipative Transformation auf einen »postfossilen, ressourceneffizienten und umweltkonsistenten Entwicklungspfad« führen zu können.[65]

Darüber wird seit Eduard Bernsteins Thesen vom friedlichen Wandel des Kapitalismus seit dem Beginn des 20. Jahrhunderts

debattiert. Unklar blieb in der Theorie und in der gesellschaftlichen Praxis immer, wie so etwas praktisch erfolgen könnte?
In jüngeren Publikationen ist auch von einem »grundlegenden
Umbau des bisherigen Entwicklungs- und Wirtschaftsmodells«
die Rede. Wie aber soll das angestellt werden? Auch über den Versuch, zu Fuß über einen See zu gehen, wird in der Weltgeschichte
nicht selten gesprochen. Dies gelang, wie die Bibel vermeldet,
allerdings bislang nur einmal.[66]

Sollte man nach mehr als einhundert Jahren des Misserfolgs
die Positionen der Transformationstheorie nicht auf dem Prüfstand gesicherter Erkenntnisse der Praxis stellen? Nie hat die kapitalistische Welt zugelassen, dass eine Bewegung auf leisen Sohlen
oder auch mit kräftigeren Mitteln auf Dauer in das mächtige,
globalisierte, international organisierte System eindringt und es
verändert!

Die Spanische Republik (1936/37), Chile (1973/74), und viele
andere nichtkapitalistische Staaten wurden Opfer der radikalen
Aktionen des Rollback des globalisierten Weltkapitalismus.[67] Gerade in unserer Zeit des Neoliberalismus werden die herrschenden
Kräfte des Kapitals keinesfalls bereit sein, auch nur einen kleinen
Teil ihrer Einflusssphären und Pfründe zum Experimentierfeld
für Pfadfinder der Transformationslehre bereitzustellen. Die Hoffnung, mehr als ein Jahrhundert gesicherte Erfahrungen erfolgreich ignorieren zu können und trotzdem siegreich zu sein, ist,
bleibt trügerisch. Die Bestrebungen der modernen Transforma-
tionstheoretiker werden dadurch nicht besser, eher problematisch,
dass sie mit dem Etikett *Demokratischer Sozialismus* verbunden
werden. Demokratie ist bekanntlich untrennbar mit der Verwirklichung der Staatsmacht verbunden. Wer einen grundlegenden
Umbau des derzeitigen Wirtschaftsmodells ernsthaft anstrebt,
kommt weder um die grundlegenden Machtfragen noch um die
Ungerechtigkeit der Vermögensverteilung, auch nicht um die
Vergesellschaftung kapitalistischen Eigentums – zumindest im
Bereich der Daseinsfürsorge – herum. Diese zentralen, existen-
tiellen Fragen aber werden von den »modernen Linken« umgangen.

Die US-amerikanische Ökonomin Shoshana Zuhoff sieht es
ein wenig anders. »Die aufkommende soziale Zivilisation bedarf

eines grundsätzlich neuen sozialen Entwurfs [...]. Wir haben ein institutionelles System aufgebaut, das perfekt auf die Erfordernisse der Massenproduktion und des Massenkonsums zugeschnitten ist und weit über die entsprechenden Firmen und Dienstleister hinausreicht. Die Logik der Massenproduktion wurde zur Grundlage unseres Erziehungssystems, unserer Krankenversorgung, aller Sphären unserer Gesellschaft. [...] Das System des Managerkapitalismus mit seiner konzentrierten Organisation, hierarchischen Kontrollen und Ausrichtung auf den Massenkonsum ist an seine adaptiven Grenzen gestoßen: Innovation hält es nur künstlich am Leben.«[68]

Politik folgt unter der Taktgebung der Märkte dem Gesetz der permanenten Improvisation. Sie vollzieht sich – so beschrieb es der österreichische Nationalökonom Otto Neurath – wie der Umbau eines Schiffes auf offener See, betrieben durch ein Team von Verantwortlichen, die sich untereinander nicht abgesprochen haben. Organisationswissenschaftler nennen einen solchen Kurs »Muddling Through«, er gilt als Synonym für ein System des Sich-Durchwurstelns. Das ist zwangsläufig mit einer permanenten Fehlerkorrektur verbunden und damit jedweder demokratischen Mitbestimmung und Kontrolle abträglich. Demokratie aber basiert auf Verlässlichkeit!

Demokratie verändert sich von Land zu Land gemäß den dort vorherrschenden Traditionen und Ideen und ebenso in Folge innergesellschaftlicher und internationaler Einflüsse. Die Vorstellung der Bantuvölker in Tansania, die den Begriff *Ujamaa* für Gemeinschaftssinn und demokratische Beratung öffentlicher Angelegenheiten benutzen, oder die politisch kulturellen Netzwerke in Südostasien unterscheiden sich erkennbar von europäischen Demokratievorstellungen. Was aber ist von den Grundideen der Aufklärer des 18. Jahrhunderts geblieben?

Die Macht des Kapitals ist insbesondere in den vergangenen 25 Jahren enorm gewachsen. Auch der Deutsche Bundestag und die Bundesregierung arbeiten bei der Vorbereitung ihrer Entscheidungen zunehmend mit Konzern- und Verbandsvertretern und internationalen – vorrangig US-amerikanischen – Beratern und Anwaltskanzleien zusammen. Das Volk aber hat keine Lobby. Es muss hinnehmen, dass die Überwachung seines Verhaltens bis in die Privatsphäre durch Kameras, biometrische Gesichtserkennung, durch fremde Einsicht in seine Computerdaten und Konten sowie die Registrierung seines Kaufverhaltens weitgehend lautlos und unbemerkt seine Freiheitsrechte und die oft beschworene freiheitlich-demokratische Grundordnung untergräbt.

Jahr für Jahr wird seit geraumer Zeit festgestellt, dass sich in Deutschland wie kaum anderswo in Europa die Schere zwischen Arm und Reich weiter öffnet. Was wäre zu erwarten, wenn der Bundestag eine Entscheidung anstreben würde, die darauf abzielt, einen Teil des Vermögens der Superreichen zur Lösung gravierender sozialer Probleme in Anspruch zu nehmen? Zweifellos ein kräftiges Nein von Seiten der Reichen. Legionen von Anwaltskanzleien und Lobbyisten würden in Marsch gesetzt, um bis zum Europäischen Gerichtshof – mit Verweis auf die Eigentumsgarantie des Artikels 14 des Grundgesetzes – zu klagen. Eigennutz geht in diesen Kreisen bekanntlich fast ausnahmslos vor Gemeinnutz. Erwächst nicht auch aus dieser negativen Dynamik eine mögliche Gefahr einer nicht mehr beherrschbaren sozialen Situation? Zunehmend verlieren Parteien in ihrer mit Konzeptionslosigkeit gepaarten Machtversessenheit an Akzeptanz. Der rechte Rand wird gefährlich breiter.

8. Staatsschulden als Fessel demokratischen Handelns

Nachkriegserfordernisse und Staatsschulden haben – besonders an historischen Kreuzungen – Impulse zu grundlegenden Veränderungen politischer Systeme und zur Herausbildung demokratischer Staatskonzepte vermittelt. Wie zur Zeit des Entstehens der ersten demokratischen Ordnung im antiken Griechenland waren in der zweiten Hälfte des 18. Jahrhunderts infolge der außerordentlichen Kriegsaufwendungen besonders in Frankreich und in England die Staatskassen leer.

Es sei hier daran erinnert, dass sich im 18. Jahrhundert während des Siebenjährigen Krieges militärische Auseinandersetzungen nicht nur auf Preußen und Österreich beschränkten. Damals tobte der erste transkontinentale Krieg. Zwischen 1756 und 1763 waren 16 europäische Staaten in kriegerischen Auseinandersetzungen in Europa, im Mittelmeerraum, in der Karibik und in Nordamerika verwickelt. Frankreich stand danach am Rande eines Staatsbankrotts.[69] Die britischen Staatsschulden hatten sich innerhalb weniger Jahre verdoppelt. Sie waren auf 133 Millionen Pfund Sterling angewachsen. Mehr als fünf Millionen waren jährlich als Zinsen aufzubringen.[70]

In Frankreich wuchsen in dieser Situation die Kräfte, die 1789 mit der französischen Revolution die Monarchie überwanden und unter der Losung »Freiheit, Gleichheit, Brüderlichkeit« die europäische Entwicklung revolutionierten.

England versuchte damals auf andere Weise seine Staatsschulden zu bewältigen. Es erhöhte exorbitant vor allem für die Siedler in den amerikanischen Kolonien die Steuern und Zölle (Zuckersteuer, Stempelsteuer, Tee-Zoll etc.). Dagegen entwickelte sich der Widerstand vor allem der begüterten und einflussreichen Kolonisten.

Ein erster Impuls ging 1773 von Boston aus. Aus Protest gegen die Tee-Zölle wurden von im Hafen liegenden Schiffen 45 Tonnen Teeballen von wütenden Bürgern in das Hafenbecken geworfen. Das Ereignis ging in die amerikanische Geschichte als die »Boston Tea Party« ein. Unter der Losung »Söhne der Freiheit« bildeten sich in allen Landesteilen Widerstandsgruppen. Deren Haltung lautete: Wir wollen nicht nur zahlen, sondern mitbestimmen. Sie forderten eine eigene Vertretung im britischen Parlament. »No taxation without representation« (Keine Besteuerung ohne [gewählte politische] Vertretung).

Diese kaufmännisch determinierte Aktion entwickelte sich – beeinflusst von Idealen französischer Aufklärer – im Verlaufe weniger Jahre zur amerikanischen Unabhängigkeitsbewegung. Nach bewaffneten Auseinandersetzungen zwischen britischen Truppen und Kolonisten wurde im Juli 1776 die Unabhängigkeit der USA erklärt.

Wenige Jahrzehnte danach stellten die Verfasser der 1843 erschienenen »Enzyklopädie der Staatswissenschaften« mit Weitsicht und mit relativ wenigen Worten die Problematik und die Ursachen der Staatsschuldenkrise in Europa folgendermaßen dar: »Die Schuldenmasse der heutigen Staaten, zumal der reichsten und zivilisiertesten und mächtigsten, hat eine in der früheren

Staatengeschichte unerhörte Höhe erreicht; es greift dieses Schul-
denwesen so tief in die wirtschaftlichen und sittlichen Verhältnisse der Völker ein und übt auf den Staatshaushalt, die Politik
und die internationalen Beziehungen einen so mächtigen Einfluss
aus, dass es mit Recht die größte Aufmerksamkeit des Staatsman-
nes, des Historikers und überhaupt des denkenden Bürgers in
Anspruch nimmt.«[71]

Als Gründe dieser Schuldenmisere nannten die Verfasser die
hohen Militärausgaben und die Kreditbelastungen, die »es den
Regierungen möglich gemacht hat, mit Vermeidung der früheren
barbarischen Bedrückung und Beraubung von Feind und Freund
und mit vergleichsweise geringen Kosten in kurzer Zeit die größten Summen auf dem Wege des freien Kredits aufzunehmen.«
(Die britische Staatsschuld hatte sich nach den Angaben dieser
Autoren bis 1839 auf 733 760 Pfund Sterling erhöht.)[72]

Die beschriebenen und beklagten Staatsschulden im 18. und
19. Jahrhundert hatten – wie Archivunterlagen belegen – erkennbare negative Auswirkungen auf den Handlungsspielraum der
europäischen Staaten. Sie bewegten sich jedoch bis zum Ende
des 19. Jahrhunderts in beherrschbaren Größen. Reparationen
besiegter Staaten ebenso wie permanent wachsende Einkünfte der
entwickelten Staaten aus der Plünderung kolonialisierter Gebiete
und wachsende Steuereinnahmen im Ergebnis des Wachstums der
industriellen Produktion und von Dienstleistungen ermöglichten
es den USA und den bürgerlichen Staaten Europas, bis zum Ende
des 20. Jahrhunderts die geforderten Zinsen für wachsende Staatsschulden zu zahlen und die Handlungsfähigkeit der Regierungen
zu erhalten.

Die im 21. Jahrhundert ausgebrochene *Weltschuldenkrise* ist
mit den Szenarien der Schuldenbewältigung in der Vergangenheit
nicht mehr zu vergleichen. In den USA, in Japan und in den meisten europäischen Staaten übertreffen inzwischen die zu bedienen-
den Staatsschulden die Wirtschaftsleistung der Volkswirtschaften.
Das bedroht die soziale Sicherheit der Völker und die verbliebene
demokratische Substanz der politischen Systeme und erhöht über-
dies die Gefahr internationaler Konflikte.

Analysten der derzeitigen tiefgreifenden Schuldenkrise verweisen auf eine annähernd vierzigjährige Fehlentwicklung des

internationalen kapitalistischen Finanzsystems. Diese begann in der zweiten Hälfte des 20. Jahrhunderts – wie bei allen anderen großen Krisen – mit einem Krieg. Der achtjährige völkerrechtswidrige Krieg der USA gegen Vietnam – ein erfolgloser Versuch, die Entwicklung des Sozialismus in Asien mit militärischen Mitteln zu eliminieren – strapazierte die Staatsfinanzen der USA über Gebühr. Präsident Richard Nixon sah sich deshalb veranlasst, entgegen allen bis dahin geltenden Regeln am Beginn der 70er Jahre die Bindung der US-Währung an einen festen Goldwert aufzugeben. Es wurden nun »ungedeckte« Dollar gedruckt und damit die Menge des umlaufenden Geldes vergrößert. Spätere US-Präsidenten weiteten die Möglichkeiten der Akteure des Finanzmarktes weiter aus. Bewährte Erkenntnisse zur Sicherung der Währungsstabilität wurden verlassen und dem internationalen Finanzkapital im globalen Feld Tür und Tor geöffnet. In den 50er Jahren beliefen sich die US-Staatsschulden auf 250 Milliarden Dollar. Sie wuchsen bis 1992 auf 5,9 Billionen Dollar. Im Juni 2011 hatten sie 14,46 Billionen Dollar erreicht: Das waren 98,6 Prozent des Bruttoinlandsproduktes.

Die Regierung der Bundesrepublik Deutschland folgte auch in ihrer Haushalts- und Währungspolitik der Praxis der USA.[73] Analog zur US-Haushaltsreform für das Fiskaljahr 1969 wurde im Mai des gleichen Jahres das im Grundgesetz der Bundesrepublik verankerte Haushaltsrecht geändert. Seitdem wuchsen die Schulden der öffentlichen Hand in den vergangenen fünfzig Jahren von Jahrzehnt zu Jahrzehnt. Im Jahr 1960 betrugen sie 29 Milliarden Euro, 1970 bereits 64,2 Milliarden, 1980 waren es 238 Milliarden, 1990 schon 583 Milliarden, 2000 waren 1198 Milliarden erreicht. Seit 2011 liegen die öffentlichen Schulden der BRD bei über zwei Billionen Euro.[74]

Die Verschuldungssumme eines Staates wird von Volkswirten bekanntlich stets in Relation zum erwirtschafteten Bruttoinlandsprodukt (BIP) beurteilt. Die bekannten US-amerikanischen Finanzökonomen Kenneth S. Rogoff und Carmen Reinhart haben errechnet, wann das Verhältnis der Staatsschulden zum BIP zu einer kritischen, kaum beherrschbaren Masse wird. Ihr Ergebnis lautet: Der kritische Punkt ist erreicht, wenn die Grenze von 90 Prozent überschritten wird.[75]

Diese kritische Zäsur passierten im Jahr 2011 Japan (241 Prozent), die USA (110,7 Prozent), Griechenland (165,3 Prozent), Italien (120,1 Prozent) und weitere Länder.

In den Staaten der Eurozone hatte sich von 2008 bis 2011 deren Verhältnis von Schulden zum BIP von 70,1 auf 81,7 Prozent erhöht. In Deutschland verschlechterte sich in gleicher Zeit das Verhältnis von 66,7 auf 81,2 Prozent.[76]

Auch in anderen Staaten zeichnet sich eine Annäherung an die kritischen 90-Prozent-Marke ab. 2012 hatten die britischen Staatschulden mit mehr als 1,3 Billionen Pfund Sterling und einem Verhältnis zum Bruttoinlandsprodukt von etwa 90 Prozent eine schwindelerregende Höhe erreicht.[77] Der über Jahrzehnte verfolgte Weg, Schulden mit frischen Krediten – also neuen Schulden – zu bezahlen, ist nicht unendlich gangbar.

Eine derartige Staatsschuldenentwicklung erdrosselt erkennbar die Substanz der bürgerlichen Demokratie. Das legendäre Königsrecht der Parlamente, das Haushaltsrecht, wird zunehmend eingeschränkt und damit die Souveränität der parlamentarischen Körperschaften ausgehöhlt. Der Deutsche Bundestag verfügt bei der Aufstellung des Staatshaushaltes inzwischen nur noch über ein Fünftel des Haushaltsvolumens. Alles andere ist »festgeschrieben«. Etwa 15 Prozent der Haushaltausgaben dienen dem unerbittlichen Zinsdienst.

Die gnadenlosen Forderungen des internationalen Finanzsystems nehmen den parlamentarischen Gremien Luft zum Atmen. Der bekannte belgische Finanzanalyst Marc Roche hat bereits 2012 in einer Dokumentation den Nachweis dafür erbracht: »Es gibt derzeit keine Regierung, die in der Lage wäre, die Finanzwelt im Zaum zu halten. Die Lage ist heute problematischer denn je, weil die Banken bei schlechter Wirtschaftslage stärker denn je sind.«[78] Der Autor verweist unter dem Titel »Eine Bank regiert die Welt« besonders auf den Einfluss der US-Bank Goldman Sachs auf die EU-Kommission.

Die Finanzmärkte treiben so die Regierungen vor sich her, bestimmen deren Handeln in grundlegenden Fragen. Das Primat der Märkte hat inzwischen die Welt an den Abgrund geführt. Der Konflikt zwischen den Märkten, der Politik, den Interessen der Bürger und der verbliebenen Substanz der Demokratie weitet sich kontinuierlich aus. Nur wenn Politik sich von der erdrückenden Dominanz der Märkte befreit und das leistet, was Politik gegenüber den Bürgern des Landes zu leisten hat, kann dem sich verdichtenden Krisenzyklus Einhalt geboten werden.

Eine Gruppe von 22 Beobachtern der sich über den Globus erstreckenden Staatsschuldensituation stellte 2012 fest: Die Welt stecke »in einem gewaltigen Transformationsprozess, mitten in einer tiefgreifenden Veränderung eines krisenhaften und verschuldeten Systems, die bisherige Annahmen außer Kraft setzt, geltende Wirtschaftstheorien obsolet macht und geeignet ist, uns arm zu machen, unseren Wohlstand, soziale Sicherheit und Demokratie zu zerstören«.[79]

Die Auswirkungen der seit mehr als vierzig Jahren wachsenden internationalen Finanzkrise auf die politischen Systeme und die Reste der bürgerlichen Demokratie sind unverkennbar. War das internationale Heer der Makroökonomen und Finanzexperten bisher blind oder nur einflusslos und sprachlos, um das Unheil zu erkennen und der Welt mitzuteilen?

War es eventuell politisches Kalkül, im Wettstreit der Systeme im 20. Jahrhundert mit einer Scheinblase an Wachstum und Wohlstand in den kapitalistischen Industrieländern einen psychologischen Vorteil gegenüber den sozialistischen Staaten zu gewinnen? In welchem Licht erscheinen heute die etwa zehn Milliarden Euro Auslandsverbindlichkeiten am Ende der – als marode deklarierten – DDR gegenüber den mehr als 583 Milliarden Euro Schulden der BRD 1989, also im letzten Jahr vor der Vereinnahmung des anderen deutschen Staates?[80] Hat allein die Gier der Finanzhaie die Welt in die derzeitige Krise getrieben, oder haben willfährige Regierungen die desaströse Entwicklung ihrer Staatsfinanzen im blinden Vertrauen, in Unkenntnis oder in Komplizenschaft mit den Gestaltern der Finanzmärkte diese Dynamik der Schuldenspirale, der sozialen Kälte und der Entrechtung der Vertretungskörperschaften billigend in Kauf genommen? Wer es mit der Demokratie ernst meint, muss die Akteure der internationalen Finanzwelt bändigen!

9. Werden es die Enkel besser ausfechten?

Vor 250 Jahren schrieb der große französische Aufklärer Jean-Jacques Rousseau: »Wenn der Staat in seiner Substanz verfälscht ist, kann keine Reform ihn retten. [...] Strenggenommen hat es niemals eine wirkliche Demokratie gegeben; es wird auch keine geben.«[81] Hatte er Recht mit seiner Prophezeiung? Nachzudenken wäre darüber.

Wir stehen wohl derzeit und künftig vor der Frage: Kann der Staat – wie neoliberale Konzeptionen besagen – ein in seiner Verantwortung und Handlungsmacht verkümmerndes Rechtsetzungsinstrument sein, oder soll der Staat als Resultat des Volkswillens unter aktiver Einbeziehung seiner Bürger in allen Sphären gesellschaftsgestaltend wirken? Partielle Korrekturen im Wahlrecht oder in der Geschäftsordnung von Parlamenten sind eine zu kleine Münze für das wirkliche Problem.

Es bedarf offensichtlich einer grundlegenden demokratischen Erneuerung. Es geht künftig um gesellschaftliche Veränderungen, die Demokratie ermöglichen und Demokraten Wirkungsmöglichkeiten vermitteln. Dafür gibt es keine einfachen Lösungen. Demokratisches Handeln ist bekanntlich nicht vererbbar. Werden sich künftig Wähler damit abfinden, dass sich allein mit der Stimmabgabe ihre Beteiligung an einem demokratischen Staatswesen erschöpft? Schaffen nicht Mitverantwortung und transparente Begründung wichtiger Staatsentscheidungen eher Vertrauen als die bloße Stimmabgabe? Mitverantwortung kann man aber nicht wie die Stimme abgeben. Sie muss möglich sein und eingefordert werden. Jede heranwachsende Generation wird dazu ihre Erfahrungen machen, wird nach neuen Gestaltungsmöglichkeiten suchen. Und das unter den Bedingungen der Beschleunigung der ökologischen, technischen, ökonomischen, sozialen und demografischen Zwänge und Entwicklungen.

Ob die derzeit offizielle Vorstellung von einer europäischen Demokratie Utopie ist oder wirksam werden kann, muss sich erst noch erweisen.

Der Zweifel wird auch dazu ein guter Freund sein.

Anmerkungen

1 Ulrike Guérot: Warum Europa eine Republik werden muss! Dietz Verlag Berlin 2016, S. 118

2 Ulrike Guérot, a. a. O., S. 253

3 Vgl. Christian Bommarius: Der gute Deutsche; Berenberg Verlag, Berlin 2015, S. 17 ff.

4 Zitiert in Dietmar Hawrant u. a.: Autos gegen Banken, in: *Der Spiegel* 42/2013, S. 32

5 Vgl. u. a. Michael Sauga: Der Westen – oder nichts, in: *Der Spiegel* 19/2016, S. 8

6 Henry Kissinger: Weltordnung; München 2014, S. 108

7 Karl Lauterbach: Extreme Dummheit, Interview; in: *Der Spiegel* 52/2012, S. 23

8 Roger Willemsen, Das Hohe Haus – Ein Jahr im Parlament, S. Fischer Verlag, Frankfurt am Main 2014, S. 16

9 Christoph Möllers, Demokratie – Zumutungen und Versprechen, Verlag Klaus Wagenbach. Berlin 2012, S. 64

10 BVerfG zur Wahl des Bundespräsidenten: »Erbe der konstitutionellen Monarchie«; in: *Legal Tribune Online*, 10. Juni 2014

11 Christoph Möllers: a. a. O., S. 64

12 Paul Nolte: Was ist Demokratie? Geschichte und Gegenwart; Verlag C. Beck, München 2012, S. 128

13 Paul Nolte a. a. O., S. 124

14 Grundgesetz der Bundesrepublik Deutschland, Artikel 20 Abs.2

15 BVerfGE 95, 1/15;124,78/120

16 Paul Nolte a. a. O., S. 127

17 Paul Nolte a. a. O., S. 126

18 Vgl. Jean-Jacques Rousseau, Abhandlungen über die Politische Ökonomie, in: Politische Schriften, Schöningh Verlag, Paderborn 1977, S. 49

19 J. J. Rousseau: Vom Gesellschaftsvertrag oder Grundsätze des Staatsrechts, Reclam Verlag, Stuttgart 1977, S. 26

20 J. J. Rousseau, Der Gesellschaftsvertrag, Philipp Reclam jun., Leipzig 1947, S. 108

21 Vgl. G. Meyer, Das parlamentarische Wahlrecht, Haering Verlag, Berlin 1901, S. 54

22 Vgl. Georg Meyer, a. a. O., S. 70

23 Vgl. Hermann Klenner, Studien über die Grundrechte, Staatsverlag der DDR, Berlin 1964, S. 21

24 Vgl. Howard Zinn: A Peole's History of the Unitet States, Harper Perennimal, o. O., o. J, S. 72

25 Zitiert in: Henry Kissinger: Weltordnung, Bertelsmann Verlag, München 2014, S. 274

26 The Great Nation of Futurity, in: United States Magazine and Democratic Review, o. O., November 1839

27 Henry Kissinger, a. a. O., S. 275

28 Thedore Roosevelt, Anual Message to Congress for 1904, zitiert in: Henry Kissinger, a. a. O., S. 283

29 Vgl. Stefan Bollinger: Revolution. Die Karriere eines Begriffs nach dem Ende des Ostblocks, in: Andreas Heyer (Hrsg.): Diskutieren über die DDR, Festschrift für Siegfried Prokop, Bd. 1, o. O., o. J., S. 45

30 Vgl. Robin Hanson, Shall We Vote on Values, But Bet on Beliefs? (*htttp://hanson.gmu.edu/futarchy.pdf*)

31 David Dunning, zitiert in: Zu dumm; in: *Der Spiegel* 11/2014, S. 128;

32 Fareed Zakaria: Das Ende der Freiheit, Deutscher Taschenbuch Verlag, München 2007, S. 156

33 Henry Kissinger a. a. O., S. 314

34 Der Historiker Winkler, Jahrgang 1938, mit Professuren an der Berliner Freien Universität und der Albert-Ludwigs-Universität Freiburg, gehörte 1990/91 zu den Aktivisten bei der Säuberung der Humboldt-Universität von marxistischen Historikern. Er übernahm Lehrstuhl und Geschäftsführung des aus der Sektion Geschichte hervorgegangenen Instituts. Der verständliche Widerstand gegen sein brachiales und ideologisch motiviertes wie persönlich ehrgeiziges Vorgehen wurde von ihm als

Opferweg verstanden, *Wikipedia* zitiert ihn mit der Aussage, er habe es »mit massiven Anfeindungen der alten Kader zu tun gehabt und unter starker persönlicher Belastung mit anderen gemeinsam die Angleichung an westdeutsche und internationale Standards der historischen Lehre durchgesetzt«.

35 Heinrich August Winkler: Das Beste vom Westen – Menschenrechte nur für Europäer und Amerikaner? Nein sie gelten überall – auch wenn das nicht allen passt, in: *Die Zeit* vom 20. Juni 2013, S. 8

36 Vgl. Franziska Augstein: Stimme der Bundesrepublik, in: *Süddeutsche Zeitung* vom 7. Mai 2015

37 Gesetzblatt für das Königreich Bayern 1818, VII, Stück Spalte 101f. Nachdruck in: Verfassungen deutscher Länder und Staaten, Staatsverlag der DDR, Berlin 1989, S. 113 f.

38 Ernst Rudolf Huber, Deutsche Verfassungsgeschichte seit 1789, Bd.1, Kohlhammer Verlag, Stuttgart 1960, S. 789 f.

39 Vgl. Manfred Botzenhart: Der deutsche Parlamentarismus in der 1848–1850 Revolutionszeit, Droste Verlag, Düsseldorf 1977, S. 41

40 Flugblatt vom 3. März 1848, in: Gerhard Becker: Karl Marx und Friedrich Engels in Köln 1848–1849, Dietz Verlag, Berlin 1963, S. 17

41 Zitiert in: Walter Gagel: Die Wahlrechtsfrage in der Geschichte der deutschen liberalen Parteien 1848–1918, Droste Verlag, Düsseldorf 1958, S. 10

42 Aufruf des Magdeburger Zigarrenmachergewerks an alle Fabrikarbeiter, Handwerksgesellen, Tagelöhner und Dienstboten, Protest gegen den Wahlgesetzentwurf der Deutschen Nationalversammlung zu erheben. In: *Neue Rheinische Zeitung* (Köln) Februar 1849

43 Ernst Rudolf Huber: Deutsche Verfassungsgeschichte ..., a. a. O., S. 789

44 Frankreich musste an Deutschland fünf Milliarden Goldfranc zahlen. Ein Teil der als »Reichskriegsschatz« gezahlten Reparationen war bis 1918 in der Spandauer Zitadelle eingelagert.

45 Michael Stürmer: Das ruhelose Reich, Deutschland 1866–1918, Siedler Verlag, München 1983, S. 99

46 Ernst Wolfgang Böckenförde: Rechtsstaat oder Unrechtsstaat, in: *Frankfurter Allgemeine Zeitung* vom 13. Mai 2015

47 Katharina Gräfin von Schlieffen: Der Rechtsstaat, in: Werner Heun/Martin Honecker u. a. (Hrsg.): Evangelisches Staatslexikon, Kohlhammer Verlag, Stuttgart 2006, Sp. 1927

48 Georg-Christoph von Unruh, Die Schule der Staatsrechtslehrer und ihre Vorläufer, in: Recht und Staat im sozialen Wandel, Dunker und Humblot Verlag Berlin 1983 S. 280

49 Johann Christoph von Aretin: Staatsrecht der konstitutionellen Monarchie, Leipzig 1824, Bd. 1, S. 163

50 Peter-Herbert Frank: Ein Gegenfanal setzen. Interview, in: *Der Spiegel* 6/2026, S. 37

51 Ekkehard Müller-Jentsch, Hans Leyendecker: Ranges Nachfolger ist erfahren und belastbar, in: *Süddeutsche Zeitung* vom 4. August 2015

52 Gesetzblatt für das Königreich Baiern, 1818. VII Stück, Spalte 101–140

53 Mitteilung des Bundesministeriums für Justiz vom 11. Mai 2016

54 Statistisches Bundesamt, Statistisches Jahrbuch 2015, Abschnitt 11.1, S. 306

55 Ralf Eschelbach zitiert in: Ohne jeden Zweifel – Fehlurteile in Deutschland, in: *Süddeutsche Zeitung* vom 17. Mai 2015

56 Münchener Rechtslexikon Bd. 3, Verlag C. Becksche Verlagsbuchhandlung, München 1987, S. 71

57 Deutscher Bundestag 2008 – Wissenschaftliche Dienste, Definition des Begriffs Unrechtsstaat in der wissenschaftlichen Literatur, Kurzinformation WD-1061/08

58 Vgl. Wolfram Fischer/Harm Schöder: Die Entstehung der Treuhandanstalt, in: Wolfram Fischer/Herbert Hax/Hans Karl Schneider (Hrsg.): Das Unmögliche wagen. Forschungsberichte Berlin, Akademieverlag Berlin 1993, S. 18

59 Dem Runden Tisch lag mit der Vorlage 12/29 am 12. Februar 1990 ein Projekt zur Sicherung von Anteilsrechten der Bürger am Volkseigentum vor. Es fand weitgehend Zustimmung, wurde später verschwiegen, weil es offensichtlich nicht in das Konzept der westdeutschen, als Berater auftretenden Instrukteure passte. Vgl. dazu u. a. Wolfgang Seibel: Die gescheiterte Wirtschaftsreform der DDR 1989/90, veröffentlicht von der Bundeszentrale für politische Bildung, 4. März 2010

60 Theodor Waigel in der Debatte des Bundestages am 7. Februar 1990, in: Deutscher Bundestag (Hrsg.): Auf dem Weg zur deutschen Einheit, Berlin, S. 468

61 Vertrag über die Schaffung einer Währungs-, Wirtschafts- und Sozialunion zwischen der Bundesrepublik Deutschland und der Deutschen Demokratischen Republik vom 18. Mai 1990, BGBl. II, S. 537

62 Herbert Prantl: Gauck fällt aus der Rolle, auf: *Sueddeutsche.de*, 2. November 2014

63 Vgl. »Lothar de Maizière will DDR nicht als Unrechtsstaat bezeichnen«, in: *Spiegel online* vom 23. August 2010

64 Zitiert in: Martin Schlegel: Protestantische Frauenpower, in: *Der Tagesspiegel* vom 24. Oktober 2009, S. 4

65 Rolf Reißig: Pfadwechsel – hin zu einer neuen sozialen Ordnung, in: *Neues Deutschland* vom 5./6. November 2011

66 Die Bibel, Matthäus 14, 22–33; Johannes 6,16–21

67 Vgl. Herbert Graf: Transformationstheorie – historische Wurzeln, politische Folgen, in: Gefährliche Illusionen – Die Transformationspolitik in der Kritik, verlag am park, Berlin 2015, S. 131–154

68 Shoshana Zuhoff: Das System hat versagt, in: *Frankfurter Allgemeine Sonntagszeitung* vom 10. Februar 2011, S. 41

69 Vgl. Jacques Necker, Compte rendu, in Œuvres completes, II., o. O., o. J., S. 23 f.

70 Vgl. Willi Paul Adams: Die USA vor 1990, Oldenbourg Verlag, München 2000, Band 28 des Oldenbourg Grundriss der Geschichte, S.38

71 Staatslexikon oder Enzyklopädie der Staatswissenschaften, Hrsg. Carl von Rotteck und Carl Welker, 15. Band. Altona Verlag von Johann Friedrich Hammerich, Hamburg 1843, S. 4

72 Vgl. Carmen Reinhart, Kennth Rogoff: Dieses Mal ist alles anders – acht Jahrhunderte Finanzkrisen. Finanzbuchverlag, Kulmbach 2010, Kap. 5 und 10

73 Vgl. Helmut Reichel: Zu Fehlbetrag und Überschuss im zentralen Staatshaushalt – unter besonderer Berücksichtigung der BRD und der USA. In: Frankfurter Wirtschafts-und Sozialwissenschaftlichen Studien, Heft 27, Verlag Dunker und Humblot, Berlin 1974, S. 11 ff.

74 Zahlenangaben nach Ullrich Fichtner/Cordt Schnibben (Hrg.): Billionenpoker, Deutsche Verlagsanstalt, München 2012, S. 240 f.

75 Carmen Reinhart, Kenneth Rogoff: Dieses Mal ist alles anders – acht Jahrhunderte Finanzkrisen. Finanzbuchverlag, Kulmbach 2010

76 Zahlenangaben nach: Eurostat-Datenbank: BIP und Hauptkomponenten, sowie Eurostat-Datenbank: Defizit/Überschuss, Schuldenstand des Staates und damit zusammenhängende Daten , o. O., o. J.

77 Quelle: International Monetary Fund – IMF, o. O., o. J.

78 Marc Roche: Goldman Sachs – eine Bank lenkt die Welt, *Arte Dokumentation* vom 4. September 2012, gedruckt in *Arte Magazin* 9/2012, S. 25

79 Ullrich Fichtner/Cordt Schnibben und 20 weltweit arbeitende Beobachter in: Billionenpoker [...], a. a. O., S. 256

80 Zahlenangabe abgeleitet aus dem offiziellen Bericht der Bundesbank vom August 1990, in: Siegfried Wenzel: Was war die DDR wert? Das Neue Berlin, Berlin 2000, S. 28

81 Jean-Jacques Rousseau: Politische Schriften, Bd. 1, Ferdinand Schöningh Verlag, Paderborn 1964, S. 128

II.
Werden und Wachsen
des Demokratiekonzepts

Ebenso wie das Feuer und das Rad gehört die Demokratie zu den großen Entdeckungen, die das Werden und Wachsen der menschlichen Zivilisation – wenn auch in sehr unterschiedlichen Lebensbereichen – geprägt haben. Wir wissen nicht, wann erstmals Menschen lernten, Feuer zu entfachen und zu beherrschen. Die ältesten gesicherten Funde liegen mehr als dreißigtausend Jahre zurück. Die Erzeugung und die Bändigung des Feuers waren nicht nur ein wichtiger Schritt für die Ernährung der Urmenschen, vor allem deren Eiweißversorgung, sondern auch der Beginn eines aktiven Einwirkens auf die Umwelt. Mit dem Rad, das mit Wahrscheinlichkeit vor 4000 Jahren erfunden wurde, begann der Siegeszug der Mechanik.

Die Demokratie bildete sich später, etwa vor 2400 Jahren heraus, nachdem Menschen über Jahrhunderte erprobt hatten, Gemeinschaften zu gestalten. Damit begann die Erosion der Dominanz blutsverwandtschaftlicher Herrschaftsformen von Königs- und Fürstendynastien und ebenso der seinerzeit in Anatolien siedelnden assyrischen Kaufmannsdynastien. Am Beginn der Demokratieentwicklung ging es darum, dass ein Teil der Angehörigen einer Gemeinschaft (in der Regel nicht-versklavte Männer) ein gewisses Recht zur Mitentscheidung über Angelegenheiten des Gemeinschaftslebens erhielt.

Die Demokratie entwickelte sich seit ihren Anfängen nicht in einem permanenten Siegeszug. Über Jahrhunderte geriet sie in das

Abseits der Geschichte. Seit den Revolutionen im 18. Jahrhundert lebte die Demokratie auf, ebbte wieder ab, bewährte sich, wurde zum Synonym für Freiheit, Gleichheit und Brüderlichkeit erklärt oder auch verteufelt, nicht selten missbraucht. Nelson Mandela (1918–2013) bezeichnete die Demokratie als eine zarte Blume. Er hat diese metaphorische Beschreibung nicht näher interpretiert. Als gegeben ist allerdings anzunehmen, dass zarte Blumen nicht jeden Boden, vor allem keine rauen Bedingungen vertragen. Wegen ihrer Zartheit bedarf die Demokratie besonderer Pflege und Aufmerksamkeit. Beliebigkeit ist ihr fremd. Oftmals hatte sich die Demokratie mächtiger Gegner zu erwehren.

2003 erklärte der Insider der Bonner Politik Günter Gaus: »Der Kalte Krieg hat die korrekte Bezeichnung unserer demokratischen Variante, die ›pluralistische Demokratie‹ zum Feldgeschrei ›Demokratie als Alleinvertretungsanspruch‹ verkürzt. […] Ich bin vor allem deshalb kein Demokrat mehr, weil aus dem gesellschaftlichen Zusammenwirken von Wählern und Gewählten mehr und mehr eine Schauveranstaltung geworden ist. Stars, aus dem Fernsehen bekannt und ausgewählt nach dem Gelingen ihrer Auftritte, buhlen von Zeit zu Zeit um die Gunst des Publikums, das einst seinem Anspruch nach der demokratische Souverän gewesen ist. Unter Wahrung der demokratischen Formen ist der Inhalt des politischen Systems gegen wechselnde Events ausgetauscht worden.«[1]

Der *bürgerliche Parlamentarismus* bildete sich im Ergebnis der Kämpfe gegen das überlebte, den sozialen Fortschritt hemmende Feudalsystem in der zweiten Hälfte des 18. Jahrhunderst in Frankreich und in Nordamerika heraus. Der Begriff *Demokratie* fand erst in späteren Phasen dieser Bewegungen als eine Definition der errungenen Machtverhältnisse Anwendung und Verbreitung.

1. Demokratie und offene Gesellschaft

Nicht selten hört man in Politikerreden, liest man in journalistischen Kommentaren zur Demokratie, dass die Staaten des Westens eine *offene Gesellschaft* seien, während andere Regime (besonders die ehemaligen sozialistischen Staaten) als *geschlossene Gesellschaften* bezeichnet werden. Stets beruft man sich dabei auf den Philosophen und Sozialwissenschaftler Karl Popper (1902–1994). Natürlich klingt das gut, wenn man die eigene Gesellschaft als offen und anders geartet als eine geschlossene bezeichnet. Offen wird mit Freiheit, geschlossen eher mit einem Gefängnis assoziiert. Wer aber hat sich die Mühe gemacht, Poppers Werk »Die offene Gesellschaft und ihre Feinde«, das er von 1938 bis 1942 in Neuseeland geschrieben hatte, gründlich zu lesen?

Der erste Band ist Platon gewidmet, im zweiten Band beschäftigt er sich mit Hegel und Marx. Im ersten Band schrieb er: »Eine geschlossene Gesellschaftsordnung ähnelt immer einer Herde oder einem Stamm; sie ist eine halborganische Einheit, deren Mitglieder durch halbbiologische Bande, durch Verwandtschaft, Zusammenleben, durch Teilnahmen an gemeinsamen Anstrengungen, gemeinsamen Gefahren, gemeinsamen Freuden, gemeinsamem Unglück zusammengehalten werden. [...] Sie (sind) durch konkrete physische Beziehungen wie Berührung, Geruch, Sicht miteinander verbunden.«[2] Weiter führt Popper aus: »Die Züge an die ich denke, sind mit der Tatsache verbunden, dass viele Mitglieder einer offenen Gesellschaft sozial emporzukommen versuchen, dass sie versuchen, die Stellen anderer Mitglieder einzunehmen. Dies kann zu so einem wichtigen sozialen Phänomen wie zum Klassenkampf führen.«[3]

Im zweiten Band seines Werkes disputiert Popper mit Auffassungen von Karl Marx. Dabei bezeichnet er »die marxistische Weltanschauung als ein folgerichtiges Denksystem.«[4] In seiner Polemik mit Marx geht Popper von der Erwartung aus: »Es wird angenommen, dass die politische Macht die ökonomische Macht kontrollieren kann.«[5] Daraus folgert er: »Das Dogma, dass die ökonomische Macht Wurzel allen Übels ist, muss aufgegeben werden.«[6] Es ist wohl anders gekommen, als Popper erhoffte.

Voller Hochachtung vor dem marxistischen Ideengut erklärt Popper: »Wenn wir nun auf Marx' Theorie der Ohnmacht der Politik und der Macht historischer Kräfte zurückblicken, dann müssen wir zugeben, dass sie ein imponierendes Gebäude ist. [...] Die Erfahrungen seiner Zeit, seine humanitäre Entrüstung und das Bedürfnis, den Unterdrückten den Trost seiner Prophezeiung zu bringen, die Hoffnung oder gar die Sicherheit des Sieges, all das ist in einem einzigen grandiosen politischen System vereinigt, das sich mit den holistischen *(ganzheitlichen – H. G.)* Systemen Platons und Hegels vergleichen lässt oder ihnen gar überlegen ist.«[7]

Mit seinem Hauptwerk stand Karl Popper als 40-Jähriger auf dem Höhepunkt seines Schaffens. Dass der österreichisch-britische Philosoph sich im März 1992 als 90-Jähriger in London von einem deutschen Redakteur in einem Interview zu antikommunistischen Äußerungen und zu einer makabren proamerikanischen Kriegspropaganda missbrauchen ließ[8], steht auf einem anderen Blatt als sein so oft fehlinterpretiertes Werk über die offene Gesellschaft.

2. Demokratie und Weltmachtstreben

Auch im 21. Jahrhundert bleibt die Demokratie Gegenstand kontroverser Debatten. In den vergangenen 25 Jahren wurden im Namen der Demokratie oder auch, um Demokratie zu implementieren, völkerrechtswidrige Kriege auf dem Balkan, im Irak, in Afghanistan, in Libyen und in Syrien geführt. In Deutschland – wie in den bürgerlichen Staaten des Westens – hat sich inzwischen ein Dogma manifestiert, nach dem die sehr unterschiedlichen politischen Systeme der annähernd 200 existierenden Staaten entweder als demokratisch oder als undemokratisch bezeichnet werden. Nach diesem Schema sind die mit den USA verbundenen Staaten »Demokratien«, während andere Staaten mit den Begriffen »Diktaturen« oder »Autokratien« diskriminiert und dadurch mehr oder weniger zum Feindgebiet erklärt werden, denen nur ein »regime change« den Weg in das Himmelreich der Demokratie eröffnete. American way of life und Regimewechsel erweisen sich als politische Instrumente, mit denen das inzwischen globalisierte Finanz- und Industriekapital die umfassende Verwirklichung seiner ökonomischen und Machtinteressen in allen Ländern unseres Globus zu erreichen sucht.

Der einflussreiche Berater am Zentrum für Strategische und Internationale Studien der USA, Zbigniew Brzeziński, vertritt die Auffassung, der Nährboden amerikanischer Demokratie sei eine »unwiderstehliche Mischung aus Idealismus und Egoismus«. In einer Studie stellte er fest: »Da der *american way of life* in aller

Welt mehr und mehr Nachahmer findet, entsteht ein idealer Rahmen für die Ausübung der indirekten und scheinbar konsensbestimmten Hegemonie der Vereinigten Staaten. Und wie in der amerikanischen Innenpolitik bringt diese Hegemonie eine komplexe Struktur miteinander verketteter Institutionen und Verfahrensabläufe hervor, die Übereinstimmung herstellen und ein Ungleichgewicht an Macht und Einfluss verdecken sollen. Die globale Vorherrschaft Amerikas wird solchermaßen durch ein ausgetüfteltes System von Bündnissen und Koalitionen untermauert, das tatsächlich die ganze Welt umspannt. [...] Anders als frühere Imperien ist dieses gewaltige globale System nicht hierarchisch organisiert. Amerika steht im Mittelpunkt eines ineinandergreifenden Universums, in dem Macht durch dauerndes Verhandeln, im Dialog, durch Diffusion und Streben nach offiziellem Konsens *(und wie täglich bewiesen wird, auch mit politischem, ökonomischem und militärischem Druck – H. G.)* ausgeübt wird, selbst wenn diese Macht letztlich von einer einzigen Quelle, nämlich Washington D. C., ausgeht. Das ist auch der Ort, wo sich Machtpoker abspielt, und zwar nach amerikanischen Regeln.«[9] Daraus folgerte er, die »Selbstbeschränkung (das heißt die Verteidigungsausgaben) und die Aufopferungsbereitschaft (auch Verluste unter Berufssoldaten) passen nicht ins demokratische Empfinden. Die Staatsform Demokratie ist einer imperialen Mobilmachung abträglich.«[10]

Die Logik derartiger strategischer Positionen lässt erkennen, dass die politischen und ökonomischen Weltmachtbestrebungen der USA zum Tod auch der Demokratie führen. Das gebetsmühlenhaft benutzte Wort Demokratie verkommt zur raffiniert verklärten Dekoration amerikanischer Weltherrschaftsbestrebungen. Macht wird nach dieser Version nicht mehr als Volksherrschaft in souveränen Nationalstaaten, sondern von den Führungskräften in Washington D. C. und in der New Yorker Wall Street ausgeübt.

3. Hat Demokratie weltweit analoge Strukturen?

Bei nicht wenigen der vorliegenden Betrachtungen zur Demokratiefrage wird oft ausgeblendet, dass in keinem Land der Welt die Demokratie eine statische, unveränderliche, also keine in jedem

Fall schematisch vergleichbare Größe ist. Historisch gewachsene Gewohnheiten der Staatsbürger, daraus resultierende unterschiedliche Denk- und Lebensweisen (vor allem der großen Zahl der über Jahrhunderte kolonial unterdrückten Völker) haben (neben religiösen Prägungen und dem Niveau der ökonomischen Entwicklung) oft erheblichen Einfluss auf die Herausbildung, nicht selten auch die Degenerationserscheinungen politischer Systeme. In gleicher Richtung wirken vielerorts der Grad des Einflusses früherer Kolonialmächte, internationaler Investoren sowie verbindlicher Verpflichtungen der Staaten im Rahmen gewählter oder auch erzwungener internationaler Bündnisse.

Indien ist nach westlicher Lesart die *größte Demokratie* der Welt. Dabei bestimmt bis heute die Kastenzugehörigkeit weitgehend die Berufswahl, oft auch die Wahl des Partners. Noch immer existieren in den ländlichen Gebieten feudale Verhältnisse zwischen Fürstenhäusern und der Bevölkerung. Wenn auch mit der Unabhängigkeitsverfassung die indischen Adligen Privilegien und Einfluss offiziell verloren haben, existieren sie noch immer. Erst im Mai 2015 wurde mit allem feudalen Pomp der 23-jährige Yaduveer Krishnadatta Chamararaja Wadiyar zum Regenten des einstigen Fürstenstaates Mysore gekrönt. Er besitzt Paläste, Burgen, Ländereien und anderes. Schier grenzenlos ist in allen Gebieten Indiens die Differenz zwischen Arm und Reich. Von den 1,2 Milliarden Einwohner gehören etwa 240 Millionen Hindus und Buddhisten zur Kaste der Unberührbaren. Ihnen wird der Zugang zu Bürgerrechten und zu normalen Arbeitsverhältnissen immer noch verwehrt. Viele der Unberührbaren leben in sklavenähnlichen Verhältnissen. Der britische Historiker Perry Anderson beschreibt Indien als ein »Land im Korsett des Kastensystems gefangen, geblendet vom Glauben an die eigene Größe und Geschichte, verstiegen im Nationalismus, der sich mit dem alles durchdringenden Hinduismus traditionell auflädt«.[11]

Die indischen Parlamentswahlen 2014, bei denen international geschulte Werbeexperten nahezu acht Milliarden Euro einsetzen konnten, waren von hinduistischer Symbolik geprägt. Der Spitzenkandidat der siegreichen Indischen Volkspartei, Narendra Modi, ein Mann der starken Hand, wurde den indischen Wählern als der künftige Heilsbringer gepriesen.

Zur *ältesten konstitutionellen Demokratie* der Welt wird oft die britische Monarchie erklärt. Über Jahrhunderte aber hat dieses Land über die Völker seines den Erdball umfassenden Empires eine brutale Diktatur ausgeübt! Im britischen »Mutterland« wurden über Jahrhunderte Bauern und Arbeiter ausgepresst, damit der britische Adel und die Herren der Fabriken und der Banken ihren Interessen nachgehen konnten.

Die konstitutionellen Monarchien in Europa haben sich in der Periode der Globalisierung als ein gewisser innenpolitischer Stabilitätsfaktor erwiesen. Demgegenüber ist etwa in Thailand das monarchische System nicht mehr in der Lage, die oft gewaltsam ausgetragenen Auseinandersetzungen der politischen Gruppierungen zu beeinflussen. Als Folgen sind die Vertiefung der sozialen und ethnischen Spannungen und sich wiederholende Militärputsche festzustellen. Beobachter gehen von einer »Zeitenwende« aus, als nach 70-jähriger Regenschaft König Bhumipol im Herbst 2016 verstarb, was eine Verschärfung der Konflikte bedeute, obgleich Bhumipols Sohn den Thron bestieg und die Mehrheit im Land der Monarchie die Treue schwor.

In der *Welt-Musterdemokratie* USA wurden und werden Afroamerikaner und Mexikaner als Menschen zweiter Klasse behandelt. Wie viele völkerrechtswidrige Kriege gingen allein von den USA aus? Zweifellos fehlt es den Spähaktionen der US-Geheimdienste an demokratischer Legitimation. Es war ein systembedingter Ausdruck einer barbarischen Diktatur, wie die USA mit ihren Gefangenen im Irak, in Afghanistan, in Geheimgefängnissen in Polen, in Guantanamo umgegangen sind und umgehen.

Frankreich – das Land der *Freiheit, Gleichheit und Brüderlichkeit* – hat mit seinen Armeen und der berüchtigten Fremdenlegion barbarische Kolonialkriege in Vietnam und in Algerien geführt. Natürlich, in den eben beschriebenen Ländern wird inzwischen gewählt, es existieren Parlamente, zum Teil auch Regelungen zur Gewaltenteilung. Wirken die Staatsmachtorgane dieser Länder in ihren Entscheidungen und in ihren Unterlassungen tatsächlich als Beauftragte ihrer Wähler? Folgen sie nicht in der Regel den Interessen der Mächtigen und externen Sachzwängen?

Die bürgerliche Demokratie erwies sich gegenüber dem Feudalsystem ohne jeden Zweifel als ein nachhaltiger politischer und sozialer Fortschritt. Seit geraumer Zeit aber hat der dominierende Einfluss der globalisierten Wirtschaftsorganisationen und des internationalen Finanzwesens demokratische Institutionen in großen wie kleinen Staaten in enge Schranken gewiesen. Dadurch wurden deren Handlungsspielräume erheblich reduziert und das Verhältnis von Wählern und Gewählten empfindlich gestört.

4. Genese proletarischer Demokratiekonzeption

Während im bürgerlichen Lager die Theorie und die Praxis der Ausübung einer demokratischen Staatsmacht von Anbeginn nicht unumstritten war und ist, hat sich die Arbeiterklasse seit dem Beginn ihrer Organisierung gegen das System kapitalistischer Ausbeutung eindeutig und unmissverständlich für die Demokratie als Staats- und Lebensform entschieden. Die Demokratiekonzeption der Arbeiterbewegung ergab sich nicht als eine einmalige theoretische Eingebung, sondern formte sich in den Klassenkämpfen in der zweiten Hälfte des 19. Jahrhunderts. Schon in der Geburtsurkunde der Arbeiterbewegung, dem Kommunistischen Manifest, hoben Marx und Engels 1848 hervor, »dass der erste Schritt in der Arbeiterrevolution die Erhebung des Proletariats zur herrschenden Klasse, die Erkämpfung der Demokratie ist«.[12] Damit war das Wesen einer künftigen sozialistischen Staatsmacht vorgezeichnet. Noch blieb es der Zukunft vorbehalten, die Elemente dieser nichtbürgerlichen Demokratie und die Schritte, die dazu führen, zu erarbeiten.

Die nächste wichtige Erkenntnis gewann Marx aus seiner Analyse der Klassenkämpfe in der Mitte des 19. Jahrhunderts in Frankreich. Er kam dabei zu dem Schluss, dass sich die Arbeiterklasse zur Verwirklichung ihrer demokratischen Ziele nicht des vorhandenen bürgerlichen Staatsapparates bedienen dürfe. Seinem Freund Kugelmann schrieb er mit Bezug auf sein Werk »Der Achtzehnte Brumaire des Louis Bonaparte«, dass der Weg zu einer revolutionären Fortentwicklung der Demokratiekonzeption nicht mehr – wie er ursprünglich annahm – darin bestehe, »die bürokratisch-militärische Maschinerie aus einer Hand in die andere zu übertragen«. Es sei »notwendig, sie zu zerbrechen«. Dies sei die Vorbedingung jeder wirklichen Volksrevolution auf dem Kontinent.[13]

Mit der Erkenntnis über die Notwendigkeit des Zerbrechens der bürgerlich-diktatorischen Staatsmacht war allerdings noch nicht die Frage beantwortet, *wie* eine demokratische Staatsmacht der arbeitenden Klassen und Schichten zu gestalten sei? Die während der Pariser Kommune 1871 gesammelten Erfahrungen verschafften der Republik die Grundlage wirklich demokratischer Einrichtungen. Marx charakterisierte dies als »die endlich entdeckte Form, unter der sich die ökonomische Befreiung der Arbeit vollziehen konnte«.[14] Mehr als ein Jahrhundert später würdigte der Historiker Sebastian Haffner die Pariser Kommune in einem Essay. Er schrieb: »In den 72 Tagen der Pariser Kommune ging es zum ersten Mal um Dinge, um die heute in aller Welt gerungen wird: Demokratie oder Diktatur, Rätesystem oder Parlamentarismus, Sozialismus oder Wohlfahrtskapitalismus, Säkularisierung, Volksbewaffnung, sogar Frauenemanzipation – alles stand in diesen Tagen auf der Tagesordnung. Von allem findet man in der Kommune spontane Ursprungsformen.«[15]

In der Analyse der Pariser Kommune haben Marx und Engels die damit begründete Herrschaftsform als *Diktatur des Proletariats* bezeichnet. Das entsprach dem in der Mitte des 19. Jahrhunderts üblichen Sprachgebrauch.

In seinem 1850 veröffentlichten Werk »Klassenkämpfe in Frankreich 1848–1850« formulierte Marx: »Die konstitutionelle Republik, das ist eine Diktatur der vereinigten Exploiteurs *(Ausbeuter – H. G.),* die sozialdemokratische rote Republik, das ist die Diktatur seiner Verbündeten.«[16]

Offensichtlich wurde in der Mitte des 19. Jahrhunderts der Begriff *Diktatur* als ein Synonym für die heute übliche Bezeichnung »Herrschaftsform« gebraucht.

Im antiken Rom verstand man unter einem Diktator einen für eine begrenzte Zeit berufenen außerordentlichen Magistrat oder eine Person. Vor allem in Kriegs- und Notstandszeiten wurden Diktatoren eingesetzt. Das lateinische Wort *dicta* wurde auch als Beweis verstanden, *dictamina* hießen im alten Rom Formelbücher. Vor allem in der Spätzeit der römischen Republik kamen sich Diktatur und Despotie immer näher. Dem versuchte man Grenzen zu setzen. Als Julius Cäsar im Jahr 44 v. u. Z. danach strebte, eine lebenslange Diktatur zu errichten, wurde er wenige Monate später von Verschwörern erstochen.

In der aktuellen Debatte um Demokratie geht es um deren Substanz, deren Grenzen und Krisen, nicht um einen Streit um Worte und den Bedeutungswandel von Begriffen. Es geht im Kern der Demokratieproblematik immer um das möglichst aktive Verhältnis der Staatsbürger als Souverän zu den Organen der Staatsmacht, um die Handlungsvollmachten gewählter Organe und um die Mitwirkungsmöglichkeiten der Bürger bei Entscheidungen und der Kontrolle ihrer Ausführung.

Bei der Oktoberrevolution 1917 in Russland wurde angestrebt, den Erfahrungen der Pariser Kommune zu folgen. Dabei stieß man jedoch auf zwei erhebliche Probleme. Als erstes zeigte sich, dass – im Unterschied von allen vorherigen Annahmen – der den Sozialismus anstrebende Staat sich vom ersten Tage seiner Existenz an ökonomischer und militärischer Interventionen erwehren musste. Die Erfordernisse permanenter Abwehr prägten die entstehende wie die später existierende Staatsmacht in einem Maße, wie es die Begründer der sozialistischen Gesellschaftstheorie keinesfalls erwarten oder vorhersehen konnten. Die Perioden der politischen Verwerfungen unter Stalin und der Stagnation unter Breshnew führten darüber hinaus zu einer Reduzierung der dem sozialistischen Gesellschaftssystem immanenten politischen und moralischen Potenzen. Der damit verbundene Vertrauensverlust ermöglichte in Zusammenhang mit der zunehmenden Übernahme von Staatsaufgaben durch Parteiorgane, mit wachsenden ökonomischen Schwierigkeiten und internationalen Geheimdienstaktionen die Implosion des sozialistischen Systems und die Beseitigung der Reste sozialistischer Demokratie in Europa.

Der zweite Problemkreis für die Entwicklung der sozialistischen Demokratie ergab sich aus der geografischen Dimension. Die Pariser Kommune erstreckte sich territorial über das überschaubare Gebiet der französischen Hauptstadt. Dort war in der kurzen Zeit der Existenz (72 Tage) die Organisation der Macht vorrangig mit Mitteln direkter Demokratie möglich.

In dem vom Pazifik bis zur Ostsee sich erstreckenden russischen Reich – ein Sechstel der Erde – mussten andere, weitgehend indirekte Methoden der Staatsmachtausübung gefunden werden. Die Sowjets als eine Form der Rätedemokratie wurden sowohl in Städten und Dörfern, aber ebenso in Berufszweigen (Volksbildungssowjets), in Militäreinheiten (Soldatensowjets) und in anderen Bereichen des öffentlichen Lebens (Kongresse der Sowjetdeputierten) mit unterschiedlichem Erfolg tätig. Es existierte kein in sich stimmiges System. Enthusiasmus, Spontaneität und nicht selten auch Elemente der Anarchie und der Übernahme bürokratischer Vorgehensweisen bestimmten in dieser Frühphase einer sozialistischen Entwicklung vielerorts das Handeln.

Kaum jemand schätzte die damit verbundenen Probleme kritischer ein als der Staatsbegründer W. I. Lenin. 1923 schrieb er: »Mit dem Staatsapparat steht es bei uns derart traurig, um nicht zu sagen abscheulich, dass wir zunächst gründlich überlegen müssen, in welcher Weise wir die Mängel im Staatsapparat bekämpfen sollen, [...] wir müssen uns, koste es was es wolle, zur Erneuerung unseres Staatsapparates die Aufgabe stellen: erstens zu lernen, zweitens zu lernen und drittens zu lernen und dann zu kontrollieren, dass die Wissenschaft nicht toter Buchstabe oder modische Phrase bleibe (und das kommt offen gestanden besonders häufig vor), dass die Wissenschaft wirklich in Fleisch und Blut übergehe, dass sie vollständig und wirklich zum Bestandteil des Alltags werde. Mit einem Wort, wir müssen nicht die Forderungen stellen, die die Bourgeoisie Westeuropas stellt, sondern Forderungen, wie sie eines Landes, das sich zur Aufgabe gemacht hat, sich zu einem sozialistischen Land zu entwickeln, würdig sind und sich ihm geziemen.«[7]

Demokratie und Diktatur sind in den politischen Auseinandersetzungen unserer Zeit zu Kampfbegriffen geworden. Die westlichen Staaten erheben, unabhängig von ihrer tatsächlichen Verfasstheit – oft weitab der realen Möglichkeit der Mehrheit der Bürger, auf Staatsmachtentscheidungen Einfluss zu nehmen –, Anspruch darauf, demokratisch zu sein, allein weil Wahlen stattfinden und Parlamente existieren. Ein Staat, der jedoch anderen Prinzipien folgt, wird – unabhängig davon, was er politisch, ökonomisch, sozial und kulturell für die Mehrheit seines Volkes leistet – als autoritär oder auch als diktatorisch abgestempelt.

5. Zeiträume der Demokratiegenesen

Beim Urteil über die bürgerliche und über die sozialistische Demokratie sollte nie vergessen werden: Der bürgerliche Parlamentarismus entwickelte sich in einem Zeitraum von mehr als 200 Jahren. Zwischen dem Sturm auf die Pariser Bastille und der Wahl Trumps zum US-Präsidenten liegen mehr als zwei Jahrhunderte. Trotz dieser praktischen Erfahrungen stellt allein die Politikverdrossenheit, die sich in schwindender Wahlbeteiligung offenbart, die Strategen der bürgerlichen Gesellschaft vor offensichtlich unlösbare Probleme. Aktuelle Vorschläge etwa aus der SPD, Demokratie dadurch zu gewährleisten, dass Wahllokale länger öffnen und Wahlen auch in Bahnhöfen und in Supermärkten gestattet werden sollten[18], legen vor allem Zeugnis über das geringe Demokratieverständnis der Autoren derartiger Vorschläge ab.

Die sozialistischen Demokratie hatte soviel Zeit nicht, schon gar nicht soviel Nachsicht, die Deutsche Demokratische Republik befand sich bei ihrer Liquidierung erst in einer Übergangsphase zum Sozialismus.

Die erfolgreichste Periode ihrer Existenz war zweifellos die der 60er Jahre. In diesem Zeitabschnitt wurde mit erkennbarem Erfolg angestrebt, das System der Leitung der Gesellschaft den Erfordernissen der Zeit anzupassen. Wesentliche Elemente der damaligen Politik waren ein Neues Ökonomisches System, der Ausbau der demokratischen Staatsmacht, besonders der Volksvertretungen, die Herausbildung einer sozialistischen Rechtspflege und die Stärkung der strategischen Faktoren sowie die Überwindung administrativer Aspekte der Arbeit der führenden Partei. Zum 15. Jahrestag der DDR wurde 1964 darauf orientiert, dass sich der sozialistische Staat zum *Staat des Volkes* entwickelt. Der Staatsratsvorsitzende Walter Ulbricht erklärte damals: »In der DDR war es möglich, die Hauptaufgabe der Diktatur des Proletariats – die sozialistische Umgestaltung der Gesellschaft – auf friedlichem Wege zu lösen. Es ist gelungen, den schmerzlosesten Weg des Übergangs zum Sozialismus zu gehen. Es haben sich immer stärker die Wesensmerkmale des sozialistischen Volksstaates herausgebildet.«[19]

Mit dem VIII. Parteitag der SED 1971 wurde nach massivem Einfluss aus der Führung der KPdSU dieser Kurs verlassen und ein politisches System gestaltet, das mit dem der Stagnation in der UdSSR kompatibel war. Das führte zu erkennbaren Degenerationserscheinungen auch der sozialistischen Demokratie in der DDR.

Gerade als »zarte Blume« (Mandela) weist die Demokratie – wie jede historische Analyse erkennen lässt – eine komplizierte genetische Struktur auf. Demokratie kann zur permanenten gesellschaftlichen Praxis werden, wenn sie in allen Elementen eines politischen Systems verankert ist. Auch in der modernen Gesellschaft global vernetzter Flächenstaaten verwirklicht sich Demokratie nur durch menschliches Handeln. Das aber ist interessenorientiert. Menschliches Handeln kann im Einzelfall oder auch im Ergebnis von Gruppenentscheidungen klug und nachhaltig oder eben auch fehlerhaft und kontraproduktiv sein. Im Urteil über demokratische Systeme und deren Entscheidungen sollte nie übersehen werden: Was hat sich im jeweiligen Fall systembedingt vollzogen, und was ist dem Irrtum oder der Fehlhandlung Einzelner anzulasten?

Da menschliche Irrtümer nie auszuschließen sein werden, geht es bei der Gestaltung demokratischer Prozesse in erster Linie um die Anwendung demokratischer Prinzipien im Gesamtprozess. Es geht im Grunde um eine optimale DNA des Systems. Der Gencode-Begriff ist zwar originär in der Biologie angesiedelt, dort definiert er die Regeln, wie vorhandene Grundstrukturen (Nukleinsäuren) unter bestimmten Bedingungen in eine neue Qualität (Aminosäuren) überführt werden. Die Grundstrukturen der Demokratie unterlagen seit ihrer ersten nachgewiesenen Herausbildung im antiken Griechenland – beeinflusst von den großen sozialen, technischen und kulturhistorischen Entwicklungen – permanenten Wandlungen. Sie bildeten sich unter Bedingungen eines überschaubaren Stadtstaates heraus, in dem die Gegenstände der zu treffenden Entscheidungen – für zumindest die meisten der Beteiligten – erfassbar und der Wille sowie die Interessenlage bei der Entscheidungsfindung von anderen unbeeinflusst war. Mitwirkung des Demos bei der Vorbereitung und beim Vollzug von Entscheidungen, allgemeine Wahl, Sachkunde der Beteiligten über die Beratungsgegenstände und die Rechenschaftslegung der Amtsträger vor dem Volk bildeten die Grund-DNA der Urformen der Demokratie.

Schon als im 18. Jahrhundert in Frankreich und in Amerika neue Wege zu einer demokratischen Staatorganisation gesucht wurden, konnte man dem antiken Demokratiebeispiel nur sehr bedingt folgen. Die gegenüber den antiken Stadtstaaten größere Bevölkerungszahl, die Ausdehnung des Territoriums und die inzwischen mögliche Beeinflussung der Wähler und der Entscheidungsträger durch interessendeterminierte Theorien führten zu einem anderen Demokratietyp – der repräsentativen Demokratie. Nunmehr ging es nicht mehr um die unmittelbare Vertretung der Bürger, sondern um eine von ihren Repräsentanten ausgeübte Staatsmacht. Die inzwischen herausgebildeten sozialen und ökonomischen Verhältnisse ließen – auch wenn man sich immer wieder darauf berief – eine Revitalisierung der Erfahrungen der griechischen Antike nicht zu. Der weltweit wachsende Einfluss des Kapitals bewirkte in den nachfolgenden Jahrzehnten, dass die Ideen der Freiheit, Gleichheit und Brüderlichkeit nie wirklich staatsprägend, allenfalls zu einer Art religiöser Formel wurden. Die auch im 21. Jahrhundert weiter wachsende soziale Ungleichheit und das letztlich freiheits- und demokratiefeindliche Weltmachtstreben der USA beweisen das ebenso wie die unkontrollierte, unheimliche Macht der Finanzinstitutionen und die Beseitigung des Primats der Politik.

Anmerkungen

1 Günter Gaus, Warum ich kein Demokrat mehr bin, zit. in: *Freitag* vom 24. Dezember 2004, S. 9; Original in: *Süddeutsche Zeitung* vom 23. August 2003

2 Karl R. Popper, Die Offene Gesellschaft und ihre Feinde, J. C. B. Mohr (Paul Siebeck) Verlag, 7. Auflage, Tübingen 1992, Bd. 1, S. 207

3 Karl R. Popper, a. a. O., S 207

4 Karl R. Popper, Die offene Gesellschaft und ihre Feinde, Bd. 2, S. 123

5 Karl R. Popper, a. a. O., S. 147

6 Karl R. Popper, a. a. O., S. 150

7 Karl R. Popper, a. a. O., S. 156

8 Olaf Ihlau im Gespräch mit Karl Popper, in: Kriege führen für den Frieden. *Der Spiegel* 13/1992, S. 202–213

9 Zbigniew Brzeziński, Die einzige Weltmacht – Amerikas Strategie der Vorherrschaft, Kopp Verlag, Rottenburg 2015, S. 3–45

10 Zbigniew Brzeziński, a. a. O., S. 52

11 Perry Anderson, zit. in: Schaut nicht zurück, in: *Spiegel* 20/2014, S. 116

12 Karl Marx/Friedrich Engels, Manifest der kommunistischen Partei, in: Marx/Engels, Ausgewählte Schriften, Bd. 1, Moskau 1951, S. 42

13 Marx an Kugelmann, in: Marx Engels Werke (MEW), Dietz Verlag, Berlin 1966, Bd. 33, S. 205

14 Karl Marx/Friedrich Engels, Der Bürgerkrieg in Frankreich, in: Ausgewählte Schriften, Moskau 1951, Bd. 1, S. 494

15 Sebastian Haffner, Die Pariser Kommune, in: Historische Variationen. Deutscher Taschenbuchverlag, Stuttgart-München 2003, S. 83

16 Karl Marx/Friedrich Engels, Klassenkämpfe in Frankreich, in: Marx/Engels, Ausgewählte Schriften, Bd. 1, Moskau 1951, S. 197

17 W. I. Lenin, Lieber weniger aber besser, in: Lenin, Ausgewählte Werke, Bd. II, S.1006f.

18 Helmut Markwort, Der Wähler braucht Einfluss, nicht Bequemlichkeit, in: *Focus* 2/2015

19 Walter Ulbricht, Rede auf der Festveranstaltung zum 15. Jahrestag der DDR am 6. Oktober 1964, In: Schriftenreihe des Staatsrates der DDR Nr. 7/1964 S. 57

III.
Aktuelle Demokratieprobleme

1. Demokratiekonzepte und -krisen im 21. Jahrhundert

Freiheit, Würde und auch Demokratie gehören zu jenen Begriffen, deren Definition sich im Laufe der Geschichte oft änderte. Deutung wie auch soziale, kulturelle, politische, rechtliche und religiöse Interpretationen dieser Begriffe sind Gegenstand kontroverser Debatten. Demokratie wird beschworen, bezweifelt, umkämpft, viel zu oft missbraucht und missgedeutet. Demokratie sollte ein hohes Gut sein. Sie wurde jedoch zu einem Allerweltsbegriff und einem, zumeist ungeeigneten, Exportartikel von Großmächten.

Die Mehrdeutigkeit der Demokratieinterpretation führt, so der italienischen Philosoph Giorgio Agamben, wahrscheinlich dazu, »dass jede Diskussion über Demokratie – als Verfassungsform wie als Regierungstechnik – wieder zum Geschwätz zu verkommen droht«.[1] Bei der Vorstellung einer neuen Version eines Kraftfahrzeuges war zu lesen: »Demokratie kann so einfach sein. Man braucht dafür offenbar nicht mehr als ein symmetrisches Armaturenbrett ohne Schnickschnack, das nicht zum Fahrer geneigt ist.«[2]

Diese sprachliche und sachliche Entgleisung eines Journalisten ist im Grunde ohne Bedeutung. Sie lässt allerdings das ins Unendliche gewachsene Spektrum der inflationären Demontage des Demokratiebegriffes erkennen. In der Literatur wie in der politischen Praxis einiger Staaten wird die Demokratie wie ein Exportprodukt betrachtet und bewertet. Systemwechsel *(regime change)* und Demokratie-Implementierung sind im Zusammenhang mit den Kriegen auf dem Balkan, im Irak, in Afghanistan und mit den jüngsten Ereignissen in vielen arabischen Staaten zu politischen Unwörtern mutiert. Der Republikaner Donald Rumsfeld, US-Verteidigungsminister unter Gerald Ford und George W. Bush, bekannte 2013 im Zusammenhang mit dem völkerrechtswidrigen – offiziell im Namen der Freiheit und Demokratie geführten – Irak-Krieg: »Es ging immer um Regimewechsel, nicht um Demokratieaufbau. Ich kann mich an niemanden im Pentagon oder im Weißen Haus erinnern, der das Wort Demokratie als Rechtfertigung für den Irak-Krieg benutzt hat.«[3]

Der Berliner Neuzeithistoriker Paul Nolte prognostizierte 2012 in einer wissenschaftlichen Publikation, dass die Ereignisse, die 2011 in Tunesien, Libyen, Ägypten und in anderen arabischen Staaten – die im Westen als *Arabischer Frühling* bezeichnet wurden – als ein »Jahr der Demokratie« in die Geschichte eingehen werden.[4] Es ist anders gekommen. Die damals von den westlichen Medien als Weg zur Demokratie verklärten Bilder wütender Demonstranten, brennender Häuser und ausgeraubter Museen sind inzwischen verblasst. Der ägyptische Mitarbeiter von Google, Wael Ghonim, hat wohl etwas voreilig 2012 in seinem in den USA und Deutschland veröffentlichten Buch »Revolution 2.0. Wie wir mit der ägyptischen Revolution die Welt verändert haben«[5] einen Blick auf Hintermänner und Methoden der Massenbeeinflussung der damaligen Bewegungen im arabischen Raum ermöglicht.

Im Mai 2011 schwärmte das Wochenmagazin *Stern* seinen Lesern vor, dass die Aufstände in Ägypten Resultat eines spontanen Netzes sei, in dessen Zentrum sich Wael Ghonim bewegte.[6] Andere Journalisten publizierten die Erwartung, dass der arabische Frühling vielleicht mit den Anfängen der französischen Revolution vergleichbar sei. Mikroelektronik und Internet haben »nicht nur eine neue höhere Ebene [...] der Mitbestimmung« bewirkt. Zivilgesellschaftliche, bürgerrechtliche, und soziale Initiativen und Referenden finden online statt.«[7]

Der weltläufige und konterrevolutionserfahrene Henry Kissinger kommentierte 2014 die Internet-gesteuerte *Arabellion* aus völlig anderer Sicht. Bei ihm ist zu lesen: »Obendrein können die Technologien, die dazu dienen, Demonstrationen zu organisieren, für die Verfolgung und Niederschlagung der Aktivisten genutzt

werden. [...] Jeder Besitzer eines Smartphons ist in Echtzeit lo-
kalisierbar [...]. Das Internet hat die Sammlung derartiger Daten
leichter, billiger, und nützlicher gemacht.«[8]

Hatten investigative Journalisten in ihrer Euphorie über die
arabischen Ereignisse 2011 nicht bemerkt oder bemerken wollen,
dass im Hintergrund in Kairo einer wie der US-Agent Frank
George Wisner, Sohn von Frank Gardiner Wisner (1909–1965),
Leiter der für geheime Auslandsoperationen zuständigen CIA-
Abteilung, die Fäden zog? Der »Diplomat« Frank Wisner hatte
Sonderverbindungen zum ägyptischen Präsidenten Mubarak und
dessen Geheimdienstchef Suleiman. Über Jahre war er im Lande
Botschafter der USA. Im Auftrag von Präsident Barack Obama
und dessen Außenministerin Hillary Clinton machte er in den
ersten Februartagen 2011 dem ägyptischen Präsidenten Mubarak
klar, dass dessen Zeit abgelaufen war. Wenige Tage danach traf
sich Wisner mit dem französischen Präsidenten Sarkozy. Zu ihm
hatte Wisner schon deshalb einen guten Draht, weil Wisners Ehe-
frau, Christine de Ganay, Sarkozys Stiefmutter war. War es ein
Zufall oder konnte man bei dieser Connection Wisner-Sarkozy
voraussehen, dass vier Tage nach Wisners Abreise aus Paris französische Militärjets mit der Bombardierung Libyens begannen?
Waren die *spontanen* Kräfte, von denen beim arabischen Frühling
gern gesprochen wird, möglicherweise nicht mehr als die geschun-
denen Komparsen einer großen internationalen Verschwörung?

Schon im März 2011 war im Internet zu lesen, dass die US-
Organisationen *Freedom House* und *Endowment for Democracy* si-
cherstellen, »dass die von ihnen finanzierte bürgerliche Opposition
ihre Energien nicht gegen die Drahtzieher hinter Mubarak richtet,
nämlich die US-Regierung. Diese Organisationen fungieren als
ein trojanisches Pferd, das in die Protestbewegungen eingeschleust
wird. Und es wird gewährleistet, dass die Protestbewegungen von
unten nicht die eigentliche Frage der ausländischen Einmischung
in die Angelegenheiten souveräner Staaten behandeln.«[9] Noch
einmal: War es ein demokratischer arabischer Frühling oder nicht
doch eine hinterhältige Großaktion zum Regimewechsel im Interesse der USA?

Deutschland schickte 2011 keine Kampftruppen in die arabischen Länder. Unbestritten ist jedoch, dass die dort seit langem

tätigen deutschen Parteienstiftungen und Institute beim Umbruch im Nahen Osten keine unbedeutende Rolle spielten.[10] Diese wurden in den heißen Tagen des arabischen Frühlings durch Entsendung »lupenreiner Demokraten« unterstützt. Hubertus Knabe, Chef der »Stasi-Gedenkstätte« in Berlin-Hohenschönhausen, flog mit Christoph Schaefgen, dem langjährigen Leiter einer Sonderstaatsanwaltschaft der BRD, im April 2011 nach Tunis. Herbert Ziehm, leitender Regierungsdirektor beim Bundesbeauftragten für die »Stasi-Unterlagen«, tauchte in Kairo auf. Kohls Geheimdienstkoordinator Bernd Schmidbauer (Spitzname »008«) setzte sich in den ersten Apriltagen nach Libyen in Marsch.

Seit dem Oktober 2015 soll Martin Kobler, ein bürgerkriegserfahrener und von der UN mandatierter deutscher Diplomat, in Libyen Ordnung schaffen. Seine Aufgabe: einer im Januar 2016 in der marokkanischen Stadt Skhirat gebildeten »Einheitsregierung« die Macht über die zerstrittenen und sich bekämpfenden Kräfte in Libyen zu verschaffen und »sie im Notfall mit Kriegsschiffen zu evakuieren«.[11]

Zu den Ideengebern derartigen Vorgehens gehört zweifellos der amerikanische Politikwissenschaftler Gene Sharp. Im März 2011 lobte die Wochenzeitung *Die Zeit* diesen gefährlichen Mann unter der Überschrift »Der Demokrator. Ein Mann wird überall gelesen, wo friedliche Revolutionen entstehen: der 83-jährige Gene Sharp. Jetzt braucht ihn Nordafrika, und morgen China?«[12]

Berichtet wird in dem Beitrag, welch starken Einfluss die Ideen Sharps in der sich im Jahr 2000 zuspitzenden Krise in Serbien hatten. Weiter ist dann zu lesen: »Äußerlich zeigte sich der gemeinsame geistige Hintergrund dieser Bewegungen in der Fahne mit der geballten Faust, die in Belgrad, Tiflis und auch in Kairo zu sehen war, das Symbol des mittlerweile weltweit operierenden Revolutions-Franchisings. Das geistige Zentrum dieses Netzwerkes bildet die von Sharp gegründete ›Albert Einstein Institution‹ in Boston.«[13] Zu den Umsturz-Strategen, die Sharps Ideen in vorderer Linie umsetzen, gehört der ehemalige US-Militärgeheimdienstler Robert Helvey. Der Journalist Georg Mascolo fasste sein Gespräch mit diesem Militär in die Worte: »Helvey führt seine Kriege ohne Panzer und Kanonen: Die Ideen dieses kampferfahrenen Obersten a. D. offenbarten sich in Demonstranten in Belgrad,

Baku und Kiew – Mädchen in der ersten Reihe, ältere Damen als Kuriere. Der Experte für Revolution weiß, worauf es beim Sturz eines Regimes ankommt: Disziplin und minutiöse Planung.«

Mascolo zitiert Helvey: »Es geht darum, die Macht der Regierung zu untergraben, ihre Schwächen zu finden und gnadenlos auszunutzen. Ich habe ihnen *(seinen Rekruten – H. G.)* beigebracht, einen ordentlichen Kriegsplan zu entwerfen.«[14] Natürlich hatten auch die offiziellen amerikanischen Regierungsstellen ein gerüttelt Maß an Anteil an der Vorbereitung und an den anfänglichen Abläufen des *Arabischen Frühlings*. Kissinger dazu: »Die Vereinigten Staaten unterstützten offiziell die Forderungen der Demonstranten, priesen sie als unüberhörbare Rufe nach Freiheit [...] und echter Demokratie, deren Scheitern man nicht zulassen konnte.«[15] Diese abenteuerliche Aktion – die wie ein Strohfeuer hochschoss, den arabischen Völkern weder Freiheit noch Demokratie noch Arbeit oder soziale Sicherheit brachte – wurde, wie Kissinger darlegte, von US-Präsident Barack Obama schon in einer frühen Phase der Ereignisse mitinitiiert.[16]

Nicht anders verlief die Stoßrichtung der amerikanischen Politik in der Syrienfrage. Im August 2011 rief der US-Präsident zum Sturz des syrischen Präsidenten Bashar al-Assad auf. Öffentlich erklärte Obama, der syrische Präsident stehe der Zukunft seines Landes im Wege.[17] Die Ergebnisse dieser US-Syrienpolitik sind bekannt.

Chaos in Libyen, Spannungen in Tunesien, eine Militärdiktatur in Ägypten, ein zerbrechlicher Irak, Bürgerkrieg in Syrien, Erstarken des islamischen Fanatismus, Tod und unbeherrschbare Flüchtlingsströme gehören zu den Folgen der Planungen und Aktionen amerikanischer Demokratieexperten, Politologen, Geheimdienstoffiziere und Medienaktivisten. Im Januar 2016 charakterisierte Erich Follath im *Spiegel* die Bilanz des Arabischen Frühlings als niederschmetternd. »Libyen wurde zu einem gescheiterten, von Milizen zerstückelten Staat; das Golfkönigtum Bahrein unterdrückt heute noch brutaler als zuvor oppositionelle Denker und Schiiten; in Syrien und im Jemen toben Kriege, die mehr als einer Viertelmillion Menschen das Leben gekostet und Millionen weitere zur Flucht gezwungen haben.«[18] Kaum ist anzunehmen, dass der Berliner Professor Paul Nolte aus Unwissenheit

2011 zum »Jahr der Demokratie« erklärt hat. Schon im April 2011 war veröffentlicht worden, dass CIA-Agenten auf libyschem Boden agieren. »Die Schattenkrieger der CIA arbeiten allein oder in kleinen Einsatzgruppen. Ihre Aufgabe besteht darin, Angriffsziele auszukundschaften, Koordinaten zu liefern und Kontakt mit den Rebellen aufzunehmen. Möglich macht das ein geheimer Präsidentenbefehl, den Obama nach Informationen der *New York Times* bereits vor Wochen unterschrieben hat.«[19]

Wie oberflächlich wird inzwischen nicht nur von Politikern und Journalisten, sondern auch von Universitätsautoritäten über Demokratie geurteilt und geschrieben? Wird mit Absicht oder aus Sympathie für den angestrebten und angesteuerten Regimewandel im arabischen Raum übersehen, dass noch immer Organisationen wie die amerikanische Stiftung *Freedom House* weltweit ein nicht allein für die Demokratie, sondern auch für den Frieden und das Leben der Völker hochriskantes Spiel treiben? Diese Organisation hat nach eigenem Bekenntnis die Aufgabe: »Wir bringen der Welt nur bei, wie Demokratie funktioniert.«[20] Demokratie als Lehrfach? *Freedom House* ist ebenso wie die *National Endowment for Democracy* und andere CIA-finanzierte Organisationen allerdings kein pädagogisches Institut, sondern ein wirksames Instrument der US-Politik zum Systemwechsel in Staaten, die sich nicht im erwarteten Maße der Interessenlage der Mächtigen in den USA anpassen.

Schon früh war über deren Aktionen zu lesen: »Im Hintergrund bleiben ist ihre Devise. Eine Friedensarmee im Schatten ist da entstanden, deren Divisionen und Pläne keiner kennen soll. Geheimnisvoll, schlagkräftig, kaum zu fassen – ein wichtiges, bis heute kaum wahrgenommenes Phänomen der internationalen Politik.«[21] Diese Organisationen haben auf allen Erdteilen Kontaktbüros und Schulungsstätten. Von besonderer Bedeutung dabei ist das in osteuropäischen und arabischen Ländern – aber auch in Venezuela tätige »Canvas-Zentrum für angewandte und gewaltlose Strategien« in Belgrad. Dessen Finanzierung erfolgt über ein Geflecht westlicher Organisationen, darunter *Freedom House, National Endowment for Democracy,* amerikanische Parteienstiftungen, das *Open Society Institut* des Milliardärs Georg Soros sowie auch ein sogenanntes »Komitee gegen die gegenwärtige

Gefahr« (CPD). Canvas hat nach eigenen Angaben in zwölf Jahren 3000 Mitkämpfer aus annähernd 50 Ländern ausgebildet. Im Herbst 2015 erschien das Buch »Protest. Wie man Mächtigen das Fürchten lehrt«[22] der beiden Spitzenleute von Canvas, Srđa Popović und Matthew Miller. Popović wurde in der ARD gefeiert, sein Bild und biografische Daten schmückten viele Tageszeitungen. Doch wer ist Matthew Miller? Das Letzte, was man von ihm oder über ihn hörte, war, dass der US-Geheimdienstdirektor James R. Clapper seinen Mitarbeiter Miller im November 2014 persönlich aus Nordkorea abholte, wo dieser sich Monate vorher eingeschlichen hatte und aufgegriffen worden war.[23] Im Herbst krönte die *Frankfurter Allgemeine Zeitung* die *Canvas Organisation* zum »weltweiten Klassenprimus der gewaltfreien Umstürze«.[24]

In diesem Zusammenhang sei daran erinnert: Auf Initiative von Markus Meckel (SPD) wurde 2011 in Brüssel ein »Europäischer Demokratiefonds« (EED) eingerichtet, um – wie der Gründungsdirektor Jerzy Romanowski öffentlich bekannte – oppositionelle Zentren zu schaffen, oppositionelle Politiker und Gruppen in den Staaten östlich der EU-Grenzen zu unterstützen sowie bei den »Nachbarn im Süden, d. h. den Staaten Nordafrikas und des Nahen Ostens«[25], zu helfen. Dieser Fonds werde – so die Prognose von Experten des Deutschen Instituts für Entwicklungspolitik – »zwangsläufig auch Kräfte fördern, die sich zum späteren Zeitpunkt als Nicht-Demokraten entpuppen«.[26]

Nicht übersehen sollte man in diesem Zusammenhang den Wandel vieler vor Jahrzehnten aus idealistischen Zielen in der Friedensbewegung entstandener Nicht-Regierungsorganisationen (NGO). Nicht wenige von ihnen wurden im 21. Jahrhundert zu Organisationen einer subtilen Einmischung in die inneren Angelegenheiten souveräner Staaten. Im Rahmen der Soft-Power-Bewegung gehört Demokratieexport als Beitrag zum Systemwechsel zu ihrem Hauptbeschäftigungsfeld. NGO werden immer stärker in das Regierungshandeln und in Aktivitäten von EU-Organisationen einbezogen.

Die grüne Heinrich-Böll-Stiftung stellte seit Jahren das Thema »Demokratieförderung, Demokratieexport, Regime Change« in den Mittelpunkt ihrer Tätigkeit.[27] 2006 stand eine Konferenz dieser Stiftung unter dem Motto: »Exportschlager Demokratie?«.

Es wurde festgestellt, dass die USA »hunderte Millionen Dollar in den Aufbau von Oppositionsbewegungen und regimekritischen NGOs vom Iran bis Weißrussland pumpen«. Daraus ergäbe sich längst »ein lukrativer Beratungsmarkt«. Unwidersprochen blieb im Resümee auf dieser Konferenz die Aussage: »Militärische Mittel seien oft Voraussetzung für die Schaffung von Demokratie.«[28] Viel weiter nach rechts konnten sich 2006 grüne Institutionen nicht bewegen.

Im November 2010 stand das Thema »Import-/Export-Demokratie, 20 Jahre Demokratieförderung in Ost-Südosteuropa und dem Kaukasus« im Mittelpunkt einer Stiftungsbegegnung. Im Juni 2015 musste die Böll-Stiftung auf ihrer außenpolitischen Jahrestagung allerdings das Desaster ihrer Export-/Import-Aktivitäten konstatieren. Man sah sich veranlasst festzustellen, sowohl »die mittlerweile diskreditierte Peitsche einer neokonservativen Politik des Regime Change und eines State Building unter westlicher Anleitung« wie auch »das Zuckerbrot einer Entwicklungshilfe unter politischen und ökonomischen Auflagen finden international immer weniger Abnehmer«.[29]

Tagungsteilnehmer aus Europa, Asien und den USA plädierten auf dieser Zusammenkunft für Kompromissbereitschaft bei der Lösung internationaler Entwicklungsprobleme. Dem widersprach allein die Fraktionsvorsitzende der Grünen im Bundestag Katrin Göring-Eckardt. Sie bezeichnete Staaten, die nicht dem westlichen Demokratiemodell folgen, als autoritär und verglich diese mit Atomkraftwerken: »Alles erscheine stabil, tatsächlich drohe immer der GAU.«[30]

Also doch weiter grüner Demokratie-Export/-Import? Manchem fällt es offensichtlich schwer, anderen Denk- und Lebensweisen und unterschiedlichen politischen Systemen mit Respekt und mit der Bereitschaft zum Entgegenkommen zu begegnen.

Wir sollten die Demokratie in ihrer Entstehung und Entwicklung, in ihren sich ständig verändernden Möglichkeiten und Grenzen ernst nehmen. Sie gehört zu den kreativen Errungenschaften humanen Zusammenlebens. Die von den USA mit Hilfe ihrer europäischen Verbündeten im ersten Jahrzehnt des 21. Jahrhunderts unter dem Deckmantel der Unterstützung von Menschenrechtsaktivisten angestrebte völkerrechtswidrige Politik des Systemwandels im arabischen Raum war – wie ihre Ergebnisse beweisen – in ihrem Wesen demokratiefeindlich.

Auch in unserer Zeit der Globalisierung, der fast unbegrenzten Datenströme und der Polarisierung vieler politischer Beziehungen innerhalb von Staaten und in den internationalen Beziehungen erscheint es nicht nur nützlich, sondern dringlich, sich dem Kern des Demokratieproblems zuzuwenden.

2. Demokratie in frühen Elementen

Die Demokratie hat sich in der Geschichte als eine außerordentlich wandelbare Herrschaftsform erwiesen. Als sich um 600 v. u. Z. in Athen die ersten Konturen dieser Herrschaftsweise herausbildeten, war der Wortschatz der Menschen im Mittelmeerraum noch sehr begrenzt. Der Begriff »Demokratie« bildete sich erst mehr als hundert Jahre später als ein abstrakter Reflex der inzwischen erprobten Praxis der Organisation des Gemeinschaftslebens in diesem antiken Stadtstaat heraus.

Um 430 v. u. Z. berichtete der antike Geschichtsschreiber Herodot (490–424 v. u. Z.) in seinem weitgehend erhaltenen Hauptwerk »Historien«[31] davon, dass Jahrzehnte vorher in Athen eine »demokratia« eingeführt worden sei. In diesem Begriff waren die griechischen Worte »demos« (Volk) und »kratia« (Synonym für Macht, Herrschaft, Kraft, Stärke) so verbunden, dass sie als Volksherrschaft definiert und verstanden wurden. Herodots Aufzeichnungen besonders zu Verfassungsfragen lassen zugleich erkennen, dass wie auch in Athen im persischen Achämenidenreich unter Otanes (er stürzte mit Gefährten im Frühjahr 522 v. u. Z. den umstrittenen Großkönig Bardiya und wandte sich von dessen diktatorischen Herrschaftsmethoden ab) dafür plädiert wurde, das Volk zum Herrscher zu machen, um Willkür zu überwinden und der Gerechtigkeit Raum zu schaffen.[32]

Diese überlieferten Anfänge demokratischen Denkens und Herrschens entwickelten sich nicht auf der Basis einer theoretischen Konstruktion. In ihnen verdichteten sich zu Gewohnheiten geronnene Erfahrungen aus der Organisation des Gemeinschaftslebens in Jahrhunderten davor. Die Stämme in den altsteinzeitlichen Gemeinschaften konnten bekanntlich nur überleben, wenn gesammelte und erjagte Nahrungsmittel geteilt wurden. »Herrschaft durch Zwang war kaum praktikabel, weil alle körperlich fähigen Männer über genau dieselben Waffen und Kampfmöglichkeiten verfügten. Anthropologen haben festgestellt, dass Jäger-und-Sammler-Gesellschaften klassenlos und ihre Wirtschaft durch *eine Art Kommunismus* charakterisiert waren. Sie schätzten Fertigkeiten und Eigenschaften wie Großzügigkeit, Freundlichkeit und Ausgeglichenheit, die der gesamten Gemeinschaft nützen.«[33]

Zwischen 8500 und 4000 v. u. Z. bildete sich der Ackerbau heraus. Die Bauern wurden sesshaft und ordneten durch einfache Regeln das Zusammenleben in den dörflichen Gemeinschaften. Schon im 3. Jahrtausend vor unserer Zeit hatten im vorderasiatischen Zweistromland, in dem das Volk der Sumerer (es zählte um 3500 v. u. z. etwa 500 000 Menschen) siedelte, sich zwölf Städte herausgebildet. Deren bedeutendste Stadt Uruk bewohnten damals etwa 40 000 Menschen. Könige und Priester erließen Bestimmungen über die Mitwirkung jedes Einwohners bei der Erfüllung von Gemeinschaftsaufgaben. Dabei – so wird berichtet – mussten sie Rücksicht auf die Meinung eines Ältestenrates nehmen. Frühe schriftliche Überlieferungen bezeugen, wie etwa Einnahmen und die Verteilung von Produkten in Uruk abgerechnet wurden. Wichtige Zeugnisse des Lebens und der Herrschaftsstrukturen in Uruk sind im Berliner Vorderasiatischen Museum ausgestellt.

Ebenso bedeutsam für die Herausbildung der frühen Herrschaftsstrukturen und der Genese von Gerechtigkeitskonturen im Zusammenleben waren die hinterlassenen Gesetze des babylonischen Königs Hammurabi (1792–1750 v. u. Z.). Darin wird erklärt, dass der Herrscher ausgewählt wurde, um »Gerechtigkeit über das Land zu bringen, die Bösen zu zerstören und dafür zu sorgen, dass die Starken die Schwachen nicht unterdrücken«.[34]

Ähnliche Erkenntnisse entwickelten sich auch in Asien. Etwa zur gleichen Zeit, als sich in Athen die ersten näher bekannten demokratischen Strukturen herausbildeten, formulierte in China Konfuzius (551–479 v. u. Z.) den Gedanken: »Wenn ein Fürst nur durch Macht regierte, konnte er vielleicht das äußerliche

Verhalten der Untertanen kontrollieren, nicht aber ihre innere Haltung.«[35]

Etwa einhundert Jahre später hinterließ Lao-tse (dem Brecht mit seinem Gedicht »Die Legende von der Entstehung des Buches Tao Te King auf dem Weg des Laotse in die Emigration« ein literarisches Denkmal setzte) das erste Handbuch der Staatskunst. Auch im frühen Mittelalter waren das Gemeinschaftsleben und die Herausbildung von Großstädten in Asien unvergleichlich stärker fortgeschritten als in Europa. Um 1200 zählte beispielsweise das heute als Tempel- und Ruinenstadt bekannte Ankor Wat in Kambodscha etwa eine Million Einwohner.

Auch wenn uns Europäern Griechenland in seiner Historie näherliegt als die Weiten Asiens: Demokratisches Gedankengut und embryonale Elemente der Demokratie sind nicht allein und wahrscheinlich nicht zuerst in Athen festzustellen. Paul Nolte, der auf den 500 Seiten seines Buches der Frage nachgeht »Was ist Demokratie?«, fixiert – wie andere bürgerliche Interpreten auch – ihren Beginn allein auf die Überlieferungen aus Athen. Ein Blick über den europäischen Tellerrand, schon ein intensiver Besuch im Vorderasiatischen Museum, hätte auch ihm Erkenntnisgewinn verschafft. Der Mensch ist ein soziales Wesen. In einer bestimmten Stufe der Gemeinschaftsentwicklung, der Überwindung der reinen Subsistenzwirtschaft, der Herausbildung einer gesellschaftlichen Arbeitsteilung entstand in allen besiedelten Teilen der Welt (auch bei den Irokesen in Amerika) das Bedürfnis und die Notwendigkeit, Regeln für Gemeinschaftsaufgaben und Herrschaftsformen zu finden. Im Ergebnis dessen bildeten sich schon in vorchristlicher Zeit und nicht allein im europäischen Mittelmeerbereich sowohl autoritäre als auch demokratische Ideen und Strukturen des Zusammenlebens heraus.

Die antike griechische Demokratie fiel nicht vom Himmel, sie war auch nicht – wie vieles andere in der griechischen Geschichte – Ergebnis einer Orakelbefragung oder eines Handstreichs einer der zahlreichen griechischen Gottheiten. Auch Historiker sollten – nachdem sie vor 500 Jahren akzeptieren mussten, dass die Erde im Gegensatz zu davorliegenden Darstellungen keine Scheibe ist – bei der Beschreibung der Quellen demokratischen Denkens und Handelns über den europäischen Tellerrand hinausblicken. In allen Erdteilen haben Menschen – zumindest nachdem sie sesshaft geworden sind – als soziale Wesen gelernt, in Gemeinschaften zu leben und haben dabei gemeinschaftsfördernde Denkstrukturen herausgebildet.

3. Demokratie – schmale Kost für die Künste

Die Zahl der Bücher, die vor allem in den letzten Jahrzehnten über die Demokratie geschrieben worden sind, ist kaum noch zu ermitteln. Allein im deutschen Buchhandel werden derzeit annähernd 20 000 Titel zum Thema Demokratie angeboten. Wer sich im Internet über die Demokratie informieren will, findet dazu annähernd zwanzig Millionen Einträge. Der Umfang der Veröffentlichungen wächst permanent. Publikationen von Journalisten, Juristen, Historikern, Ökonomen, Psychologen, Theologen, Informatikern, Verhaltensforschern stellen den interessierten Betrachter vor einen fast undurchdringlichen Berg kontroverser Beiträge zu den inzwischen fast unüberschaubaren Facetten der Demokratie.

Obwohl Demokratie und Freiheit verwandte Ideale sind, über die jeweils eine umfangreiche Literatur vorliegt, wird Demokratie von den Künsten recht stiefmütterlich behandelt. Welch berührende Freiheitslieder, Gedichte, Dramen und Gemälde entstanden im 19. und 20. Jahrhundert vor allem im Ergebnis antifeudaler und antiautoritärer Bewegungen? An Königsdramen, Schlachtengemälden, Hymnen fehlt es nicht. Die Demokratie aber wurde von den Künsten zu allen Zeiten stiefmütterlich behandelt.

Zu den wenigen Ausnahmen gehören die von Honoré Daumier geschaffenen entlarvenden Büsten der Parlamentarier der französischen Julimonarchie. Künstlerische Würdigung fanden die Kämpfe der Pariser Kommunarden in einigen Gedichten von Arthur Rimbaud, ebenso in zwei Kapiteln des Romans von Emile Zola »Der Zusammenbruch«, in der Kurzgeschichte Ernest Hemingways »Schnee auf dem Kilimandscharo«, besonders aber im großen Drama »Die Tage der Commune« von Bert Brecht und mit der schlichten »Mauer der Kommunarden« auf dem Pariser Friedhof Pére Lachaise, an der letzte Kämpfer der Commune 1871 erschossen und verscharrt wurden. Genannt sei hier auch Brechts

Ballade »Der anachronistische Kreuzzug oder Freiheit und Democracy«.

Die Parlamentarierbüsten von Daumier vermitteln ein kritisches Bild der französischen Abgeordneten. Die Werke über die Pariser Kommune konzentrieren sich auf deren tragisches Schicksal. Der anachronistische Kreuzzug geißelt die faschistische Macht und den Missbrauch von Freiheit und Demokratie. Warum fehlt eine spannungsgeladene Darstellung über demokratisches Denken und Handeln? Mangelndes Interesse der Dichter, Maler und Komponisten kann ebenso wenig unterstellt werden wie Mangel an Spannungsfeldern in der demokratischen Praxis.

Liegt es daran, dass Freiheitsideale eher erlebbar sind? Ist die Demokratie demgegenüber anspruchsvoller, anstrengender? Schließlich setzt sie Gemeinsamkeit und ein Geflecht innerer Beziehungen einer Gruppe von Menschen voraus. Sie erfordert und fördert gegenseitige Achtung, ein Mindestmaß an Toleranz, die Bereitschaft Mehrheitswillen zu akzeptieren, Minderheiten zu schützen und sich aktiver Gegner eines demokratischen Staatswesens zu erwehren.

Möglicherweise ist es ein konstruktiver Hinweis auf die Gründe künstlerischer Abstinenz bei Institutionen der parlamentarischen Demokratie, wenn Roger Willemsen 2013 ernüchtert konstatierte: »Ist dies nicht auch das Leichenschauhaus der parlamentarischen Idee?«[36]

4. Konturen eines demokratischen Gemeinwesens

Die Summe der unterschiedlichen Definitionen der Demokratie ist kaum überschaubar. Das katholische Soziallexikon bezeichnet die Demokratie als Staatsformbegriff, der in der Mitte des 20. Jahrhunderts »zum Symbolbegriff für ein gutes menschliches Zusammenleben schlechthin« wurde. »Allein schon das Wort kann zu einer Fahne, zu einem Symbol all dessen werden, was dem Menschen teuer ist, was er an seinem Lande liebt, ob es nun rational dazu gehört oder nicht.«[37]

Das ist zwar freundlich formuliert, war allerdings weder zum Zeitpunkt der Veröffentlichung noch in späteren Jahren handhabbar. Das von Roman Herzog 2006 herausgegebene Evangelische Staatslexikon bezeichnet die Demokratie als »Inbegriff eines guten Staates«. Weiter heißt es dort: »In der Neuzeit wird Demokratie zur Staatsform, wobei der Staat nun als politisches Teilsystem auftritt, das sich insbesondere vom ökonomischen abhebt, das Monopol der Zwangsgewalt beansprucht und über einen eigenen Apparat (Verwaltung, Armee) verfügt.«[38]

a) Wer übt die Staatsgewalt aus?

Das Grundgesetz der Bundesrepublik Deutschland erweist sich in seinen Aussagen zur Demokratie weitaus prosaischer. In Artikel 20 erklärt es ex cathedra die BRD zum demokratischen Bundesstaat. Der oft zitierte Grundsatz »Die Staatsgewalt geht vom Volke aus« wird im nachfolgenden Satz erheblich eingeschränkt. Danach wird dem Volk allein zugestanden, durch Wahlen »besondere Organe der Gesetzgebung, der vollziehenden und der Rechtsprechung« zu legitimieren. Das Volk, der Wähler, ist nach dieser Verfassungskonstruktion zu einem »König für einen Tag« reduziert. Seine Mission als »Souverän« beginnt und endet – im vierjährigen Zyklus – in den Minuten seiner Stimmabgabe über eine Kandidatenliste, auf deren Zusammensetzung er keinen Einfluss hatte.

Ist es legitim, kann es demokratisch sein, wenn der Souverän – also das Volk – seine Fähigkeit und Vollmacht zu handeln und seine Willensbildung ohne weiteren Einfluss auf eine nicht rechenschaftspflichtige gewählte Körperschaft delegiert? Ist Willensbildung und Handeln auf Dauer überhaupt delegierbar?

Das exklusive Münchener Rechtslexikon rechtfertigt diesen Ansatz mit der Erklärung: Gemäß Grundgesetz Artikel 20 geht alle Staatsgewalt vom Volke aus. Das »qualifiziert das Volk aber nur als Basis und Ausgangspunkt der Staatsgewalt und postuliert keine Identität zwischen Regierenden und Regierten im Sinne einer Selbstregierung des Volkes, die es in Wirklichkeit ebenso wenig geben kann, wie es einen einheitlichen Volkswillen gibt; auch wäre eine solche Identität in der Massendemokratie der Gegenwart schon rein technisch nicht vorstellbar. Deshalb ist die Ausübung der Staatsgewalt gemäß Artikel 20 Absatz 2 des Grundgesetzes besonderen Organen anheimgegeben, nämlich der gesetzgebenden, der vollziehenden und der rechtsprechenden Gewalt.«[39] Das ist gegenüber den Sprüchen vom Volk als Souverän schon eher Klartext. Das Volk hat zu wählen. Die Staatsgewalt wird dem Volke zugeschrieben, das Gewaltmonopol obliegt jedoch den vollziehenden staatlichen Machtorganen.

Obwohl den Vätern des Grundgesetzes zweifellos bekannt war, dass sich jede Gesellschaft, auch jede Staatsordnung, im Laufe der Zeit verändern und entwickeln wird, ebenso dass jede heranwachsende Generation ihre eigenen Erfahrungen und Interessen auch im Staatswesen verwirklicht sehen will, scheinen Teile des Grundgesetzes mit einer »Ewigkeitsklausel« versehen, also rechtlich für alle Zeiten in Beton gegossen.

Der Artikel 79 bestimmt in der Überzeugung der Unfehlbarkeit der Autoren des Grundgesetzes in seinem Absatz 3: »Eine Änderung dieses Grundgesetzes, durch welche die Gliederung des Bundes in Länder, die grundsätzliche Mitwirkung der Länder bei der Gesetzgebung oder die in den Artikeln 1 und 20 niedergelegten Grundsätze berührt werden, ist unzulässig.« Zu den Hintergründen dieser vorher im deutschen Verfassungsrecht unbekannten Regelung ist zu lesen, den Vätern des Grundgesetzes ging es »darum, einem möglichen Umsturz die ›Maske der Legalität‹ vom Gesicht zu reißen«. Zitiert wird dazu die entlarvende Erklärung des ersten Bundesjustizministers Thomas Dehler (1897–1967): »Es soll einem Revolutionär nicht die Möglichkeit gegeben werden zu behaupten, die Verfassung sei auf legalem Wege außer Kraft gesetzt worden.«[40]

Der Philosoph Peter Sloterdijk adelte 2016 die bindende Ewigkeitsklausel (die künftigen Verfassungsgebern die Möglichkeit nimmt, die Föderalstruktur der Bundesrepublik – die vor 1949 mehrfache Änderungen kannte – den Erfordernissen der gesellschaftlichen Entwicklung anzupassen und beispielsweise den Länderfinanzausgleich zu einem permanenten Spannungsfeld macht) mit einer bisher nicht vorgetragenen Freiheitsdefinition. Er erklärte, dass diese Klausel »das Allerheiligste der Verfassung mit einem zusätzlichen immunisierenden Zaun umgibt. Vielmehr lässt sich die Ewigkeitsklausel deuten als formale Spur des Mandats, die demokratie-ermöglichende Spannung zwischen dem Schon und dem Noch-Nicht für alle Zeiten offenzuhalten. Diese

Spannung ist der logische Ort dessen, was man die politische Freiheit nennt.«[41]

Angemerkt sei, dass die »Ewigkeitsklausel«, die (wie die Bibel oder Koran den Gläubigen) jedwedem Verfassungsgeber in Grundfragen die Hände bindet, nicht etwa im Ergebnis eines breiten gesellschaftlichen Konsenses entstand. Sie war ein Produkt der Überlegungen einer sehr kleinen Schar älterer, juristisch von den Ideen der Anfänge des 20. Jahrhunderts geprägter Herren. Im Verfassungskonvent in Herrenchiemsee entwarfen zwölf »Bevollmächtigte« der Bundesländer innerhalb von zwei Wochen den Grundgesetztext. Bei der Abstimmung des Parlamentarischen Rates am 8. Mai 1948 stimmten 53 von den 65 Mitgliedern fünf Minuten vor Mitternacht dem Grundgesetz und damit der »Ewigkeitsklausel« zu.

Die mit dem Artikel 79 des Grundgesetzes als für alle Zeiten geltende Ewigkeitsgarantie lässt eine gewisse Verwandtschaft zu den Grundkonstruktionen religiös geprägter Verfassungen erkennen. So stützt sich die Verfassung der Islamischen Republik Iran auf das von Ajatollah Ruhollah Chomeini begründete Konstrukt des Wellayat-e Faghi. Danach wird für eine unbestimmte Zeit – in der Abwesenheit des 874 »verschwundenen« 12. Nachfolgers Mohameds, Muhamed ibn Hasan al-Mahdi –, im Grunde für eine annähernde Ewigkeit, dem höchsten schiitischen Geistlichen die Vollmacht übertragen, die weiterhin erwartete Rückkehr des 12. Imam durch Ausübung der politischen Herrschaft vorzubereiten.[42]

Verfassungstexte reflektieren bekanntlich nicht in jedem Fall und zu jeder Zeit die jeweils aktuelle Verfassungswirklichkeit. Sie offenbaren jedoch die Richtung der von den Verfassungsgebern angestrebten Ziele der Staats- und Rechtsentwicklung. Der Absatz 2 des Grundgesetzes lautet: »Alle Staatsmacht geht vom Volke aus. Sie wird vom Volke in Wahlen, Abstimmungen und durch besondere Organe der Gesetzgebung, der vollziehenden Gewalt und der Rechtsprechung ausgeübt.« Nie haben seit der Inkraftsetzung des Grundgesetzes die dort genannten Abstimmungen im gesamtstaatlichen Rahmen der Bundesrepublik stattgefunden.

In der Verfassung der 1990 untergegangenen DDR war im Artikel 5 die Staatsgewalt konzipiert. Er lautete: »Die Bürger der

Deutschen Demokratischen Republik üben ihre politische Macht durch demokratisch gewählte Volksvertretungen aus. Die Volksvertretungen sind die Grundlage des Systems der Staatsorgane. Sie stützen sich in ihrer Tätigkeit auf die Mitwirkung der Bürger an der Vorbereitung, Durchführung und Kontrolle ihrer Entscheidungen.« Wenn auch in der DDR die seit 1968 rechtsverbindliche Verfassungsnorm nicht überall und zu allen Zeiten vorbildlich umgesetzt wurde – sie reflektierte ein System der Staatsmacht, in dem die Bürger ihre Rechte und Verantwortung nicht mit dem Stimmzettel abgeben mussten. Der Grundsatz »Plane mit, arbeite mit, regiere mit« erwies sich – auch wenn er nicht immer und überall Anwendung fand – als weit mehr als eine agitatorische Floskel.

Das Verfassungsrecht der DDR war in seinem Ansatz und in seinem Kern ein *Mitgestaltungsrecht*. Der Verfassungsentwurf von 1968 wurde bekanntlich über lange Zeit öffentlich diskutiert und in einer Volksabstimmung bestätigt. Dass dies nicht in einem formalen Einheitsakt geschah, sondern im Ergebnis einer schöpferischen Debatte, vermitteln dem kritischen Leser folgende Tatsachen: Der Kommission zur Erarbeitung der Verfassung der DDR gingen 12 454 Vorschläge zur Änderung des veröffentlichten Entwurfs zu. Nach Prüfung der teils kontroversen, teils gleichlautenden Vorschläge erfolgten 118 Änderungen des Verfassungsentwurfs. Sie betrafen 55 der 106 Verfassungsartikel.[43] In ähnlicher Weise wurden in der DDR wichtige Gesetzentwürfe und auch Entscheidungsvorlagen örtlicher Volksvertretungen oft über Monate zur öffentlichen Diskussion gestellt.

In den Beratungen der Volksvertretungen der DDR war es möglich und wurde auch praktiziert, dass anwesende Bürger zu Sachgegenständen der Beratungen ihre Meinung vortragen konnten. Die Kommunalrechtlichen Verfahrensregeln in der Bundesrepublik erlauben zwar die Möglichkeit des Zugangs von Bürgern zum öffentlichen Teil der Sitzungen. In den Sitzungsregularien ist jedoch unter »Einwohnerfragestunde in der Gemeindevertretung« zu lesen: »In öffentlichen Sitzungen der Gemeindevertretung sind alle Personen, die in der Gemeinde ihren ständigen Wohnsitz oder ständigen Aufenthalt haben, berechtigt, kurze Fragen zu Beratungsgegenständen dieser Sitzung oder zu anderen Gemeindeangelegenheiten an die Gemeindevertretung oder den Hauptausschussbeamten zu stellen sowie Vorschläge oder Anregungen zu unterbreiten (Einwohnerfragestunde). Die Einwohnerfragestunde soll 30 Minuten nicht überschreiten. Jeder Einwohner kann sich im Regelfall zu bis drei unterschiedlichen Themen zu Wort melden. Die Wortmeldungen dürfen 3 Minuten nicht überschreiten.«[44] Zu den Sachthemen der Beratungen ist keine Mitsprache der Bürger erlaubt. In den Kreistagen gibt es analoge Regelungen.

An vielen derartigen »Einwohnerfragestunden« habe ich teilgenommen. In den eingeräumten drei Minuten wurde nicht »beraten«, sondern Bürger mit Verweis auf diese oder jene Vorschrift abgespeist. Sehr selten wurden wichtige Fragen ernstgenommen. Der Bürger blieb Bittsteller.

Anzumerken ist in diesem Zusammenhang ebenfalls, dass der fortschreitende Zerfall der Parteien in vielen kleinen Orten in Deutschland dazu geführt hat, dass Kandidaten für die Wahl von Gemeindevertretungen auf Grund der Auflösung vieler Ortsvereine von Parteien oder mangels geeigneter Kandidaten nicht mehr auf hergebrachte Weise aufgestellt werden können. So kandidieren in vielen Gemeinden Vertreter der freiwilligen Feuerwehr, der Ortskulturvereine und freie Kandidaten. Die Idee des Artikels 21 des Grundgesetzes »Die Parteien wirken bei der politischen Willensbildung des Volkes mit« steht mit der realen Situation zunehmend im Widerspruch. Die Mitgliederzahlen der Parteien betrugen 2015 etwa die Hälfte von vor 40 Jahren. Von den etwa 62 Millionen Wahlberechtigten in der Bundesrepublik sind kaum mehr eine Million Menschen in Parteien organisiert. Die Substanz des politischen Zusammenhalts in den Basisorganisationen und Kreisverbänden der Parteien reduziert sich in vielen Fällen auf politische Pflichtübungen. Politik- und Parteienverdrossenheit kennzeichnen die politischen Verhältnisse in Stadt und Land. Der Parteienschwund hat unmittelbaren Einfluss auf den Substanzverlust der Demokratie.

b) Werte und Würde

Wenn es um Demokratie geht, werden von Politikern gern und oft nationale Werte, auch europäische und christlich-jüdische Werte beschworen. Der Historiker Heinrich Winkler leitet westliche Werte, die Würde und die Menschenrechte aus den christlichjüdischen Wurzeln des Westens ab.[45] Von Volker Kauder, dem Fraktionsvorsitzenden der CDU/CSU-Fraktion im Bundestag, ist zu lesen: »Wir leben alle aus der Bibel, weil uns dort gesagt wird, was die Nachfolge Christi ausmacht. Die Kernaussagen der Bibel können nicht umgedeutet werden. Der Mensch ist ein Geschöpf Gottes. Das ist die Kernaussage.«

Das mögen die Herren Winkler und Kauder so glauben, schließlich garantiert das Grundgesetz die Glaubens- und Gewissensfreiheit. Problematisch werden derartige Auffassungen, wenn sie zur Grundlage staatlichen Handelns werden. Schließlich konnten wesentliche Aspekte einer staatlichen Ordnung, so auch der Gedanke der Demokratie, in der Bibel objektiv keine Reflexion finden.

Die erste Zeile des Grundgesetzes der BRD besagt, dass dieses Dokument »Im Bewusstsein seiner Verantwortung vor Gott und den Menschen« geschaffen wurde. In der Landesverfassung von Rheinland-Pfalz ist zu lesen: »Im Bewusstsein der Verantwortung vor Gott, dem Urgrund des Rechts und Schöpfer aller menschlichen Gemeinschaft [...] hat sich das Volk von Rheinland-Pfalz diese Verfassung gegeben.«[46]

2005 erklärte der bayerische Kultusminister Hans Maier: »Auch der moderne Verfassungsstaat hat seine Ursprünge im christlichen Umgang mit der Zeit. Denn das Christentum macht politisches Handeln rechenschaftspflichtig vor Gott und dem Gewissen.«[47] Im gleichen Jahr bekannte Gregor Gysi als Vorsitzender der PDS-Fraktion im Bundestag: »Mangels Alternativen ist es heute einfach eine Tatsache, dass unsere Gesellschaft ohne jüdisch-christliche Werte ethisch wertlos wäre.«[48]

Ist die Bundesrepublik ein Gottesstaat oder eine säkulare Republik? Führen die von Maier publizierten Positionen nicht zu Toleranzdefiziten und zu einem wenig demokratischen Alleinvertretungsanspruch gegenüber den Menschen und Staaten, die keine Beziehung zur christlichen Religion aufweisen? Hatte die Demokratie nicht schon 500 Jahre vor der angenommenen Geburt Jesus Christus erste Konturen herausgebildet? Geben Religion und Gottesglauben schon Wahrheitsgewissheit? Zu oft wird auch vergessen, dass nur etwa 32 Prozent der Weltbevölkerung Christen sind. Zwei Drittel glauben anders oder gar nicht.

Ein spezielles Gebiet der Beziehungen von Staat und Kirchen sind die Zahlungen, die die Bundesrepublik Deutschland inzwischen in einer Höhe von 510 Millionen Euro jährlich den Kirchen (im katholischen Bereich als Bistumsdotationen, im evangelischen als Dotationen für das Kirchenregiment) zukommen lässt.[49] Diese Mittel werden auf Grund einer Regelung des Reichsdeputationshauptschlusses von 1803 und des bayerischen Konkordats von 1817 gemäß verschiedener von den Kirchen erhobenen Ansprüchen (darunter auch als Entschädigung einiger Enteignungen während der Napoleonischen Herrschaft) gezahlt.

Die Weimarer Verfassung von 1919 sah im Artikel 138 die Beendigung derartiger staatlicher Alimentationen für Religionsgemeinschaften vor. Das wurde nicht verwirklicht. Die Bundesrepublik übernahm im Grundgesetz Artikel 140 unverändert die Bestimmung des Artikel 138 der Weimarer Verfassung. Sie ließ wieder alles beim Alten, d. h. sie zahlte und zahlt Jahr für Jahr Millionenbeträge an die Kirchen. Damit werden vor allem kirchliche Wohlfahrtseinrichtungen (Krankenhäuser, Kindergärten etc.) staatlich finanziert. Es erfolgt – im Grunde im neokonservativen Sinne – ein Transfer von Staatsaufgaben an religiöse Gemeinschaften, die diese auch für Remissionierungen nutzen konnten und können.

Eine Änderung dieser historisch längst überholten Praxis (einschließlich einer einmaligen Entschädigungsregelung in Höhe des zehnfachen Jahresbetrages) durch einen Gesetzentwurf der Fraktion Die Linke wurde im Februar 2013 von allen anderen Parteien des deutschen Bundestages abgelehnt.[50] Gemäß dem ebenfalls aus der Weimarer Reichsverfassung übernommenen Artikel 137 Absatz 3 (im Grundgesetz Artikel 140) haben Religionsgemeinschaften das Privileg eines eigenen Kirchenarbeitsrechts. Das Bundesverfassungsgericht hat die Exklusivität des Kirchenarbeitsrechts in mehreren Urteilen gegenüber dem allgemein geltenden Arbeitsrecht der Bundesrepublik protegiert. So blieb der Zweite Senat des Bundesverfassungsgerichts am 22. Oktober 2014 bei seiner Linie, wonach staatliche Gerichte die Loyalitätsobliegenheiten in kirchlichen Arbeitsverhältnissen nur eingeschränkt überprüfen dürfen.

Das Gericht ging davon aus, dass die Arbeits- und Kündigungsschutzgesetze »im Lichte der verfassungsrechtlichen Wertentscheidung zugunsten der kirchlichen Selbstbestimmung auszulegen« sind. Dabei erstreckte das Bundesverfassungsgericht das kirchliche Selbstbestimmungsrecht auf »alle ihr zugeordneten Institutionen, Gesellschaften, Organisationen und Einrichtungen«.[51] Die christlichen Kirchen verfügen in Deutschland auch über eigene Kirchengerichte, die nicht nur an Recht und Gesetz, sondern auch an Schrift und Bekenntnis gebunden sind. In evangelischen Kirchengerichten werden vorwiegend Verwaltungs- und Arbeitsrechtsfragen behandelt. In der katholischen Kirche geht es in den 22 Diözesen-Gerichten gemäß dem *Codex Juris Canonici* auch um Ehe- und Strafsachen. Die Kirchengerichte unterliegen keiner staatlichen Aufsicht.[52]

Die Zahl der Gläubigen geht in Deutschland zurück. Seit 1970 sind acht Millionen Protestanten und etwa vier Millionen Katholiken aus ihrer Kirche ausgetreten. Im Jahr 2014 verließen 217 716 Katholiken ihre Kirche. Drastisch geht die Teilnahme an den kirchlichen Zusammenkünften zurück. Doch noch immer verlassen Politiker und Historiker nicht die Enge des Raumes allein christlich-jüdischer Begründungen der menschlichen Würde und gesellschaftlicher Werte. Auch ihnen müsste doch bekannt sein, dass lange vor Christus Menschen in Gemeinschaften mit humanistischen Wertvorstellungen existierten. Schon 500 Jahre v. u. Z. begründete der Chinese Konfuzius die Vorstellung von der Würde des Menschen mit den Worten: »Der edle Mensch ist würdevoll ohne überheblich zu sein; der niedrig Gesinnte ist überheblich ohne würdevoll zu sein.«[53]

Der Hindu Mahatma Gandhi (1869–1948) gilt als der geistige Vater der Lehre von den sieben Sünden: Politik ohne Prinzipien; Reichtum ohne Arbeit; Vergnügen ohne Gewissen; Wissen ohne Charakter; Geschäft ohne Moral; Wissenschaft ohne Menschlichkeit; Religion ohne Opfer. Damit hat er hat einen nach wie vor aktuellen Beitrag zum Verständnis gesellschaftlicher Werte in der Neuzeit geleistet. Ebenso haben die sozialen und politischen Ideen der internationalen Arbeiterbewegung zur Vertiefung gesellschaftlicher Werte und zur Wahrung der Würde des Menschen beigetragen. Erinnert sei an den Kampf gegen die Ausbeutung der Menschen, an die Verkürzung der Arbeitszeit, an die Überwindung der Kinderarbeit, an die Frauenbefreiung und nicht zuletzt an den Wert der Solidarität!

Die heute verbreitete Wertebegründung aus dem christlichen Glauben ignoriert wissentlich die Leistungen anderer auf diesem Felde.

Werte sind in den verschiedenen Weltregionen unterschiedlich ausgeprägt und unterliegen mit der Entwicklung menschlicher Gemeinschaften – nicht selten schon von einer Generation zur nächsten – einem Wandel. Immer wieder versteckt sich – vor allem, wenn es um internationale Werte geht – hinter einer Wertformulierung ein massives außenpolitisches Interesse.

Klaus Buchenau, Osteuropaforscher an der Münchener Ludwig-Maximilians-Universität, stellt in einer Publikation der Bundeszentrale für politische Bildung die Frage, ob die europäischen Werte gemeinschaftliche politische Vorstellungen ausdrücken oder ob damit Verfahrensregeln gemeint sein könnten. Er bezieht sich dabei auf die vorwiegend orthodoxen Wertvorstellungen in den östlichen EU-Staaten, »in denen das Rechtssystem keine zentrale Stellung erlangen konnte«, gegenüber den lateinisch geprägten Ländern der Europäischen Union.

Seine Analyse von 2010 besagte: »Auch in Osteuropa ist der religiöse Wertekonsens natürlich längst erschüttert, wenn nicht gar beseitigt. Aber der Übergang auf das westliche Paradigma ist bis heute nicht wirklich vollzogen worden. Aushandlungs- und Schiedsrichterinstitutionen wie Parlamente, moderne Gerichte und so weiter wurden zwar aus dem Westen importiert, diese funktionieren aber oft nicht so wie vorgesehen.«[54] Damit entsteht im politischen Bereich – auch in Hinblick auf die Gestaltung und Bewertung demokratischer Prozesse – die Frage nach den Beziehungen von Werten und Interessen. Wenn man die politische Praxis allein der letzten Jahrzehnte betrachtet, kommt man wohl zu folgendem Ergebnis: Interessen werden eher in Kompromisse eingebracht oder angeglichen. Werte erweisen sich als weniger flexibel.

Recht oft wird in politischen Debatten der Begriff »universelle Werte« gebraucht. Vor mehr als 30 Jahren haben Psychologen versucht, universelle Werte zusammenzufassen. Das Ergebnis war nicht überzeugend. Am Beginn des 21. Jahrhunderts hat der kongolesische Philosoph und katholische Theologe Jean-Chrysostome Kapumba Akenda sich zum »Dilemma des ethischen Universalismus« geäußert. Er vertrat die Meinung, es wäre wichtig, einerseits den weltweiten Anspruch auf Vernunft und Gerechtigkeit durchzusetzen und andererseits die Souveränität lokaler Gesellschaften zu respektieren. Er forderte Solidarität ohne Paternalismus und Kommunikation ohne Konsenszwang.[55]

Werte sind kein starres Gebilde. Wie viele Werte haben im vergangenen Jahrhundert einen Inhaltsverlust erlitten (soldatische Werte, Dienstherrentreue, Familienzusammenhalt u. a.), und wie viele haben an Bedeutung gewonnen (Solidarität, Nachhaltigkeit, Freizügigkeit)?

Menschenwürde und Demokratie sind untrennbar verbunden. Der wohl am häufigsten zitierte Satz aus dem Grundgesetz lautet: »Die Würde des Menschen ist unantastbar.« Schon weniger ist der nachfolgende Satz bekannt: »Sie zu achten und zu schützen ist Verpflichtung aller staatlichen Organe.« (GG Art. 1) In der Verfassung der DDR wurde der Würdeschutz ihrer Bürger umfassender formuliert: »Achtung und Schutz der Würde und Freiheit der Persönlichkeit sind ein Gebot für alle staatlichen Organe, alle gesellschaftlichen Kräfte und jeden einzelnen Bürger.« (DDR-Verfassung Art. 19) Auch in dieser grundlegenden Frage war der Unterschied im Herangehen der beiden deutschen Staaten erkennbar.

Im Grundgesetz geht es um den Schutz eines passiven Bürgers, der Objekt der staatlichen Gewalt ist. Die DDR-Verfassung zielte auf die Mitwirkung aller gesellschaftlichen Kräfte und Bürger einschließlich jener, die als Subjekt im staatlichen und politischen System verstanden wurden. Während im Grundgesetz die Menschenwürde als unantastbares Postulat dargestellt wird, wurde im Dokument der DDR der Schutz der Würde und Freiheit als *Handlungsgebot* verstanden.

Erinnert sei hier daran, dass die »Ode an die Freude« von Friedrich Schiller mit dem Kernsatz »Alle Menschen werden Brüder« zur Europahymne wurde. Weithin vergessen blieb jedoch Schillers Erkenntnis über die Würde des Menschen. Sie lautet: »Der Menschheit Würde ist in eure Hand gegeben; / Bewahret sie, / Sie sinkt mit euch! Mit euch wird sie sich heben!«

Diese Definition erkennt die Würde des Menschen nicht als Abstraktum, das vor der Menschheit in einem Vakuum schwebt, sondern als einen hochrangigen Wert, der von Menschen positiv oder auch im schlechten Sinne beinflussbar ist. Schiller ermuntert mit seiner Würdedefinition zum sinnvollen anständigen gemeinschaftsdienlichen Handeln.

Wie aber ist es mit der Würde beispielsweise der etwa 300 000 Wohnungssuchenden und Obdachlosen in bundesdeutschen Städten, die in vielen Fällen sich nur noch an den Tafeln karitativer Einrichtungen ernähren können, bestellt? Wie würdelos empfinden etwa sechs Millionen Hartz IV-Empfänger das Verfahren der Offenbarung aller Vermögensgegenstände und die Offenlegung selbst intimer familiärer Lebensbedingungen? Wie würdelos werden in Deutschland oft Leiharbeiter und Werksvertragler behandelt? Ist es ein würdiger Vorgang, von der Ausbeutung anderer Menschen zu leben?

Wie ist das mit der Würde der Opfer, die bei Kriegseinsätzen deutscher Soldaten im Ausland Schaden erleiden? Wie geachtet wurden die Würde und das Leben jugoslawischer Bürger beim Bombardement deutscher Piloten im NATO-Einsatz 1999, als das schlimme Wort Kollateralschäden (statt Menschenopfer) die Nachrichten beherrschte? Wie unantastbar war die Würde afghanischer Bauern, die auf Befehl eines Obersten der Bundeswehr im September 2009 nahe Kundus im Raketenfeuer verbrannten?

Der bekannte Strafrechtler Ferdinand von Schirach hat zu dem Thema »Warum der Terrorismus über die Demokratie entscheidet« signifikante Beispiele publiziert. Er analysierte Reaktionen verantwortlicher Politiker auf den Tod von Osama Bin Laden. Er zitierte US-Präsident Obama, der den Tötungsvorgang angeordnet, am Fernseher verfolgt und dann erklärte hatte: »Der Gerechtigkeit ist Genüge getan.« Zu Recht fragt Schirach: »Darf ein einzelner Mann oder eine Regierung wirklich als Ankläger, Verteidiger und Richter in einer Person entscheiden, wer lebt und wer stirbt?«

Schirach zeigte – wohl zu Recht – auch Unverständnis darüber, dass Kanzlerin Merkel zu dem Vorgang erklärte: »Ich freue mich darüber, dass es gelungen ist, Bin Laden zu töten.« Der Fraktionsvorsitzende der Union, Volker Kauder, kommentierte diese erstaunliche Aussage mit den Worten: »Als Christ gibt es für mich das Böse in der Welt: Osama war böse. Und man darf sich als Christ freuen, wenn es weniger Böses auf der Welt gibt.«[56] Bei allem Abscheu gegenüber den Verbrechen von Bin Laden – ist die von Merkel und Kauder zu dessen Tod demonstrierte Geisteshaltung akzeptabel? Soll die alttestamentliche Definition vom bösen Teufel etwa zu einem Kriterium bürgerlicher Rechtsstaatlichkeit gemacht werden?

Man mag das Zitat von Merkel zur Tötung von Osama Bin Laden als unüberlegte spontane Reaktion relativieren. Dem steht jedoch entgegen, dass es in verfassungsrechtlichen Debatten in der Bundesrepublik ernstzunehmende Überlegungen zur Aufweichung des Tötungsverbotes gibt. Professor Günther Jakobs, ein führender Strafrechtler, tritt für eine Unterscheidung in ein *Bürgerstrafrecht* und ein *Feindstrafrecht* ein. Er vertritt die Auffassung, dass derjenige, der die staatliche Rechtsordnung bewusst ablehnt oder sie gar zerstören will, seine Rechte als Bürger und Person verlieren soll und deshalb vom Staat mit allen Mitteln bekämpft werden darf.[57]

Feindrecht ist nach der Auffassung von Professor Jacob ein von rechtstaatlichen Mitteln befreites Instrument zur Gefahrenabwehr. Damit würde einer Staatswillkür Tür und Tor geöffnet werden. Jacobs hat mit seiner Theorie vom Feindstrafrecht natürlich auch Widerspruch geerntet. Noch aber sind unter Juristen die Stimmen nicht verhallt, die meinen, es wäre inkorrekt, die Debatte über derartige Thesen für unzulässig zu erklären, weil Jacobs etwas längst Existierendes beschreibt, dessen ethische Begründung keineswegs klar sei.[58]

Zu fragen wäre in diesem Kontext auch, warum Bundespräsident Gauck des Öfteren von Verfassungsfeinden spricht, mit denen es keine Gesprächsgrundlage gebe und die mit den Mitteln des Rechtsstaates zu verfolgen seien.[59] Das Rechtssystem der Bundesrepublik Deutschland aber kennt keine Täterdefinition eines Verfassungsfeindes.

Die Entwicklung der Demokratie wie auch die Würde der Bürger wird davon beeinflusst, in welcher Weise Verfassungen ethische Orientierungen vermitteln. Nach herrschender Meinung und gemäß einem Urteil des Bundesverfassungsgerichtes[60] gewährleistet das Grundgesetz die »Freiheit des subjektiven Beliebens« oder, anders ausgedrückt, eine Freiheit der Beliebigkeit.[61] Der Verfassungsrechtler Josef Isensee interpretiert diese Position in der Weise: »Die Freiheit steht im gleichen Maße dem guten wie dem bösen, dem erhabenen wie dem trivialen, dem gescheiten wie dem dummen Gebrauch offen [...]. Die Freiheit wird überhaupt nicht überlagert von öffentlichen Aufgaben.«[62] Der Würzburger Rechtsphilosoph Prof. Horst Dreier vom Nationalen Ethikrat stellt aus diesem Zusammenhang eine unmittelbare Beziehung von Recht und Willkür her. Er vertritt die Auffassung: »Das Recht ist also der Inbegriff der Bedingungen, unter denen die Willkür des einen mit der Willkür des anderen nach einem allgemeinen Gesetze der Freiheit vereinigt werden kann. Willkür heißt somit auch und gerade hier: freier Wille und autonome Selbstbestimmung des Einzelnen.«[63]

Eine Position, nach der ein Staatsbürger von der Freiheit auf böse, intrigante oder dumme Weise Gebrauch machen konnte, kannte die Verfassung, die Rechtstheorie und die gesellschaftliche Praxis in der DDR nicht. Sie folgte eher dem humanistischen Ansatz von Thomas Mann. Nach dessen Überzeugung sollte die Demokratie die Menschen nicht sich selbst überlassen. Er schrieb, die Demokratie soll die Menschen »denken lehren und befreien [...]. Mit einem Wort: Sie ist auf Erziehung aus: Erziehung ist ein optimistisch-menschenfreundlicher Begriff – die Achtung vor dem Menschen« ist untrennbar von ihm.«[64] Menschenwürde und Erziehung zum Guten befanden sich für Thomas Mann in einer organischen Beziehung. *Erziehung* wird inzwischen in Teilen der Bundesrepublik als etwas Fremdbestimmtes und darum Abzulehnendes betrachtet.

In der Verfassung der DDR wurde im Sinne der Positionen von Thomas Mann ein Recht auf Bildung kodifiziert und festgelegt: »Die Lösung dieser Aufgaben wird durch den Staat und alle gesellschaftlichen Kräfte in gemeinsamer Bildungs- und Erziehungsarbeit gesichert. (Verfassung der DDR Art. 25)

c) Grenzen der bundesdeutschen Demokratie

Der prominente Verfassungsrichter Gerhard Leibholz hat das Dogma der Unfehlbarkeit und Unveränderbarkeit der 1949 unter Aufsicht und Mitgestaltung der westlichen Besatzungsmächte beschlossenen Grundgesetzordnung auf folgende Weise begründet: »Wie ist die letzte Frage zu beantworten: Gibt es Grenzen der

Volksherrschaft und damit der Demokratie selber? Im 18. Jahrhundert ist diese Frage von Rousseau in dem Sinne beantwortet worden, dass die Demokratie im Grunde antiliberal, d. h. antiidealistisch – wir könnten es heute sagen – in ihren Zielen totalitär ist [...]. Letzten Endes handelt es sich um eine glaubensmäßig bestimmte Entscheidung.«

Wir »werden nicht umhin können, anzuerkennen, dass es Grenzen gibt, die kein menschlicher Gesetzgeber – auch nicht die Mehrheit des Volkes – verletzen und überschreiten darf. [...] Das Bonner Grundgesetz hat jedenfalls bewusst diese Konsequenz gezogen, indem es die Würde des Menschen und damit implizite zugleich einen Kernbereich aller Grundrechte zu einem Konstitutionsprinzip seiner Rechtsordnung gemacht hat.

Damit hat das Grundgesetz zu erkennen gegeben, dass nach seiner Grundkonzeption die Urrechte des Menschen von der Rechtsordnung nicht geschaffen, sondern vorgefunden werden und dass selbst der Verfassungsgeber sie nicht antasten darf.«[65] Seine praktische Schlussfolgerung aus der quasireligiösen theoretischen Ewigkeitserkenntnis lautete: »Keiner Verfassung auch nicht in einer liberalrechtlichen Demokratie kann zugemutet werden, dass sie die Voraussetzungen für ihre eigene Beseitigung sanktioniert und damit potentiell ihren Selbstmord legalisiert. [...] Freiheit ist auch im Bereich des Politischen nicht identisch mit Willkür oder Belieben.«[66]

Offensichtlich ging es Leibholz wie der Mehrheit der herrschenden konservativen Kräfte in der Politik, der Justiz und in der Wissenschaft der Bundesrepublik um nichts anderes als die Erhaltung des 1949 in Verfassungsnormen gegossenen Machtsystems. Wer darüber alternativ nachdachte, kam – wie das auch von Leibhold aktiv betriebene KPD-Verbot erkennen ließ – bald in den Verdacht der Verfassungsfeindlichkeit. Schon im September 1950 begründete die Bundesregierung mit dem »Adenauererlass«, dass Mitglieder der KPD allein wegen ihrer Gesinnung aus dem öffentlichen Dienst entlassen werden.

1951 erfolgte das Verbot der überparteilichen Jugendorganisation *Freie Deutsche Jugend*. Im gleichen Jahr stellte die Regierung Adenauer den Antrag auf Verbot der KPD. Das Verfahren im Bundesverfassungsgericht zog sich bis 1954 ohne erkennbare

Ergebnisse hin. Eine Ursache dafür war, dass der damalige Präsident des Bundesverfassungsgerichtes Hermann Höpker-Aschoff (1883–1954), wie andere demokratische Juristen auch, Adenauers Streben nach einem Verbot der KPD aus Rechtsgründen kritisch gegenüberstand. Der nach dem Tod Höpker-Aschoffs 1954 berufene Bundesverfassungsgerichtspräsident Joseph Wintrich (1891–1958) – ein in der Nazizeit geschätzter und dekorierter Jurist – hatte keinerlei Skrupel, das seit Jahren anhängige Verfahren im Sinne der Regierungspolitik zu einem schnellen Abschluss zu bringen.

Da es Wintrich an Sachkunde und juristischem Format offensichtlich fehlte, versuchte er sich an zwei Quellen kundig zu machen. Er besuchte, »um sein Wissen von den geistigen Grundlagen der KPD zu vertiefen«, in Salzburg bei dem Jesuiten Gustav Vetter ein Kolleg zum Thema »Die Weltmacht des dialektischen Materialismus«.[67] Entgegen aller gerichtlichen Praxis beriet sich Präsident Wintrich im November 1954 auch mit dem »Kläger« Konrad Adenauer. Zu Recht stellte der Anwalt der KPD wegen Kungelei zwischen Wintrich und Adenauer gegen den Präsidenten des Bundesverfassungsgerichts einen Befangenheitsantrag. Das Gericht musste die Absprache mit Adenauer bestätigen, lehnte trotzdem den Befangenheitsantrag mit der haarsträubenden Begründung ab: »Das war lediglich eine verfahrenstechnische Besprechung.«[68]

Die unter Leitung Wintrichs durchgeführten Verhandlungen des Bundesverfassungsgerichtes begannen wenige Tage nach seiner Konsultation mit Adenauer am 23. November 1954. Sieben Monate danach war Schluss des Verfahrens. Danach benötigte das Gericht 13 Monate, um am 17. August 1956 das Urteil zu verkünden. Diese 13 Monate wurden allerdings nicht allein für die Begründung eines von Anbeginn feststehenden Urteils benötigt. Im rechtwidrigen Zusammenwirken mit den Vollzugsorganen wurden in dieser Zeit die Vorbereitungen für eine gnadenlose Verfolgung von KPD-Mitgliedern und Sympathisanten getroffen. Unmittelbar nach der Urteilsverkündung wurden etwa 200 000 Ermittlungsverfahren eingeleitet, die zu annähernd 10 000 Verurteilungen führten.

d) Demokratie ohne Antifaschismus?

Das alles geschah zu einer Zeit, in der – wie mehr als ein halbes Jahrhundert danach öffentlich zugegeben werden musste –, die westdeutsche Justiz ebenso wie die Polizei, die Geheimdienste und der Staatsapparat von einer großen Zahl von Nazi-Richtern, Staatsanwälten und Beamten durchsetzt waren. Dazu gehörten der Intimus und Kanzleramtschef Adenauers. Hans Globke trug nachweisbar wesentliche Mitverantwortung für die antihumane Rassengesetzgebung des faschistischen Deutschland. Im Kabinett Adenauers waren mit Christoph Seebohm, Theodor Oberländer und Karl Vialon schuldbeladene Nazifunktionäre als Minister bzw. Staatssekretär tätig. Ausgewiesene Naziverbrecher – wie der Schlächter von Lyon, Klaus Barby, der am Mord und der Deportation von Juden beteiligte Franz Rademacher (BND-Deckname Uphill), ebenso der Verantwortliche der SS für die Konstruktion und den Einsatz von Gaswagen Walther Rauch, der engste Mitarbeiter Eichmanns Alois Brunner und viele andere – standen im Dienst und auf der Gehaltsliste des Bundesnachrichtendienstes.

Adolf Eichmann (1906–1962) konnte sich bis 1950 unter dem Decknamen Henninger in einem Dorf bei Celle aufhalten, ehe er in Argentinien untertauchte.

Als es dem israelischen Geheimdienst im Mai 1960 gelang, Eichmann festzunehmen und vor Gericht zu stellen, herrschte an der Spitze der Bundesregierung nach Einschätzung amerikanischer Dienste Hysterie. In einer internationalen Großaktion wurde erreicht, dass im Eichmann-Prozess kein Wort über die politischen Verstrickungen von Staatssekretär Globke und anderen Nazigrößen in Bundessbehörden fiel. In Celle, in dessen Umgebung sich Eichmann fünf Jahre ungeschoren aufhielt, residierte über Jahrzehnte der Adjutant Hitlers Paul Darges als Chef des Roten Kreuzes. Noch 1993 organisierte Darges in Celle ein Treffen der Ritterkreuzträger. Der CDU-Bürgermeister der Stadt empfing die Teilnehmer dieser Naziveranstaltung im Rathaus.[69] Paul Dickopf, der als Auslandsagent der Nazis und auch als Gewährsmann des US-Geheimdienstes tätig war, avancierte zum Chef des Bundeskriminalamtes. Als er 1971 in den Ruhestand versetzt wurde, verabschiedete ihn sein nicht ahnungsloser Dienstherr

Innenminister Hans-Dietrich Genscher mit den Worten: »Er war ein Polizeibeamter, der sich dem Rechtsstaat verpflichtet fühlte.«

Die Liste der Naziverbrecher, die in der Bundesrepublik über Jahrzehnte an zentraler Stelle, aber auch in den Kommunen ihr Unwesen trieben, füllt Bände. Zu den bekanntesten Nazibürgermeistern gehört zweifellos der von Sylt, Heinz Reinefarth. Er war der SS-Offizier, der grausam den Warschauer Aufstand niedergeschlagen hatte. Das wurde in den 50er Jahren bekannt. Er wurde nie vor Gericht gestellt. 1958 wählte man den SS-General zum Landtagsabgeordneten von Schleswig-Holstein.[70]

Wie wenig die Bundesrepublik bereit war, gemäß den Beschlüssen der Potsdamer Konferenz die Auseinandersetzung mit den Naziverbrechen zu führen und die schwer belasteten Naziverbrecher zur Verantwortung zu ziehen, offenbarte der 2015 ausgestrahlte TV-Film von Lars Kraume »Der Staat gegen Fritz Bauer«. Der aufrichtige und so einsame hessische Generalstaatsanwalt Fritz Bauer war in der westdeutschen Justiz ein weißer Rabe. Die Zentralstelle für die Untersuchung der Kriegs- und Naziverbrechen in Ludwigsburg verfügte in ihrer Spitzenzeit über 150 Angestellte. Dagegen wurde die Gauck-Birthler-Jahn-Behörde (BStU) mit über 1000 Mitarbeitern und einem Etat von über 100 Millionen Euro jährlich ausgestattet. Allein diese Unterschiede machen die Interessenlage der Herrschenden in der Bundesrepublik deutlich.

Der Begriff Demokratie hat nicht allein und nicht vordergründig formale, sondern im besonderen Maße auch moralische Dimensionen. Die in den letzten Jahren mit hohem medialen Aufwand durchgeführten Prozesse gegen mehr als 90-jährige KZ-Wachleute können dieses Demokratiedefizit der Bundesrepublik nicht annähernd schließen. Über 65 Jahre hat die Nachkriegsrechtsprechung die Befehlsgeber unter dem Vorwand eines Befehlsnotstandes geschont. Die daran beteiligten Richter wurden in keinem Fall wegen offensichtlicher Rechtsbeugung belangt. Das bleibt als ein Kainsmal der Demokratie, der Politik und der Justiz der Bundesrepublik Deutschland erhalten.

Angemerkt sei: Bekanntlich flohen nach dem Kriegsende Nazis mit Wohnsitz im Osten Deutschlands in den Westen. Sie irrten sich nicht in ihrem Gefühl, wo sie vor juristischen Konsequenzen sicher waren. Das von Nazijuristen beherrschte Justizsystem des »Rechtsstaates« BRD sicherte ihnen unbekümmerte Bleibe und ein gutes Fortkommen. In der DDR wurden bis 1967 genau 16 583 Personen wegen Beteiligung an Verbrechen gegen den Frieden und die Menschlichkeit sowie wegen Kriegsverbrechen angeklagt. Die rechtstaatlichen Verfahren führten zu 12 818 Verurteilungen, 1578 Freisprüchen und 2187 Verfahrenseinstellungen wegen Abwesenheit, Tod oder auf Grund des sowjetischen Amnestiebefehls Nr. 43 vom 19. März 1948.

Um die bundesdeutsche Justiz über Beweisunterlagen zu informieren, stellte die DDR 1965 in einem Braunbuch der westdeutschen Öffentlichkeit und Justiz die Namen von über 1900 schwer NS-Belasteten in entscheidenden Stellungen des bundesdeutschen Machtapparates zur Verfügung.[71] Das war gut gedacht und gemacht. Der demokratischen Öffentlichkeit war das von Nutzen. Im westdeutschen Justizsystem haben auch diese gesicherten Informationen zu keinen erkennbaren Konsequenzen geführt.

Erst ein halbes Jahrhundert nach dem Ende des Zweiten Weltkrieges war in einem Urteil des 5. Strafsenates des Bundesgerichtshofes zu lesen, dass sich »bei der strafrechtlichen Verfolgung des NS-Unrechts erhebliche Schwierigkeiten ergeben« hätten. Einen wesentlichen Anteil an dieser Entwicklung hatte nicht zuletzt der Bundesgerichtshof.[72]

Die Tatsache, dass schwer belastete NS-Richter und Staatsanwälte in der westdeutschen Justiz Beschäftigung und sehr oft auch prägenden Einfluss erhielten, trug neben dem Willen und den Interessen der herrschenden Kräfte in der Politik und in der Wirtschaft wesentlich zur Verhinderung der Verfolgung von NS Verbrechern bei. Es erfolgte – wie der geachtete Strafverteidiger Erich Buchholz feststellte – eine »Selbstamnestierung der Justiz für eigene Taten«.

Diese Selbstamnestierung wurde in der Bundesrepublik über Jahrzehnte Leitfaden der Juristenausbildung. Das wirkte zweifellos abträglich für die Herausbildung eines demokratischen Bewusstseins. Es hinterließ ebenso wie die über Jahrzehnte unübersehbare Verherrlichung von Aktionen der deutschen Wehrmacht, ihrer Generale, ihrer Landser, der Vertriebenenkult und das verbreitete Klima des Antikommunismus tiefe Spuren im

Bewusstsein der Bürger der Bunderepublik, die sich über Generationen auch bis in das 21. Jahrhundert erhalten haben.

Insbesondere seit 2015 wird in der deutschen Öffentlichkeit über Ursachen für ein unübersehbares Anwachsen rechten und rechtsradikalen Gedankengutes diskutiert. Verschiedenartige Gründe werden dabei in Parlamentsreden und in den Medien zur Debatte gestellt. Auffällig ist jedoch, dass die langjährige einflussreiche Mitwirkung von Naziaktivisten in allen gesellschaftlichen Bereichen der alten Bundesrepublik und die über Jahrzehnte während unkritische Haltung zu deren Gedankengut ebenso kaum Erwähnung findet wie die ultrarechten Positionen des Neoliberalismus. Hatte nicht aber Brecht schon in den 50er Jahren seine Sorge um den Nazigeist in der BRD in dem Zitat verdichtet: »Der Schoß ist fruchtbar noch, aus dem das kroch«?

5. Dimensionen und Grenzen der Demokratie

Die Demokratie hat in den vergangenen Jahrhunderten unter wechselnden historischen Bedingungen und bei Völkern mit verschiedenartigen Traditionen und Denkstrukturen sich unterschiedlich entwickelt. Die Bedingungen der Nominierung von Wahlkandidaten, die Abläufe des Abstimmungsverfahrens, die Aufgaben und Vollmachten der gewählten Vertretungskörperschaften haben sich verändert. Unter den Bedingungen des 20. und 21. Jahrhunderts zeigen sich trotz weltweitem Gedankenaustausch, trotz des Strebens nach einheitlichen Normen der Machtausübung in Staatenbündnissen (auch in der EU) erkennbare Unterschiede in der tatsächlichen Gestaltung demokratischer Verfahren. Allein die drei Nachbarländer Frankreich, Deutschland und Polen lassen erhebliche Abweichungen im System ihrer Staatsmacht erkennen.

Es war – auch wenn man die aktuellen Probleme der europäischen Gemeinschaftswährung in Betracht zieht – offensichtlich einfacher, wohl auch wichtiger, eine gemeinsame Währung für 19 europäische Staaten zu schaffen, als die Prinzipien der Bildung und des Wirkens der Parlamente anzugleichen und die Sozialsysteme sowie die Rahmenbedingungen des Umgangs mit den

Kräften der Wirtschaft im Interesse der Bürger zu gestalten. Auch innerhalb Deutschlands weisen die Bildungsmechanismen und die Tätigkeitsmerkmale von Landes- und Kommunalparlamenten erkennbare Unterschiede auf, werden die ökonomischen Interessen der herrschenden Kräfte auf eine sehr eigene Weise in staatliche Entscheidungen umgesetzt.

Dabei ist zweifellos in Betracht zu ziehen, dass die auf nationalen Traditionen und eingeschliffenen Gewohnheiten basierende Vielfalt in den parlamentarischen Systemen objektive Grenzen für die Zeiträume erkennen lässt, die erforderlich wären, damit Völker und Staaten zu einer harmonischen, zumindest zu einer spannungsarmen Einheit zusammenwachsen können.

Solange die EU eine Staatenkooperation von Ländern mit annähernd ähnlicher Wirtschaftskraft und mit einem auf relativ wenige Verhandlungsgegenstände konzentrierten Gemeinschaftsregelungsbedarf blieb, verlief ihr Zusammenwirken zwar nicht frei von unterschiedlichen Interessen, aber im Wesentlichen konfliktarm. Je größer die Zahl der Staaten in der EU wurde, desto stärker wurden der Regelungsbedarf und damit eine überbordende Bürokratie in Brüssel und Straßburg.

Die Traditionen, die Gewohnheiten der Bürger der EU-Staaten, auch ihre Art demokratischen Mitwirkens veränderten sich jedoch nicht im gleichen Maße. Neue Widersprüche bildeten sich heraus.

Andere Anläufe scheiterten auch: Weder der Versuch der sozialistischen Staaten im Rat für gegenseitige Wirtschaftshilfe (RGW) noch die Kooperation arabischer Staaten (etwa die Zusammenarbeit Syrien-Libyen 1967, der Kooperationsrat Ägypten-Jemen-Jordanien 1979, die Syrisch-Irakische Union 1984), sowie der Balkanstaaten Serbien und Montenegro 2003–2006 erwiesen sich auf Dauer als erfolgreich. Die Visionen der Organisatoren dieser Bündnisse kollidierten mit den unterschiedlichen Interessen der Partner, aber auch mit der Bedächtigkeit, in der sich Gewohnheiten der Völker ändern, Traditionen verblassen und gewachsene Gemeinsamkeit entstehen kann.

Das Pendel der Geschichte kennt nur lange Wege, es bewegt sich nicht im Takt eines Kurzzeitweckers. Es ist wohl eine aus dem Elfenbeinturm der EU-Elite hervorbrachte Illusion, innerhalb der nächsten 30 Jahre die Souveränität und die Staatswesen der Länder der europäischen Gemeinschaft zu beseitigen und das Gebilde einer zentralgeleiteten, digital kommunizierenden Europäischen Republik zu schaffen.[73]

Zu den bekannten und oftmals beschriebenen Merkmalen der Demokratie gehört nach allgemeiner Auffassung, dass die wahlberechtigten Bürger eines Staates in periodischen Abständen über Personen oder Parteien abstimmen, die damit in der Regel für vier Jahre zur Ausübung der Staatsmacht legitimiert werden. In einigen Ländern (darunter die Schweiz) lässt die Verfassung es zu, dass Bürger im direkten Verfahren auch über Sachfragen von politischer Relevanz abstimmen. Es wird dabei davon ausgegangen, dass das politische System des jeweiligen Staates einen freien Austausch der Standpunkte ermöglicht, sowie Meinungs- und Pressefreiheit gewährleistet ist. Vorausgesetzt wird die Freiheit, Organisationen zu bilden. Schließlich soll in diesem Zusammenhang angestrebt werden, dass jeder Teilnehmer an der Wahl wissen und verstehen soll, worüber zu entscheiden ist. Als Kriterien des Wahlverfahrens werden in den Wahlgesetzen der meisten Staaten – unabhängig von deren politischem System – die allgemeine, gleiche, unmittelbare, freie und geheime Wahl genannt.

So eindeutig, wie diese Beschreibungen von Demokratiemerkmalen auf den ersten Blick erscheinen mögen, sind sie in der Realität nicht. Über die formalen Elemente der Bildung demokratischer Gremien, über deren innere Struktur und die Verfahrensabläufe existiert eine umfangreiche Literatur, die die Regale der Universitäts- und Staatsbibliotheken füllt. Noch inflationärer als den kontroversen Darstellungen der Theorie und Praxis der Demokratie zehntausender Autoren aus aller Welt wird in der Politik und in Medien mit der Bewertung von Demokratieelementen umgegangen. Dabei nahmen im vergangenen Jahrzehnt Arbeiten von Historikern, Politologen und Juristen über den zunehmend kritischen Zustand der westlichen Demokratie erheblich zu.

a) Bedingte Aussagekraft von Wahlen

Allein die Abhaltung von Wahlen sagt in der Regel nicht viel über den demokratischen Charakter des politischen Systems aus. Als eines von vielen dazu signifikanten Beispielen sei hier nur eines erwähnt. Am 5. April 2014 fanden Präsidentschaftswahlen in Afghanistan statt. Im öffentlich-rechtlichen Fernsehen und in Printmedien der Bundesrepublik wurde noch am gleichen Tag vermeldet: »Zum ersten Mal wird es in *(dem von politischen, ethnischen, tribalen und religiösen Konflikten hochgeladenen – H. G.)* Afghanistan einen demokratischen Machtwechsel geben.«[74] Am 14. Juni 2014 erfolgte die Stichwahl zwischen den beiden Spitzenreitern mit den meisten Stimmen. Als deren Ergebnis bekannt wurde, festigte sich im Land der dringende Verdacht auf einen Wahlbetrug. Aschraf Gahni – er war Jahrzehnte in den USA tätig, darunter für die Weltbank – wurde zum Sieger erklärt, noch ehe exakte Ergebnisse der Stichwahlen vorlagen.

Nach amerikanischer Vermittlung sollte eine Neuauszählung der Stimmen erfolgen. Ehe deren Ergebnisse vorlagen, »einigten« sich die beiden Kontrahenten der Stichwahl nach langen Gesprächen mit US-Außenminister Kerry darauf, dass einer von ihnen das Präsidentenamt wahrnimmt und der andere (Abdullah Abdullah) einen Vertrauensmann zum Ministerpräsidenten benennen kann. Kerry erklärte diesen offensichtlichen Wahlbetrug als eine Übereinkunft, um »die Legitimität des Prozesses und der afghanischen Demokratie wiederherzustellen«.[75]

Erinnert sei daran, dass schon 2009 die Präsidentenwahl in Afghanistan manipuliert worden war. Trotz Hinweisen auf massive Manipulation hatten »neutrale« Vertreter der UNO die Wahlergebnisse akzeptiert. Karsais Rivale Abdullah Abdullah wurde gedrängt, auf eine Stichwahl zu verzichten. Auf Druck der USA wurde damals Karsai als Präsident eingesetzt.

Zwischen den Demokratie-Interpretationen einflussreicher US-Politiker und den Erwartungen der Völker bei diesem wichtigen Thema bestehen offensichtlich erhebliche Differenzen!

Dem Muster, allein schon das Abhalten von Wahlen als einen Akt der Demokratie zu erklären, folgen Politiker und Journalisten immer wieder. Als der Militärdiktator Ägyptens Abdel Fattah el-Sisi für den Herbst 2015 Wahlen zu einem ägyptischen Parlament ankündigte, hieß es, er erfülle damit einen versprochenen Fahrplan zur Demokratie. Obwohl die Wahlbeteiligung so niedrig war wie nie zuvor, wurde das Ergebnis als Vollendung des demokratischen Prozesses deklariert.

In Afghanistan, Ägypten, im Irak wurden in jüngster Zeit anschauliche Beweise dafür geliefert, dass die Abhaltung von Wahlen (vom Westen als »freie« apostrophiert) keineswegs zu demokratischen Verhältnissen führte.

Der langjährige Richter am Bundesverfassungsgericht Gerhard Leibholz legte 1967 eine Arbeit über die Grundlagen des Wahlrechts vor. Darin vertritt er die Meinung: »An sich ist also unter Umständen ein nach der politischen Gewichtigkeit der Staatsbürger abgestuftes, dynamisches oder aristokratisches oder plutokratisches Wahlsystem ebenso in der Lage, die repräsentativen Qualitäten einer parlamentarischen Körperschaft sicherzustellen, wie das der modernen Staatspraxis geläufige, allgemeine und gleiche Wahlrecht.«[76] Folgte man einer solchen These, wäre jedes eingeschränkte Wahlrecht geeignet, die Legitimität eines Parlamentes zu begründen.

Die Forderung nach der Abhaltung von Wahlen gehört zum Standardprogramm der Bürgerrechtler in vielen Ländern. Wann und wo hat man aber gefordert, dass das gewählte Parlament auch die Entscheidungsbefugnisse hat, die für eine Demokratie unabdingbar sind? In wie vielen Ländern der Welt sind gewählte Körperschaften von der Erarbeitung strategischer Entscheidungen ausgeschlossen und begnügen sich mit Kleinkorrekturen an den von der Regierungsmehrheit eingebrachten Vorlagen.

b) Demokratiegrenzen im bürgerlichen Parteienstaat

Zu den vor allem in den zahlreichen juristischen Arbeiten unterbelichteten, oftmals auch völlig übergangenen Elementen und Merkmalen der Demokratie gehört vor allem im deutschen Sprachraum, dass mit aller Akribie der Wahlvorgang behandelt wird, während das Verfahren der Aufstellung der zur Wahl stehenden Kandidaten nicht erstrangig als Demokratieproblem, sondern allenfalls als eine interne Angelegenheit der Parteien behandelt wird. Eine Möglichkeit der Mitwirkung von Bürgern an der Auswahl und Prüfung der Kandidaten wird zumeist als nicht erforderlich oder als rechtlich nicht zulässig erklärt. In der BRD ist es seit den 50er Jahren zur Gewohnheit geworden, dass die Kandidaten für die Wahl zum Bundestag und zu den Landtagen – mit wenigen Ausnahmen – in den Hinterzimmern der Parteibüros bestimmt werden. Selbst die Kandidaten für das höchste Amt im Staate werden so nicht nur nominiert, sondern auch auf den Thron gehievt, wie es jüngst wieder eindrucksvoll vorgeführt wurde.

Begrenzt wird die demokratische Behandlung von gesamtstaatlichen Angelegenheiten im Parlament ebenso durch die Tatsache, dass der Gegenstand der im Parlament zu entscheidenden Angelegenheiten und die begrenzte Sachkunde der meisten Abgeordneten nicht annähernd korrespondieren. Dieses unübersehbare Defizit wird über einen üppig ausgestalteten wissenschaftlichen Dienst und durch die Inanspruchnahme von Gutachtern und Lobbyisten zu kompensieren versucht. Obwohl in den Bundesministerien und in 50 Bundesämtern gut dotierte Mitarbeiter tätig sind, wird sowohl in Vorbereitung strategischer Entscheidungen wie in technischen Fragen teure externe Mitarbeit angeheuert. Die US-Beratungsfirma McKinsey gehört mit den in Deutschland tätigen 1300 Beratern zu den Hauptberatern in der Bundespolitik. Innerhalb von fünf Jahren war McKinsey mit 2721 Beraterverträgen bei einem Vergütungsumfang von 1,4 Milliarden Euro in die Bundespolitik involviert.[77] Nicht wenige der Spitzenberater dieses US-Weltunternehmens sind als Staatssekretäre oder als Leiter von Bundesämtern tätig. Weder die internen noch die externen Experten, die das Parlament zu Rate zieht, verfügen über eine demokratische Legitimation. Sie aber bestimmen den Inhalt von Parlamentsentscheidungen intensiver als viele Abgeordnete. Nicht anders sieht es mit dem Gutachterunwesen in den Landesregierungen und in den großen Kommunen aus. Das Land Niedersachsen beispielsweise bestellte in sieben Jahren 791 Gutachten und bezahlte dafür 54 Millionen Euro. In NRW werden monatlich fast eine Million Gutachterkosten aufgewandt.

Bis zum Frankfurter Paulskirchenparlament (1848–1849), das 574 Mitglieder zählte, gab es in Deutschland keine Parteien. In Wahlkreisen wurde für je 50 000 Männer ein Abgeordneter gewählt. Ein solches Mehrheitsstimmrecht bestand bis zur Weimarer Republik.

Erst die Weimarer Reichsverfassung verließ das Mehrheitswahlrecht und führte ein Verhältniswahlrecht in Deutschland ein. Für jeweils 60 000 Stimmen in einem Wahlkreis erhielt eine

Partei einen Sitz im Parlament. Die damalige Verfassungsregelung lautete: »Der Reichstag besteht aus den Abgeordneten des deutschen Volkes. Die Abgeordneten sind Vertreter des ganzen Volkes. Sie sind an Aufträge nicht gebunden.«[78] Im Text der Weimarer Verfassung waren Parteien jedoch mit keinem Wort erwähnt. Mit dem Reichswahlgesetz von 1925 wurde erstmals geregelt, dass auf den Stimmzetteln Angaben über die Partei des Wahlbewerbers aufgenommen werden.

Der damals einflussreiche Verfassungsrechtler Heinrich Triepel (1868–1968) schätzte noch am Ende der 20er Jahre ein, dass »die Partei eine extrakonstitutionelle Erscheinung ist und ihre Beschlüsse vom Standpunkt des Rechts aus gesehen unverbindliche und unmaßgebliche Elemente eines mit dem Staatsorganismus fremden sozialen Körpers sind«.[79] Die Bundesrepublik Deutschland war der erste deutsche Staat, der den politischen Parteien Verfassungsrang vermittelte. Artikel 21 des Grundgesetzes besagt: »Die Parteien wirken bei der politischen Willensbildung des Volkes mit.« Dabei folgten die Väter des Grundgesetzes – wie in anderen grundsätzlichen Aussagen dieses Dokuments – den Erfahrungen ihrer amerikanischen Berater.

In den USA hatte sich Jahrzehnte zuvor die Tradition herausgebildet, dass – im Unterschied zum Parteiensystem in der Weimarer Republik – riesige Parteiapparate ohne ausgeprägte Beziehung zu Mitgliedern und Basisorganisationen tätig waren. Bei erheblicher weltanschaulicher, innen- und außenpolitischer Übereinstimmung organisierten sie mit Marketingstrategien den Kampf um Macht und Einfluss und für persönliche Vorteile ihrer Klientel. Der 1947 aus den USA zurückgekehrte Verfassungsrechtler Gerhard Leibholz begründete in der Bundesrepublik eine *Parteienstaatslehre,* die besagte, dass Parteien den Rang verfassungsrechtlicher Institutionen, im Grunde von Verfassungsorganen, annehmen. Das Bundesverfassungsgericht, dem Leibholz seit 1951 angehörte, folgte ihm darin und erhob diese Parteienlehre durch seine Rechtsprechung zur Staatsdoktrin.[80]

Leibholz verwarf in seinem theoretischen Ansatz den Grundgedanken der fundamentalen liberalen Demokratievorstellung von Rousseau, nach der die Volkssouveränität aus dem Gemeinwillen des Volkes *(volonté générale)* resultiert. Leibholz ging davon aus, dass »auch in einer noch so radikalen Demokratie das Volk als Ganzes nicht handelnd in Erscheinung treten kann. Handeln können in einer Demokratie immer nur entweder die Staatsbürger oder die Organisationen, die das Volk organisatorisch zusammenfassen, wie die politischen Parteien, die als dessen Sprachrohr fungieren.«[81]

In der »parteienstaatlichen Demokratie wird« – so folgerte Leibholz – »der Wille der jeweiligen Parteienmehrheit in Regierung und Parlament mit dem Volks- und Gemeinwillen identifiziert«.[82] Für Mehrheitsinteressen und Meinungen bleibt in dieser Gedankenkonstruktion kein Platz. Leibholz war der Auffassung: »Aristoteles, Rousseau, James Bryce und andere Autoren haben z. B. behauptet, dass zum mindesten die Hälfte der Bevölkerung oder gar drei Viertel derselben aktiv an der staatlichen Willensbildung beteiligt sein müssen, damit von Demokratie gesprochen werden kann. Dies ist jedoch nicht richtig. In Wirklichkeit gibt es keinen apriorisch feststehenden, von Zeit und Ort unabhängigen Begriff der politischen Gleichheit. Dieser ist historisch wandelbar und bedarf für jedes Jahrhundert einer neuen inhaltlichen Umschreibung.«[83]

Eine solche Auffassung öffnet der Machtausübung herrschender Parteien – unabhängig von legitimen Interessen und Auffassungen auch einer Mehrheit des Volkes – Tür und Tor. Es erscheint bei derartigen Positionen fast schlüssig, wenn der Verfassungsrechtler und Richter Leibholz feststellt: »Tatsächlich sind Demokratie und Diktatur keine absoluten Gegensätze, und es gibt auch echte Demokratien, die sich zumindest vorübergehend diktaturförmiger Methoden bedienen.«[84]

Die Bürger der Bundesrepublik Deutschland erleben es in zunehmendem Maße, dass strategische Entscheidungen in »Küchenkabinetten« und von Wirtschaftsverbänden getroffen und im Bundestag mit der Regierungsmehrheit durchgewinkt werden. Zu den skurrilen Erscheinungen in der deutschen Parteienlandschaft gehört, dass die meisten etablierten Parteien nach ihrer Selbstdarstellung ihren Platz in der Mitte der Gesellschaft suchen. In dieser undefinierbaren Mitte tummeln sich CDU, CSU, SPD, FDP, Grüne und AfD. Zeitweise streben auch linke Abgeordnete dorthin. Steckt hinter dieser Drängelei zur Mitte nicht ein neoliberales

Streben nach Unterschiedslosigkeit bis hin zu wilhelminischen nationalistischen Haltungen: Ich kenne keine Parteien mehr, ich kenne nur noch Deutsche?

In den theoretischen Debatten ebenso wie im Politiker-Mainstream der Bundesrepublik dominiert die Ablehnung von politischen Systemen mit Ein-Parteien-Modellen. Bekanntermaßen gibt es unter den annähernd 200 Staaten der Welt eine nicht geringe Zahl, die sich – wenn auch aus sehr verschiedenartigen Gründen – dafür entschieden haben. Bestimmt im deutschen Bundestag nicht ein kleines Gremium der weitgehend gleichgesinnten Koalitionsparteivorsitzenden über den Inhalt der wesentlichen Gesetzgebungsvorhaben? Die Opposition kann sich dazu zwar äußern, aber essentiell daran nichts ändern. So ist der Deutsche Bundestag der Vollstrecker der Absprachen der Vorsitzenden der Koalitionsparteien. Die Opposition bleibt im Grunde einflusslos. Sie kann in den Ausschüssen und im Plenum sagen, was sie will – ihre Stimme bleibt auf das Abstimmungsergebnis ohne Einfluss. So kann die Exekutive zügig durchregieren, ähnlich wie in manchen Ein-Parteien-Parlamenten.

Anzumerken sei in diesem Zusammenhang, dass in der Öffentlichkeit sehr oft der Eindruck erweckt wird, das deutsche Parteienstaatsmodell wäre – wenn nicht gar universell, so zumindest allen Mitgliedstaaten der EU vermittelbar. Im semi-präsidialen Regierungssystem Frankreichs beispielsweise haben Parteien jedoch eine völlig andere Stellung. Schon das Wahlrecht ist nicht parteien-, sondern personenorientiert. Französische Wahlbewerber melden ihre Kandidatur nicht über eine Partei, sondern persönlich an. Sie stellen sich nicht für ein Parteiprogramm, sondern als Persönlichkeit zur Wahl. Das französische Recht verbietet Wahlkampfspenden und begrenzt die Wahlkampfkosten je Kandidat auf ein nachvollziehbares Maß. Parteien haben in Frankreich keinen ungebrochen personellen Zugriff auf die politische Entscheidungsmacht.[85]

c) Begrenzte Parlamentsvollmachten

Bei der Analyse demokratischer Elemente politischer Systeme blenden vor allem staatsrechtliche Untersuchungen zu oft aus, über welche realen Wirkungsmöglichkeiten die gewählten Körperschaften verfügen. Für viele bürgerliche Kommentatoren ist schon das Bildungsverfahren einer parlamentarischen Körperschaft (insbesondere ob alle Details der formalisierten Regelungen zur Stimmabgabe und der -auszählung eingehalten werden) der dominierende Indikator für ein Urteil über die demokratische Substanz eines Staatswesens. Der spanische Soziologe José Ortega y Gasset (1883–1955) fasste diese irrige Auffassung in die Formel: »Das Heil der Demokratie, von welchem Typus und Rang sie immer sind, hängt von einer geringfügigen technischen Einzelheit ab: vom Wahlrecht. Alles andere ist sekundär.«[86]

Was aber nützt ein Wahlverfahren, in dem alle erdenklichen Formalien eingehalten werden, das gewählte Organ jedoch seiner Rechte beraubt wurde oder durch Souveränitätsverzicht zugunsten internationaler Gremien legitime Rechte abgab? In der Europäischen Union werden in zunehmendem Maße Souveränitätsverzichte gefordert und geleistet und damit zwangsläufig die nationalen Wahlentscheidungen zu Parlamenten Schritt für Schritt entwertet.

In der Königsdisziplin bürgerlicher Parlamente, dem Haushaltsrecht, haben inzwischen nicht durch Wahlen legitimierte Institutionen wie die Europäische Zentralbank, die europäische Bankenaufsicht und die Spitzenvertreter von »Rettungsschirmen« Entscheidungsbefugnisse, denen sich die nationalen Parlamente der Mitgliedsstaaten der EU beugen müssen. Sollte das seit Jahren intern debattierte, den Mitgliedern der Nationalen Parlamente vorenthaltene Transatlantische Handelsabkommen zwischen den USA und der EU (TTIP) jemals in Kraft treten, werden auf Dauer und kaum wieder rückholbar die Rechte aller Parlamente der Staaten der EU beschnitten.

Die nach dem vorbereiteten TTIP-Abkommen im Streit zwischen Konzernen und Regierungen tätigen Schiedsgerichte agieren als außerhalb der staatlichen Gerichtsordnung wirkende private Sondergerichte, die in ihrer Beweiserhebung und ihrem Urteil an nationales Recht nicht gebunden sind. Für die beteiligten Juristen eröffnet sich mit TTIP ein außerordentlich lukratives internationales Geschäftsfeld. USA-Juristenpools wie etwa die Kanzlei Hausfeld schaffen inzwischen in Deutschland Zweigstellen, um bald mit TTIP-Prozessen auch in Old Germany das große

Geld zu machen. Als Leiter ihrer Berliner Dependance gewannen sie einen deutschen Insider mit Einblick.[87] Mit der Wahl Trumps zum US-Präsidenten scheint sich TTIP aber vorläufig erledigt zu haben.

Im vergangenen Jahrzehnt hat sich in der Bundesrepublik die Praxis entwickelt, komplizierte und auch im Parlament kontrovers beurteilte Probleme nicht im Plenum oder in den Ausschüssen des Parlaments sachlich zu beraten, sondern im Koalitionsausschuss der Regierungsparteien auf kurzem Wege zu entscheiden. Den Rest erledigen die Fraktionsvorsitzenden der Regierungsparteien, die mit den Mitteln ihrer Kunst bis hin zum Fraktionszwang ihre Abgeordneten auf Vordermann bringen.

Zu den Selbstbeschränkungen bürgerlicher Parlamente gehört auch die verbreitete Abstinenz, auf die Kreisläufe der Wirtschaft und der Finanzwelt Einfluss zu nehmen, um deren Aktivitäten den nationalen Gegenwarts- und Zukunftsinteressen zumindest anzunähern oder in Übereinstimmung zu bringen.

Im Herbst 2016 pfiffen es die Spatzen von den Dächern: Die Deutsche Bank, früher eine der wichtigsten Stützen der deutschen Wirtschaft, befinde sich in einer kritischen Situation. Ein Nachrichtenmagazin meinte im Oktober 2016, dass die Deutsche Bank als »das größte systemische Risiko, das die globale Bankenwelt heute kennt«, gelte. Vor allem unter Josef Ackermann habe sich »die größte Geschäftsbank der Deutschen in eine angloamerikanische Investmentbank« verwandelt. Unter ihm habe »die Zeit der großen Übertreibungen, der irrsinnigen Fehler, der vorsätzlichen und leichtfertigen Vergehen, deren juristische Spätfolgen noch heute die Bilanzen der Deutschen Bank ruinieren«, begonnen.[88]

Dieser Josef Ackermann gehörte zu den wichtigsten externen Beratern der Bundeskanzlerin. (Ihm wurde durch Angela Merkel im August 2009 die seltene Ehre zuteil, im Bundeskanzleramt seinen Geburtstag zu feiern.[89])

War Ackermann in seinen exklusiven Politikkontakten nicht vorrangig profitgesteuert? Konnte er ein guter, am Wohl der Bundesrepublik orientierter Ratgeber sein? Wie konnte die desaströse Situation, in die die wichtigste deutsche Bank im Verlaufe der vergangenen zwei Jahrzehnten gekommen ist, von den deutschen und europäischen Bankaufsichtsbehörden übersehen werden? Weder die Bundesanstalt für Finanzaufsicht (BaFin) noch die Europäische Zentralbank (EZB), die seit dem November 2014 Kontrollfunktionen übernommen hat, schlugen Alarm. Waren sie vom gleichen neoliberalen Geist beseelt? Auch der Bundestag verhielt sich dazu in der Haushaltsdebatte im September 2016 still und schwieg. Welcher Schaden den Bürgern und der Wirtschaft durch den bedrohlichen Absturz der größten deutschen Bank entstehen kann, ist noch nicht abzusehen. Berührt das die Politik, den Bundestag und die Demokratie? Zweifellos. Schließlich gehört die Sozialbindung des Eigentums zu den tragenden Säulen des Grundgesetzes. Bekanntlich fordert Artikel 14 des Grundgesetzes: »Eigentum verpflichtet. Sein Gebrauch soll dem Wohle der Allgemeinheit dienen.«

Wann jemals hat sich der Deutsche Bundestag diesem Verfassungsgebot zugewandt und Rechenschaft von den Verantwortlichen eingefordert? Begrenzungen der Parlamentsvollmachten und damit Schaden für die Demokratie ergeben sich vor allem aus der Tatsache, dass in der inzwischen globalisierten Welt strategische Entscheidungen nicht durch den gewählten Souverän getroffen, sondern durch zumeist unkontrollierte Einflüsse aus Finanz- und Wirtschaftsinstitutionen bestimmt werden.

Zur Vorbereitung und auch zur Interessenabstimmung der Protagonisten der Märkte dienen außerparlamentarische »informelle Treffen« einflussreicher Personen vor allem aus der Wirtschaft, dem Militär, der Politik. Dazu gehören insbesondere das Weltwirtschaftsforum in Davos, die Atlantikbrücke, die Münchener Sicherheitskonferenz und die jährlich im Geheimen tagende »Bilderberg-Konferenz«. Sie genießt den Ruf einer geheimen Weltregierung. Einladungen zum Treffen dieses sehr internen Gremiums erwiesen sich für nicht wenige Politiker als Vorbereitung auf ein Staatsamt: Lionel Jospin (Teilnahme 1996 – Premier Frankreichs ab 1997), Jack Sander (Teilnahme 1991 – Präsident der Europäischen Kommission ab 1999), Romano Prodi (Teilnahme 2010 – Präsident der Europäischen Kommission ab 2010), Tony Blair (Teilnahme 1993 – britischer Premier ab 1994), Bill Clinton (Teilnahme 1991 – Präsident der USA ab 1991), Helmut Kohl (Teilnahme 1980 – Bundeskanzler ab 1982), Helmut Schmidt (Teilnahme 1973 – Bundeskanzler ab 1974), Angela Merkel (Teilnahme 2005 – Bundeskanzlerin ab 2005).

2015 trafen sich im österreichischen Telfs 140 »Bilderberger.« Zu den Eingeladenen gehörte Verteidigungsministerin Ursula von der Leyen. Das sagt natürlich noch nichts über eine künftige Kanzlerkandidatin. Schließlich gehören zu den »Bilderbergern« nicht nur, nicht einmal in der Mehrzahl Politiker, sondern auch Konzernbosse, Vertreter der größten Banken, Vorstände von Verlagshäusern, einflussreiche Medienvertreter – ein illustres Publikum, das jeden allein durch die Einladung als Angehörigen eines einflussreichen Clans auswies. Natürlich wird in diesem Gremium nicht vordergründig über Personal geredet.

Auf der Agenda 2015 standen Chemiewaffen, die Russlandproblematik und Aspekte einer künstlichen Intelligenz. Die Ergebnisse blieben gemäß den internen Bilderberger Regeln *(Chatham House Rules),* wie auf allen Tagungen seit 1954, geheim. Das war auch auf der Bilderberg-Tagung im Juni 2016 im Taschenberg-Palais in Dresden nicht anders. Informationen an die Öffentlichkeit gab es lediglich über Details der Menüfolge (Weideochsen, Bachforelle, Bachkrebse) dieser »Weltregierung.«

»Demokratie wagen« ist ein hoher Anspruch. Demokratie unter den komplizierten Verflechtungen und Konditionen einer von den Finanzmärkten beherrschten Welt zu gestalten ist scheinbar unmöglich. dafür liegt noch kein realisierbares Projekt vor. Zweifellos wäre es dringlich, uns Klarheit darüber zu verschaffen, was in unserer Zeit als Demokratie zu verstehen ist, in welchen Formen und in welchem gesellschaftlichen Umfeld Demokratie gedeihen kann und unter welchen Einflüssen und Bedingungen sie prosperiert, schrumpft oder degeneriert. Der westliche bürgerliche Parlamentarismus hat den Rubikon längst überschritten.

Allein die permanente Verwendung des Wortes Demokratie kann das wachsende Defizit zur Wirklichkeit staatlicher Machtausübung nicht schließen. Das derzeitige politische System der westlichen Welt kränkelt unter anderem an einem (durch schwindende Wahlbeteiligung bedingten) Legitimationsverlust und einem (durch die neoliberale Politik der vergangenen drei Jahrzehnte verursachten) schwer korrigierbaren Vertrauensverlust wachsender Teile der Bevölkerung.

d) Effizienz – ein Indikator parlamentarischen Handelns

Im vorigen Abschnitt wurden Einschränkungen der Parlaments-vollmachten behandelt. Bestandteil der Gestaltung und Beurteilung demokratischen Handelns ist auch der Grad der Effizienz des Wirkens der staatlichen Machtorgane. Erfolg für die Gemeinschaft der Bürger ist ein wesentliches Kriterium der Tätigkeit gewählter Organe. Schließlich sind Wahlen und Parlamenttätigkeit kein Selbstzweck – sie sind wichtige Voraussetzungen dafür, dass die Organe der Staatsmacht im Interesse des Souveräns strategisch und weitsichtig tätig sind.

In der Bundesrepublik Deutschland offenbart der Bundestag eine zunehmende strategische Abstinenz. Grundlegende Entscheidungen, die große Teile des Staatsvolkes betreffen, haben ihren Ursprung und ihre Ausgestaltung nicht mehr (wie selbst noch unter Adenauer) in parlamentarischen Gremien, sondern in Parteibüros. Grundsatzfragen wie die wachsende soziale Kluft, erforderliche Reaktionen auf den demografischen Wandel, Maßnahmen zur Verhinderung der zu erwartenden Altersarmut in den nächsten Jahrzehnten oder auch nach der Zielorientierung der deutschen EU-Politik werden in der Plenardebatte des Bundestages nicht mit der erforderlichen Konsequenz beraten.

Zur Europäischen Union ist anzumerken, dass die Organisation der EU sich nicht selten als ein von Lobbyisten beeinflusster, bürokratisch ineffizienter Moloch erweist. Zu 279 Vorschlägen zu Strukturreformen übermittelte die EU ihren Mitgliedsstaaten sogenannte »länderspezifische Empfehlungen«. Davon wurden etwa 40 Prozent aufgegriffen. Lediglich vier Prozent der EU-Empfehlungen wurden komplett umgesetzt. Bei 24 Empfehlungen erkannte man gewisse substantielle Fortschritte.[90]

Allein der *Europäische Auswärtige Dienst* verfügt über mehr als 2000 hochdotierte Mitarbeiter. Der Haushaltskontrollausschuss musste 2015 allerdings feststellen, dass zu viele teure EU-Programme in Gefahr geraten sind. In Marokko drohen Programme mit einem Volumen von 664-Millionen Euro zu scheitern. In Jordanien sieht es bei einem 324-Millionen-Programm und im Libanon bei einem 258-Millionen-Projekt nicht besser aus.[91]

Vor allem im vergangenen Jahrzehnt wurden Grundsatzfragen der Entwicklung der Bundesrepublik ad hoc und ohne Prognosen der zu erwartenden Folgen entschieden und später dem Parlament zum Abnicken vorgelegt. Ein Beispiel dafür war die einsame Entscheidung der Kanzlerin zu der am 14. März 2011 verkündeten und im Juni 2011 im Bundestag beratenen und beschlossenen »Energiewende«. Im Oktober 2010 hatte die Regierung – in Abänderung einer geltenden Laufzeitreduzierung – eine Verlängerung der Laufzeit der deutschen Atomkraftwerke beschlossen. Im März 2011 gab es jedoch zwei Ereignisse, die eine Kurswende erzwangen. Die Vorhersagen für die Landtagswahlen am 27. März in Baden-Württemberg ließen erkennen, dass die CDU ihre Regierungsmehrheit verlieren und Grüne und SPD eine Koalitionsregierung bilden könnten. Am Freitag, dem 11. März 2011, verursachte ein Tsunami im Atomkraftwerk von Fukushima einen Super-GAU.

Am Sonnabend, dem 12. März, warnte Norbert Röttgen, Bundesminister für Umwelt, Naturschutz und Reaktorsicherheit, der Agentur *Reuters* zufolge davor, »angesichts des Unglücks im japanischen Atomkraftwerk politische Diskussionen über die deutsche Atompolitik zu führen«.[92] Zwei Tage später erklärte Kanzlerin Merkel jedoch die Aussetzung der Langzeitverlängerung für Atomkraftwerke und eine Abkehr von der bisherigen Energiepolitik.

Am gleichen Tag hieß es in einer *dpa*-Meldung: »Der Höhenflug der Grünen mit bundesweiten Werten weit über 20 Prozent speiste sich vor allem aus dem Kampf gegen die Laufzeitverlängerung.«[93]

Es bleibt im Dunkel, *was* die Kanzlerin innerhalb eines Wochenendes – im Gegensatz zur Haltung ihres damaligen Umweltministers – zur Energiewende getrieben hat. Die Hoffnung, dem massiven Protest der Grünen gegen die Laufzeitverlängerung der Atomkraftwerke zu begegnen und in den letzten Tagen vor der Wahl in Baden-Württemberg einen Stimmungsumschwung bei den Wählern hin zur CDU zu erreichen? Eine erkennbare Gefahr, dass deutsche Kraftwerke mit einem vergleichbaren Naturereignis zu rechnen hatten, bestand nicht.

Was danach an Energiewende folgte, war ein Abbild zentralen Steuerungsversagens, insbesondere eines nicht abgestimmten Vorgehens der Länder und der profitgetriebenen Investoren von Wind- und Sonnenkraftwerken. Den Erzeugern von Wind-

und Solarstrom wurden im neugrünen Überschwang langjährige Preissubventionszusagen gemacht, die noch über Jahre Stromverbraucher bis über die Zumutbarkeitsgrenze belasten. Kaum berücksichtigt wurde dabei, dass der Energie-Transfer den Überlandnetzausbau vor eine Reihe bisher in Deutschland ungelöster Probleme stellen würde.

Anfang 2016 wurde in der Nordsee die stärkste Konverterplattform der Welt (DolWin 2), die drei Offshore-Windparks nordwestlich von Norderney mit einer Kapazität von 916 Megawatt mit dem Land verbinden soll, installiert. Sie soll künftig etwa eine Million Haushalte mit Strom versorgen. Seither steht die Anlage immer wieder still, weil die Stromübertragung über die Höchstspannungskabel mit zahlreichen Verbindungskupplungen unter Wasser technisch noch nicht beherrscht wird. Annähernd 100 im Meer installierte Turbinen sind darum vom Übertragungsnetz abgeschnitten. Gemäß den geltenden gesetzlichen Bestimmungen (EEG-Umlage) erhalten deren Betreiber für jede *nicht* gelieferte Kilowattstunde 18 Cent.

Es ist kaum zu glauben, aber verbürgt, dass Bundeswirtschaftsminister Sigmar Gabriel drei Jahre nach der Entscheidung über die Energiewende erklärt hatte: »Über Dinge wie den Netzausbau, die Einbindung konventioneller Kraftwerke, wenn die Sonne nicht scheint und der Wind nicht weht, die europäische Kooperation, oder den Emissionshandel haben wir zu wenig nachgedacht. Die Lage der Energiewende ist prekär.«[94]

Das aber liegt wohl daran, dass die Entscheidungen in dieser wichtigen Frage nicht demokratisch, nicht sachgerecht und ohne Berücksichtigung sozialer, ökonomischer und technischer Folgen getroffen wurden. Auch Jahre danach blieben Grundprobleme ungelöst. Weil die Leistungsfähigkeit der Stromnetze es nicht erlaubte, die (durch unterschiedliche Wind- und Sonnenintensität wechselnde) Elektroenergiemenge zu transportieren, mussten 2014 in 188 Fällen und 2015 in 534 Fällen die Ökostromanlagen abgeschaltet werden.

Parlamentsentscheidungen sind nicht vorrangig an den Argumenten von Regierungserklärungen, sondern auch und vor allem an der Qualität der Entscheidungen und deren Auswirkungen auf den Souverän zu beurteilen.

Demokratisches Handeln in einer modernen Industriegesellschaft erfordert, der Gesellschaft und den Bürgern etwa durch Machbarkeitsberechnungen begründete Zielstellungen zu präsentieren. Zu einer demokratischen Kultur gehört es zweifellos auch, sich im Falle einer Fehleinschätzung zu korrigieren, statt gebetsmühlenhaft unreale Formeln zu wiederholen.

Die teuersten Fehler, die man im staatlichen Handeln begeht, sind die Fehler der ersten Schritte – vor allem, wenn sie aus Angst, Opportunität und ohne Blick auf das Ende erfolgen. Eine vorurteilslose Beratung des Bundestages mit Fachleuten hätte auch bei kontroversen Standpunkten zur Energiesituation sicher zu einem besseren Ergebnis geführt.

Demokratie im täglichen Leben zu verwirklichen erfordert auch, die fast obligatorischen Reibungsverluste, die vor allem in pluralen und föderalen Staatssystemen entstehen, möglichst gering zu halten. Dass das oft nicht gelingt, ist schon an den überlangen Planungszeiten wichtiger Großprojekte erkennbar. Die Fahrrinnenanpassung der Elbe in Hamburg mit einer aberwitzigen Planungszeit von mehr als zehn Jahren ist nur ein Beispiel. Zu verweisen ist auch auf das Berliner Flughafen-Desaster, auf die ewige 25 Kilometer-Lücke der Eifelautobahn, den Umbau der Berliner Staatsoper, Stuttgart 21, die Anschlussstrasse an den St. Gotthard-Tunnel in der Schweiz von Karlsruhe nach Basel … Selbst für die Planung eines schlichten Radweges wird inzwischen eine Planungszeit von vier Jahren einkalkuliert. Die öffentlichen Planungskosten betragen inzwischen etwa ein Fünftel der Gesamtkosten. »Bundesweit versickern Milliarden Euro, weil Länder bereitgestellte Mittel nicht abrufen, Planungen bei plötzlichen Richtungswechseln zurückgenommen werden oder rechtlich relevante Fristen verstreichen«, höhnte der *Focus* 4/2016.[95]

Zu den Folgen gehört, dass beim Baubeginn rechtliche und technische Ansätze der Projekte überholt sind, einer Neuplanung bedürfen oder – was noch zeitaufwendiger ist – in Verfahren vor Verwaltungsgerichten enden.

In der DDR wurde der Palast der Republik, ein technisch durchaus anspruchsvolles Gebäude, von der Auftragsvergabe bis zur Inbetriebnahme innerhalb von drei Jahren realisiert. Über den Wiederaufbau der im Zweiten Weltkrieg zerstörten Berliner

Staatsoper wurde in den letzten Monaten des Jahres 1951 entschieden. Im April 1953 war Richtfest – und am 4. September 1955
konnte die Wiedereröffnung gefeiert werden. (Eine Sanierung des
Hauses Unter den Linden wurde 2009 in Auftrag gegeben. 2013
sollten die Baumaßnahmen beendet sein. Inzwischen wurde die
Wiedereröffnung auf 2017 verschoben.)

Weitere Beispiele für die weitaus höhere Effizienz in der Planwirtschaft der DDR bei der Errichtung anspruchsvoller Bauwerke
wie Sportanlagen, Werften, Staudämme, Häfen, Kraftwerke, Betriebe des Maschinenbaus, der Mikroelektronik ließen sich anfü-
gen. Erwähnt sei nur noch: Für den grundhaften Wiederaufbau
der Berliner Staatsoper in den 50er Jahren nach dem Projekt von
Professor Richard Paulick wurden – nach meiner Erinnerung –
etwa 50 Millionen Mark der DDR benötigt. Für die aktuelle
Sanierung waren etwas mehr als 200 Millionen Euro geplant,
erwartet werden inzwischen Kosten in Höhe von 389 Millionen,
etwa 150 Millionen mehr.

Der durch die Ewigkeitsklausel des Grundgesetzes versteinerte
Föderalismus erzeugt (mit der durch die Rechtsetzungsbefugnis
des Bundes und der 16 Länder bedingten unterschiedlichen Haus-
halts-, Bildungs-, Justiz-, Wahl- und Rechtsausgestaltung) einen
permanenten Reibungsverlust im staatlichen Handeln. Während Konzerne sich global organisieren und die EU anstrebt,
die Rechts- und Sozialsysteme von 28 Staaten zu harmonisieren,
erschweren in Deutschland föderale Hürden, eine ausufernde
Klagebefugnis und eine unübersichtliche Kompetenzverteilung
zwischen Bund, Ländern und Kommunen den Weg zu einer
einheitlichen, effektiven und bürgernahen Staatsverwaltung. Lei-
tungsenergie, Initiativen und überregionale Synergie werden damit gebremst.

In gleicher Richtung wirkt das verbreitete Streben nach einem
Haftungsausschluss. Kühnheit wird so zum Unwort staatlicher
Tätigkeit. Es scheint bequemer zu sein, sich entgegen gesun-
dem Menschenverstand und sachgerechter Betrachtung unter den
Schutz von Paragraphen zu stellen. Welcher Bürger kann aber den
zumeist rechtlich verklausulierten Behördenbescheiden folgen?

Großzügiger als etwa Schul-, Straßen- und Brückeninstandset-
zungen werden oftmals Projekte von Naturschutzorganisationen

mit Investitionsmitteln bedacht. Die kleine Hufeisennase (Fledermausart) hat den Bau der Dresdener Waldschlösschenbrücke verzögert, der Kammermolch den Bau der Autobahn A 49, der Juchtenkäfer den Bau eines Flüchtlingsheims in Tübingen. Begleitet wurden diese Investitionsbremsen mit aufwendigen Klageverfahren durch die Instanzen der Verwaltungsgerichtsbarkeit.[96]

Ein eklatantes Beispiel dafür ist der 3,1 Kilometer lange, 385 Millionen teure Jagdbergtunnel auf der Autobahn 4 bei Jena. Er wurde errichtet, um den Lebensraum von einigen Orchideenarten an Hängen im Leutratal – das seit mehr als fünf Jahrzehnten durch die frühere Trassenführung der A4 durchschnitten wurde – zu verbessern. In der Tageszeitung *Neues Deutschland* jubelte Doris Weilandt »Autobahn weicht Bocksriemenzunge. – Mit dem *Verein blühendes Leutratal* setzten sich die Orchideenfreunde gegen alle Widerstände durch, die aus den benachbarten Orten kamen.«[97]

Der Kämmerer der Stadt Jena wurde dazu mit dem sehr aufschlussreichen Satz zitiert: »Natürlich kann man die Frage stellen, ob die millionenteure Verlegung der A4 wegen der Orchideen wirtschaftlich sinnvoll ist, aber das Geld stand ja zur Verfügung.«[98]

Es stand offensichtlich »zweckgebunden« zugunsten des Wohlbefindens einiger Pflanzen zu Verfügung. Und das in einer Zeit, in der das Deutsche Institut für Wirtschaftsförderung feststellte, dass die bereitstehenden Mittel für die Sanierung von Schulen, Straßen und Versorgungsnetzen um mehr als 50 Prozent reduziert wurden. Jena traf es dabei besonders hart.

Während 2013 in München noch 724 Euro pro Kopf der Bevölkerung für Infrastrukturinvestitionen zu Verfügung standen, waren es in Mecklenburg 148 Euro und im Bereich Jena lediglich 62 Euro.[99] Bei aller Liebe für wildwachsende Orchideen – war es demokratisch, dass die Parlamentarier im Land Thüringen demgegenüber Schulen und Straßen als nachrangige Güter behandelten?

Ein unübersehbares Beispiel zentraler ad hoc-Entscheidungen und mangelnder Effizienz nicht weniger Verwaltungsstrukturen in der Bundesrepublik war bei der Bewältigung der Flüchtlingsproblematik 2015 zu erkennen. Lange schien es, als sei der Bundesregierung bis zum Spätsommer 2015 entgangen, was auf Deutschland zukam. Recherchen ergaben, dass die Bundesregierung im Sommer 2015 von der Flüchtlingsbewegung keineswegs – wie immer wieder behauptet – *überrascht* worden war.[100] Seit Sommer 2014 gab es vom »Strategischen Ausschuss Einwanderung, Grenzen und Asyl« (Scifa) in Brüssel Hinweise auf eine zu erwartende Entwicklung. Monat für Monat verdichteten sich die Informationen, die die Berliner Regierungsstellen auf die Dringlichkeit einer Vorsorge für die anschwellenden Flüchtlingszahlen hinwiesen.

Am 8. Mai 2015 lud die Kanzlerin Minister und Ministerpräsidenten der Länder zu einem Flüchtlingsgipfel ein. Das Ergebnis des Treffens war nicht die Alarmierung aller betroffenen Dienststellen und der Öffentlichkeit, auch keine Urlaubssperre für die vorrangig betroffenen Dienste. Die Kanzlerin erklärte in der ihr eigenen nebulösen Art: »Wir sind gewillt, eine Lösung zu finden. Das ist, glaube ich, die Botschaft des heutigen Tages.«[101]

Im Juli 2015 signalisierte der Chef des Bundesamtes für Migration und Flüchtlinge, dass das deutsche Asylsystem bis September zusammenbrechen würde.

Der Warnung folgte am 31. August die erstaunlich entschlossene und klare Botschaft der Kanzlerin »Wir schaffen das!«

Wahrscheinlich hatten die Bundesregierung, ihre Dienste und die Botschaft in Budapest Kenntnis von Bemühungen wie denen der ungarischen Gruppe »Migranten Aid«. Diese Gruppe mit ihrer Sprecherin Zsuzanna Zsohar nahm im August und in den ersten Septembertagen 2015 die Weiterleitung von Flüchtlingen vom Bahnhofsgelände in Budapest nach Deutschland in die Hand.[102] Und auch in Österreich und Deutschland übten viele freiwillige Helfer Solidarität.

Die Flüchtlingsbewegung 2015 war zweifellos ein humanitäres Drama, dessen Bewältigung einer erheblichen Kraftanstrengung bedurfte. Demokratisches Handeln auch bei der Lösung dieser außerordentlich schwierigen Aufgabe erforderte humanistischer Hilfe. Aber diese war nicht allein durch eine gut gemeinte Willkommenskultur zu gewährleisten. Demokratisches Handeln hätte bei dem außerordentlichen Umfang der mit der Flüchtlingsbewegung entstandenen Probleme eine rechtzeitige Strategie für ein effektives Vorgehen aller Beteiligten, die Bereitstellung von finanziellen und materiellen Ressourcen und die Beseitigung bürokratischer Hürden in den Verwaltungen erfordert. Auch im demokratischen Handeln staatlicher Organe gibt es den schlichten Unterschied zwischen gut gemeint und gut gemacht.

Erinnert sei in diesem Zusammenhang daran, dass in der Mitte der 80er Jahre des 20. Jahrhunderts die Bundesrepublik schon einmal Probleme mit Flüchtlingen aus Asien, Afrika und dem Nahen Osten hatte. Die Anzahl bewegte sich damals gegen 100 000 Migranten pro Jahr. Davon reiste etwa die Hälfte über Berlin-Schönefeld ein. Damals wandten sich Bundeskanzler Helmut Kohl, Minister Wolfgang Schäuble und anderer Offizielle der Bundesrepublik an Repräsentanten der DDR. Wolfgang Schäuble, der inzwischen – wie auch andere – die DDR als Unrechtsstaat tituliert, betonte am 29. August 1986 im Gespräch mit Erich Honecker, »dass die DDR mit der Durchreiseerlaubnis für die Asylanten nicht gegen Recht verstoße. Er habe deshalb auch keine Forderung an die DDR zu stellen. Die Bundesrepublik gehe aber davon aus, dass es zu gutnachbarlichen Beziehungen gehöre, wenn sie die Bitte äußere, dass die DDR bei der Lösung dieses Problems helfen möge.«[103]

Es vergingen wenige Wochen, dann wurde in Bonn mitgeteilt, dass die DDR ohne eine Gegenleistung der BRD Hilfe erweise, um den Asylantenstrom zu stoppen.

Auf die DDR war Verlass. Der Umgangston der Repräsentanten der beiden deutschen Staaten war – im Gegensatz zu derzeitigen Schmähungen von DDR-Funktionären in der Bundesrepublik – auch in dieser Sache würdevoll. Gegenseitige Absprachen erfolgten damals rechtzeitig und wurden vereinbarungsgemäß und exakt abgewickelt. Solche Partner sucht die Bundesrepublik inzwischen oft vergeblich.

e) Ohne Vertrauen kein demokratisches Miteinander

In modernen Gesellschaften vollzieht sich die soziale Kommunikation auf andere Weise, als das früher in kleinen Ortschaften üblich war, wo jeder fast jeden kannte, von dessen Gewohnheiten, seiner Fähigkeit und Bereitschaft zur Mitarbeit wusste. In unserer Zeit, in der immer mehr Menschen in relativ großen Städten leben, verfügen die Einzelnen in der Regel über mehr Wissen, sie sind weitgehend spezialisiert, nehmen an einem arbeitsteiligen

Prozess teil und erfahren in vielen Lebensbereichen einen raschen Wechsel. In einer solchen zunehmend arbeitsteiligen – vom permanenten technischen und kommunikativen Wandel erfassten – Gesellschaft bleibt in erster Linie das Vertrauen das wichtigste Bindeglied zwischen Personen, ebenso von sozialen Gemeinschaften mit dem politischen, wirtschaftlichen und technischen Gesamtsystem. Eine 2004 in 60 Industriestaaten durchgeführte Untersuchung darüber, inwieweit die Bevölkerung ihren wirtschaftlichen Eliten Vertrauen schenkt, führte zu dem Ergebnis, dass die Misstrauensquote gegenüber den wirtschaftlichen Eliten in Europa bei 63 Prozent und in Deutschland bei 71 Prozent liegt. Die politischen Eliten stehen weltweit einem Misstrauensvotum von 63 Prozent, in Europa von 46 Prozent und in Deutschland von 76 Prozent gegenüber.[104]

Inzwischen sind Jahre über diese Erhebung vergangen. Es ist jedoch kaum anzunehmen, dass sich die Werte für Europa und für Deutschland verbessert haben. Eher ist das Gegenteil der Fall. Als sicher erscheint die Erkenntnis, Demokratie kann nur auf Vertrauen aufbauen. Misstrauen ist für jedwedes demokratische System ein gefährlicher Virus. Vertrauensaufbau erfordert Geduld. Gemeinsame Erfahrungen in tatsächlicher geistiger wie auch manueller Zusammenarbeit können Vertrauen ebenso festigen wie charaktervolle, weitsichtige und nachhaltige Tätigkeit ihrer Repräsentanten. Die verbreitete Methode, dass Abgeordnete vor Wahlen auf den Straßen der Großstädte Kugelscheiber und Luftballons verschenken, degradiert sie zu billigen Marktschreiern. Solche Aktivitäten folgen zwar den dreisten Methoden des Produktmarketings. Sie entsprechen aber weder der Würde der angestrebten Amtes noch der des potentiellen Wählers, der seine Wahlentscheidung aus eigenem Willen und nicht wegen eines billigen Geschenks – heute »Give-away« genannt – treffen soll.

Der US-Ökonom Gary Stanley Becker (1930–2014) erhielt für seine Forschungen an der Universität Chicago, die darauf zielten, die Kriterien und Methoden der mikroökonomischen Theorie auf den Bereich des menschlichen Verhaltens auszudehnen, 1992 den Nobelpreis. Er erhob den ökonomischen Nutzen zur anthropologischen Grundkategorie und schuf die Grundlage für den *homo oeconomicus* – letztlich für eine Betrachtung des Menschen als Vermögensgegenstand. Norbert Blüm bezeichnete 2008 die Gesellschaft des *homo oeconomicus* als eine Horde habsüchtiger Egoisten. Er schrieb: »Der *homo oeconomicus,* für den nur der Nutzen zählt, ist das Spitzenprodukt einer verblödeten Wirtschaftsgesellschaft und die gegenwärtige Finanzkrise ist in Wirklichkeit eine Kulturkrise.«[105] Diese ist auch Ausdruck einer tiefen Krise der Demokratie in der westlichen Welt.

Vertrauensaufbau kostet Zeit. Er erfordert ein ehrliches Miteinander. Dagegen erfolgt ein Vertrauensverlust in der Regel weitaus schneller. Oft genügt eine vom Wähler nicht verstandene oder nicht als gerecht empfundene Entscheidung. Nicht selten sind Entscheidungen gegen die bekannte Meinung des Volksvertreters, die aus Fraktionsdisziplin oder Fraktionszwang getroffen werden, ebenfalls Ausgangspunkte für Vertrauensschwund.

Ein gewisser Indikator für das Vertrauen der Wähler zu den Gewählten ist der Grad der Wahlbeteiligung der Bürger. Trotz wachsenden medialen Aufwandes im Vorbereitungsprozess der Wahlen, aufwendiger Plakat- und Flyerverteilung und täglichen Aufforderungen in Fernseh-, Radio- und Printmedien, das »demokratische Wahlrecht auszuüben«, sinkt (nicht nur in Deutschland, sondern in vielen Ländern des Westens) die Wahlbeteiligung der Bürger beständig. Während die Beteiligung bei Bundestagswahlen 1998 noch über 80 Prozent lag, liegt die Wahlbeteiligung seitdem zwischen 70 und 80 Prozent. Bei Wahlen zum Europaparlament sank die Wahlbeteiligung von 61,99 Prozent (1979) auf 43,09 Prozent (2014). Diese Ergebnisse werden dadurch geschönt, dass in Belgien und Luxemburg Wahlpflicht besteht und dort Beteiligungsergebnisse von 91,36 Prozent (Belgien) und 88,91 Prozent (Luxemburg) die mageren EU-Wahlbeteiligungszahlen »aufbessern.«[106]

Die Einführung einer Wahlpflicht hat auch in Deutschland Anhänger. Im August 2013 wurde dazu ein Statement unter der Überschrift »Wer nicht wählen will, muss zahlen« veröffentlicht. Mit der Begründung, wählen »bedeutet in erster Linie einen Beitrag zur Erzeugung eines gesellschaftlichen Meinungsbildes«, forderten Martin Speer und Vincent-Immanuel Herr in der *Zeit* die »Einführung einer gesetzlich verankerten Wahlpflicht«. Wer dieser nicht nachkommt, solle für diese Pflichtverletzung mit einer Abgabe belegt werden. »Beim Wählen geht es«, so die Autoren, »nicht bloß um Freiheit, es geht darum Verantwortung anzuerkennen.«[107] Im Grunde ging es den jungen Journalisten auch darum, mit einer strafbewehrten Wahlpflicht alle wahlberechtigten Bürger mitschuldig für die Entscheidungen des Bundestages zu machen.

Obwohl ein engeres Verhältnis von Wählern und Wahlkandidaten bei Kommunalwahlen schon auf Grund der räumlichen Nähe der Lebens- und Wirkungsbereiche zu erwarten wäre, ist die Wahlbeteiligung in den vergangenen Jahrzehnten desaströs abgesunken. In den letzten Jahren wurden für die Direktwahl von Landräten und Oberbürgermeistern als Quorum Minimalgrößen für Wahlbeteiligungszahlen gesetzlich festgelegt. In Brandenburg genügt die Beteiligung von 15 Prozent der Wahlberechtigten, um eine Wahl als gültig zu betrachten. Ein Landrat, der von 85 Prozent der Bürger *nicht* gewählt wurde, ist nach dieser Regel »demokratisch zur Amtsausübung« legitimiert. Im Landkreis Oberhavel wurde 2015 bei der Landratswahl selbst das 15 Prozent-Quorum verfehlt. Ebenso im Barnim. Dort wurde dann per Losentscheid im Kreistag der künftige Landrat bestimmt.[108]

Demokratie verkommt zum Lotteriespiel. Der derart »legitimierte« Landrat hat zwar ein Amt, ihm fehlen »nur« das Vertrauen und die Zustimmung der Bevölkerung.

In Artikel 20 des Grundgesetzes wird Deutschland zu einem demokratischen Bundesstaat erklärt. Hört oder liest man heute Festreden zur Inkraftsetzung des Grundgesetzes[109], wird der Eindruck geweckt, mit Annahme des Verfassungsdokuments am 23. Mai 1949 war die Bunderepublik von Stund an eine intakte, nie in Frage gestellte Demokratie.

Franz Walter, Parteienforscher an der Universität Göttingen, beschrieb das politische Geschäft zutreffend: »Denn in der Politik geht es um Macht, nicht um Sinnstiftung, nicht um Identitätswahrung, nicht einmal um Glaubwürdigkeit. Ein Politiker, der ein ›grundehrlicher Kerl‹ sein möchte, wäre von vorn herein eine Fehlbesetzung [...]. Insofern müssen Politiker kaltschnäuzig, unsentimental, knochenhart, listig sein [...]. Ein Stratege und großer Politiker muss, ja er muss zuweilen Potemkinsche Dörfer errichten, ohne Skrupel von links nach rechts und zurück rochieren, mindestens den Gegner durch falsche Ankündigungen in die Irre führen. Man muss nur aufpassen, dass dies alles zugleich als ›glaubwürdig‹ erscheint.«[110]

Wohl in diesem Sinne hat Kanzler Konrad Adenauer die junge Bundesrepublik autoritär und machtbewusst geprägt. »Seine Ziele verfolgte er rücksichtslos, demagogisch bis zum Exzess«, ohne Verhältnis zur Wahrheit und gelegentlich auch außerhalb der Legalität, so *Spiegel*-Herausgeber Rudolf Augstein (1923–2002) über den ersten Bundeskanzler.[111]

Adenauer duldete neben sich kaum ein Verfassungsorgan. Er wies den Bundespräsidenten in die Schranken, hielt nicht viel von einer Gewaltenteilung und reklamierte das Primat der Exekutive gegenüber dem Bundestag. Kanzler Adenauer erklärte ohne Skrupel: »Der Bundestag ist nicht dazu berufen, ständig in die Exekutive hineinzureden.«[112]

Ohne parlamentarische Zustimmung veranlasste er den Aufbau der Bundeswehr und strebte früh danach, sie mit atomaren Waffen auszurüsten. Schon 1950 betrieb er – wie 2014 ans Licht der Öffentlichkeit kam – unter der Deckbezeichnung »Versicherungen« den Aufbau einer Geheimarmee unter Führung von Nazi-Offizieren. Im Ergebnis einer Dokumentenrecherche charakterisierten Historiker diesen Bundeskanzler als einen Politiker, »der entschlossen war, zumindest die Westdeutschen mit harter Hand in die Gemeinschaft der westlichen Demokratien zu prügeln«.[113]

Wenn es in der Demokratie und in der Politik um Vertrauen, um Aufrichtigkeit, um die Ethik gehen soll, dann sollte man weder die Anfänge unter Adenauers Kanzlerdemokratie noch die oft analoge Praxis seiner Nachfolger glorifizieren, sondern auch kritisch befragen. Zugleich ist unter den im 21. Jahrhundert herausgebildeten Umständen darüber nachzudenken, welchen Einfluss digitale Überwachung auf die Substanz von Vertrauensbeziehungen hat. Die fortschreitende Totalprotokollierung des Lebens der Menschen durch staatliche Aktivitäten und ebenso durch Unternehmen eliminieren Vertrauen und ersetzen es durch Information und Kontrolle.

Der Berliner Professor für Philosophie Byung-Chul Han publizierte seine Beobachtung 2014 im *Spiegel:* »In der digitalen Kontrollgesellschaft fallen pornografische Zurschaustellung und die panoptische Kontrolle zusammen. Die Überwachungsgesellschaft vollendet sich dort, wo ihre Bewohner nicht durch äußeren Zwang, sondern aus eigenem inneren Bedürfnis heraus sich mitteilen, wo also die Angst davor, seine Privat- und Intimsphäre aufgeben zu müssen, dem Bedürfnis weicht, sie schamlos zur Schau zu stellen, und wo Freiheit und Kontrolle ununterscheidbar werden. [...] An die Stelle der durch Folter erpressten Geständnisse treten die freiwillige Ausstellung der Privatsphäre und die digitale Durchleuchtung der Seele.«[114]

f) Demokratie und demographischer Wandel

Unverkennbaren Einfluss auf die Verwirklichung demokratischer Prinzipien in Staat und Gesellschaft hat die potentiell wachsende Dynamik des demographischen Wandels. Für die Staaten der Welt und die mehr oder weniger demokratische Kultur des Zusammenlebens ergeben sich aus diesem Wandel vor allem zwei grundlegende Konsequenzen. Die erste: die Zahl der Einwohner auf der Erde steigt – bei etwa einem gleichbleibenden Bestand an natürlichen Ressourcen exponentiell, also frei und unkontrolliert. Vor 2000 Jahren lebten annähernd 300 Millionen Menschen auf der Erde. Gegen 1800 war die erste Milliarde erreicht. 125 Jahre später kam eine zweite Milliarde dazu. Weitere 30 Jahre später, 1960, lebten drei Milliarden und nur 15 Jahre später bereits vier Milliarden. Um die fünfte Milliarde zu erreichen, waren (1987) lediglich 15 Jahre erforderlich. Im Oktober 1999 wurde der 7 000 000 000. Mensch geboren.

Die zweite Konsequenz aus diesem Bevölkerungswachstum ist die weltweite Zunahme der Verstädterung und die Entvölkerung vieler ländlicher Gebiete. Im Jahr 1950 bestand ein Verhältnis der Stadtbevölkerung gegenüber der ländlichen Besiedlung von 30 Prozent (Stadt) zu 70 Prozent (Land). 65 Jahre danach hatte sich dieses Verhältnis grundlegend verändert. 2014 lebten weltweit 54 Prozent der Bevölkerung (annähernd vier Milliarden) in Städten. Für das Jahr 2050 verweisen Prognosen auf eine weitere Zunahme von 2,5 Milliarden Stadtbewohnern. Die wachsende Migration verstärkt den Verstädterungsprozess. In Sydney, London und New York sind etwa ein Drittel, in Brüssel die Hälfte der Einwohner Migranten.[115]

Im subsaharischen Afrika gab es 1960 eine einzige Millionen-
stadt, 2010 waren es bereits 33. Nicht wenige der Millionenstädte
in schwach entwickelten Ländern sind von kaum lebenswürdigen
Slums umgeben und leiden außerhalb ihrer Zentren an einer mi-
serablen Infrastruktur.

Das Bevölkerungswachstum ist regional sehr unterschiedlich
verteilt. Während in Europa ein Rückgang der Bevölkerungszah-
len zu konstatieren ist, vollzieht sich der Zuwachs vor allem in den
wirtschaftlich wenig entwickelten Staaten Afrikas und Asiens.
Analysen der UNO gehen davon aus, dass die absolute Zahl der
Menschen, die in den am wenigsten entwickelten Staaten leben,
sich bis 2050 verdoppeln wird.[116]

Die Folgen dieser bislang nicht beherrschbaren asymmetri-
schen Bevölkerungsexplosion in den wirtschaftlich schwächsten
Ländern – die in vielen Fällen seit Jahrzehnten Lieferanten strategischer Rohstoffe für wirtschaftlich starke Staaten sind – lassen
schon in den nächsten Jahrzehnten eine katastrophale Zuspitzung
der Weltsituation erwarten. Wachsende Armut, zunehmende Widersprüche auf ökonomischem und politischem Gebiet und zweifellos eine Zunahme von Flüchtlingsströmen sind zu erwarten.
In Hinblick auf den Bestand, die Entwicklung und die Zukunft
demokratischer Lösungen der damit verbundenen Probleme kann
das zu erheblichen Gefahren führen. Es gehört zu den kaum
nachvollziehbaren Problemen der internationalen Staatengemein-
schaft, dass dem weltweit unübersehbaren demografischen Wandel nie eine – etwa wie beim Klimawandel erkennbare – Aufmerksamkeit geschenkt worden ist. Liegt es an den mangelnden
Fähigkeiten, einen Lösungsansatz für die in absehbarer Zeit zu
erwartende Zuspitzung der Probleme zu finden?

Offensichtlich hat man vergessen – oder vergessen wollen? –,
dass schon seit den 60er Jahren des 20. Jahrhunderts – unterstützt
von der Gemeinschaft der sozialistischen Staaten – der Weltöf-
fentlichkeit und den Gremien der UNO das Projekt einer »Neuen
Internationalen Wirtschaftsordnung« (NIWO) unterbreitet worden ist. Darin wurden Vorschläge entwickelt, um die schon damals erkennbare Auslandsverschuldung vieler Entwicklungsländer zu reduzieren und deren Wirtschaftskraft und Lebensbedingungen zu verbessern. 1974 gelang es, dieses Thema erstmals auf die

Tagesordnung der Vollversammlung der Vereinten Nationen zu setzen. Diese beschloss am 1. Mai in ihrer 6. Sondersitzung eine »Deklaration über die Schaffung einer Neuen Internationalen Wirtschaftsordnung«.[117]

Zehn Jahre danach stand das Thema erneut auf der Tagesordnung der UNO. Die Entwicklungsländer stellten mit »Sorge und Bedauern« fest, dass im vergangen Jahrzehnt *nichts* zur Verwirklichung der NIWO geschehen sei. Alle Entwürfe realer Maßnahmen zur Änderung der Situation wurden von der Gruppe der kapitalistischen Staaten abgelehnt oder unterlaufen. 1988 unternahmen die DDR und andere sozialistische Staaten den Versuch, einen Kompromiss zwischen den gravierenden Interessen der in der UNO vertretenen Staatengruppen zu finden. Sie unterbreiteten – um künftig Schlimmes zu verhüten – den Vorschlag, ein »UNO-Frühwarnsystems für unvorhergesehene Entwicklungen in der Weltwirtschaft und Katastrophenhilfe« zu schaffen. Nach langen Debatten blieb ein Katastrophenhilfsprojekt übrig. Alle weltwirtschaftlichen Aspekte des Vorschlages blieben wegen des obstruktiven Verhaltens der kapitalistischen Staaten auf der Strecke.[118]

Seit den politischen Veränderungen in den 90er Jahren in Osteuropa ist auch das wichtige »NIWO-Projekt« auf Vergessenheit gestellt. Armut, Hunger und Perspektivlosigkeit in den unterentwickelten Staaten erhöhen soziale Spannungen und bilden keinen fruchtbaren Boden für die zarte Blume Demokratie.

Auch Deutschland steht am Beginn des 21. Jahrhunderts vor enormen Veränderungen. Der Bevölkerungsrückgang bedeutet, es wird künftig weniger Beschäftigte, weniger Konsumenten, weniger Einzahler in die Sozialkassen, weniger hilfsbereite Handwerker, Krankenschwestern usw. geben. In Zweifel zu ziehen ist die Hoffnung, dass dieses gesamtgesellschaftliche Defizit durch höhere Produktivität oder durch einen höheren Einsatz von IT-Systemen zu kompensieren wäre. Der gesellschaftliche Aufwand für die Versorgung und Pflege der Alten wird relativ und absolut steigen. Schon jetzt sind mit Ausnahme von Tourismusgebieten in vielen Dörfern alle sozialen Begegnungsstätten wie Ortsverwaltungen, Schulen, Einkaufsmöglichkeiten, Gaststätten, Postämter, Arztpraxen, Apotheken und Banken geschlossen. Reduziert wurde vielerorts der Personennahverkehr. In den Bundesländern werden seit Jahren unterschiedliche Versuche von Gebietsreformen unternommen, um eine Reduzierung von Verwaltungskosten zu erreichen.

So bleibt auf kommunaler Ebene die Demokratie auf der Strecke. Viele Gemeindevertretungen existieren nicht mehr. Die Kommunikation mit den Abgeordneten der Landkreisvertretungen erweist sich in vielen Fällen als außerordentlich schwierig. Zunehmend löst sich das Band zwischen Wählern und Gewählten besonders in ländlichen Gebieten. So vergreisen und schrumpfen in Deutschland nicht nur tausende Dörfer, sondern auch die Demokratie auf kommunaler Ebene. Ein großer Teil der städtischen Bevölkerung nimmt das Geschehen in der Stadtverordnetenversammlung kaum zur Kenntnis. Der Abstand zwischen dem Lebensbereich der Bürger und dem Tätigkeitsbereich der gewählten Abgeordneten ist zumeist zu groß, um eine soziale Beziehung zwischen den Bürgern und der Vertretungskörperschaft entstehen zu lassen.

Wer trägt in der Bundesrepublik Deutschland Verantwortung für die notwendigen Entscheidungen, die der sich zuspitzende demographische Wandel herausfordert? Für den Gesamtprozess wohl niemand. In Kommissionen und Konferenzen dazu treten Beamte aus der zweiten Reihe des Innen-, des Familien- und auch des Umweltministeriums auf. Im Ergebnis solcher Begegnungen veröffentlicht die Bundesregierung nichtssagende Erklärungen wie »Für den Einzelnen bedeutet der demographische Wandel eine deutlich gestiegene Lebenserwartung. [...] Der Bund kann die Herausforderungen des demographischen Wandels nicht allein bewältigen.«[119]

Der Deutsche Bundestag hatte 2002 eine Enquetekommission zum gleichen Thema eingesetzt. Diese erstattete nach 23 Sitzungen (von denen zwei öffentlich waren) einen Bericht zu einer Summe von sozialen und verwaltungstechnischen Detailfragen. Über Demokratie war in dem annähernd 300 Seiten umfassenden Report (Drucksache 14/800 des Bundestages) kein Wort zu lesen.

Bundeskanzlerin Merkel verkündete auf dem Demographie-Gipfel 2013, der demographische Wandel solle nicht nur als Last verstanden werden. Er biete auch Chancen. Wenn man sich nur anstrenge, könne Deutschland sogar »ein Modell für andere werden, die solchen Prozess noch durchleben werden«.[120] Mit dieser speziellen Art nicht-strategischen Vorgehens hat die Kanzlerin bekanntlich auch andere einsame Entscheidungen vorgetragen.

Am 14. Januar 2015 stand in der Bundesregierung das Thema »Demographischer Wandel« auf der Agenda. Was wurde entschieden? Nichts von Bedeutung. Es wurden zehn Arbeitsgruppen installiert, die in den nächsten zwei Jahren Vorarbeiten für einen Demographie-Gipfel leisten sollen. Vorgegeben dafür sind solche unverbindlich-blumigen Themen wie: gute Partnerschaften für starke Familien, Jugend gestaltet die Zukunft, selbstbestimmtes Leben im Alter. Auch hier kein Wort zur Bewältigung der permanenten Verschlechterung der Lebensbedingungen auf dem Lande, ebenso zu derzeitigen und künftigen Problemen der Städte, dem Wohnungsbau, der Verbesserung der Infrastruktur, der Verhinderung der Gettobildung oder zur Armutsbekämpfung. Auch nichts über Demokratie und künftiges Gemeinschaftsleben.

Verfolgt man aufmerksam die Erklärung der Bundesbehörden zum demographischen Wandel, erinnert man sich der Zeilen aus Goethes Faust: »Du hast die Teile in der Hand, allein es fehlt das geistige Band.« Strategie gehört offensichtlich nicht zu den Stärken der Führungsetagen des Rechtsstaates Deutschland. Rheinland-Pfalz ist das einzige Bundesland mit einem »Demographie-Ministerium«. Das ist allerdings auch für Soziales und Gesundheit zuständig. Die Ministerin Sabine Bätzing-Lichtenthäler gelangte zu der durchaus richtigen Erkenntnis: »Je später wir auf den demographischen Wandel reagieren, desto teurer und schwieriger wird es werden.«[121]

Bei einer Sicht auf die demokratische Verfasstheit der Bundesrepublik und auf die Substanz des demokratischen Rechtsstaates verbinden sich die irreversiblen Folgen des demographischen Wandels mit der Erosion der sozialen Bindungskräfte zu einer außerordentlich kritischen Masse. Eine 2014 veröffentlichte umfassende Studie der Bertelsmann-Stiftung über den gesellschaftlichen Zusammenhalt ließ erkennen: Das Armutsrisiko schwächt den Zusammenhalt. Nirgendwo identifiziere sich die Bevölkerung so wenig mit ihrem Land wie in Deutschland.[122] Weiterhin wurde festgestellt: »Die Kluft zwischen West und Ost ist aktuell sogar größer, als sie es unmittelbar nach der deutsch-deutschen Vereinigung war. Geringere Wirtschaftskraft und Beschäftigung, höheres Armutsrisiko, das höhere Durchschnittsalter und ein geringerer Urbanisierungsgrad in Ostdeutschland stehen einer Verbesserung des gesellschaftlichen Zusammenhalts in den neuen Bundesländern entgegen.«[123] Das klingt schon anders, offenbar auch realitätsnäher als die an jedem Einheitsjubiläum vorgetragenen Sonntagsreden.

Studien des Instituts für interdisziplinäre Konflikt- und Gewaltforschung (IKG) der Universität Bielefeld erbringen seit Jahren weithin gesicherte Nachweise für eine Entsolidarisierung der Gesellschaft, auch für Verrohungserscheinungen im Bürgertum.[124] Ebenso wird 2011 in einer länderübergreifenden Analyse nachgewiesen, dass in Deutschland (wie in den meisten EU-Staaten) bei den Befragten mehrheitlich das Gefühl zu erkennen ist, von Politikern nicht ernstgenommen zu werden. Etwa zwei Drittel der befragten Deutschen waren der Ansicht, sie hätten keinen Einfluss darauf, was die Regierung tue.[125] Derartige Studienergebnisse könnten Politikern wie Verfassungsrechtlern Anstoß zum Nachdenken über die Behauptung sein, dass die Stimmabgabe bei Bundestagswahlen ein Akt der Volkssouveränität und der demokratischen Mitbestimmung sei.

Die Beziehung von Wählern zu Gewählten bleibt ein Kernkriterium jedweder Demokratie. Die immer wieder festzustellende Politikverdrossenheit hat sicher unterschiedliche Ursachen, aber recht beweisstarke Folgen. Dazu gehört zweifellos der Mitgliederschwund der Parteien und die damit verbundene Schrumpfung des politischen Lebens in Dörfern und Städten. Von 1990 bis Ende 2014 verloren CDU und SPD trotz wachsender Zahl der Gesamtbevölkerung etwa die Hälfte ihrer Mitglieder. In der CDU hat sich das Durchschnittsalter der Mitglieder von etwa 23 auf 46 Jahre erhöht. In der SPD stieg das durchschnittliche Mitgliedsalter von 18 auf 52 Jahre.[126]

Zumeist wenig wird in der erkennbaren Regierungspolitik der Einfluss beachtet, den die Familien auf die Fähigkeit ihrer Kinder zum sozialem Verhalten haben. Vor allen in Familien mit mehreren Kindern lernen die Sprösslinge von früher Kindheit an mit anderen umzugehen, nicht nur an sich, sondern in den

Kategorien einer – wenn auch kleinen – sozialen Gemeinschaft zu denken. Allseits bekannt ist, dass der Geburtenrückgang in Deutschland in zu erwartender Zeit zu erheblichen sozialen Defiziten führt. Bundestag, Bundesregierung und die Zivilgesellschaft haben in den letzten Jahrzehnten mit erkennbarem Erfolg für die Akzeptanz unterschiedlicher geschlechtlicher Identitäten gewirkt. Das hat in einigen Teilen der Gesellschaft dazu geführt, dieses partielle Problem zu einem Kardinalkriterium der Menschenrechtsbeurteilung jedweden Staates zu erhöhen. Allerdings ist es im gleichen Zeitraum nicht gelungen, eine zukunftsorientierte tragfähige Familienpolitik zu gestalten. Es klingt wie eine Kapitulation, wenn die Bundesfamilienministerin 2015 mit der Aussage zitiert wird: »Gute Familienpolitik sollte nicht in erster Linie die Geburtenzahlen im Blick haben, die Entscheidung für ein Kind ist eine individuelle und auch von Faktoren abhängig, die Politik – zum Glück – nicht beeinflussen kann.«[127]

Die Debatte über die Sicherung der Renten, 2016 entflammt, hätte nicht die Brisanz, wären die Herrschenden der Bunderepublik nicht über Jahrzehnte den Entgrenzungstheorien der angeblichen Moderne gefolgt, die eine Lockerung der Familienbeziehungen und weithin kinderlose Lebensformen als »Befreiungsakt« interpretierten. Der Historiker Paul Nolte vertrat im Herbst 2016 die Auffassung: »Ein Teil der Gesellschaft ist offensichtlich nicht bereit, die Entgrenzungen mitzugehen, die die Moderne mit sich bringt. [...] Das nächste Thema könnten Genderfragen sein: Warum ist es eigentlich nicht mehr eindeutig, wer ein Mann ist und wer eine Frau, und wer sich mit wem verbinden kann?«[128]

Dem Manne kann sicher geholfen werden: durch einen Blick in das Buch Genesis der Bibel, Kapitel 2–5, und durch die Erfahrung, dass seit Menschengedenken Männer und Frauen eine Lösung des Problems gefunden haben.

Müsste aber die Politik im Interesse der Begegnung des Geburtenrückgangs nicht schon seit langem eine kinderfreundliche Familienpolitik gestaltet haben? Ein Rückblick in die Familienpolitik der DDR könnte dabei hilfreich sein. Dort wurden nicht nur in Gemeinden und Betrieben Kinderkrippen und Kindergärten eingerichtet. Junge Eheleute erhielten günstige Kredite. Mit jedem geborenen Kind wurde ein erheblicher Teil der Kreditsumme erlassen. Frauen hatten jeden Monat Anspruch auf einen bezahlten Haushaltstag. Die Preise für Kinderbekleidung, Schuhe und Lehrmittel wurden subventioniert, waren für jedermann erschwinglich. Niemand lebte in der Sorge um seinen Arbeitsplatz oder um die Unbezahlbarkeit seiner Miete. Und das alles trotz einer geringeren ökonomischen Leistungskraft der DDR gegenüber der Bundesrepublik.

Wer die Verantwortung des Staates für künftige leistungsfähige Generationen ignoriert, handelt sozial, ökonomisch und aus der Sicht einer zukunftsfähigen Demokratie sträflich. Es sei denn, er ergibt sich – wie ein Rostocker Forschungsinstitut in einem fatalistischen Szenarium prognostizierte – der Erwartung: »Weniger Menschen, das werde heißen: weniger Umweltverschmutzung, mehr Natur, mehr ökonomische Brachfläche. Deutschlands CO_2-Ausstoß werde drastisch sinken, und wo Dörfer dichtmachen blüht die Renaturierung.«[129]

Bei konsequenter Weiterrechnung über die nächsten Jahrhunderte kann eine derartige Betrachtungsweise zur Reduzierung der Weltbevölkerung auf die Besatzungsstärke der Arche Noah führen.

6. Kann im schwachen Staat eine starke Demokratie gedeihen?

Es ist sicher kein Zufall, sondern eher ein Resultat der vorherrschenden neoliberalen Gesellschaftsstrategie, dass im 21. Jahrhundert die besorgten Stimmen über den Zustand der Demokratie in Deutschland, in Europa und in der Welt sich mehren. Wie wohl nie zuvor wird heute der Individualismus, die Verantwortung des Einzelnen, die Individualmoral und eine Ethik der personalen Autonomie von Politikern und Ideologen gepriesen und von nicht Wenigen gläubig angenommen. Die Quelle dieses Trends ist der Neoliberalismus. Diese im vergangen Jahrhundert in den USA durch Friedrich A. von Hayek (1899–1992) und Milton Friedman (1912–2006) in der »Chicagoer Schule« entwickelte und nunmehr vorherrschende Doktrin geht davon aus, dass der Staat schwach und – auch hinsichtlich der Daseinsfürsorge für seine Bürger –

einflusslos bleiben müsse, weil »die Märkte« alles, auch die gesellschaftlichen Beziehungen, besser regulierten.

Die daraus resultierende Negation des Primats der Politik
nimmt dem Einzelnen zweifellos den Schutz staatlicher Macht
und Fürsorge. Folglich steht der Bürger der Allmacht der Wirtschaft unmittelbar schutz- und hilflos gegenüber. Wen wundert
es, dass der – eher aus politischem Kalkül als aus ökonomischem
Sachverstand agierende – Bundespräsident Joachim Gauck 2014
darüber öffentlich klagt, »dass der Begriff *neoliberal* so negativ
besetzt« sei.[130] Ausgehend davon predigte Gauck: »Für manche
ist schon die Notwendigkeit, das eigene Leben frei zu gestalten,
mehr Zumutung als Glück. Freiheit hat nicht nur die schöne, die
Chance eröffnende Seite. Sie löst auch aus Bindungen, sie weckt
Unsicherheit und damit Ängste. Das Wort *Freiheit* klingt bedrohlich für jemanden, der sich nicht nach Offenheit, sondern nach
Überschaubarkeit sehnt.«[131] In diesem Sinne forderte Gauck Anerkennung der Vorstellung auch von Friedrich August von Hayek,
»der spontanen Ordnungen mehr zutraute als dem Staat«.[132]

Was hier so pastoral vorgetragen wurde, hat zumindest seit 1973
eine entsetzliche, menschenmordende, wertezerstörende Praxis
hervorgebracht. Milton Friedman, der das Gedankengut Hayeks
zu seiner »Chaos-Theorie« weiterentwickelte, schuf als Hauptbera-
ter des chilenischen Militärdiktators Augusto Pinochet ein erstes
praktisches Beispiel dieser neoliberalen Chaos-Theorie. Folter und
Mord forderten Tausende Todesopfer, mehr als 100 000 Menschen
schmachteten in Gefängnissen. Gemäß der Orientierungen Friedmans wurden in Chile alle bestehenden Regelungen beseitigt, die
der Akkumulation von Profit entgegenstanden. Sozialausgaben
wurden drastisch zurückgefahren. Die Steuern der Unternehmen
wurden reduziert. Alle Preise, einschließlich die der Arbeitskraft,
sollten vom Markt festgelegt werden. Krankenhäuser, Bildungseinrichtungen und andere Bereiche der Daseinsfürsorge, selbst
Nationalparks wurden privatisiert.[133]

Wenig bekannt wurde, dass die bayerische CSU enge Kontakte
zur Pinochet-Diktatur pflegte. Franz Josef Strauß besuchte 1977
Diktator Pinochet und lobte dessen Politik.[134] Dabei konferierte
Strauß in Santiago auch mit dem damaligen Leitwolf des amerikanischen neoliberalen Zentrums. Friedrich August von Hayek

war Pinochets »Verfassungsberater«. Nach seiner Rückkehr in die BRD sandte Strauß den Würzburger Staatsrechtler Dieter Blumenwitz (1939–2005), der später auch die berüchtigte Colonia Dignidad unterstützte, und den Soziologen Lothar Bossle (1929–2000) als Vertreter der CSU-nahen Hans-Seidel-Stiftung nach Chile, um an der Verfassung für Pinochets Militärdiktatur mitzuarbeiten.[135]

1985 schuf Friedmans Schüler Jeffrey Sachs in Bolivien unter dem Diktator Hugo Banzer ein weiteres Beispiel für die Anwendung der Chicagoer neoliberalen Lehre. Sein Konzept zielte besonders darauf, in dichter zeitlicher Folge den Ölpreis zu verzehnfachen, weitere Preise zu deregulieren, Lebensmittelsubventionen zu beseitigen, Preiskontrollen aufzuheben. Massenentlassungen und Rentenkürzungen wurden verordnet. Gewerkschaftsführer und protestierende Arbeiter fanden sich im Gefängnis wieder. Diese Aktion wurde von bolivianischen Neoliberalen als »Stabilisierung in einer Demokratie« verklärt. Liberale Kräfte erklärten dagegen, die Anhänger von Jeffrey Sachs hätten sich »benommen wie autoritäre Schweine«.[136] Die *New York Times* hingegen lobte Sachs als »Evangelisten des demokratischen Kapitalismus«.

1989 schlug Jeffrey Sachs sein Quartier in Warschau auf. Als Berater von Ministerpräsident Tadeusz Mazowiecki (1927–2013) verhinderte er die Umsetzung der Forderung der Gewerkschaft Solidarność, die staatlichen Unternehmen in die Hand von Arbeiterräten zu geben. Mit seinen bolivianischen Erfahrungen in Sachen Regimewechsel gerüstet, entwarf er in kurzer Zeit für Polen ein Programm der Privatisierung der staatlichen Industrie, der Freigabe der Preise, der Kürzung von Subventionen und der Schaffung eines privaten Kapitalmarktes.

Als im Dezember 1991 der nicht nur siegestrunkene Boris Nikolajewitsch Jelzin (1931–2007) die Flagge der zerschlagenen Sowjetunion von der Kremlkuppel einholen ließ und seinen Kumpanen erklärte: »Meine Herren, ich wollte Ihnen nur mitteilen, dass die Sowjetunion nicht mehr existiert«[137], stand ein 36-jähriger Amerikaner im Kreis seiner Vertrauten: Jeffrey Sachs. Er wurde nun Jelzins engster Berater. Dieser ließ ihn im Gespann mit dem in hohe Regierungsämter gehievten gelehrigen Gehilfen Jegor Timurowitsch Gaidar gewähren. 1994 veröffentlichte Jelzin sein

Tagebuch. Ganz im Sinne seiner amerikanischen Lehrmeister hatte er das sechste Kapitel zutreffend genannt: »Die Schocktherapie«.[138]

Kaum ein Jahr später vertraute Jelzin offensichtlich in einem lichten Moment seinem Tagebuch die Folgen der von Sachs entworfenen und von Gaidar exekutierten neoliberalen Schocktherapie an. Jelzin schrieb: »Nun wurde immer deutlicher, dass die galoppierende Inflation jahrelang anhalten konnte. Ganze Bevölkerungsschichten gerieten an die Armutsgrenze. Und dabei entstanden unerträgliche soziale Gegensätze. Der Reichtum der einen stand im eklatanten Kontrast zur Armut der anderen. Die Gesellschaft geriet in eine schwere Zeit der sozialen Entfremdung. Das war das düstere Bild, das sich nach der Schocktherapie darbot.«[139]

Dann aber wechselte Jelzin zur Doktrin seines Lehrmeisters und notierte: »Hätte man all dieses Elend vermeiden können? Ich glaube nicht. Jedes Land kennt solche Zeiten. Das ist wie eine wirtschaftliche Quarantänestation, ein *cordon sanitaire* auf dem Wege zur Prosperität.«[140]

Eine trügerische Hoffnung. Die Widersprüche spitzten sich weiter zu. Im September 1993 verhängte Boris Jelzin, der inzwischen zum Duz- und Saunafreund von Bundeskanzler Helmut Kohl avanciert war, über Russland den Ausnahmezustand. Er hatte die gültige Verfassung des Landes gebrochen und per Dekret den gesetzgebenden Kongress der Volksdeputierten und den Obersten Sowjet Russlands aufgelöst, weil diese gegen Jelzins Allmachtallüren votiert hatten. Daraufhin befahl dieser, das Parlament mit Panzergranaten zu beschießen und vom Militär zu erstürmen. Zur Begleitung dieses in der Welt wohl einmaligen Aktes des skrupellosen Umgangs mit den gewählten Vertretern des Landes hatte Jelzin US-Fernsehleute eingeladen. In seinem Tagebuch bekannte er unter dem Datum vom 30. September 1993: »Die Fernsehstation *CNN* übertrug die Erstürmung des Weißen Hauses *(Sitz des nationalen Parlaments – H. G.)* live in die ganze Welt, und es hat wenig Sinn, das zu wiederholen, was jeder mit eigenen Augen sehen konnte. Panzer, Granatsalven, Schüsse aus Maschinenpistolen, Gaffer, die ein Schauspiel sehen wollen, bei dem man nicht nur so tat als ob, sondern wirklich tötete. Es gab viele Tote, viele, viele Tote.«[141] Wochen später gratulierte Kohl herzlich seinem Freund Jelzin – wie er später schrieb – und begründete dies mit der Behauptung: »Kein Präsident vor ihm war derart demokratisch legitimiert« wie Jelzin.[142]

Der britischen Putschstratege Paul Collier durfte mit Unterstützung der Bundeszentrale für politische Bildung auch in Deutschland verbreiten: »Tatsächlich ist die verbreitetste und effektivste Form der politischen Gewalt das gleichsam chirurgische Mittel des Staatsstreichs.«[143] Zu den Ratschlägen dieses Autors gehörte auch: »Wenn Staatsführer keine präventiven Säuberungen mehr vornehmen können, sind sie weniger gut in der Lage, die politische Gewalt im Zaume zu halten.«[144]

Die neoliberale Doktrin stellt zweifellos die bewährten Vorstellungen eines Staates als einer sozialen Gemeinschaft auf den Kopf. Schließlich ist der Mensch ein gesellschaftliches Wesen. Er konnte sich im Verlaufe der Evolution nur in der Gemeinschaft mit anderen Artgenossen entwickeln, und er wird sowohl die Gegenwarts- als auch die Zukunftsaufgaben nicht als einsamer Ritter, sondern nur in Gemeinschaft mit anderen lösen können. Daraus erwuchs eine Gruppenmoral, eine in allen Ländern unserer Erde feststellbare Ethik der Gemeinschaften, denen eine beachtliche Wirkungs- und Bindungskraft eigen ist. »Als Einzelwesen sind wir« – so der amerikanische Psychologe Jonathan Haidt – »egoistisch, als Gruppenwesen können wir uns uneigennützig verhalten.«[145]

Diese kaum widerlegbare Erfahrung führt zu der Folgerung: Die gesellschaftliche Natur der Menschen erfordert Demokratie! Es gibt kein individuelles Leben außerhalb der Gemeinschaft. Jede andere Form des Zusammenlebens führt zu ernsthaften gesellschaftlichen Verlusten, die sich künftig vor allem dann als umso gravierender erweisen, wenn:

– Finanzmärkte und Großkonzerne weiter ungebremst das Primat über die Politik ausüben,
– die sozialen Verhältnisse weiter auseinanderdriften,
– sich das Verhältnis der Weltbevölkerungsentwicklung zur Verfügbarkeit natürlicher Ressourcen weiter verschlechtert.

Vor den nationalen und internationalen Entscheidungsgremien der heutigen Welt steht die Lösung wahrhaft komplexer Aufgaben. Dabei bleibt gerade für die Substanz der Demokratie als Scheidelinie des Herangehens die Grundfrage: Folgen die Parlamente, folgt die Politik den Impulsen und Entscheidungen der Märkte, insbesondere der Finanzmärkte, oder wird staatliche Entscheidungsmacht unabhängig auch gegenüber den ökonomischen Machtzentren wahrgenommen? Der prominente amerikanische Philosoph Michael J. Sandel formulierte 2012 seine Gesellschaftsanalyse der westlichen Welt folgendermaßen: »Ohne es zu merken, ohne darüber zu diskutieren und politisch zu entscheiden sind wir von einer Marktwirtschaft in eine Marktgesellschaft geschlittert [...]. Die Ökonomie ersetzt die Ethik des menschlichen Verhaltens.«[146]

Professor Robert B. Reich, einst Arbeitsminister in den USA, warnte 2016: In Deutschland sei die Ungerechtigkeit noch nicht so deutlich ausgeprägt wie in den USA, »aber die Deutschen wie auch viele Nationen bewegen sich in der selben Richtung, denn sie folgen dem Vorbild des amerikanischen Kapitalismus: Der US-geprägte Neokapitalismus ist eindeutig ein gefährlicher Trend. Deutschland solle sich in Acht nehmen. [...] Ein Drittel des amerikanischen Arbeitsmarktes (besteht) aus Teilzeitjobs, unfreiwillig Selbständigen und schlecht bezahlten Dauerpraktikanten, die von Monat zu Monat leben. Das führt zu großer Unsicherheit. Und bald wird der halbe Arbeitsmarkt so aussehen.«[147] Unsicherheit ist kein guter Boden, auf dem Demokratie gedeihen kann.

Die derzeit herrschende Meinung konstatiert die Unterordnung der Politik und damit der Demokratie gegenüber den Märkten und damit dem internationalen Kapital. Es war – wie bald erkennbar wurde – kein Versprecher, sondern offensichtlich Kalkül, als Kanzlerin Merkel im September 2011 in der langstieligen Art ihrer politischen Aussagen erklärte: »Wir haben ja eine Demokratie, und das ist eine parlamentarische Demokratie und deshalb ist das Budgetrecht ein Kernrecht des Parlaments und insofern werden wir Wege finden, wie die parlamentarische Mitbestimmung so gestaltet wird, dass sie trotzdem marktkonform ist.«[148]

Wie recht hat doch der US-Philosoph Michael J. Sandel, zu dessen Erkenntnissen der schlichte Satz gehörte: »Das marktkonforme Denken lässt die moralische Auseinandersetzung auf seine eigene Weise aus dem öffentlichen Leben verschwinden.«[149]

Der langjährige Direktor des Münchener Institutes für Wirtschaftsforschung, Hans-Werner Sinn, beantwortete ein Jahr nach Merkels Erklärung zur marktkonformen Demokratie die Frage, welchen Satz er am meisten hasse, mit der entlarvenden Auskunft: »Es gilt das Primat der Politik.«[150] Der burschikose Professor aus München war sich zweifellos dessen bewusst, was er damit sagt. Zwar gibt es unterschiedliche Definitionen des Begriffes Politik. Zu den überzeugendsten gehört zweifellos die des Nestors der deutschen Politikwissenschaft Arnold Bergstraesser: »Unter Politik verstehen wir den Begriff der Kunst, die Führung menschlicher Gruppen zu ordnen und zu vollziehen.«[151] Es geht, wenn man den Politikbegriff ernst nimmt, immer um Menschen, um deren Wohl, deren Sicherheit und Zukunft. Die Märkte folgen anderen Intentionen.

Der prominente Vertreter der deutschen Hochfinanz, Hilmar Kopper, bekundete in den Weihnachtstagen 2011: »Moral ist überall hinderlich, wo es um Wettbewerb und Erfolg geht. [...] Ich habe früher gedacht, die Welt würde von der Liebe geprägt. Sorry, aber das ist Quatsch. Sie wird vom Geld geprägt. Geld, Geiz, Gier – das sind die drei großen Konstanten.«[152] Auch deshalb begründen Demokraten mit gutem Recht das Primat der Politik.

Immer stärker aber wird der Gegenwind der neoliberalen Kräfte. Professor Hans-Hermann Hoppe, ein Schüler von Jürgen Habermas, der an der Universität von Nevada in Las Vegas lehrte, verbreitete 2012 die Auffassung, dass »die Demokratie ein zum Scheitern verurteiltes soziales System ist«. Aus dieser Position folgert er die Erlaubnis, den Staat »zu einem normalen, allen anderen Personen und Institutionen rechtlich gleichgestellten Privatrechtssubjekt«[153] zu machen. Manch einer mag dies als skurrile Meinung eines im Elfenbeinturm ruhenden Professors abtun. Inzwischen sind die Staaten und die Bürger in der Europäischen Union jedoch mit einer gravierenden praktischen Konsequenz dieser Auffassung konfrontiert.

Staatliche Souveränität und Demokratie bleiben auf der Strecke.

7. Bandbreite und Unterschiede von Demokratiedefinitionen

Demokratie, verstanden als Volksherrschaft, entsteht und wirkt in der Industriegesellschaft des 21. Jahrhunderts als ein Ensemble rechtlicher und institutioneller Elemente. Weitgehende Übereinstimmung gibt es in der juristischen und politischen Literatur darüber, dass eindeutig definierte und realisierbare Rechte aller Bürger auf Mitwirkung, auf Meinungs- und Versammlungsfreiheit, ein überzeugendes Wahlsystem zu den wesentlichen Bedingungen eines demokratischen Staatswesens gehören.

Vergleicht man Erklärungen zur Demokratie, erkennt man auf den ersten Blick, dass deren Aussagen sich in den vergangenen 200 Jahren sehr gewandelt haben. »Demokratie ist eine Regierungsweise, bei der jeder etwas zu sagen hat«, glaubte der Literat Alfred Döblin (1878–1957).[154]

Flaubert (1821–1880) dagegen erklärte: »Der ganze Traum der Demokratie ist, den Proletarier zum Niveau der Dummheit des Bürgers zu erheben.«[155]

Heinrich Mann (1871–1950) formulierte in einem Aufsatz über die Aufgaben der Volksfront: »Die Demokratie ist eine Frage der geistigen Geschultheit und des sittlichen Bewusstseins, woran das meiste zu tun, worüber viel zu sagen bleibt.«[156] Marx und Engels waren im Kommunistischen Manifest (1848) der Meinung, »dass der erste Schritt in der Arbeiterrevolution die Erhebung des Proletariats zur herrschenden Klasse, die Erkämpfung der Demokratie ist«.[157] Im Ergebnis der Erfahrungen der Pariser Kommune kamen sie zu der Erkenntnis, dass damit »die endlich entdeckte Form« gefunden sei, »unter der sich die ökonomische Befreiung der Arbeit vollziehen konnte.«[158] In den ersten Jahrzehnten des 20. Jahrhunderts wurde in der politischen Auseinandersetzung bürgerlicher und sozialdemokratischer Doktrinen mit dem sich in Russland herausbildenden Sowjetsystem »Demokratie« zum Synonym des bürgerlichen politischen Systems und »zum polemischen Gegenbegriff zum Sozialismus«.[159]

Lenin begegnete dieser Tendenz in Polemik mit den Auffassungen Kautskys. Er erklärte: »Reine Demokratie, das ist die verlogene Phrase eines Liberalen, der die Arbeiter zum Narren hält. Die Geschichte kennt die bürgerliche Demokratie, die den

Feudalismus ablöst und die proletarische Demokratie, die die bürgerliche ablöst.«[160] Im ähnlichen Sinne stellte Clara Zetkin in der Zeit der Weimarer Republik fest: »Demokratie ist die gleißende, trügerische Losung der Stunde, mit der die Gegenrevolution in die Schlacht zieht, um das Proletariat in seine alte politische Machtlosigkeit zurückzuwerfen.«[161] Letztlich war es jedoch, wie Canfora analysierte, »ein enormer propagandistischer Vorteil für das westliche Lager, den Begriff *Demokratie* ganz allein für sich in Anspruch nehmen zu können, während eben dieser Westen gleichzeitig mit Riesenschritten auf die Restauration der Marktwirtschaft zusteuerte und sich bereits (auch illegaler) staatlicher Apparate bediente, die im Kampf gegen den Kommunismus zu allem bereit waren. Ein Geschenk des Himmels, dass man all das *Demokratie* nennen konnte.«[162]

2008 führte die Untersuchung des italienischen Wissenschaftlers Domenico Lusordo über das Verhältnis von Bonapartismus und Demokratie zu dem Schluss, dass in Industriegesellschaften »die Demokratie immer mehr zu einem leeren Wort wird. Die formale Verflüchtigung der Demokratie ereignete sich in eben dem Moment, wo heute klar wird, dass es ohne entsprechende in das Monopol der geistigen Produktion eingreifende oder diese in gewisser Weise kontrollierende Interventionen nicht gelingt, auch nur die *Minimal*-Demokratie zu retten oder zu verwirklichen.«[163]

Zur gleichen Zeit veröffentlichte der britische Professor an der University of Warwick, Colin Crouch, ein international beachtetes schmales Bändchen unter dem programmatische Titel »Postdemokratie«. Ausgehend vom Ergebnis einer 1999 und 2000 durchgeführten Untersuchung hochrangiger wissenschaftlicher Persönlichkeiten aus Westeuropa, Japan und den USA kam er zu der Einschätzung, »dass es mit der Demokratie in diesen Ländern nicht gerade zum Besten steht«.

Das zeige sich in erster Linie »am Verfall der Handlungsfähigkeit der Politiker, da ihre Legitimation zunehmend in Zweifel gezogen wird«. Politikern fehle es an Vertrauen. Daraus folge »die wachsende öffentliche Unzufriedenheit gegenüber der Politik und den Politikern«.[164] Zusammenfassend stellte Crouch fest: »Während die demokratischen Institutionen formal weiterhin intakt sind (und sogar in vielerlei Hinsicht ausgebaut werden), entwickeln sich politische Verfahren und die Regierungen zunehmend in eine Richtung zurück, die typisch war für vordemokratische Zeiten.«[165]

In Deutschland erschien die erstmals 2005 in Paris veröffentlichte Streitschrift von Jacques Rancière unter dem Titel »Der Hass der Demokratie« 2011 in einem kleinen Verlag und in kleiner Auflage. Er bezeichnet die Demokratie als »die Herrschaft der unbegrenzten individuellen Begierden in der modernen Massengesellschaft«.[166] Demokratie wird von diesem Autor als »die Tätigkeit« bezeichnet, »die den oligarchischen Regierungen unaufhörlich das Monopol über das öffentliche Leben und den Reichtum und die Allmacht über das Leben aller entreißt«.[167]

Der Zeithistoriker Laszlo Trankovits resümierte seine in den USA, der Türkei, in Israel, Italien und Deutschland gesammelten Erfahrungen in einem 2011 erschienenen Buch mit dem provokanten Titel »Weniger Demokratie wagen«.[168] Darin betrachtet er kritisch das in Deutschland ineffektiv ausufernde Ensemble an juristischen und demokratischen Instrumenten: »Anhörungen, Veröffentlichungen, Genehmigungsverfahren, Volksbegehren etc.«. Davon ausgehend kommt er zu dem Ergebnis: »Es wäre falsch, an den Ausbau der Mitbestimmungsmöglichkeiten die Illusion zu knüpfen, er würde die Probleme lösen. [...] *Mehr Demokratie wagen* ist vor allem ein Placebo, ein Medikament, das nur mit viel Autosuggestion helfen kann. [...] Wer *mehr Demokratie* als eine Art Psychotherapie für eine verunsicherte Gesellschaft betrachtet, begibt sich auf einen fragwürdigen Weg.«[169]

Der in Indien geborene amerikanische Wissenschaftler und Publizist Fareed Zakaria formuliert schon im Titel seines Buches die Frage »Das Ende der Freiheit? Wieviel Demokratie verträgt der Mensch?« Nach seinem Urteil stellt wie in den meisten westlichen Ländern »auch in Amerika die Demokratie nur eine Komponente des hochkomplexen politischen Gefüges aus Institutionen und Prozessen dar, von denen viele nicht nur vor-, sondern ausgesprochen undemokratisch sind«.[170] Als Indikatoren für diesen Befund nennt Zakaria die Amtsmacht der Richter, »ohne in ihr Amt gewählt« zu sein, »die undemokratische Verfasstheit vieler Institutionen vor allen der amerikanischen Parteien«, das Handeln der Legislative »als geschlossene, streng reglementierte Veranstaltung, das Schachern in den geheimen Ausschussberatungen der Parlamente«.[171] Bedenklich erscheint Zakaria die in einigen Bundesstaaten der USA verbreitete Praxis der Volksbegehren und Volksentscheide. »Davon profitiert«, so stellt er fest, »in erster Linie das wachsende Heer der gewerbsmäßigen Berater, Lobbyisten, Demoskopen und Aktivisten, die sich vermittelnd in den Prozess einschalten. Statt mehr Demokratie haben wir uns eine neue überproportional einflussreiche Maklerclique eingehandelt.«[172]

FAZ-Herausgeber Frank Schirrmacher (1959–2014) kam in seinem in der Öffentlichkeit kontrovers diskutierten Buch »Ego« zu dem Ergebnis: »Bürger und Staat haben keine Souveränität mehr, sondern *spielen* sie nur. Darum werden Parlamente zu Staffagen und die Öffentlichkeit zu Echoräumen, die man anspricht, um in Wahrheit Märkte zu beeinflussen.«[173] Weiterhin stellt der erfahrene Publizist fest: »Regierungen reden nur noch taktisch mit ihren eigenen Öffentlichkeiten, sie übergehen Parlamente und Gesetze, sie müssen falsche Fährten legen und widersprüchliche Erwartungen hegen, unbegrenzte Geldmittel und einen langen Atem vortäuschen, Regulierungen ankündigen, durchsetzen oder verwerfen – alles nur, um den Rüstungswettlauf mit dem Markt der Gegenspieler zu verwirren, in die Irre zu führen oder zur Kooperation zu zwingen.«[174]

Es ist in gewisser Weise entlarvend, in welcher Weise heute Mitglieder der Bundesregierung ihr Demokratieverständnis offenbaren. Bundesministerin Ursula von der Leyen (CDU) erklärte: »Die entscheidenden Fragen sind daher: Wie geht eine Gesellschaft mit Minderheiten um? Wie tolerant ist sie anderen Meinungen gegenüber? Garantiert sie eine freie Presse?«[175] Wenige Tage danach beantwortet Justizminister Heiko Maas (SPD) die Frage nach erfolgreichen demokratischen Debatten folgendermaßen: »Wenn es um existenzielle Fragen ging, etwa die Diskussion um die Sterbehilfe oder die Präimplantionsdiagnostik, finde ich die Debattenkultur in diesem Land sehr gut.«[176] Zwei Minister reden über Demokratie.

Kein Wort über Willen und Teilhabe der Wähler. Kein Wort zu den ernsten sozialen Fragen der Gesellschaft. Natürlich sind der Minderheitenschutz und die Pressefreiheit, über die Ursula von der Leyen sprach, von Bedeutung. Wo aber ist die Beziehung zur Mehrheit, zur Freiheit und Teilhabe des Volkes und zur sozialen Gerechtigkeit? Ist das Gerechtigkeitsbekenntnis nicht wesentlicher Teil der Schwurformel bei der Ministervereidigung? Auch für die Analyse demokratischer Prozesse gilt, wer zeitnahe Ereignisse vorschnell als historisch bewertet, wird nicht selten bald eines Besseren belehrt. So erging es auch dem bekannten Berliner Historiker Professor Paul Nolte. Er veröffentlichte 2012 eine umfangreiche Studie unter dem Titel »Was ist Demokratie? Geschichte und Gegenwart«.[177] Dieses Buch erschließt dem Leser eine Fülle historischer Abläufe, Varianten und Konflikte in der Entwicklung der Demokratie und liefert zugleich eine Vielzahl von Definitionen und Facetten des oft sehr unterschiedlich interpretierten Begriffs der Demokratie. Wie problematisch und zugleich facettenreich das in seinem Wesen so verständliche Problem der Demokratie 2012 in der deutschen historischen Forschung behandelt und bewertet wurde, soll mit nachfolgenden Zitaten vermittelt werden. Nolte schreibt: »Demokratie franst aus, wird vielfältiger, tritt nicht notwendig institutionalisiert, jedenfalls nicht formal organisiert auf: etwa in sozialen Bewegungen, die keine Parteien mehr sind, oder in Menschenrechtsorganisationen, die für junge Menschen ebenso wichtig sind wie früher die Parteien, aber im Gegensatz zu diesen keine Erwähnung im Grundgesetz finden.« (S. 22)

»Demokratie […] ist offen, historisch kontingent *(gegeben, weder notwendig noch unmöglich – H. G.)*, extrem flüssig – und doch offenbar nicht beliebig. In der Demokratie fällt es schwer, sie zu definieren.« (S. 23)

»Demokratie handelt von der Kontingenz *(Nichtberechenbarkeit – H. G.)*, von dem Auch-anders-sein-Können, eher von der Suche als von der definitiven Lösung.« (S. 73)

»Die moderne Demokratie gründet sich auf ein individualistisches Menschenbild, das die Antike noch nicht kannte.« (S. 131)

»Der Rechtsstaat ist bisweilen zur abgedroschenen nichtssagenden Formel geworden.« (S. 139)

»Das eine oder andere Puzzleteil der Demokratie ist verschiebbar, möglicherweise sogar ersetzbar […]. Damit ist die Demokratie weder zwangsläufig noch ein menschenunabhängiges Schicksal: Aber ihr scheint eine Doppelnatur eigen zu sein: Sie ist ein

Produkt der Geschichte; sie ist entstanden und kann auch wieder vergehen, sie ist also *historisch kontingent*.« (S. 173)

»Demokratie ist immer in der Krise.« (S. 226)

»Das Verhältnis von Sicherheit und Freiheit wurde zum Grunddilemma der Demokratie seit dem späten 20. Jahrhundert.« (S. 355)

»Was man unter Demokratie versteht, wandelt sich weiterhin – und beschleunigt seit den 1980er Jahren, etwa in der Spanne der letzten drei Jahrzehnte.« (S. 370)

»Politische Überzeugungen kann man nicht nur an der Wahlurne äußern, sondern mit einer Kaufentscheidung im Supermarkt zum Ausdruck bringen.« (S. 389)

»Demokratie ist nie eindeutig, und immer umstritten. Ihre Ideale treffen auf eine komplizierte Wirklichkeit; statt strahlendem Glanz sieht man dann dunkle Schatten.« (S. 426)

»Es gibt offensichtlich keine Demokratie ohne kapitalistische Marktwirtschaft.« (S. 429)

»Demokratie war immer umstritten und vieldeutig, sie war nie fertig und wird es nie sein.« (S. 479)

Diese Zitatenauswahl lässt erkennen, wie im 21. Jahrhundert mit dem Demokratiebegriff jongliert werden kann, ohne sich dem Kern der Sache und den Ursachen der aktuellen Krise der bürgerlichen politischen Systeme auch nur zu nähern. Demokratische Verhältnisse aber entstehen und entwickeln sich oder verkümmern nicht in Gedankenspielen dieser oder jener politischen oder juristischen Lehrmeinung, sondern unter definierbaren sozialen Umständen.

Verwiesen sei am Schluss dieses Kapitels auf die kluge Definition des Philosophen Michael J. Sandel. »Demokratie erfordert keine Gleichheit, aber sie erfordert, dass Bürger an einer gemeinsamen Lebenswelt teilhaben. Es kommt darauf an, dass Menschen mit unterschiedlichem Hintergrund und Sozialstatus miteinander in Kontakt kommen und im Alltag auch einmal zusammenstoßen. Denn nur so lernen wir, wie wir unsere Unterschiede aushandeln und wir gemeinsam dem Gemeinwohl dienen können.«[178]

Anmerkungen

1 Giorgio Agamben: Einleitende Bemerkung zum Begriff der Demokratie, in: Demokratie? Eine Debatte, Suhrkamp Verlag, Berlin 2012, S. 12

2 Heiko Dilk: Skoda Octavia – Reife Brise, in: *Berliner Zeitung* vom 19./20. Januar 2013

3 Donald Rumsfeld: Herr Putin ist sehr clever, in: *Der Spiegel* 38/2013, S. 107

4 Paul Nolte, Was ist Demokratie? Geschichte und Gegenwart, Verlag C. H. Beck, München 2012, S. 9

5 Wael Ghonim: Revolution 2.0 – Wie wir mit der ägyptischen Revolution die Welt verändern, Houghton Mifflin Hardcourt Publishing Company New York und Ullstein Buchverlag, Berlin 2012

6 Rüdiger Barth, Karsten Lemm u. a.: Das Zeitalter des Schwarms. Aufstände in Nordafrika, Wutwellen in Spanien, Lügenjagd auf Politiker: Dank Facebook, Twitter und Co. können sich Menschen im Netz spontan verbinden und so die Welt verändern [...]; in: *Stern* 22/2011, S. 30–45

7 Vgl. Karlen Vesper: Weltrevolution via World Wide Web. Was den tunesischen Gemüsehändler Mohamed Bouazizi mit dem deutschen Erfinder Konrad Zuse verbindet, in: Basisdemokratie und Arbeiterbewegung – Günter Benser zum 80. Geburtstag, Karl Dietz Verlag 2012, S. 272 f.

8 Henry Kissinger: Weltordnung, Bertelsmann Verlag, München 2014, S. 405

9 Shahrokny: Protestbewegung in Ägypten – Diktatoren diktieren nicht, sie folgen Befehlen, in:*http://german.irib.ir/component/k2/item/12 643-die-protestbewegung-i*

10 Vgl. Juliane von Mittelstädt u. a.: Ungeliebte Gäste. Die deutschen Parteistiftungen spielen beim Umbruch im Nahen Osten eine wichtige Rolle, in: *Der Spiegel* 6/2012, S. 23 f.

11 Matthias Gebauer u. a.: Der gescheiterte Staat, in: *Der Spiegel* 16/2016, S. 88

12 Johannes Thumfart: Der Demokrator [...], in: *Die Zeit* vom 9. März 2011

13 ebenda

14 Georg Mascolo: Der Umsturzhelfer, in: *Spiegel online* 21. November 2005, *http://www.spiegel.de/politik/ausland/0,1518, druck-386 006,00, 00.html*

15 Henry Kissinger: Weltordnung, a. a. O., S. 143

16 Henry Kissinger: Weltordnung, a. a. O., S. 142 ff.; Barack Obama auf der Pressekonferenz am 4. Februar 2011; ders. in einem Interview mit *Fox News* am 6. Februar 2011; Erklärung des Präsidenten in Ägypten am 10. Februar 2011 und andere

17 Barack Obama zur Lage in Syrien, Amerika-Dienst 18. August 2011

18 Erich Follath: Requiem für eine Revolution. In: *Der Spiegel* 4/2016 S. 86

19 Thomas Spang: CIA-Schattenkrieger sind längst im Land, in: *Berliner Zeitung* vom 1. April 2011

20 Paula Schiefer, Programmdirektorin der Stiftung *Freedom House*, in: *Der Spiegel* 49/2005, S. 182

21 Renate Flottau, Georg Mascolo u. a.: Die Revolutions-GmbH, in: *Der Spiegel* 46/2005, S.149

22 Srđa Popović, Matthew Miller: Protest. Wie man Mächtigen das Fürchten lehrt, S. Fischer Verlag, Frankfurt am Main 2015

23 Vgl. *Spiegel online* vom 8. November 2014: Geheimdienstaktion, Nordkorea entlässt die letzten US-Gefangenen

24 Julian Schmidli: Umsturz für alle, in: *Frankfurter Allgemeine Zeitung* – Hochschulanzeiger vom 22. September 2015

25 Jerzy Pomianowski im Interview mit der *Deutschen Welle* am 22. Februar 2013

26 Solveig Richter, Jutta Leininger: Flexible und unbürokratische Demokratieförderung durch die EU? Europäischer Demokratiefonds zwischen Wunsch und Wirklichkeit, in: *Zeitschrift für sozialistische Politik* (SPW aktuell), 46, August 2012; Vgl. auch Matthias Rude: Im Schatten des Antikommunismus. Die europäische Demokratiestiftung, in: *Hintergrund* vom 18. Juni 2015

27 Unter dieser Themenstellung (mit Nachsatz: Worum geht es bei der externen Demokratisierung?) führte die Heinrich-Böll-Stiftung im Januar 2012 in Berlin eine Tagung durch

28 Zitiert in: Klaus Boldt: Einmischung als Prinzip, Bericht über die internationale Konferenz der Heinrich-Böll-Stiftung vom 12. März 2006

29 Torsten Arndt: Eine Systemkonkurrenz? Bericht der Außenpolitischen Jahrestagung der Heinrich-Böll-Stiftung am 18. Juni 2015, veröffentlicht am 10. Juli 2015

30 Zitiert von Torsten Arndt, a. a. O.

31 Herodot (Hrsg. Josef Feix): Historien, Artemis & Winkler, 2. Bd. Griechisch-Deutsch, 2004

32 ebenda

33 Karen Armstrong: Im Namen Gottes – Religion und Gewalt. Pattloch Verlag, München 2014, S. 26–27, unter Bezug auf A. R. Radcliffe: The Andaman Islanders, New York 1948, S. 43 und S. 177

34 J. B. Pritchard (Hrsg.): Ancien Near Eastern Texts Relating to Old Testament, Princeton 1969, S. 164

35 Theodore De Bary: The Trouble with Confucianism, Cambridge 1996, S. 30

36 Roger Willemsen: Das Hohe Haus. Ein Jahr im Parlament, S. Fischer Verlag, Frankfurt am Main 2014, S. 277

37 Katholisches Soziallexikon, Verlag Tyrolia, München – Wien 1980, S. 398

38 Evangelisches Staatslexikon (Hrsg. Roman Herzog, Herman Kunst, Klaus Schlaich, Wilhelm Schneemelcher), Kreuz Verlag, 3. bearbeitete Auflage, S. 358

39 Münchener Rechtslexikon, Verlag C. H. Beck, München 1987, Bd. 1, S. 837

40 Vgl. Michael Hein: Ewigkeitsklauseln, in: *Katapult, Magazin für Kartografik und Sozialwissenschaft* vom 4. Mai 2015

41 Peter Sloterdijk: Was geschah im 20. Jahrhundert?, Suhrkamp Verlag, Berlin 2016, S. 302

42 Vgl. Heinz Hahn: Der schiitische Islam, C. H. Beck Verlag, München 1994, S. 140 f.

43 Vgl. Schriftlicher Bericht über die Ergebnisse der Volksaussprache zum Entwurf der neuen sozialistischen Verfassung der Deutschen Demokratischen Republik und die Änderungen im Verfassungsentwurf, vorgelegt von der Kommission zur Ausarbeitung der Verfassung der DDR, Berlin 22. März 1968, veröffentlicht in: Klaus Sorgenicht, Wolfgang Weichelt, Tord Riemann, Hans-Joachim Semler (Hrsg.): Verfassung der DDR, Dokumente – Kommentar. Staatsverlag der DDR, Berlin 1969, S. 150

44 Muster einer Satzung der förmlichen Einwohnerbeteiligung (Einwohnerbeteiligungssatzung) in Städten und Gemeinden des Landes Brandenburg

45 So im Gespräch im *Stern* unter dem Titel »Die Zeit des Kuschelns ist vorbei«, in: *Stern* vom 29. Januar 2015, S. 36

46 Verfassung von Rheinland-Pfalz vom 18. Mai 1947 in der 2015 gültigen Fassung

47 Hans Maier: Uhr, Gott und Demokratie, in: *Frankfurter Allgemeine Sonntagszeitung* vom 27. Februar 2005, S. 15

48 Gregor Gysi: Vielleicht ist es ein Mangel an Phantasie, in: *Berliner Zeitung* vom 28./29. Mai 2005, S. 2

49 Matthias Dobrinski: Vermögensausgleich. Kirchen erhalten so viel Geld vom Staat wie nie, auf: *sueddeutsche.de* vom 1. Februar 2016

50 Deutscher Bundestag, 17. Wahlperiode, 225. Sitzung, 28. Februar 2013, Drucksache 17/8791, Protokolle des Bundestages S. 28 005–28 011

51 Bundesverfassungsgericht, 22. Oktober 2014, Aktenzeichen: 2 BvR 661/12, Pressemitteilung Nr: 103 vom 20. November 2014

52 Vgl. Hartmut Maurer: Abhandlungen zum Kirchenrecht und Staatskirchenrecht, Mohr Siebeck Verlag, Tübingen 1998

53 Konfuzius: Gespräche, Reclam 1998

54 Klaus Buchenau: Den europäischen Wertekatalog gibt es nicht, in: Bundeszentrale für politische Bildung, 20. Januar 2010

55 Kapumba Akenda, Kulturelle Identität und interkulturelle Kommunikation, IKO-Verlag, Berlin 2004, S. 268 f. und S. 285

56 Ferdinand von Schirach: Die Würde ist antastbar, in: *Der Spiegel* 38/2013, S. 138 f.

57 Vergl. Günther Jacobs: Bürgerrecht und Feindstrafrecht, auf: Online-Datenbank HRRS, Ausgabe 3/2004

58 Vgl. Dirk Sauer: Das Strafrecht und die Feinde der offenen Gesellschaft, in: *Neue Juristische Wochenschrift* (NJW) 2005, S. 1703, sowie: Alejandro Aponte: Krieg und Feindstrafrecht. Überlegungen über das effiziente Feindstrafrecht anhand der Situation in Kolumbien, Nomos Verlag, Baden-Baden 2004; sowie ders.: Krieg und Politik. Das politische Feindstrafrecht im Alltag, in: HRRS Ausgabe 8–9/206, S. 297–303

59 Joachim Gauck: Rede auf dem 60. Jahrestag des Eucken-Instituts am 16. Januar 2014, veröffentlicht vom Bundespräsidialamt

60 Vgl. BVerfGe. 66 116 (151)

61 Vgl. Hans Hugo Klein: Die Grundrechte im demokratischen Staat, Verfassung und Demokratie, Kohlhammer Verlag, Stuttgart 1972, S.71

62 Josef Isensee in: Handbuch des Staatsrechtes, Bd. IX, F.C. Müller Verlag, Heidelberg 2011, S. 445

63 Horst Dreier: Recht und Willkür, in: *Frankfurter Allgemeine Zeitung* vom 21. Juli 2012, S. 6

64 Thomas Mann: Kultur und Politik, in: Zeit und Werk, Aufbau Verlag Berlin und Weimar 1965, S. 806

65 Gerhard Leibholz, Strukturprobleme der modernen Demokratie, Verlag F.C. Müller, Karlsruhe 1967, S. 154 f.

66 Gerhard Leibholz, a. a. O., S. 139

67 Vgl. Internationales Biographisches Archiv 51/1958 vom 8. Dezember 1958 (Munzinger Archiv)

68 Vgl. Zweck und Mittel, in: *Der Spiegel* vom 1. Dezember 1954, S.5–7

69 Vgl. Axel Hildebrandt, Stefan Schmitz: Der ehrenhafte Herr D., in: *Stern* 51/2009, S. 145 ff.

70 Zitiert bei Andreas Förster: Spätes Bekenntnis, in: *Berliner Zeitung* vom 26./27. Juli 2014, S. 6

71 Vgl. Norbert Podewin: Die Welt sollte schauen, in: *Neues Deutschland* vom 31. Januar 2009

72 Zitiert in: Erich Buchholz: Unrechtsstaat DDR – Rechtsstaat BRD, edition ost, Berlin 2006, S. 56 f.

73 Vgl. Ulrike Guérot: Warum Europa eine Republik werden muss! Verlag J.H. Dietz Nachf., Bonn 2016, S. 118

74 *http:77tagesschau.de/ausland/afghanistan3244html*, sowie: *Stern online*, 5. April 2014, 8.19 Uhr

75 John Kerry: Afghan presidential candidats agree vote audit (*http://www.bbc.com/world-asia-2828 532)*, *BBC News* vom 12. Juli 2014, abgerufen am 13. Juli 2014

76 Gerhard Leibholz: Grundlagen des Wahlrechts. In Strukturprobleme der modernen Demokratie, Verlag F.C. Müller, Karlsruhe 1967, S. 11

77 Vgl. Daniel Gofart: Die Firma. Sozialreformen, Bundeswehr oder Flüchtlinge. Berater von McKinsey beeinflussen die Politik immer mehr, in: *Focus* 41/2015, S. 44 f.

78 Artikel 20 und 21 der Reichsverfassung vom 11. August 1919

79 Heinrich Triepel: Staatsverfassung und politische Parteien, Verlag De Gruyter, Oldenbourg 1928, S. 24 f.

80 Vgl. Kathrin Groh: Parteienstaat? Ein deutsch-französischer Vergleich, in: Der Parteienstaat – Zum Staatsverständnis von Gerhard Leibholz, Nomos Verlag, Baden-Baden 2013, S. 117 ff.

81 Gerhard Leibholz: Strukturprobleme der modernen Demokratie, Verlag F.C. Müller, Karlsruhe 1967, S. 135

82 Gerhard Leibholz, a. a. O., S. 147

83 Gerhard Leibholz, a. a. O., S. 147 f.

84 Gerhard Leibholz, a. a. O., S. 154

85 Vgl. Kathrin Groh: Parteienstaat …, a. a. O., S. 115–140

86 José Ortega y Gasset: Der Aufstand der Massen, Deutsche Verlagsanstalt, Stuttgart 2012, S. 211

87 Vgl. »Schadensersatz – US-Kanzlei verklagt deutsche Konzerne«, in: *Der Spiegel* 49/2015, S. 85

88 Ullrich Fichtner, Hauke Voss, Martin Fichtner: »Heimatlos«, in: *Der Spiegel* 43/2016, S. 20

89 Vgl. »Ackermann feierte auf Staatskosten«, in: *Spiegel online*, 24. August 2008

90 Vgl. »Reformen? Europa sagt danke«, in *Focus* 41/2014, S. 21

91 Vgl. Peter Müller: Verschollen in der Südsee, in: *Der Spiegel* 3/2016, S. 40

92 Zitiert in: »Merkel lässt wegen Atomunfall deutsche AKW prüfen«, in: *Die Welt* vom 12. März 2011

93 ebenda

94 Sigmar Gabriel: Die Lage der Energiewende ist prekär, Interview in: *Focus* 27/2014, S. 29

95 Olaf Opitz/Kristina Pezzei: Lieber stauen als bauen, in: *Focus* 4/2016, S. 38 f.

96 Vgl. Dagmar Rosenfeld: Die Fledermaus als Druckmittel, in: *Zeit online* vom 22. August 2013; sowie Boris Palmer im Interview, in: *Der Spiegel* 7/2016, S. 32

97 Doris Weilandt: Autobahn weicht Bocksriemenzunge, in: *Neues Deutschland* vom 22./23. August 2015, S. 16

98 Vgl. Christoph Elflein: Leuchttürme der Verschwendung, in: *Focus* 49/2014, S. 66–68

99 Vgl. Stephan Kaufmann: Marode Schulen, in: *Berliner Zeitung* vom 22. Oktober 2015, S. 9

100 Maximilian Popp u. a.: Chronik einer Überforderung, in: *Der Spiegel* 3/2016, S. 26 f.

101 Angela Merkel, zitiert in: *Der Spiegel* 3/2016, S. 28

102 Margarete van Ackeren u. a.: Der Tag, der Deutschland veränderte, *Focus* 52/53–2015, S. 25 f.

103 Wolfgang Schäuble, zitiert in: Dr. Jochen Staadt: »Nach drüben«, in *Frankfurter Allgemeine Zeitung* vom 30. November 2015, S. 9

104 Statistik vergl. bei Ulrich Müller: Ohne Vertrauen geht es nicht, in: *Frankfurter Allgemeine Sonntagszeitung* vom 6. Mai 2007, S. 15

105 Norbert Blüm: Der Mensch ist kein Vermögensgegenstand, in: *Tagesspiegel* vom 12. Oktober 2008, S. 8

106 TNS/Scyti in Zusammenarbeit mit dem europäischen Parlament

107 Martin Speer und Vincent-Immanuel Herr: Wer nicht wählen will, muss zahlen. In: *Die Zeit* vom 22. August 2013, S. 9

108 Vgl. GBK, Verein für grüne Kommunalpolitik e. V., vom 19. Oktober 2015

109 Vgl. Heinrich August Winkler: Rede im Bundestag am 8. Mai 2015

110 Franz Walter: Lob der Lüge, in: *Der Spiegel* 9/2008, S. 22

111 Zitiert in: Hartmut Palmer: Am Anfang war Adenauer, in: *Der Spiegel* 1/2006, S. 75

112 a. a. O., S. 78

113 a. a. O., S. 77

114 Byung-Chul Han: Im digitalen Panoptikum. In: *Der Spiegel* 2/2014, S. 106–107

115 Vgl. UNO-Weltimmigrationsbericht 2015

116 United Nations/Department of Economik and Social Affairs (UN/DSSA) World Population Prospects, Mai 2008

117 A/RES/3281 (XXX) Charter of Economic Rights and Dutys of States

118 Vgl. Peter Dietze: Die Politik der DDR im wirtschaftspolitischen Bereich der Vereinten Nationen, in: DDR-Politik im Rückspiegel, LIT Verlag, Berlin 2006, S. 162

119 Demografischer Wandel: Verantwortung für alle Generationen. Information der Bundesregierung vom 13. Januar 2013

120 Zitiert in: Matthias Barsch u. a.: 2030 – es kommen härtere Jahre, in: *Der Spiegel* 12/2015, S. 29

121 Zitiert bei Laura Becker u. a.: Die Schrumpfkur, in: *Der Spiegel* 14/2005, S. 55

122 Radar gesellschaftlicher Zusammenhalt, Studie der Bertelsmann Stiftung, 2014, S. 4

123 a. a. O., S. 66

124 Vgl. Wilhelm Heitmeyer: Studie der Heinrich-Böll-Stiftung, März 2010

125 Andreas Tick u. a.: Die Abwertung des Anderen. Eine europäische Zustandsbeschreibung zu Intoleranz, Vorurteilen und Diskriminierung, Studie für die Friedrich-Ebert-Stiftung, 2011, S. 113 ff.

126 Vgl. Oskar Niemeier: Parteimitglieder in Deutschland, Arbeitshefte aus der Herbert-Stammer-Zentrum 2015, Nr. 25

127 Zitiert in: Matthias Barsch u. a.: 2030 – es kommen härtere Jahre, in: *Der Spiegel* 12/2015, S. 28

128 Paul Nolte: Die AfD ist keine Eintagsfliege, in: *Berliner Zeitung* vom 30. September 2016, S. 4

129 a. a. O., S. 29

130 Joachim Gauck, Rede auf der Festveranstaltung zum 60. Gründungstag des Walter-Instituts, Freiburg 16. Januar 2014, in: Bundespräsident Joachim Gauck, Reden und Interviews *(http://www.bundespraesident.de/DE/Bundespraesident-Joachim-Gauck/Reden-und-Interviews/reden-und-interviews-node.html)*

131 a. a. O., S. 3

132 a. a. O., S. 2

133 Vgl. Naomi Klein: Die Schockstrategie – Der Aufstieg des Katastrophenkapitalismus. S. Fischer Verlag, Frankfurt am Main 2007, S. 85 f.

134 »Arbeiten lernen. In Chile rechtfertigte CSU-Chef Strauß die Pinochet-Junta«, in: *Der Spiegel* 49/1977, S. 23 f.

135 Jeanette Erazo Heufelder: Pinochets stille Berater, in: *Die Zeit*, 22. August 2013, S. 14

136 Zitiert in: Naomi Klein: Die Schockstrategie …, a. a. O., S. 216

137 a. a. O., S. 307

138 Boris Jelzin: Auf des Messers Schneide – Tagebuch des Präsidenten, Siedler Verlag, Berlin 2004, S. 181 ff.

139 a. a. O., S. 205

140 ebenda

141 a. a. O., S. 303

142 Helmut Kohl: Erinnerungen 1990–1994, Droemer Knaur, München 2007, S. 638

143 Paul Collier: Gefährliche Wahl, Bundeszentale für politische Bildung, Bonn 2010, S. 15

144 a. a. O., S. 31

145 Jonathan Haidt: Wir reiten auf einem Elefanten, in: *Der Spiegel* 2/2013, S. 117

146 Michael J. Sandel: Sokrates in Harvard, in: *Der Spiegel* 46/2012, S. 162

147 Robert B. Reich: Rettet den Kapitalismus! Für alle, nicht für 1 Prozent, Campus Verlag, Frankfurt am Main 2016; sowie Robert B. Reich: Wut ist gut, Interview in: *Der Spiegel* 32/2016, S. 70

148 Angela Merkel in einem Radiointerview am 2. September 2012, *http://www.nachdenkseiten.de/?p=10 611*

149 Michael J. Sandel: Was man für Geld nicht kaufen kann. Die moralischen Grenzen des Marktes, Ullstein Verlag, Berlin 2012, S. 22

150 Hans Werner Sinn: Schickt die Abgeordneten in einen Grundkurs, in: *Focus* 4/2012, S. 128

151 Arnold Bergstraesser: Politik in Wissenschaft und Bildung. Schriften und Reden, Freiburg 1961, S 47

152 Hilmar Kopper: Geld braucht Gesetze, in: *Der Spiegel* 52/2011, S. 62 f.

153 Hans Hermann Hoppe: Der Staat als bloßer Konkurrent, in: *Focus* vom 27. August 2012

154 Alfred Döblin: Die Vertreibung der Gespenster. Betrachtungen zur Zeit, Berlin 1968, S. 180

155 Gustav Flaubert: Briefe an George Sand, Weimar 1956, S. 121

156 Heinrich Mann: Essays, Dritter Band, Berlin und Weimar 1962

157 Karl Marx/Friedrich Engels: Manifest der Kommunistischen Partei, in: Marx/Engels, Ausgewählte Werke, Band 1, Verlag für fremdsprachige Literatur, Moskau 1951, S. 42

158 Karl Marx/Friedrich Engels: Der Bürgerkrieg in Frankreich, in: Ausgewählte Werke, a. a. O., S. 494

159 Vgl. Luciano Canfora: Eine kurze Geschichte der Demokratie, Papyrossa Verlag, Köln 2006, S. 355

160 W. I. Lenin: Die proletarische Revolution und der Renegat Kautsky, in: Lenin Werke, Band 26, S. 241

161 Clara Zetkin, in: Ausgewählte Reden und Schriften, Band 2 (1918–1923), Berlin 1960, S. 62

162 Canfora, a. a. O., S. 355

163 Domenico Losurdo: Demokratie oder Bonapartismus – Triumph und Niedergang des allgemeinen Wahlrechts, Papyrossa Verlag, Köln, 2008, S. 382

164 Colin Crouch: Postdemokratie, Suhrkamp, Frankfurt am Main 2008, S. 8

165 a. a. O., S. 13

166 Jacques Rancière: Der Hass der Demokratie, August-Verlag Berlin, 2011, S. 7

167 a. a. O., S. 114

168 Laszlo Trankovits: Weniger Demokratie wagen, Frankfurter Allgemeine Buch, Frankfurt am Main 2011

169 a. a. O., S. 203 f.

170 Fareed Zakaria: Das Ende der Freiheit? Wieviel Demokratie verträgt der Mensch? Deutscher Taschenbuchverlag, München 2007, S. 161

171 a. a. O., S. 161

172 a. a. O., S. 191

173 Frank Schirrmacher: Ego – Das Spiel des Lebens, Karl Blessing Verlag, München 2013, S. 113

174 a. a. O., S. 169

175 Ursula von der Leyen: Manchmal schließe ich die Augen, um schlimme Bilder nicht an mich heranzulassen, in: *Stern* 28. Juli 2016, S. 51

176 Heiko Maas: Wir waren nicht vorbereitet, Interview, in: *Der Spiegel* 32/2016, S. 22

177 Paul Nolte: Was ist Demokratie? Geschichte und Gegenwart, Verlag C. H. Beck, München 2012

178 Michael J. Sandel: Was man für Geld nicht kaufen kann – Die moralischen Grenzen des Marktes, Ullstein Verlag, Berlin 2012, S. 250

IV.
Demokratie: verklärte Anfänge – frühe Signale

1. Die oft verklärten Anfänge im antiken Griechenland und in Rom

Die nachweisbaren Anfänge und die erste Definition des Begriffs der Demokratie liegen 2500 Jahre zurück. Mit der Größe des historischen Abstands wächst vor allem in den Fällen, in denen keine eindeutigen Quellen mehr überlebt haben, der Grad der Verklärung und die Gefahr ungerechtfertigter nachträglicher Interpretation. Auch in jüngeren historischen Studien finden wir die Interpretation: »Die athenische Demokratie *war* nicht nur vor zweieinhalbtausend Jahren, sondern wirkt bis heute nach.«[1]

Diese Auffassung fand 2003 in der Präambel des Entwurfs einer Verfassung Europas (deren Annahme später im Ergebnis von Volksentscheiden in einigen europäischen Ländern scheiterte) Eingang. Als deren ersten Satz wählten die Autoren ein (in dieser Fassung nicht unumstrittenes) Zitat[2] aus der Totenrede des Thukydides für den 429 v. u. Z. verstorbenen Perikles mit der Aussage: »Die Verfassung, die wir haben [...] heißt Demokratie, weil der Staat nicht auf wenige Bürger, sondern auf die Mehrheit ausgerichtet ist.«[3]

Es erscheint charakteristisch für den Hochmut der Autoren dieses europäischen Verfassungsentwurfes, dass sie im nachfolgenden Absatz die Vorstellung zu vermitteln suchen, allein Europa sei die Wiege demokratischer und freiheitlicher Werte. Sie erklärten: »In dem Bewusstsein, dass der Kontinent Europa ein Träger der Zivilisation ist und seine Bewohner, die ihn in Urzeiten in immer neuen Schüben besiedelt haben, im Laufe der Jahrhunderte Werte entwickelt haben, die den Humanismus begründen: Gleichheit der Menschen, Freiheit, Geltung der Vernunft.«[4] Haben sich aber in Afrika, im Nahen Osten, in Indien und in der südamerikanischen Maja-Kultur nicht ebenfalls, zum Teil sogar früher, humanistische Werte und zivilisatorische Regelungen des Gemeinschaftslebens herausgebildet?

Wird mit dieser eurozentristischen Betrachtung einfach übergangen, dass der Buddhismus, ebenso wie die Wertvorstellungen und Theorien des Laotse und Konfuzius zu einer Zeit entstanden, als die Griechen, wenn sie von Europa sprachen, allein den Peloponnes meinten? Erste Schriftzeugnisse – ein Reflex auf ein soziales Kommunikationserfordernis – liegen aus China und dem Zweistromland weit mehr als tausend Jahre früher vor als aus Europa. Erst im 5. Jahrhundert v. u. Z. wurde begonnen, den geographischen Begriff Europa auf die Landmassen nördlich des Mittelmeeres auszudehnen. Sicher ist es angebracht, darüber nachzudenken: In welchem Zustand war Europa in der Zeit der Anfänge der griechischen Demokratie? Gehörte damals Griechenland auf Grund seiner natürlichen Bindungen mit dem Nahen Osten, mit Persien, Ägypten, Palästina eher zum Orient als zu dem noch recht unterentwickelten Europa?

a) Warum wagte Solon den Weg zur Demokratie?

Üblicherweise werden die Anfänge der Herausbildung der Demokratie mit dem antiken Griechenland in der Zeit etwa 500 v. u. Z. in Verbindung gebracht. Das ergibt sich wohl in erster Linie daraus, dass der europäischen Forschung erst aus dieser Zeit hinreichende Zeugnisse für eine derartige Entwicklung vorliegen. Es ist allerdings unbestritten, dass tausend und mehr Jahre vor den Anfängen der *Athenischen Demokratie* – vor allem in Assyrien, Babylonien, Sumer und in Asien – in Städten relativ große Menschengruppen lebten, die erforderliche Regelungen für ein Gemeinschaftsleben schufen. Die sumerische Stadt Uruk hatte schon 2000 v. u. Z. eine Grundfläche von mehr als fünf Quadratkilometern. Rechts- und Lehrtafeln aus dieser Zeit sind heute in der Uruk-Warka-Sammlung der Universität Heidelberg zu besichtigen.

Aus dem 18. Jahrhundert v. u. Z. vermittelt das (in Teilen im Pariser Louvre bewahrte) Gesetzeswerk des Babylonischen Königs Hamurapi das Wissen um einen für die damalige Zeit erstaunlichen Standard verbindlicher gemeinschaftlicher Regelungen. Darin wird die Rechtschaffenheit des Königs gewürdigt, zugleich jedoch der Herrscher zur Einhaltung der Staats- und schuldrechtlichen Normen ebenso wie der Festlegungen zum Warenverkehr, zum Familien- und Strafrecht aufgefordert. Es ist zwar nicht nachzuweisen, mit erheblicher Wahrscheinlichkeit aber anzunehmen, dass der Codex Hamurapi auch ein Ergebnis von Beratungen und gemeinsamer Problemerkenntnis verschiedener sozialer Gruppen und möglicherweise auch kollektiver Suche nach Lösungsmöglichkeiten war.

Seit Menschen sich in Gemeinschaften zusammengefunden haben, besteht das Erfordernis, gemeinschaftliche Angelegenheiten auf diese oder jene Weise zu regeln. Das erforderte und förderte den Austausch von Interessen und Ideen und führt letztlich zu einer autoritären oder – wie etwa afrikanische Erfahrungen besagen – zu einer konsensualen Lösung. Wenn auch in der Frühzeit zweifellos die jeweiligen weitgehend autonomen Spitzen der Gesellschaft dominierten, war Interessenwahrung und Mitwirkung anderer gesellschaftlicher Schichten nicht a priori auszuschließen. Praxis war dabei – und blieb es über Jahrtausende –, dass große gesellschaftliche Gruppen, zumeist Frauen, Besitzlose und Sklaven ohne jede Beteiligung blieben.

Die Herausbildung demokratischer Institutionen vor nunmehr 25 Jahrhunderten in den griechischen Stadtstaaten ist seit langem Gegenstand der Forschung und der Interpretation. Nicht alles, was sich damals vollzog, ist allerdings heute noch zu ergründen. Manches bleibt im Unklaren. Der kluge Solon (vermutlich 640–560 v. u. Z.) der – wie der griechische Historiker Plutarch berichtete – in Athen als höchster Amtsträger und Stratege wirkte, ist als einer der wesentlichen Begründer der Attischen Demokratie in die Geschichte eingegangen. Noch heute findet man im Neuen Museum in Berlin eine – wenn auch historisch nicht verbürgte – Darstellung des Solon.

Der Erbauer des Museums, Friedrich August Stüler, ließ im 19. Jahrhundert das mächtige Treppenhaus vom Münchener Hofmaler Wilhelm von Kaulbach mit Fresken und sogenannten Zwischenbildern ausstatten. Während die Fresken von der Darstellung großer Schlachten beherrscht werden, sind die Zwischenbilder auf Goldgrund den großen Gesetzgebern gewidmet. Solon nimmt dort den ersten Platz vor Moses, Karl dem Großen und Friedrich II. ein.

In welcher Situation befand sich Athen zu Zeiten des Solon? Die Bevölkerung Athens besiedelte die Halbinsel Attika. Soziale Klassen und Schichten hatten sich herausgebildet. Die Gentilverfassung – die keine Geldwirtschaft kannte – hatte sich weitgehend aufgelöst. Die sich immer üppiger ausbreitende Geldwirtschaft des Adels schuf, wie Friedrich Engels analysierte, »auch ein neues Gewohnheitsrecht [...] zur Sicherung des Gläubigers gegen den Schuldner [...]. Sämtliche Feldfluren Attikas starrten von Pfandsäulen, auf denen verzeichnet stand, das sie tragende Grundstück sei dem und dem verpfändet um soundso viel Geld.«[5]

Konnten die Pächter ihre Schuld nicht zahlen, mussten sie ihre Kinder als Sklaven verkaufen. »Und war der Blutsauger dann noch nicht befriedigt, so konnte er den Schuldner selbst als Sklaven verkaufen.«[6] Es gab mit Wahrscheinlichkeit wohlhabende Kaufleute, die Handel bis weit in den Orient trieben. Sowohl die Handeltreibenden wie auch Landbesitzer verfügten über eine große Zahl rechtloser Leibeigener und Sklaven. Die zunehmend angespannte Situation führte um 600 v. u. Z. zu blutigen Unruhen. In dieser Situation setzte es eine Gruppe gemäßigter Händler durch, dass der damals schon als Dichter ausgewiesene Solon zum Archon (hoher Beamter) und Vermittler mit weitgehenden Vollmachten ernannt wurde. Solon analysierte mit erstaunlicher Weitsicht die gesellschaftlichen Widersprüche seiner Zeit und fand einen originären Weg der Lösung. Dabei konnte er sich auf keine theoretische Vorleistung und wohl auch nicht auf Erfahrungen aus anderen Staaten stützen. Er konnte und wollte auch nicht eine Demokratie erfinden. Das Wort Demokratie war zu seiner Zeit unbekannt. Es fand erst geraume Zeit später (in den Historien des Herodot, 484–452 v. u. Z.) Eingang in den griechischen Sprachschatz.

Solon suchte nach einem neuen Weg zur Linderung der unüberbrückbar erscheinenden Widersprüche. Bei seinen Vorgängern und den Herrschern in Nachbarstaaten war es üblich, sozialen Widersprüchen mit repressiver Gewalt zu begegnen. Die historische Leistung des Solon bestand darin, diesen Lösungsweg zu verlassen und der gefährlichen Situation auf neue Weise zu begegnen. Solon erwies sich als ein Mann, der unter komplizierten Bedingungen und ohne historisches Vorbild einen – wenn auch nicht konfliktfreien – sozialen Ausgleich suchte und über Jahrzehnte aufrechterhalten konnte. Seine originäre Leistung bestand in einem politischen und ökonomischen Kompromiss zwischen den sich herausbildenden Klassen der Besitzenden und der Besitzlosen. Er erließ den Bauern Schulden. Er erwirkte eine »Lastenabschüttelung«, verordnete die Entfernung der Hypothekensteine von den Grundstücken der armen Bauernschaft, verbot die Schuldsklaverei und veranlasste, dass auf Kosten des Stadtstaates versklavte Bauern freigekauft werden. Damit befreite er viele Arme und Rechtlose von der Knechtschaft der Reichen und Wucherer. Er verhinderte damit weitere Unruhen im Lande. Mit seinen Reformen vergrößerte er die Anzahl der freien, stimmberechtigten Bürger erheblich.[7] Ebenso verbot er, künftig Personen als Pfand für die Geldverleiher in Anspruch zu nehmen. Mit diesen Maßnahmen gewann er in bisher politisch inaktiven Bevölkerungsschichten zahlreiche Verbündete.

Zugleich aber sicherte Solon dem – nunmehr in Rechten und Vermögen geschwächten – Adel weiterhin seinen Besitz. Sein Ziel war die Umwandlung der Dominanz der Begüterten zu einem Äquilibrium – einem Zustand, in dem sich entgegenwirkende Kräfte ausgleichen. Obwohl er seine Reformen unter den Begriff einer »Neuen Ordnung« stellte, wurde ein Äquilibrium nicht in allen gesellschaftlichen Bereichen geschaffen. In wichtigen politischen Bereichen wie auch im Gefüge der Heeresordnung wirkten weiterhin traditionelle Standesunterschiede. Nur den Angehörigen der oberen Gesellschaftsschicht stand es danach weiterhin zu, öffentliche Ämter zu bekleiden. Ein Generationenvertrag machte die Sorge um die Alten zur Pflicht ihrer Kinder. Solon förderte das Handwerk, untersagte den Export von Getreide und förderte den Export von Wein und Öl.

Rechte und Pflichten der Bürger, auch das Wahlrecht, wurden durch Solon nach dem Vermögen der freien Bürger geregelt. Messgröße des Einkommens war die Anzahl der eingenommenen Scheffel Getreide. Vier Steuerklassen wurden gebildet.

Der ersten Klasse gehörten etwa 300 Großgrundbesitzer und reiche Kaufleute an. Sie wurden zum Bau von Tempeln und Gemeinschaftsanlagen und im Kriegsfall zur Bereitstellung von schwerem Gerät und zum Dienst als Reiter verpflichtet. Etwa 900 Bauern, Kaufleute und Handwerker bildeten die zweite Klasse. Im Kriegsfall hatten sie als Reiter Pferd, Rüstung und Waffen zu stellen. Die dritte Klasse bildeten etwa 8000 Bauern und Gewerbetreibende. Sie dienten im Kriegsfall als schwer bewaffnete Infanterie. Die vierte Klasse bestand aus etwa 30 000 Kleinbauern und Lohnarbeitern. Im Kriegsfall wurden sie als Leichtbewaffnete oder als Ruderer auf Kriegsschiffen eingesetzt. Damit wurde »ein ganz neues Element in der Verfassung eingeführt: der Privatbesitz. Je nach Größe des Grundeigentums werden Rechte und Pflichten der Staatsbürger abgemessen.«[8] So entstand unter Solon ein vom Eigentumskriterium abgeleitetes Zensuswahlrecht. Nicht nur im preußischen Dreiklassenwahlrecht wurde im 19. Jahrhundert der Wahlzensus zu einem geeigneten Mittel bei der Entstehung der parlamentarischen Demokratie.

Solon veränderte auch das Gerichtssystem im Athener Stadtgebiet. Erhalten blieb das älteste Gerichtssystem des Stadtstaates, der von hohen, oft adligen, Beamten zusammengesetzte Areopag (Höchster Gerichtshof). Dieser war traditionell für die Blutgerichtsbarkeit, für die Kontrolle der Amtsträger und die Sittenaufsicht zuständig. Solon veranlasste die Schaffung eines Volksgerichtes (Heliaia). Dessen Geschworene wurden im Interesse der Teilnahme von Vertretern breiter Volksschichten auch aus Angehörigen der mittleren und unteren Steuerklassen gewählt. Damit entstand ein erkennbares Gegengewicht zum konservativen Areopag. Die Heliaia wirkte als Appellationsgericht, bei dem gegen Zwangsmaßnahmen von Amtsträgern geklagt werden konnte. Vor diesem Gericht konnten erstmals in der griechischen Geschichte Bürger – auch wenn sie kein Amt bekleideten – auf dem Wege einer Popularklage Anklage bei Verstößen gegen die öffentliche Ordnung erheben.

Bürgerrechte konnten auch im Ergebnis der Reformen Solons allein männliche Personen wahrnehmen. Nicht mit Bürgerrechten ausgestattet waren gegen 75 000 Frauen und Kinder sowie etwa 25 000 bis 45 000 Auswärtige (Metöken) und die etwa 60 000 bis 100 000 allerseits unfreien Sklaven. Von den insgesamt etwa 300 000 Einwohnern des Stadtstaates Athen verfügten auch im Ergebnis der Reformen des Solon kaum mehr als ein Zehntel über Bürgerstatus und damit Stimmrechte in der Volksversammlung. Canfora kennzeichnet die »antike Idee der Bürgerschaft und der Demokratie als eine Gemeinschaft bewaffneter Männer«.[9]

Ebenso wie der durch seine grundlegenden Reformen bekannte chinesische Kaiser Qin – der das Mausoleum mit der heute welt-berühmten Terrakotta-Armee errichten ließ – sorgte Solon mit der Einführung einheitlicher Maße und Gewichte sowie mit der Neubestimmung des Münzfußes für eine Modernisierung der ökonomischen Grundlagen der Gesellschaft und stimulierte die wirtschaftliche Dynamik. Während vor den solonischen Reformen in Athen das ungeschriebene Gewohnheitsrecht der adligen Ritter dominierte, wurden nunmehr erstmalig auf dem europä-ischen Kontinent Gesetze (sie befassten sich vor allem mit der Klärung privatrechtlicher Probleme) auf drehbaren Holztafeln festgehalten, die auf der Akropolis öffentlich aufgestellt wurden. Sie waren in der Sache, ebenso auf Grund der mühsamen Herstel-lungsweise und nicht zuletzt im Interesse der Verständlichkeit für die Bürger kurz gefasst, vor allem aber einsehbar und verbindlich.

Es gehört offensichtlich zu den Fehleinschätzungen der früheu-ropäischen Rechtsgeschichte, wenn in Hinblick auf die Anfänge der Demokratieentwicklung im vorchristlichen Griechenland in manchen Veröffentlichungen der Auffassung gefolgt wird: »Da ein geschriebenes Recht der Grundidee unteilbarer Souveränität der Gemeinschaft freier Bürger entgegenstand, fehlte die Berechen-barkeit des Rechtes.«[10] Was wüssten wir heute über die Anfänge der griechischen Demokratie vor mehr als 2000 Jahren, wenn dafür nicht geschriebene Zeugnisse vorliegen würden? Erinnert sei deshalb auch daran, dass schon 450 vor Christi der römische Senat – als er mit der Kodifikation des bis heute wirkenden römi-schen Rechts begann – eine zehnköpfige Delegation nach Athen entsandte, um dort eine Kopie der Gesetze Solons anfertigen zu lassen. Diese schriftlich überlieferten Dokumente wurden im bekannten römischen Zwölf-Tafelgesetz schöpferisch verarbeitet. Auch die Römischen Tafeln sind nicht erhalten geblieben. Ihr Gedankengut aber ging bis in unsere Tage in das über Jahrtausende in Europa dominierende römische Recht ein.

Als das wohl wesentliche politische Element seiner Reformen baute Solon Rechte und Funktionen einer Volksversammlung (Ekklesia) aus. Alle freien Bürger hatten danach die Möglichkeit, in diesem Gremium Gesetze, Beschlüsse über Krieg und Frieden sowie über Bündnisse zu beraten und zu entscheiden. Ebenso entschieden sie über Finanzfragen der Stadt und wählten – für jeweils ein Jahr – den Herrscher (Archonten), der zugleich der Heerführer war. Solon gründete, um den Einfluss der traditionellen Gerichtsbarkeit einzuschränken, einen Rat der 400. Dieser wurde – als ein Element beginnender Partizipation – aus Bürgern der oberen drei Steuerklassen (allerdings noch mit Bezug auf existierende Stammesstrukturen aus je 100 Vertretern aus den vier Stämmen) gebildet.

Er sollte als Gegengewicht sowohl gegenüber dem vorwiegend aus Vertretern des Hochadels gebildeten Areopag (dieser war traditionell sowohl Gerichtshof wie auch eine Art Staatsoberhaupt mit Regierungsrechten) als auch als Kontrollorgan gegenüber dem Archonten wirken. In diesem Gremium wurden auch Beschlussanträge für die Volksversammlungen vorberaten. Die Bildung der Volksversammlung, ihre Zusammensetzung, besonders die Mitwirkungsrechte der freien Bürger, stellten – bei all den noch erkennbaren Begrenzungen – einen grundlegenden Bruch der im antiken Griechenland vorherrschenden Tradition der Versammlung der benachbarten Stämme dar. Seit Solon waren erstmals in Athen nicht mehr die Blutsverwandtschaft, nicht mehr die Stammesherkunft, sondern der Bürgerstatus und die Vermögensverhältnisse Grundlage für Rechte und Pflichten der Einwohner.

Solon folgte der griechischen Tradition, seine Gedanken und Gefühle in Gedichten auszudrücken. Ein Teil des dichterischen Schaffens Solons ist erhalten. Vor etwa 150 Jahren wurde es von Emanuel Geibel übersetzt. In einem Gedicht beschrieb Solon den Kern seiner politischen Reformen folgendermaßen: »So viel Teil an der Macht, als genug ist, gab ich dem Volke, nahm an Berechtigung ihm nichts, noch gewährt' ich zu viel. Für die Gewaltigen auch und die reicher Begüterten sorg' ich, dass man ihr Ansehen nicht schädige wider Gebühr. Also stand ich mit mächtigem Schild und schützte sie beide, doch vor beiden zugleich schützt' ich das heilige Recht.«[11]

Diese Verse machen deutlich, Solon war kein Spartacus. Er wollte die Gesellschaft, in die er hineingeboren war, nicht grundlegend verändern, er wollte sie auf neue Weise erhalten. Sein Kurs auf Teilnahme von Bauern und Bürgern an Gemeinschaftsentscheidungen zielte vor allem in der ersten Phase mit einem gewissen Erfolg darauf, Konfliktpotential zu entschärfen und produktive Kräfte für ein Neuerstarken der Gesellschaft freizusetzen. Während die von Solon geschaffenen Gremien in der ersten Phase nach ihrer Bildung breiten Zuspruch fanden, ließ die Teilnahme der athenischen Vollbürger an den beschlussfassenden Versammlungen später spürbar nach.

Von den 30 000 Stimmberechtigten nahmen in der zweiten Hälfte des 5. Jahrhunderts v. u. Z. oft weniger als 5000 an den Beratungen teil. Später hielt man es für erforderlich, die Teilnahme an den Bürgerversammlungen durch die Zahlung von »Tagungsgeldern« anzuregen.[12] Die ersten Schritte der antiken Demokratie erfolgten tastend und mit wechselnden Ergebnissen. Nicht zu vergessen sei dabei, dass auch in der Zeit, als besitzlose Bürger zahlenmäßig das Übergewicht in der Versammlung innehatten, die in öffentlichen Angelegenheiten erfahrenen Reichen es immer wieder verstanden, die Armen auf ihre Seite zu ziehen. So unterstützte die Mehrheit der Bürgerversammlung der Stadt Athen rückhaltlos die Eroberungspolitik gegen die Perser und Ägypten und gegen den Handelsrivalen Korinth.[13] Solon verließ gegen 565 v. u. Z. Athen für zehn Jahre. Über die Gründe dieser Reise werden sehr verschiedenartige Vermutungen angestellt. Solon erwartete, dass in der Zeit seiner Abwesenheit seine Gesetze nicht geändert würden. Er irrte. Als er zurückkam, musste er feststellen, dass er seine Macht verloren hatte. Peisistratos (gegen 600–528/527 v. u. Z.) hatte sich 561 v. u. Z. nach einem bewaffneten Staatsstreich zum Tyrannen erhoben.

Der ersten Periode der Demokratieherausbildung in Athen folgte über annähernd sechs Jahrzehnte eine Periode der Alleinherrschaft des Peisistratos. Solon hinterließ in den Bürgern Athens als Grundsätze seines Wirkens: Nichts im Übermaß; Rate nicht das Angenehmste, sondern das Beste den Bürgern; Die Gesetze gleichen den Spinnennetzen, wie jene hielten sie die Kleinen und Schwachen gefangen, die Größeren aber können sie zerreißen und freikommen.[14]

Diese vor 2500 Jahren formulierten Gedanken des großen Solon haben offensichtlich bis in die heutige Zeit nichts an Aktualität verloren

b) Blüte und Niedergang der griechischen Demokratie

Im 5. Jahrhundert vor unserer Zeitrechnung entwickelte Kleisthenes (unter seiner Herrschaft wurde die vorher weitgehend zerstörte und zerfallenen Akropolis neugestaltet und zum Herrschaftssitz der Hellenen ausgebaut) nach seiner Rückkehr aus der ihm auferlegten Verbannung und dem Sturz des Tyrannen die Reformen des Solon weiter. Zu seinen ersten Maßnahmen gehörte 508 v. u. Z. die Entmachtung einflussreicher Oligarchen. Kleisthenes (um 570 – um 507 v. u. Z.) schränkte die Macht des Adels und die des inzwischen wieder vom Adel beherrschten Areopags ein.

Mit dem Ziel, die Interessen der Bürger anzunähern und den Zusammenhalt in der Gesellschaft zu stabilisieren, organisierte er die Strukturen des Stadtstaates in 139 Demen (territoriale Gemeinschaften) und schwächte damit den früheren Einfluss der aristokratischen Familien. Das führte dazu, dass den freien Bauern und auch armen Stadtbewohnern ein vorher nicht bekannter Einfluss auf die Gestaltung der politischen und gesellschaftlichen Angelegenheiten ermöglicht wurde. Unter diesen Bedingungen war – wie Ellen Meisins Wood in ihrer Analyse der Reformen des Kleisthenes folgerte – die Demokratie zu jener Zeit nicht nur formal, sondern substantiell.[15]

Ein wichtiger Bestandteil der Reformen des Kleisthenes war die Schaffung einer territorial gegliederten Organisation des politischen Systems des Stadtstaates. Jede der 139 Demen in Attika erhielt eine eigene Gemeindeversammlung, eigene Beamte und Priester. Kleisthenes veränderte die vorher durch Adelsfamilien geführte traditionelle Phylenordnung. Je zehn Demen bildeten nunmehr eine Phyle (etwa 3500 Bürger). Die noch beim solonschen Rat der 400 berücksichtigte Stammesherkunft bei der Besetzung des Rates wurde überwunden. Nunmehr war allein der Wohnsitz der stimmberechtigten Bürger für die Mitgliedschaft im Rat der 500 relevant. Jede dieser insgesamt 10 neugeschaffenen Einheiten entsandte 50 Vertreter in den Rat der 500. In diesem Rat waren alle attischen Demen im Verhältnis zur jeweiligen Bevölkerungszahl permanent vertreten. Er übte die Aufsicht über die Arbeit der Beamten aus, behandelte die laufenden innen- und außenpolitischen Probleme und bereitete Entscheidungsvorschläge für die Volksversammlung vor. Als ständig präsente Legislative stand der Rat der 500 im Zentrum des attischen Gemeinwesens.[16]

Diese breite Repräsentation der Athener Bürgerschaft schuf eine gute Voraussetzung für einen permanenten kreativen Meinungsaustausch sowie für einen maßvollen Interessenausgleich. Relativ oft wechselte der Vorsitz in diesem Rat. Bürger mit geringem Einkommen wurden für ihre Tätigkeit in den Gremien mit Diäten unterstützt. Mitglieder der Volksgerichte erhielten einen Richtersold. Viele Amtsinhaber, Richter, ebenso wie der täglich wechselnde Vorsitzende des Rates wurden unter freiwilligen, mindestens 30-jährigen Kandidaten ausgelost.

Kleisthenes stärkte auch durch ein neues Wahlrecht (Bürger konnten auch Beamte wählen) den Einfluss der stimmberechtigten Bürger und legte das Schwergewicht der politischen Entscheidungen wie schon Solon in die Volksversammlung. Mit der Einführung des Scherbengerichtes (Obstrakismos) gab er der Volksversammlung ein Mittel in die Hand, um mächtige und unliebsame Bürger aus dem politischen Leben der Stadt zu verbannen. Während nicht wenige Ereignisse der Antike durch Überlieferung erhalten sind, ist die Praxis des Scherbengerichtes durch Beweise gesichert. Mehr als 10 000 Scherben sind bei Ausgrabungen gefunden worden.

Da über die Verfahren keine Akten angelegt wurden, gibt es keine Beweismittel, die Gründe für die Verurteilung erkennen lassen. In den etwa 100 Jahren der Ausübung von Scherbengerichten soll ein derartiges Verfahren in zwanzig Fällen angewendet worden sein.

Während der Begriff des von Kleisthenes eingeführten Scherbengerichtes heute – in weitgehender Unkenntnis des tatsächlichen Verfahrens – im Grunde nur symbolisch gebräuchlich ist, rückt das in gleicher Zeit in der Antike hervorgebrachte Losverfahren oder auch Zufallswahl (Demarchie) im 21. Jahrhundert vor allem bei einigen der neoliberalen Protagonisten wieder in das Zentrum von Überlegungen zur Reduzierung echter Bürgerbeteiligung.

Die Demokratie in Griechenland entstand in Abkehr von den als ungeeignet angesehenen überlieferten rigiden Traditionen der Tyrannis als ein Versuch einer möglichen Lösung unüberbrückbar erscheinender sozialer Konflikte. Zwar erhielten die in der vierten Steuerklasse erfassten ärmeren Teile der männlichen Bürgerschaft Mitbestimmungsrechte. Ungebrochen aber blieb die über Jahrhunderte währende Dominanz der reichsten Familien in den Organen der griechischen Demokratie. Auch die oft sagenumwobenen Anfänge der direkten antiken Demokratie lassen die starken Konturen einer sich herausbildenden Klassenherrschaft erkennen. Es war die Herrschaft einer heterogenen Minderheit der Wahlbürger über eine rechtlose Mehrheit arbeitender Menschen ohne politische Rechte.

Seit Solon war in Athen die politische Partizipation der wahlberechtigten freien Bürger so eng – wie wohl kaum irgendwo anders – mit der Beteiligung am Militärdienst verbunden. Freiheit definierte sich unter diesen Bedingungen als ein Recht der Bürger männlichen Geschlechts, an Entscheidungen über das Gemeinwesen teilzunehmen, verbunden mit der bindenden Verpflichtung, einen vermögensadäquaten Beitrag für die Kriegsführung zu leisten.

Diese erste Phase der Demokratieentwicklung währte im antiken Griechenland kaum länger als drei Jahrhunderte. Sie endete mit der Besetzung Griechenlands durch Makedonien in der Mitte des 3. Jahrhunderts v. u. Z.

Es gehört zu den gesicherten Erkenntnissen, dass politische Systeme im historischen Kontext zu verstehen sind. Diese simple Einsicht wird allerdings hinsichtlich der Demokratie verlassen, wenn Nolte als begrenzende Faktoren der antiken Demokratie das Fehlen marktwirtschaftlicher Prinzipien, das mangelnde Bewusstsein von der Gestaltbarkeit menschlichen Zusammenlebens und die unzureichende Wertschätzung des Individuums und seiner unveräußerlichen Menschen- und Freiheitsrechte nennt.[17]

Ebenso stellt Nolte besorgt fest, dass der athenischen Verfassung »trotz des Bewusstseins für die Andersartigkeit in der damaligen Umwelt Griechenlands und des östlichen Mittelmeerraums jedes Sendungsbewusstsein, das die moderne Demokratie oft kennzeichnete«, fehlte. »Der Gedanke, dass *ihre* Demokratie, weil sie anderen Ordnungen weit überlegen war, zu einer Universellen werden müsse waren den Athenern fremd«[18] – so der Professor aus Berlin. Na Gott sei Dank, kann man dieser Erklärung nur entgegenhalten. Es blieb vor hundert Jahren einem deutschen Kaiser überlassen, mit dem sendungsbewussten Satz »Am deutschen Wesen soll die Welt genesen« die Völker der Welt zu erschrecken.

Der Versuch, in den vergangenen Jahrzehnten die westliche parlamentarische Demokratie zu einem Exportprodukt zu machen, ist auf vielfache Weise zu oft gescheitert. Jahrzehnte haben die meisten der früheren britischen und französischen Kolonien benötigt, um aus dem Korsett der ihnen verordneten Unabhängigkeitsverfassungen nach dem britischen Westminster Modell oder nach dem der 5. Französischen Republik zumindest partiell herauszukommen. Was aus den Versuchen, die westliche Demokratie u. a. im Irak oder in Afghanistan, in afrikanischen Staaten, in der Ukraine, in Georgien zu implantieren geworden ist, bedarf keines besonderen Beweises. Das von Nolte eingeforderte »Sendungsbewusstsein der modernen westlichen Demokratie« hat auch in jüngster Vergangenheit zu unübersehbaren Verwirrungen und Schäden geführt. Demokratie kann nur auf einer soliden Basis wachsen. Sie kann weder versandt noch implantiert werden. Die Narben derartiger Versuche bleiben.

c) Die antike römische Republik

Das Abbild des Begründers der attischen Demokratie, Solon, bleibt – als ein künstlerisches Phantasieprodukt – nur in wenigen Skulpturen und durch das Gemälde von Kaulbach im Berliner Museum bewahrt. Der Beginn der Geschichte der römischen Republik wird dagegen durch berühmte Gemälde von Tizian, Rembrandt van Rijn, Lucas Cranach und von Sandro Botticelli gewürdigt. Dabei wurde nie geklärt, ob das Dargestellte einer Mär folgt oder auf Tatsachen beruht. In den entsprechenden

Geschichtsdarstellungen und in den Kunstwerken geht es um eine schöne römische Dame namens Lucretia. Der letzte römische Etruskerkönig Tarquinus Superbus – er herrschte im 6. Jahrhundert v. u. Z. über Rom – soll dieser Frau Gewalt angetan haben. Das Ende der Lucretia hat auch bedeutende Schriftsteller und Komponisten zu bleibenden Werken angeregt. Ovid beschrieb das Geschehen, William Shakespeare widmete Lucretia ein Gedicht, Georg Friedrich Händel komponierte eine Lucretia-Kantate, Benjamin Britten erhob sie zur Hauptfigur einer Oper.

Die Schändung der Lucretia wurde zum Gründungsmythos der römischen Republik. Der Tyrann Superbus wurde – wie der römische Geschichtsschreiber Titus Livius berichtet – um 509 v. u. Z. gestürzt. Ob die Ursache für diese Erhebung gegen den Tyrannen – wie es Peter Sloterdijk schwärmerisch beschreibt – »die zivile Einmütigkeit hinsichtlich eines Affronts gegen die ungeschriebenen Gesetze des Anstands und der Herzen«[19] war, oder ob dies eher im Ergebnis politischer oder sozialer Spannungen erfolgte, bleibt dabei offen. Zweifel, die nach wie vor Historiker hinsichtlich des Schicksals der Lucretia plagen, sprechen eher gegen das Urteil Sloterdijks. Es ist wohl auch kaum anzunehmen, dass in jener Zeit Scheußlichkeiten in Königshäusern der Öffentlichkeit bekannt wurden. Peter Sloterdijk würdigte die Lucretia-Saga offensichtlich weniger in ihrer historischen Substanz, eher wohl als einen symbolischen und psychologischen Hintergrund für seine kritische Analyse des Umgangs der Bundesrepublik mit unbequemen Bürgern. Zu seinen Folgerungen gehört: »Den Cäsaren gelang es noch scheinbar spielend, Bürgerausschaltung und Bürgerbefriedigung miteinander zu verbinden. Die moderne repräsentative Demokratie ist dazu in der Regel außerstande.«[20]

Sei es wie es sei: Relativ gesichert ist, dass nach der Entmachtung des Etruskerkönigs zwei patrizische Konsuln das oberste Staatsamt in Rom wahrnahmen. Sie mussten sich jährlich einmal zur Wahl stellen und waren einem Senat rechenschaftspflichtig. Nach einer Übergangszeit, in der weitere Auseinandersetzungen mit den Etruskern stattfanden, erfolgte wahrscheinlich gegen 500 v. u. Z. die Konstituierung dessen, was heute unter dem Begriff »Römische Republik« bekannt ist. Diese frühe republikanische Ordnung währte etwa fünf Jahrhunderte. Die römische Republik

hatte bei ihren griechischen Nachbarn zwar die Gesetzgebungs-
praxis Solons studiert. Die wesentlichen Prinzipien der frühen
griechischen Demokratie blieben ihnen jedoch fremd. Zwar
existierten im antiken Rom vier Volksversammlungen. In diesen Volksversammlungen konnten Plebejer mitwirken, wenn sie
Kriegsdienste leisteten. Sie konnten ausgeschlossen werden, wenn
das nicht der Fall war. Diese Zusammenkünfte aber beruhten auf
Familienverbänden, ergaben sich aus der Vertretung militärischer
Einheiten oder aus etwa Vermögensgleichen. Dabei waren die
Stimmrechte der Gruppen so unterschiedlich gewichtet, dass die
Reichen und Einflussreichen erkennbare Vorteile hatten. Diese
Versammlungen hatten selbst keine anderen Entscheidungsrechte
als die Wahl von Amtsträgern. Die Amtsträger wurden vom rö-
mischen Senat kontrolliert. Dieser setzte sich aus nichtgewählten
Angehörigen des römischen Adels zusammen, die ihr Amt auf
Lebenszeit ausübten. Höhere Beamte bedurften vor ihrer Ernennung einer Ausbildung im »cursus honorus.« Ähnlich wie
im antiken Griechenland wurden die durch Blutbande vereinten
Geschlechterstämme durch Ortsstämme ersetzt. Damit wurde
die auf persönliche Blutbande beruhende Gesellschaftsordnung
gesprengt und eine neue, auf Gebietseinteilung und Vermögens-
unterschied begründete »wirkliche Staatsverfassung an ihre Stelle
gesetzt.«[21]

Der griechische Historiker Polybios[22] (er beschrieb die Geschichte Roms) vertrat um 200 v. u. Z. die Auffassung, die römische Republik sei durch ihre Mischung aus Monarchie, Konsulat,
Aristokratie, Senat und Demokratie besonders langlebig gewesen.
Paul Nolte dagegen beschreibt 2012 kurz und bündig: »Die römische Republik war keine Demokratie. Sie war es nicht im eigenen
Selbstverständnis und sie ist es auch nicht für heutige Historiker.«[23] Angemerkt sei hier, dass die Demokratie wie auch das Recht
in ihrer Bewertung nicht nur dem Urteil von Historikern ausgelie-
fert sind. Altertumswissenschaftler und Rechtshistoriker beschäftigen sich nach den Kriterien ihrer Wissenschaft nicht minder mit
der Demokratie und dem Recht. Dabei kommen sie in Hinblick
auf die römische Republik zumeist zu der Erkenntnis, dass es sich
um eine aristokratische Staatsform mit unübersehbaren demokratischen Elementen handelt.

In Noltes Darstellungen wird von der Existenz einer Verfassung der römischen Republik ausgegangen.[24] Die römische Republik verfügte jedoch über keine geschriebene Verfassung. Schon die ständigen territorialen Veränderungen der Grenzen des römischen Reiches wie auch der unterschiedliche rechtliche Status der eroberten Gebiete, die teils dem römischen Reich zugeschlagen wurden, teils den Status eines Protektorates erhielten und in sehr verschiedenartig gestalteten Beziehungen zum römischen Zentrum standen, ließen den Gedanken einer römischen Reichsverfassung gar nicht aufkommen. In Verlaufe der fünf Jahrhunderte ihrer Existenz bildeten sich lediglich gewisse Grundregeln der Staatsordnung des zunehmend expandierenden römischen Reiches heraus. Dazu gehörten: die zeitliche Begrenzung der Ausübung von Ämtern; keine Zulassung einer weiteren Amtszeit; die Ausübung des Spitzenamtes des Konsuls stets gleichzeitig durch zwei Personen; die Zulassung zu einem Amt erst nach Absolvierung einer niederen Amtsstufe; die Festlegung einer ämterlosen Zeit zwischen zwei Spitzenämtern. In Krisenzeiten war den Konsuln und dem Senat erlaubt, für sechs Monate einen Diktator zu ernennen, dem in dieser Zeit alle Ämter unterstanden.

In der Mitte des 5. Jahrhunderts v. u. Z. wurde nach dem Vorbild Athens das in Rom geltende Recht auf zwölf Tafeln aufgezeichnet. Beauftragt waren damit zehn Männer. Denen wurde die Aufgabe gestellt, »das geltende Recht zu fixieren, damit es für jedermann nachprüfbar war«.[25] Damit wurde der vorher geltenden Praxis der mündlichen Überlieferung von Rechtsgrundsätzen und der weitgehend willkürlichen Rechtsanwendung ein Ende gesetzt. Die zwölf Bronzetafeln waren im Forum Romanum für jedermann einsehbar aufgestellt. Vor 2500 Jahren wurde aus dem gesellschaftlichen Bedürfnis, die Klärung der zunehmenden Differenzen zwischen römischen Patriziern und Plebejern auf eine solide Grundlage zu stellen, eine nachhaltige Gesetzgebungsarbeit geleistet. Analysiert wurden die wesentlichen Elemente und Regeln sowohl in der etruskischen wie in der frührömischen Gentilgesellschaft. Dazu gehörten a) das Erbrecht der Gentilgenossen (das Vermögen blieb in der Gens); b) der Besitz einer gemeinsamen Begräbnisstelle; c) Regelungen für gemeinsame religiöse

Feiern; d) die Verpflichtung, nicht in der Gens zu heiraten; e) ein gemeinsamer Grundbesitz; f) die Pflicht zum gegenseitigen Beistand und g) das Recht, den Vorsteher zu wählen.[26]

Einbezogen in die Erarbeitung des Zwölftafel-Gesetzes wurden Erfahrungen der Gesetzgebung des Solon sowie des Minos von Kreta, ebenso wesentliche Elemente des etruskischen und frührömischen Gewohnheitsrechtes. Nach heutigem Maß erfassen die zwölf Tafeln in kurzen und verständlichen Sätzen auf vier Druckseiten folgende Rechtsgebiete: I und II Zivilprozessrecht; III Schuldrecht; IV Familienrecht; V Erbrecht; VI Sachenrecht; VII Immobilien; VIII Schadensersatzrecht; IX Verfassungsgrundsätze; X Bestattung; XI Eherecht; XII Verbrechen.

Mit der Kodifikation des Zwölftafel-Gesetzes wurde – auch wenn es vordergründig aus den Bedürfnissen einer Agrargesellschaft heraus geschaffen wurde – der Grundstein einer (wenn auch mit Modifikationen) bis heute geltenden Rechtssystematik und der europäischen Rechtswissenschaft gelegt.

Vermutlich 387 v. u. Z. wurden die zwölf Tafeln bei der Eroberung Roms durch die Gallier zerstört. Der Hauptinhalt ist (mit Ausnahme der Tafel IX Verfassungsgrundsätze) durch andere überlieferte Quellen vollständig oder auch in Fragmenten erhalten.[27]

Die römische Republik erlebte in den ersten fünfhundert Jahren ihrer Geschichte ständige militärische Auseinandersetzungen, die zu einer fast grenzenlosen Ausdehnung des von Rom beherrschten Territoriums in Europa, im Nahen Osten und in Nordafrika führten. Im letzten Jahrhundert v. u. Z. spitzten sich die Konflikte in den Führungskreisen des römischen Weltreiches zu. Im Kern ging es um eine Landreform und auch um eine Ausweitung der Bürgerrechte. Tiberius Gracchus, der 133 v. u. Z. eine Landreform forderte, wurde während einer Volksversammlung im Kapitol erschlagen. Sein Bruder wurde zehn Jahre später umgebracht. Als 100 v. u. Z. Lucius Saturnius einen neuen Landreformvorschlag unterbreitete, ereilte ihn das gleiche Schicksal. Die Gewalt der streitenden Parteien eskalierte, Cornelius Sulla marschierte 82 v. u. Z. mit einer ihm ergebenen Truppe in Rom ein und ließ sich »zwecks Neuordnung des Staatswesens« zum Diktator ernennen. In dieser Zeit erfolgte auch der Sklavenaufstand unter Spartacus, der von Marcus Grassus im Jahr 71 v. u. Z. blutig niedergeschlagen wurde.

Etwa im Jahre 50 v. u. Z. wurde Julius Caesar Alleinherrscher im Rest des römischen Weltreiches. Er fiel im März 44 v. u. Z. der Verschwörung des Brutus zum Opfer. Versuche der Wiederherstellung der römischen Republik scheiterten. Nach weiteren inneren Kämpfen erfolgte als grundlegende Wendung der über ein halbes Jahrtausend vollzogenen Kämpfe 27 v. u. Z. die Errichtung des römischen Kaiserreiches durch Oktavian, der sich nun Augustus nannte. Die römische Republik, die über Jahrhunderte den Mittelmeerraum beherrschte, war zur Monarchie mutiert. Damit endete die Zeit der antiken römischen Republik.

Augustus, der Adoptivsohn von Julius Cäesar, zog aus dessen Schicksal wichtige Schlüsse für seine Art der Amtsführung. Nachdem er Caesars Rivalen ausgeschaltet hatte, regierte er in einem raffinierten Spiel der Bescheidenheit. Er erreichte, dass ihm Vollmachten regelrecht aufgedrängt wurden. Als ihm im Jahre 2 v. u. Z. der Titel »Vater des Vaterlandes« verliehen wurde, mutierte er zum absoluten Alleinherrscher. Mit geschickter Propaganda und einer wirkungsvollen Zensur schuf er ein Informationsmonopol und einen weitreichenden staatlichen Kontrollmechanismus.[28] Mit Massenspektakeln hielt er breite Bevölkerungskreise bei Laune. Im Gegensatz zu seinen Vorgängern starb Augustus eines natürlichen Todes.

d) Anfänge staatstheoretischen Denkens – Poppers Platon-Kritik

Schon in sehr früher Zeit der Entwicklung der menschlichen Gesellschaft bildete sich ein philosophisches Denken heraus. Anfangs war vor allem das Streben nach Erkenntnissen über das Leben, die Umwelt und das Weltall das zentrale Thema kluger, nachdenklicher Wissenschaftler der Frühzeit.

Mit der Herausbildung staatsähnlicher und staatlicher Gemeinschaften wurden Gemeinschaftsbeziehungen und Regierungsprobleme Gegenstand wissenschaftlicher Bearbeitung. Zu den frühesten nachweisbaren Arbeiten auf diesem Gebiet gehören zweifellos die Werke des Konfuzius (551–479 v. u. Z.). Er hinterließ: »Wer einen Staat mit tausend Kriegswagen regiert, der muss bei allem, was er tut, korrekt und gewissenhaft sein. Er muss maßhalten und die Menschen lieben. Seine Forderungen an das Volk dürfen nicht willkürlich sein.«[29] Auf die Frage, woran man eine gute Regierung erkenne, antwortete Konfuzius: »Sie muss die Ernährung sichern, muss ausreichend gegen Feinde gerüstet sein, muss danach trachten, dass das Volk Vertrauen in die Regierung hat.«[30]

Im antiken Griechenland haben im 4. Jahrhundert v. u. Z. vor allem Herodot (484–452 v. u. Z.), Sokrates (469–399 v. u. Z.) und Platon (428/427–348/347 v. u. Z.) das philosophische Denken dem entstehenden Staatswesen (bzw. dem Personalverband der Attischen Polis) zugewandt. Sie wirkten in einer recht unruhigen Zeit, in der Interessen und Argumente divergierend und auch unausgereift in den Auseinandersetzungen aufeinanderprallten. Herodot formulierte als erster die Monarchie, die Oligarchie und die Demokratie als klassische Herrschaftsformen. Platon unternahm, um der Politik eine philosophische Prägung zu geben, mehrere wenig erfolgreiche Versuche der Mitgestaltung. In seiner Reflexion der ihm umgebenen Realität wird der Staat dann als gerecht angesehen, wenn die drei damals wahrzunehmenden Stände (Philosophen »der Lehrstand«; Wächter »der Wehrstand« sowie Bauern und Handwerker »der Nährstand«) in Einklang leben.

In seinen drei bedeutendsten Werken »Der Staat«, »Der Politiker« und »Die Gesetze« beschrieb er die Aristokratie als Herrschaft des Gesinnungsadels und die Monarchie als Königtum. Sokrates (der keine schriftlichen Werke, sondern nur Überlieferungen seiner Partner und seiner Schüler hinterließ) pflegte den philosophischen Dialog als Weg zum Erkenntnisgewinn. Sein Streben zielte darauf, den Dingen auf den Grund zu gehen. Für ihn stand der Mensch im Mittelpunkt aller Überlegungen. Gerechtigkeit und Wahrheitssuche waren seine Maximen. Sokrates war wohl der Erste, der aus den noch wenig ausgereiften Erfahrungen der antiken Demokratie die heute noch kontrovers diskutierte Erkenntnis entwickelte, dass Sachentscheidungen oft effektiver als Mehrheitsentscheidungen sein können. Der kluge und populäre Sokrates wurde 399 v. u. Z. wegen Gottlosigkeit vor Gericht gestellt, für schuldig befunden und zum Tode verurteilt.

Mit den staatstheoretischen Ansätzen Platons ging Karl Popper hart ins Gericht. Er kritisierte Platons Ansichten über die

Möglichkeit, einen vollkommenen Staat zu schaffen. Das wäre, so meint Popper, »der zum Stillstand gekommene Staat«.[31] Zweifellos sind in den 2500 Jahren, die zwischen den Schriften Platons und denen von Karl Popper liegen, viele neue Erkenntnisse gereift. Karl Popper führte die umfassende Polemik mit Platon, weil dessen Konzept eines idealen Staates nicht mit der Idee Poppers von der offenen Gesellschaft korrespondiert. Noch aber ist auch der Beweis für die Nachhaltigkeit der Vorstellung von der offenen Gesellschaft nicht erbracht.

Die in den vergangenen Jahrzehnten herausgebildete Dominanz der Märkte, insbesondere der Finanzmärkte und deren weltumspannenden Akteuren, die durch High-IT-Technik gewachsenen Überwachungs- und Einflussmöglichkeiten der Geheimdienste, die Massenmanipulierung durch Medienkonzerne und die zunehmende Privatisierung staatlicher Institutionen überlassen der offenen Gesellschaft fast nur noch nicht-machtrelevante Bereiche. Dazu kommt, dass durch das hypertrophierte Justizsystem auch der Bundesrepublik Entscheidungen staatlicher Organe, auch von Vertretungskörperschaften, durch Einzelrichter oder durch nichtöffentliche Kammerentscheidungen aufgehoben oder verändert werden können.

Die wirtschaftliche Macht kann und will ihre Interessen möglichst ohne staatlichen Einfluss wahrnehmen. Sie bedarf des Staates und dessen Gewaltmonopol im Grunde vorrangig zum Schutz ihres Eigentums und als Militärbefehlshaber zur Wahrung der Interessen und Einflusssphären in internationalen Konflikten. Die Staatsbürger aber haben keine andere Möglichkeit, sich gesamtgesellschaftlich zu artikulieren als durch einen starken Staat, durch transparent und effektiv arbeitende Vertreterkörperschaften und durch eine staatliche Verwaltung, die dem Souverän, d. h. dem Volke dient. Die Losung »weniger Staat« bedeutet letztlich weniger Bürgerrechte, weniger Bürgereinfluss. Die in den letzten Jahren in der Politik und in den Medien hofierte Zivilgesellschaft hat nicht die Machtmittel, über die allein der Staat verfügt. Soziale, politische, und kulturelle Grundprobleme unserer Gesellschaft werden in den Plenarentscheidungen des Bundestages weitgehend gemieden. Grundfragen der Politik aber, ob Einsätze in Spannungsgebieten, Energiepolitik, der Umgang mit anderen Staaten werden zumeist durch Kanzlerentscheidung oder die koalitionsbedingte Kanzlermehrheit des Bundestages im Schnellverfahren erledigt und dem Plenum der obersten Volksvertretung beiläufig mitgeteilt.

Überschaut man die Erfahrungen der antiken Demokratie, kommt man zu dem Schluss, dass einige der damals herausgebildeten Elemente in der parlamentarischen Demokratie in der Neuzeit keine oder nur begrenzte Fortsetzung finden konnten und fanden. In der antiken Demokratie bewährte Regularien wie die Rechenschaftspflicht der Amtsträger und der von der Volksversammlung gewählten Richter fanden in der kurzen Zeit der Pariser Kommune eine Wiederholung. In der sozialistischen Demokratie waren sie konzeptionell vorgesehen und partiell auch verwirklicht. Sie erstarrten jedoch zum Teil in Formalien oder wurden ignoriert. Elemente und Begleiterscheinungen der antiken Demokratie haben – wenn auch in anderen Dimensionen und Zusammenhängen – auch in der Neuzeit Bedeutung.

e) Wer Ausbeutereigentum antastet, muss sich gegen den Widerstand der Ausbeuter wappnen

Die Demokratie im antiken Griechenland musste sich von Anbeginn des politischen und philosophischen Widerstands erwehren. Nicht nur Repräsentanten der Aristokratie und Geldverleiher wehrten sich trotz der unübersehbaren Ausgleichsbestrebungen des Solon gegen dessen Reformen. Auch aus dem Kreis der bekannten Philosophen wehte gegen die ersten Versuche der Gestaltung eines demokratischen Zusammenlebens heftiger Gegenwind. Platon definierte die Demokratie als eine Regierung der Menge über die Vermögenden. Er begegnete den demokratischen Elementen kritisch, weil nach seiner Meinung zu große Gleichheit und Freiheit die Gefahr der Zügellosigkeit, Anarchie und Willkür heraufbeschwören. Sein Schüler, der berühmte Aristoteles, beurteilte die Demokratie als fehlerhafte Herrschaftsform der Vielen zugunsten des Gemeinwohls.

Bei seinen Reformbestrebungen war sich Solon offensichtlich bewusst, dass seine Gesetze den energischen Widerstand derer herausfordern werden, deren Pfründe er mit seinen Entscheidungen zur Entschuldung der Bauern beschnitten hat. Solon hatte für viele unerwartet recht rigoros in das schon damals dominante Eigentumsrecht der reichen Wucherer eingegriffen. Um eine Restauration der alten Verhältnisse zu verhindern, schwor er die Athener ein, seine Gesetze zumindest zehn Jahre – möglichst länger – in ihrer Substanz nicht zu verändern. Kein Jahrzehnt verging jedoch – so berichtet es später der Historiker Herodot –, bis Pesistratos, der vorher als Freund Solons galt, sich zum Tyrannen erklärte und damit das von Solon geschaffene politische System und die Wirkungsdauer seiner gesetzlichen Regelungen grundlegend veränderte.

Schon in dieser frühen Phase einer zur Demokratie tendierenden Entwicklung erwies es sich, dass jede ernsthafte Veränderung politischer Verhältnisse eine lange Periode soliden Abwehrpotentials bedarf, um sich den Angriffen der zumeist einflussreichen und erfahrenen Kräfte der Restauration erwehren zu können. In den mehr als zwei Jahrtausenden, die seitdem vergangen sind, hat es sich immer wieder erwiesen, dass gestürzte oder in ihren Eigentumsrechten eingeschränkte Klassen oder soziale Gruppen mit all ihrer verbliebenen Macht, mit ihren Verbündeten, mit ihrer Herrschaftserfahrung skrupellos den Kampf zur Rückeroberung ihrer verlorenen Pfründe führt. Die blutige Rache deutscher Feudalherren nach den Bauernkriegen im 16. Jahrhundert legt dafür ebenso Zeugnis ab wie die restaurative Bewegung und die Rigorosität des Umgangs mit den Jakobinern. Man mag sagen, diese Beispiele stammen aus alter Zeit, heute ist alles anders. Das aber widerspricht den Tatsachen. Dafür seien nachfolgend einige ausgewählte Beispiele genannt.

In den 30er Jahren des 20. Jahrhunderts wurde eine Landreform in Brasilien angekündigt. Damit sollte die Macht der Großgrundbesitzer eingeschränkt und Bauern Land übergeben werden. Die betroffenen Grundbesitzer organisierten jedoch Gruppen bewaffneter Banditen. Sie ließen das Vorhaben und die Hoffnung der Landlosen im Kugelhagel ersterben. Kaum anders vollzogen sich Landreformen in den 70er Jahren in Chile. Dort wurden unter den Präsidenten Eduardo Frei und Salvador Allende große Farmen enteignet und das Land an Bauern verteilt. Der Militärputsch des von der CIA unterstützten Schlächters der chilenischen Revolution Augusto Pinochet und die Initiativen seines ameri-

kanischen politischen Beraters Milton Friedman bewirkten die
Rückgängigmachung auch dieser Landreformen. Nicht anders
erging es der Landreform der Sandinisten in Nicaragua. Im Juli
1989 erlebte ich, wie das Volk von Nikaragua die Landreform und
den 10. Jahrestag des Sieges der sandinistischen Revolution feierte.
Ein Jahr später wurden nach dem Machtantritt der großbürger-
lichen, den USA verpflichteten Präsidentin Violetta Barros de
Chamorra die Reformen zurückgenommen.

In Portugal wurde bekanntlich im Ergebnis der Nelkenrevolution 1974 im Rahmen einer Landreform Bauern und bäuerlichen
Genossenschaften Land als Lebensgrundlage übergeben. Mehr
als eine Million Hektar brachliegende Felder der Großgrundbesitzer wurde an Kleinbauern und Landarbeiter vergeben. Damit
reduzierte sich damals das Heer der Arbeitslosen beträchtlich.
Zugleich sank der devisenintensive Import von Lebensmitteln des
Landes um mehr als 50 000 Tonnen. Wenige Jahre danach liqui-
dierten die Gegner der Agrarreform unter inzwischen geänderten
Kräfteverhältnissen in der Gesellschaft und im Parlament – mit-
tels mehrmals novellierter Gesetze über den privaten Grundbesitz – die Landreform. Erinnert sei hier auch an den jüngsten,
immer noch nachwirkenden größten Vermögensrücktransfer der
Weltgeschichte – an die Rückgabe und die Privatisierung des
Volkseigentums der sozialistischen Staaten Europas in die Hände
früherer Besitzer und neuer privater Akteure. Die Liste derartiger
restaurativer Ereignisse ließe sich fortsetzen.

Die Kritiker jedweden Eingriffs in das Eigentumsrecht an
Produktionsmitteln argumentieren inzwischen mit einem universellen Menschenrecht auf Eigentum. Sie verweisen auf den
Artikel 17 der Menschenrechtserklärung der UN vom 10. Dezember 1948, der lautet: »Jeder hat das Recht, sowohl allein als auch
in Gemeinschaft mit anderen Eigentum innezuhaben. Niemand
darf willkürlich seines Eigentums beraubt werden.« Die Charta
der Grundrechte der Europäischen Union aus dem Jahr 2000 ver-
stärkte den rechtlichen Schutz des Eigentums. Sollte je Eigentum
durch ein Gesetz entzogen werden, steht dem Betroffenen eine
»rechtzeitige angemessene Entschädigung für den Verlust des Eigentums zu«.[32] Das bedeutet praktisch: Enteignung ist in den Ländern der Europäischen Union unzulässig! Wird im Ausnahmefall

Eigentum auf Grund gesetzlicher Regelung entzogen, dann fließt automatisch und unbegrenzt der grundrechtlich verbriefte »frühzeitig gezahlte angemessene Kaufpreis.«

Allein eine solche Art von Äquivalenten-Austausch ist nach europäischem Recht zulässig. Günstiger und risikofreier kann allerdings selbst der cleverste Milliardär Teile seines Vermögens kaum zu Geld machen. Das deutsche Bürgerliche Gesetzbuch hat schon seit 1900 bis in unsere Tage verbindlich geregelt: »Der Eigentümer einer Sache kann, soweit nicht das Gesetz oder Rechte Dritter entgegenstehen, mit der Sache nach Belieben verfahren und andere von jeder Einwirkung ausschließen.«[33]

f) Lotterie statt Wahlen.
Wie Aristoteles vom Neoliberalismus vereinnahmt wird

Unter den Bedingungen der direkten Demokratie wurden im antiken Griechenland vor allen nach den Reformen des Kleisthens Amtsinhaber durch Losentscheid eingesetzt. Dieses Verfahren folgte den traditionellen Erfahrungen, demzufolge das Los in archaischen Zeiten als ein Mittel zur Feststellung göttlichen Willens galt. Der Losentscheid erschloss dem Gläubigen den Zugang zum Gottesurteil. Von der Öffentlichkeit noch wenig wahrgenommen, wird seit der zweiten Hälfte des 20. Jahrhunderts bei der Implementierung neoliberaler Politikmodelle dem Losverfahren für die Bildung oberster Vertretungskörperschaften erstaunliche Aufmerksamkeit gewidmet. Nicht selten wird dabei auf ein Zitat des Philosophen Aristoteles aus dem 3. Jahrhundert v. u. Z. zurückgegriffen, nach dem es »als demokratisch anzusehen ist, wenn die Herrschenden durch das Los bestimmt werden, während Wahlen als oligarchisch betrachtet werden müssen«. Der Gründer der neoliberalen Chicagoer Schule, Friedrich August von Hayek – zu dessen Kerngedanken die Einschränkung staatlicher Handlungsmöglichkeiten bei ungezügelter Freiheit und Macht der Wirtschaft gehörte –, war ein Freund klarer Worte. Selbstbewusst verkündete der erzkonservative Nobelpreisträger: »Wahr ist nur, dass eine soziale Marktwirtschaft keine Marktwirtschaft ist, ein sozialer Rechtsstaat kein Rechtsstaat, ein soziales Gewissen kein Gewissen, soziale Gerechtigkeit keine Gerechtigkeit – und ich fürchte eine soziale Demokratie keine Demokratie ist.«[34]

In den 60er Jahren des 20. Jahrhunderts brachte Hayek die Idee einer Ersetzung der Demokratie durch eine Demarchie (eine Herrschaftsform, nach der die Volksvertreter durch ein Losverfahren und nicht durch Wahlen bestimmt werden) in die politische Debatte in den USA ein.[35]

Robert A. Dahl, Professor an der Yale Universität, folgte mit der Idee der Auslosung von Amtsträgern und der Ergänzung der Regierung durch eine »Loskammer« der These Hayeks von einer Demarchie. Dennis M. Mueller publizierte inzwischen die Vorstellung, dass vor allem aus Gründen der Wahlkostensenkung die Wahl des Repräsentantenhauses der USA durch eine Auslosung ersetzt werden soll.[36] Martin Neil Baily, der sich als wirtschaftspolitischer Berater von Präsident Bill Clinton und leitender Berater von McKinsey & Companie einen Namen gemacht hatte, beteiligte sich ebenfalls an der Losdebatte. In einem Verfassungsentwurf warb er für eine ständige Variante des Losmodells. Nach seiner Vorstellung sollten sich alle Bürger zu einer *demographic supgroup* (demographischen Untergruppe) bekennen, aus der proportional die Vertreter einer gesetzgebenden Versammlung ausgelost werden würden.[37]

In Australien entwickelte John Buchheim, Professor an der Universität von Sydney, im Sinne der Hayekschen Demarchie die Vorstellung, alle politischen Institutionen sollen so weit wie möglich dezentralisiert und alle Mandatsträger per Losverfahren bestellt werden. Sein Ideal ist ein statistisch repräsentatives Parlament.[38] In Anlehnung an das Hayeksche Gedankengut und gestützt auf Vorarbeiten des schwedischen Wirtschaftswissenschaftlers Lassar Lindbeck[39] und von Florian F. Weyh[40] machte in Deutschland Hubertus Buchstein 2009 ernsthaft den Vorschlag, statt aller vier Jahre Wahlen zum Bundestag abzuhalten, »vierteljährlich eine medienwirksame Lotterie über den nächsten Wahltermin« durchzuführen. »Wird« – so beschreibt er seinen Verfahrensvorschlag näher – »bei der vierteljährlich öffentlichen Ziehung eine *Niete* gezogen, bleiben das Parlament und die von ihm abhängige Regierung weitere drei Monate im Amt. Fällt der Losentscheid positiv aus, werden Neuwahlen innerhalb der nächsten drei Monate durchgeführt.«[41] Der Autor verspricht sich von diesem Verfahren, dass Regierungen dadurch von Wahlgeschenken abgehalten würden und auf unpopuläre Reformen verzichteten.

Hubertus Buchstein hat unter dem Titel »Demokratie und Lotterie. Das Los als politisches Instrument von der Antike bis zur EU« mögliche Losverfahren in umfassender Weise dargestellt und aus seiner Sicht bewertet. Seine Betrachtung führt zu dem Ergebnis, dass durch die zu erwartende Transformation von Flächenstaaten zu einer politischen Europäischen Gemeinschaft sich der Bezugsraum der Demokratie wesentlich vergrößert und damit die Epoche nationalstaatlich souveräner Massenstaaten zu Ende geht. Der Autor erwartet, dass unter solchen Bedingungen die Nutzung von Lotterien ein Beitrag zur künftigen politischen Verfahrensmodalität in der Europäischen Union sei. Im Grunde ist es erstaunlich, dass nunmehr am Beginn des dritten Jahrtausends u. Z. auch renommierte Wissenschaftler dem Losverfahren in der Politik wachsende Aufmerksamkeit schenken und es als künftigen Ersatz für Wahlen preisen. Mehr als zwei Jahrtausende zuvor – daran sei hier erinnert – fällte Cicero sein Urteil über Losverfahren: »Wenn das Volk seine Wahl aufs Geratewohl trifft, dann wird es ebenso schnell zugrunde gehen, wie ein Schiff, wenn einer von den Fahrgästen ausgelost wird und an das Ruder tritt.«[42]

Demokratie ist, wenn man sie ernst nimmt, keine formale Angelegenheit. Der Mensch ist ein gesellschaftliches Wesen. Werden die Beziehungen des Einzelnen – sei es durch die Zufallsgeneratoren der Lotterien oder auch durch digitale Netzwerke – technisiert, erstirbt der für jede Form der Demokratie erforderliche elementare Kontakt zwischen Wähler und Gewählten. Dann werden Hayeks Träume wahr, der Staat schrumpft, das Soziale wird auf ein Minimum reduziert, im öffentlichen Leben bleibt eine beschränkte Mitwirkung an systemimmanenten Nebensächlichkeiten. Alle wichtigen Fragen werden unter solchen Umständen durch den Markt, d. h. durch die Spitzen der Konzerne und der Finanzwirtschaft, entschieden.

Hans-Hermann Hoppe – er lehrte zwanzig Jahre Volkswirtschaft an der Nevada-Universität in Las Vegas – unterbreitete 2012 inzwischen in Deutschland die Auffassung, dass »die Demokratie ein zum Scheitern verurteiltes System sozialer Organisationen ist«. Er fordert, den Staat zu einem »allen anderen Personen und

Institutionen gleichgestellten Privatrechtssubjekt« zusammen-zustutzen.[43] Unter den von solchen Gelehrten vorgeschlagenen Bedingungen kann man künftig, statt zu wählen, fröhlich und unverbindlich Lotterie spielen. Dass aber ist dann kein demokra-tischer Akt, sondern ein unverbindliches Spiel mit dem Zufall. Der Spieler (Wähler) bleibt dabei ohne Verantwortung für seine Entscheidung. Der durch das Los Auserwählte übt sein Amt ohne wirkliche Legitimation, möglicherweise auch ohne Sachverstand und soziale Kompetenz aus.

So aber kann man ernsthaft kaum den Vorstand eines Garten-vereins bilden, schon gar nicht die Träger hoheitlicher Aufgaben, Rechte und Verantwortung als Mandatsträger in Parlamenten bestimmen. Konservative Theoretiker, Politiker und Journalisten treten inzwischen international immer unverblümter unter der Losung auf: »Wir brauchen nicht mehr, sondern weniger Demo-kratie.«[44]

Die Bundeszentrale für politische Bildung unterstützt derart antidemokratische Propaganda durch Verbreitung von Texten, in denen Anleitungen zum Staatsputsch geliefert und gegenüber Entwicklungsländern erklärt wird: »Nach genauerem Nachden-ken lassen unsere Ergebnisse den Schluss zu, dass Wahlen als Meilenstein ungeeignet sind. Sie stellen eher einen Grabstein dar.«[45] Einen Beitrag bei der Suche zur künftigen Reduzierung des Wählereinflusses auf den Deutschen Bundestag liefert die im Herbst 2012 gewählte Vizevorsitzende der CDU, Julia Klöckner, mit ihrer bekundeten Absicht, für eine Verlängerung der Wahl-periode des Bundetages von vier auf fünf Jahre einzutreten. Das würde nach ihrer Ansicht »Politiker zwingen, sich mit Kraft auch für das Erklären von Themen einzusetzen«.[46]

2. Direkte Demokratie in der Antike – Basisdemokratie in der Gegenwart

Die antike griechische Demokratie war keinesfalls ein basisdemo-kratisches Paradies, sondern im wesentlichen Maße die Herrschaft einer privilegierten Minderheit. Es erscheint deshalb fragwürdig, wenn Aspekte der aktuellen Demokratie-Debatten in die Betrachtung der Verhältnisse im antiken Griechenland verklärend projiziert werden. Es widerspricht beispielsweise weithin gesicherten historischen Tatsachen, wenn in aktuellen Publikationen noch im Jahr 2012 die attische Verfassung als ein »basisdemokratisches« Dokument erklärt wird.[47]

Zweifel sind auch anzumelden, wenn in der gleichen Publikation angenommen wird: »Doch wo nahezu alle freien Bürger permanent mit Staatsgeschäften verbunden waren, fehlten die Bedingungen für die Herausbildung demokratischer Eliten.«[48] Von den etwa 40 000 freien Bürgern des antiken Griechenlands waren 75 Prozent arme Bauern und Lohnarbeiter. Sie waren per Gesetz von verantwortlichen Staatsämtern ausgeschlossen. Obendrein mussten sie sich mit ihrer Hände Arbeit täglich ihr Brot verdienen. Freiheit war für sie ein Fremdwort. Sie hatten weder das formelle Recht noch eine reale Chance, sich »permanent mit Staatsgeschäften« zu befassen.[49]

Erinnert sei hier an das Urteil von Friedrich Engels, der einschätzte, dass Athen die klassische Form einer Staatsbildung bietet, »hier entspringt der Staat direkt und vorherrschend aus den Klassengegensätzen, die sich innerhalb der Gentilgesellschaft selbst entwickeln«.[50] Wer heute nach historischen Wurzeln des doch etwas diffusen Begriffes »Basisdemokratie« sucht, wird eher in der zweiten Hälfte des 20. Jahrhunderts als in der griechischen Antike fündig. Aber auch Nolte offeriert seinen Lesern die Vorstellung, dass die »Demokratie der Athener vor 2500 Jahren in vielen Zügen« an das erinnert »was bis heute als unmittelbare, direkte oder Basisdemokratie« diskutiert wird.[51]

a) Konturen direkter Demokratie

Die antike griechische Demokratie war eine direkte Demokratie. Die stimmberechtigten Bürger nahmen in der gesetzgebenden Volksversammlung ihre Rechte unmittelbar – ohne die Zwischenschaltung von Vertretern – war. Ein derartiger Modus der direkten Partizipation hat sich historisch in allen Kontinenten der Erde – wenn auch in unterschiedlichen Ausprägungen – dort herausgebildet, wo überschaubare Gemeinschaften die Regelung ihrer Angelegenheiten nicht mehr – oder nicht mehr im vollen Maße – wie vorher allein den Clanchefs der Geschlechterverbände oder Schamanen überließen, sondern durch Gemeinschaftsbeschluss zu klären suchten.

Engels untersuchte, ausgehend von den Studien Lewis Henry Morgans (1818–1881), historische Beispiele der unterschiedlichen Ausprägung der direkten Demokratie (in manchen Fällen mit, in anderen Fällen ohne Gemeinschaftseigentum an Boden) bei den Irokesen in Amerika (bei Wählbarkeit der Friedensvorsteher und Häuptlinge durch die Gemeinschaft), im antiken Griechenland, im antiken Rom und in der frühzeitlichen keltischen und deutschen Geschichte. Auch aus der Frühgeschichte Asiens sind vielfältige Formen der Mitwirkung von Angehörigen dörflicher Gemeinschaften bei der Lösung von Angelegenheiten der Gemeinschaft bekannt.

Aus China ist seit alters her der Grundsatz überliefert, dass die Gemeinschaft über einen höheren Stellenwert als der Einzelne verfügt. In afrikanischen Gesellschaften ist in Dörfern und Stammesverbänden bis heute eine direkte Konsensdemokratie ausgeprägt. Wichtige Angelegenheiten der Gemeinschaft, nicht selten auch das Verhalten Einzelner, werden in Zusammenkünften erörtert, bis alle Teilnehmer zu einem gleichen Ergebnis gekommen sind.

Wo unter den Bedingungen der Antike wie ebenso in späteren Entwicklungsstufen der Gesellschaft bis in unsere Tage sich eine direkte Demokratie im echten Sinne des Wortes erfolgreich ausprägen und über längere Zeit bewähren konnte, war das vor allem an vier immer wieder festzustellende Bedingungen geknüpft:

Erstens: Die Gemeinschaften waren hinsichtlich ihrer Größe so limitiert, dass den Teilnehmern des Entscheidungsgremiums (Volksversammlung o. ä.) eine unmittelbare Teilnahme, ohne zu lange Distanzen überwinden zu müssen, möglich war. Es handelte sich folglich weitgehend um relativ kleine Gemeinwesen, in keinem Fall Flächenstaaten.

Zweitens: Die Beratungsgegenstände waren für die Teilnehmer überschaubar, beurteilbar.

Drittens: Die sozialen Strukturen der Gemeinschaften waren nicht durch zu starke Vermögens-, Bildungs- und anderweitige Einflussdifferenzen gekennzeichnet.

Viertens: Das Urteil der Beratungsteilnehmer resultierte vorwiegend aus eigenem Erfahrungshorizont und Kenntnisstand. Es war nicht – oder nur im begrenzten Maße – durch Dritte (Schamanen, Demagogen oder monopolisierte Medien der Neuzeit) geprägt oder gar verfälscht worden.

Zusammengefasst: Ein bescheidenes Limit der Zahl der Beteiligten, die tatsächliche Beurteilbarkeit der Entscheidungsgegenstände, ein Minimum an sozialer Gleichheit und Vermeidung von Fremdeinflüssen auf das Urteil des Einzelnen gehören zu den kardinalen Bedingungen für die Entfaltung auch einer direkten Demokratie.

Besonders am Beginn des 21. Jahrhunderts verstärken vor allen in einigen Bundesstaaten der USA und Europa linke, aber auch bürgerlich liberale Kräfte die Forderung, mit Volksabstimmungen und Volksentscheiden Elemente direkter Demokratie zu ermöglichen und zu aktivieren. Vorliegende Beispiele derartiger Abstimmungen vermitteln sehr unterschiedliche Ergebnisse. Mit Ausnahme der Schweiz, in der Volksabstimmungen als ein Element des traditionellen Staatsverständnisses eine besondere Bedeutung zukommt, liegen in Europa auf diesem Gebiet noch keine eindeutigen Resultate vor.

In Deutschland war in der Verfassung der Weimarer Republik das Instrument der Volksabstimmung erstmals als eine gewisse Ergänzung der Tätigkeit des Reichstages vorgesehen. Die rechtlichen Hürden dafür (vor allen die Festlegung der Beteiligungshöhe – Quorum) waren allerdings so hoch, dass alle drei eingeleiteten Versuche (Fürstenenteignung 1926, Ablehnung Panzerkreuzerbau 1928 und Ablehnung Young-Plan 1929) scheiterten. Während der Nazidiktatur dagegen fanden drei politisch und ethisch zweifelhafte Referenden (Austritt Deutschlands aus dem Völkerbund, Anschluss Österreichs sowie die Ämterzusammenlegung des Reichskanzlers und des Reichspräsidenten) die eingeforderte Zustimmung.

b) Erscheinungsformen und Grenzen direkter Demokratie
in den USA

Möglichkeiten, Grenzen und Gefahren der Praktizierung direkter Demokratie zeichnen sich insbesondere im politischen System der USA ab. Seit 1897 (in South Dakota) wurden in den amerikanischen Bundesstaaten Elemente einer direkten Demokratie initiiert. Von den 51 US Bundestaaten sind in 24 Volksentscheide zugelassen. Darüber hinaus wurden in 49 Staaten Verfassungsreferenden zugelassen. (In 14 dieser Bundesstaaten wird in unterschiedlichen Zeitabständen darüber entschieden, ob die Einberufung einer verfassungsgebenden Versammlung für erforderlich gehalten wird.)

Die Modalitäten (Gegenstände, Quorum, Zeit für Durchführung der Unterschriftensammlung u. a.) sind sehr unterschiedlich in den einzelnen Bundesstaaten geregelt. In manchen Fällen werden Ergebnisse von Volksentscheiden (vor allem – aber nicht nur – bei Gesetzesänderungen) dem Parlament des Bundesstaates zur Entscheidung vorgelegt.

In der ersten Hälfte des 20. Jahrhunderts wurde in den Bundestaaten der USA nicht sehr oft zum Mittel des Volksentscheides gegriffen. Bundesstaaten wie Oregon, Kalifornien und Colorado können jedoch in den letzten Jahrzehnten auf mehrere hundert Volksentscheide zurückblicken. Was allerdings in den 80er Jahren als ehrenamtliche Aktion begann, ist inzwischen zu einem profitablen Dienstleitungsgewerbe geworden. Bis zu zehn Dollar werden den damit beauftragten Firmen für die Gewinnung einer Unterschrift gezahlt.

Damit haben finanzstarke »Initiatoren« für Volksentscheide in der Regel die größten Erfolgschancen. Im Bundestaat Kalifornien finden immer wieder Volksentscheide und Referenden statt. Abgestimmt wurde beispielsweise über das Gehalt von Gefängniswärtern, über die Zulässigkeit von Wasseruhren und natürlich immer wieder über Steuerreduzierungen. Im kalifornischen Silicon Valley befinden sich reiche und hocheffektive Zentren der Hochtechnologie. Sie verfügen über ökonomische und politische Durchschlagskraft, die wohl einmalig in der Weltwirtschaftsgeschichte ist. Wohl an keinem anderen Platz der Welt leben so viele superreiche Milliardäre wie an der kalifornischen Westküste.

»Die Valley-Vordenker machen kein Hehl aus ihren Plänen. Sie sagen ganz offen: wir wollen nach unseren Ideen die Welt gestalten. [...] Ist das jetzt der Zeitpunkt für Regulierung, bevor die Welt endgültig von digitalen Monopolen beherrscht wird?«[52] Sollte man nicht darüber nachdenken, welche Folgen zu erwarten sind, wenn die westamerikanischen digitalen Weltbeglückungsvisionäre – die eigenen Algorithmen und eigenen Regeln folgen – sich künftig über demokratische Werte und jedwede staatliche Ordnung hinwegsetzen?

Das wäre dann wohl kaum libertär, sondern eine besonders verfestigte Form des neoliberal Totalitären. Vor der Tür dieser digitalen Welt-Oberschicht im US-Bundesstaat Kalifornien sieht es derzeit folgendermaßen aus: Der öffentliche Dienst, die Infrastruktur liegen darnieder. Bei wachsender Bevölkerungszahl fehlt es an Bildungseinrichtungen. Dagegen hielt man es für erforderlich, in den vergangenen zwei Jahrzehnten 20 Gefängnisse zu errichten.[53] Immer wieder befindet sich dieses hochentwickelte Bundesland am Rande eines Staatsbankrotts. Eine Ursache dafür wurde 1978 mit dem Volksentscheid gelegt, der – verbunden mit einer Art Ewigkeitsklausel – seitdem unverrückbar festlegt, dass Steuererhöhungen im Parlament einer Zwei-Drittel-Mehrheit der Stimmen bedürfen. Die amerikanische Oberschicht nahm die damit in Kalifornien eröffnete Chance ohne Verzug wahr. 2013 verbuchte der Bundesstaat Kalifornien rund 60 Milliarden Dollar Schulden.

In 13 anderen Bundestaaten der USA wurde innerhalb weniger Monate auf gleiche Weise erreicht, die Steuerlast zu senken und damit vor allem das Vermögen der Unternehmer zu erhalten und den ungeliebten Staat zu schwächen. Die Zahl der Plebiszite in den amerikanischen Bundesstaaten wächst inzwischen von Jahrzehnt zu Jahrzehnt. Im November 2012 wurden neben den Präsidentenwahlen in 38 Bundestaaten über 170 Volksentscheide durchgeführt. Das Referendum zur Abschaffung der Todesstrafe fand dabei keine Mehrheit.

In Colorado und Washington beschloss man per Plebiszit über die Freigabe von Marihuana. Amerikanische Analysten verweisen darauf, dass man es sich zu leicht macht, wenn man »sich das eine oder das andere Thema herauspickt, über das die Öffentlichkeit zufällig so abgestimmt hat […] und auf dieser Grundlage die direkte Demokratie für überlegen erklärt. […] Dies ist genau der Grund, warum das Volksbegehren jahrzehntelang der Rechten liebstes Kind war.«[54] Unter diesen Umständen hat sich die »Staatsgewalt in den Äther verflüchtigt; regiert wird nach abstrakten Vorschriften und Formeln«.[55] Fareed Zakaria kommt im Ergebnis seiner Analyse der amerikanischen Realität zum Ergebnis: »Volksbegehren und Volksentscheide verlagern die Macht von den Berufspolitikern hin zur Basis. Davon profitiert in erster Linie das wachsende Heer der gewerbsmäßigen Berater, Lobbyisten, Demoskopen und Aktivisten, die sich vermittelnd in den Prozess einschalten. Statt mehr Demokratie haben wir uns eine neue, überproportional einflussreiche Maklerclique eingehandelt, deren berufliche Zukunft zumindest solange gesichert bleibt, wie die Politik im Dauerwahlkampf verharrt.«[56]

Dieses Ergebnis ist kaum empfehlenswert, eher abschreckend.

c) Basisdemokratie – Vorzüge und Grenzen

Volksabstimmungen und Volksentscheide können unter guten Bedingungen beitragen, die räumlichen Distanzen, die in modernen Staaten zwischen den Entscheidungsträgern und den Wählern bestehen, zu verringern. Ihre mögliche Wirkung wird heute – in der Zeit globaler Vernetzung – zweifellos durch die Komplexität und Kompliziertheit nationaler Fragestellungen (z. B. bei der Abstimmung über komplizierte internationale Verträge) eher negativ als fördernd beeinflusst.

Zu bedenken ist dabei, dass im Plebiszit das zur Entscheidung gestellte Problem nicht differenziert, sondern in der Regel nur durch ein schlichtes Ja oder Nein zu beantworten ist. Darüber hinaus sind die Möglichkeiten der Minderheit der Reichen und Einflussreichen mit Hilfe ihre Anwälte, Berater und Medien vorzugehen und auch andere zu beeinflussen, zumeist größer als die objektiven Chancen der Mehrheit der weniger Bemittelten. Schließlich unterliegen bei dem derzeitigen – und offensichtlich weiter wachsenden – Einfluss öffentlicher und privater Medien die meisten Wähler in ihrem Urteil Fremdeinflüssen, die eine natürliche Willensbildung außerordentlich erschweren.

Dabei spielen monopolisierte und ideologisch gleichgeschaltete Print- und TV-Medien eine diabolische Rolle. Schon durch eine einseitige Berichterstattung tragen sie zur Herausbildung einer öffentlichen Meinung bei, die nicht selten von den Realitäten, von der tatsächlichen Interessenlage der jeweils Betroffenen, recht entfernt ist. Die Medienkonsumenten sollen damit beeinflusst, nicht selten auch getäuscht werden.

Das erwies sich ebenso in Mediendarstellungen über Bewegungen in Ländern des »arabischen Frühlings«. Während Fernsehstationen und Zeitungen das Bild verbreiteten, in diesen Ländern sehne man sich nach dem Modell der westlichen Demokratie, offenbarten die Wahlergebnisse eine ausgeprägte Tendenz zugunsten konservativer religiöser Parteien und Gruppen. Die von Politikern und Medien als ein Siegeszug westlicher demokratischer Werte gepriesene *Arabellion* brachte Chaos, Militärregimes, Verschlechterung der Lebensverhältnisse und tausende Todesopfer. Bei den Wahlen zum ägyptischen Parlament am 28. November 2011 gewannen die islamischen Parteien mehr als 70 Prozent der Mandate, während der Mandatsanteil der in Reportage-Bildern überwiegend präsentierten Gruppierungen im marginalen Bereich verblieb.

Nicht viel anders gestalteten sich die Dinge in Tunesien. Bürgerliche Journale, die 2010 und 2011 ihren Lesern das Bild von der Revolution, vom Sieg westlicher Demokratievorstellungen im arabischen Frühling vermittelten, stellten Monate später resignierend fest: »Die arabische Welt beunruhigt die westliche Welt mehr, als sie diese hoffen lässt.«[57]

Wählerbeeinflussung ist allerdings kein Phänomen nur der jüngsten Zeit. Schon vor mehr als 2000 Jahren verwies der römische Konsul Marcus Tullius Cicero auf die fatalen Folgen sozialer Ungleichheit für den Staat. Er schrieb: »Wenn man nämlich nicht gewillt ist, Vermögensgleichheit zu schaffen, wenn die geistigen Fähigkeiten nicht bei allen gleich sein können, so müssen wenigstens die Rechte derer, die Bürger in demselben Staat sind, untereinander gleich sein.«[58]

Die Hoffnungen Ciceros, dass das von ihm beschriebene soziale Defizit durch eine rechtliche Gleichstellung der Bürger kompensiert werden kann, erwiesen sich bis in unsere Tage als trügerisch. Einer solche Gefahr war sich Cicero offensichtlich bewusst. In seinen späteren Schriften nannte er es »einen Gipfel an Torheit [...] zu glauben, dass alles, was in Institutionen und Gesetzen der Völker festgelegt ist, gerecht sei«. Vehement wandte er sich gegen die Auffassung, dass »Gerechtigkeit nur Gehorsam gegenüber den geschriebenen Gesetzen« sei.[59]

d) Direkte Demokratie im Internet?

Wägt man die historischen Erfahrungen zu den Bedingungen, Möglichkeiten und Grenzen direkter Demokratie ab, gewinnt man sehr unterschiedliche Ergebnisse. Zweifellos ist vor allem im kommunalen Bereich auf diesem Weg eine intensivere und durch Partikularinteressen von Parteien unverfälschte Bürgerbeteiligung möglich. Andererseits wird auf diese Weise die im Allgemeinen schon zunehmend reduzierte Entscheidungsvollmacht von Vertreterkörperschaften damit noch weiter eingeschränkt, wenn nicht in Frage gestellt.

Dagegen zeigt sich, dass bei Verfahren der direkten Demokratie der Einfluss der Medien auf die Meinungsbildung der Bürger in den meisten Fällen über Gebühr wächst. Nicht selten nehmen dabei die – oft als vierte Gewalt bezeichneten – Medien ohne gesetzlichen Auftrag und Vollmacht den Platz der ersten Gewalt ein. Zu Recht wird auf die Gefahr verwiesen, dass der Minderheitenschutz in der direkten Demokratie reduziert wird. Noch immer bleibt es strittig, inwieweit und unter welchen Umständen in unserer Zeit die direkte Demokratie in gesellschaftlichen Auseinandersetzungen integrativ oder eher polarisierend und spaltend wirkt. Die Gefahr kontraproduktiver Wirkung bleibt unübersehbar.

Einen besonderen Beitrag zur Entfaltung direkter Demokratie glaubten nach 2010 die wechselnden Spitzenrepräsentanten der Piratenpartei zu erbringen. Ex-Bundesgeschäftsführerin Marina Weisband leitete ihr Buch »Wir nennen es Politik« (2013) mit der Vorbemerkung ein: Nehmen Sie das nicht so ernst, »ich habe fast keine Erfahrungen«. Darin wurden denn auch unbekümmert »Ideen für eine zeitgemäße Demokratie« offeriert.[60] Bürgerbefragungen und Volksentscheide hielt die Autorin für keinen Beitrag zu echter Partizipation.[61] Sie wollte »die Machtelite durch die Zeitelite« ersetzen. Jeder soll danach zu jeder Zeit und zu jeder Frage seine Meinung im Internet nach Wunsch anonym oder auch pseudonym kundtun.

Die im Netz vereinigte »Schwarmintelligenz« sollte nach der Vorstellung von Vertretern der Piratenpartei Sachverstand ersetzen oder Unwissen optimieren. »Haut einfach alles raus, was ihr gerade plant. Egal wie unfertig es ist. Gerade der Input, der dann kommt, ist«, so belehrte die Piratin ihre Leser, »besonders wertvoll.«[62] Nach ihrer Vorstellung sei es wichtig, dass der Internetdemokrat die eigene Stimme auf einen möglicherweise sachkundigen Bekannten übertragen kann und soll. »Das Prinzip der freien Stimmendelegation ist«, so Marina Weisband vom Jahrgang 1987, »der Dreh- und Angelpunkt der Liquid Democracy *(flüssigen oder fließenden Demokratie – H. G.).*«[63]

Befangen von der Gedankenwelt der neoliberalen Schulen erklärt sie: »Das Grundprinzip der vernetzten Demokratie ist, dass jeder mehr Verantwortung für sich selbst trägt. Dann müsste der Staat weniger Verantwortung für alle tragen.« Erinnert sei in diesem Zusammenhang daran, dass der Guru des Cyberspace, der amerikanische Informatiker Jaron Lanier, im Sommer 2014 erklärte: »Aber in Silicon Valley gibt es diese Einstellung, die sagt: Wir wissen am besten, wie es geht. Technik löst alle Probleme der Welt. Wenn man uns nur machen lässt und der Rest einfach die Klappe hält. […] Die Vorstellung ist, dass wir wie Maschinen funktionieren, ja, dass wir Maschinen sind.«[64] In einer derartigen »Maschinenmenschengesellschaft« bleibt kaum Platz für Werte, Würde und Demokratie.

Am Ende der Darstellung der »Ideen für eine zeitgemäße Demokratie« findet man bei Marina Weisband das Bekenntnis: »Und manches von dem, was wir sagen, ist manchmal etwas naiv. Aber das ist gut.«[65] In diesem Sinne erklärte die aus Kiew Stammende im Herbst 2012 ihren Parteifreunden auf dem Parteitag der Piraten in Neumünster: »Wir bieten kein Programm, sondern ein Betriebssystem.« Was soll man dem hinzufügen? Vielleicht noch der Hinweis darauf: Der *Spiegel* schrieb der Autorin ein großes öffentliches Interesse zu. Mit der Erklärung: »Rosa Luxemburg wollte die alte Welt stürzen und eine neue Welt bauen. Marina Weisband will die alte Welt umbauen, weil die neue Welt schon da ist«[66], versuchte man, die Autorin in die Nähe von Rosa Luxemburg zu manövrieren. Der beauftragte Spiegeljournalist hat, wie es scheint, Frau Weisband zu euphorisch wahrgenommen und Rosa Luxemburg nie verstanden.

Inzwischen ist der Glanz, mit dem die Piratenpartei von der Politik und den Medien 2011 ausgestattet worden war, erloschen. Kaum waren damals die 15 Stadtverordneten der Piraten in Berlin gewählt, wurde in auflagestarken Blättern verbreitet, die Piraten »stellen nicht nur die Regierenden infrage, sondern gleich den ganzen Politikbetrieb, 60 Jahre deutsche Politikbräsigkeit. Das macht den Etablierten Angst.«[67]

Auch der *Spiegel* erinnerte nach der eklatanten Wahlniederlage der Piraten in Berlin 2016 nicht mehr an die von ihm 2012 verbreitete Euphorie über diese Bewegung. Damals titelte der *Spiegel:* »Der Erfolg der Piraten stellt die etablierten Parteien vor Herausforderungen, denen sie nicht gewachsen sind.«[68]

Der infantile Umgang der Piraten mit dem Wählervotum, miteinander und der sogenannten *Liquid Democracy* ist inzwischen Vergangenheit.

Die Gefahren, die aus dem Weltmonopol der Internetbetreiber – die unter der Bezeichnung GAFAM (Google, Apple, Facebook, Amazon) agieren – resultieren, sind für die Demokratie und die soziale Lage der menschlichen Gemeinschaft weitaus größer als die Etüden, mit denen die Piratenpartei Journalisten und Politiker aufschreckten oder auch begeisterten. Inzwischen ist die globale Digitalisierung so weit vorangeschritten, dass zunehmend nicht nur einfache Arbeiten von Computern übernommen werden können, sondern auch der Arbeits- und Lebensbereich der Mittelschichten erfasst wird. Im September 2016 kündigte die zweitgrößte deutsche Bank die Entlassung jedes fünften Mitarbeiters an. Die Professoren der Universität Oxford Carl Frei und Michael Osborne berechneten den zu erwartenden Abbau von Beschäftigten auf Grund von Digitalisierung und Automatisierung in den nächsten 20 Jahren. Ihr Ergebnis: Beschäftigungsrückgang gegen 47 Prozent!

Die GAFAM-Monopol-Unternehmen haben sich bekanntlich inzwischen der Produktion von Gütern (u. a. der Herstellung vollautomatisierter Fahrzeuge) zugewandt, sie streben offensichtlich die Führung der weltwirtschaftlichen Prozesse an. Würde man die Methodik dieser Berechnung »auf Deutschland übertragen, ließen sich hierzulande die Berufe von 42 Prozent der Erwerbstätigen automatisieren, das entspricht 18 Millionen Menschen«.[69] Mit dieser Strategie werden in allen Arbeitsfeldern Menschen in die Arbeitslosigkeit und ins soziale Abseits getrieben. Schon gibt es in den USA Projekte für eine sogenannte Cloud-Ökonomie. Danach werden Arbeitskräfte nicht mehr permanent beschäftigt, sondern wie Leibeigene bei Bedarf per Smartphone zu kurzzeitigen Beschäftigungen gerufen.

Im Dezember 2014 verkündete Innenminister Thomas de Maizière auf einer Cyberspace Konferenz, das Internet dürfe kein rechtsfreier Raum, »keine eigene Welt sein«.[70] Das ist zwar gut gemeint, aber wo ist der Weg, diese Hoffnung der Realität nahe zu bringen. Der bis August 2015 tätige Google-Vorsitzende Eric Schmidt erklärte dagegen selbstbewusst: »Das Internet ist das größte Anarchismusexperiment aller Zeiten. Die Onlinewelt [...] wird kaum durch Gesetze bestimmt.«[71]

Betrachtet man jedoch die gegenwärtige Situation, erscheint die digitale Welt außerhalb wirksamer Kontrolle. Die Entscheidungsgremien der weltweiten digitalen Konzerne üben ihre enorme politische, ökonomische und Meinungsmacht nicht im Ergebnis eines legitimen Verfahrens – etwa von Wahlen oder dem Mandat internationaler Organisationen –, sondern allein auf Grund ihrer Vermögensdominanz aus.

Die kundige Yvonne Hochstetter urteilte 2016: »Das Machtmonopol des Staates besteht nicht mehr uneingeschränkt. Seine politischen und rechtlichen Instrumente büßen immer mehr an Macht ein. Stattdessen wird Macht von privaten Institutionen wie GAFAM ausgeübt ... Und sie verfügen über sagenhafte wirtschaftliche Macht. GAFAM haben nicht nur wirtschaftliche Macht, in der digitalen Welt sind sie die Herrscher und nicht der klassische Staatsapparat.«[72] Wenn diese Einschätzung – wie erkennbare Indikatoren vermuten lassen – zutrifft, bedeutet das den Weg zum Ende der Demokratie. Wann aber hat sich das Europäische Parlament oder der Deutsche Bundestag – über den oft erklärten Ausbau des digitalen Datennetzes hinaus – mit dieser grundsätzlichen Frage befasst? Verteidigung der Demokratie bedeutet schließlich auch, die der Demokratie schadenden Kräfte zu erkennen, sie zu benennen und ihnen den Weg zu versperren!

e) Direkte Demokratie versus Parlamente?

Gegenwärtig wird auch der etwas diffuse Begriff Basisdemokratie nicht selten als ein Synonym für die relativ klar definierte direkte Demokratie verwandt. Vorherrschend ist dabei die Vorstellung,

Basisdemokratie ermögliche im Gegensatz zur repräsentativen Demokratie, dass alle relevanten Entscheidungen von den Betroffenen selbst, durch »unmittelbare Beteiligung« getroffen werden.[73]

Auch in der Bundesrepublik haben Volksentscheide über unterschiedliche Sachfragen ein beträchtliches Maß an Popularität gewonnen. In Berlin hat ein Volksentscheid über das Tempelhofer Feld dem Land Berlin zwar die Eigentümerverantwortung übertragen, aber der Stadtverordnetenversammlung und dem Senat im Grunde jedes Verfügungsrecht (2015/16 auch die Errichtung von Flüchtlingsunterkünften) versagt. Einer der Initiatoren und Organisatoren dieses Volksentscheides, ein Medien- und Kommunikationsfachmann, erklärte als Motivation für seine Initiative, dass er 2010 mit seiner Frau den Ort nach Einstellung des Flugbetriebes besuchte. »Da war uns klar: Dies hier ist ein idealer Park, ein Bürgerfreiraum, ein Technik- und Flächendenkmal für das ungeteilte Berlin. Wir müssen dafür sorgen, dass es genau so bleibt.«[74]

Zu den Organisatoren des Tempelhofentscheides gehörte auch Felix Herzog. Er ist Werbefachmann und liebt es nach eigenem Bekenntnis zu wetten. 2009 brachte er eine Kampagne zur Abschaffung der Studiengebühren in Gang. Danach gründete Herzog eine Internetseite zum Guttenberg-Rücktritt. Dem folgte eine Kampagne zum Wulff-Rücktritt. Das war eine Art »Training für seine Kampagne gegen die Flugplatzbebauung« in Berlin Tempelhof. Herzogs Credo lautet: »Im Endeffekt ist das hier alles eine große Wette.«[75]

Ein Kenner der Berliner Verhältnisse verwies darauf, dass »die Agenda von Volksentscheiden erfahrungsgemäß von denen bestimmt (wird), die als Lobbyisten auch in den Parlamenten ihre Interessen durchzusetzen verstehen: Interessenverbände von der Wirtschaft bis zu Öko-Verbänden, die ihre Anliegen organisieren, finanzieren und kommunizieren können.«[76] Der Kommunikationswissenschaftler Frank Schätzing bemerkte aus seiner Erfahrung, er kenne keine bessere Herrschaftsform als die Demokratie, »aber Demokratie kann auch schnell zum Triumph von Idioten werden.«[77] In der Tat erreichen inzwischen auch kleine Interessengruppen mit entsprechendem professionellen medialen Vermögen Gehör und rechnerische Mehrheiten.

Die Tempelhof-Kampagne gelang. Die Parteien Die Grünen und Die Linke hatten sich als Opposition im Abgeordnetenhaus der Initiative angeschlossen. Den Kommunikationsfachleuten war es gelungen, in vier Monaten über 185 000 Unterschriften zu sammeln. Die wohl verbreitetsten Plakate der Initiatoren zeigten Fledermäuse auf freiem Feld und den Slogan »Vögeln lauschen«. Beim Volksentscheid, der im Mai 2014 gemeinsam mit der Europawahl in Berlin abgehalten wurde, beteiligten sich 46 Prozent der stimmberechtigten Bürger. Von denen stimmten 64,3 Prozent gegen die Bebauung des Tempelhofer Feldes. Letztlich hatten damit 29,7 Prozent der Berliner Wahlberechtigten die Tempelhofentscheidung getroffen. Die aber ist nun in Stein gemeißelt. Die 300 Hektar umfassende größte Freifläche wurde dem Zugriff der legitimierten Repräsentanten der Hauptstadt entzogen. Die Möglichkeiten für den zunehmend dringlichen Wohnungsbau in der Stadt Berlin wurden reduziert. Verknappung lässt die Bodenpreise und Mieten weiter steigen.

Werden mit der Zunahme von Volksentscheiden über Umgehungsstraßen, Tunnel, Schulformen, Windräder und viele andere Gegenstände Grenzen und Defizite der repräsentativen Demokratie offenbar? Zweifellos. Aber kann, soll man diese Defizite durch eine Teilung der Verantwortung zwischen den gewählten Vertretungen – dem demokratischen Souverän – und zeitweilig existierenden interessierten Wählergruppen heilen? Wohl kaum. Eher geht es mit hoher Wahrscheinlichkeit darum, die gewählten Körperschaften aus ihrer Bürgerferne und aus prozessualen bürokratischen Erstarrungen zu lösen und zu einem demokratischen Forum der Entscheidung grundsätzlicher Angelegnheiten zu gestalten.

Selbstverständlich könnte die Frage gestellt werden, warum die Befürworter einer Randbebauung des Tempelhofer Feldes nicht überzeugender argumentiert und mehr Bürger überzeugt haben. Das hätte möglicherweise gelingen können. Aber war und ist das der Kern des Problems? Wurde hier nicht ein Beispiel dafür geschaffen, wie man mit einer perfekten, vorwiegend ökologisch motivierten Kommunikation dem Staat, der von Bürgern gewählten Vertretung, die Flügel stutzen, ein Stück Souveränität nehmen kann?

Erwachsen nicht Gefahren für die Gesellschaft und deren innere Ordnung, wenn Machteinschränkungen zum reizvollen Betätigungsfeld von Kommunikationsfachleuten und für manche auch zum Volkssport werden? Sollten nicht Volksentscheide eher dem Gemeinwohl als speziellen Partikularinteressen, dienen? Wäre es nicht schon ein Gewinn auch für die repräsentative Demokratie, wenn mitwirkungsbereite Bürger nicht allein auf die Besuchertribünen der Parlamente in eine kaum korrigierbare passive Rolle gedrängt werden und in den Gemeindevertretungen den Bürgern mehr als drei Minuten Anfragerecht eingeräumt würde? Konflikte lassen sich zweifellos eher lösen, wenn sich Bürger und deren parlamentarische Körperschaft nicht weitgehend sprach- und verständnislos begegnen.

Wer allerdings, wie Paul Nolte, der »Selbstregulierung eines freien bürgerlichen Lebens« das Wort redet und unterstellt, »alle Entwürfe der Zivilgesellschaft[78] teilen vielmehr den Impuls der politischen Partizipation«[79], bescheinigt den gewählten Organen Unfähigkeit und führt zur Manifestierung von deren Bedeutungslosigkeit in der öffentlichen Meinung.

Recht oft wird der Eindruck vermittelt, die Konzentration in der Landwirtschaft sei durch Unterschriftsaktionen zu verändern. Wird da den gutgläubigen Beteiligten und Engagierten in einem »Demokratiespiel« nicht etwas vorgegaukelt? Don Quichotte wollte mit seinem Pferd gegen Windmühlen anreiten. Werden heutzutage nicht die Erinnerungen an die Zeit der Pferdewirtschaft, guter Glaube und die Naturverbundenheit von Bürgern in Protestaktionen gelenkt, die kaum essentielle Veränderungen und damit Erfolg erwarten lassen? Wird bei der Debatte über die Landwirtschaft auch bedacht, dass jede Reduzierung der landwirtschaftlichen Produktion zu einer Zuspitzung der angespannten sozialen Verhältnisse in vielen deutschen Dörfern führt?

Geht es bei Volksentscheiden um mediale Macht oder um Abstimmungsarithmetik? Zweifellos können Volksentscheide die demokratische Substanz einer Gesellschaft bereichern. Dafür hat gerade die Schweiz manche sinnvolle, aber auch dubiose Beispiele (so etwa 1959 gegen das Frauenwahlrecht, 1986 gegen den Beitritt zur UN, 2001 gegen niedrige Arzneimittelpreise) geliefert. Immer öfter wird allerdings auch in der Schweiz die Frage aufgeworfen, ist das Volk immer weise, handelt es nicht auch mediengesteuert und emotional? Die aktuelle Problematik ergibt sich doch daraus, dass in nicht wenigen Fällen Volksentscheide als eine Art Substitutionsdemokratie gegenüber den gewählten Körperschaften organisiert und verstanden werden.

Wer ist in einer repräsentativen Demokratie das oberste, das souveräne Machtorgan? Sicher die gewählte Körperschaft. Teilt man oder mindert man deren Kompetenz, reduziert man deren Souveränität. Weiterhin ist zu bedenken, dass jede staatliche Entscheidung, die zu treffen ist, Zusammenhänge und Folgen hat. Im System der Vertretungskörperschaften können in Plenartagungen, Ausschüssen, Anhörungen und in anderen Formen vor der Entscheidung unterschiedliche Interessen und Standpunkte erörtert werden. Im Volksentscheid wird die Entscheidungsvorbereitung auf ein schlichtes ja oder nein reduziert. Bei jedweder Entscheidung eines legitimierten staatlichen Organs ist normalerweise geregelt, wer die Kosten und die Verantwortung bei Durchführungskomplikationen (einschließlich der Erarbeitung erforderlicher Korrekturen) trägt. Bürgerinitiativen, die zu erfolgreichen Volksentscheiden führen, bleiben ausnahmslos außerhalb jeder Verantwortung, lösen sich nach der Entscheidung oftmals auf.

Es ist folglich in Zweifel zu ziehen, ob eine derartige »Doppelherrschaft« von parlamentarischen Gremien und Organisatoren von Bürgerbewegungen der Demokratie dienlich sein kann oder eher die Rechte und Vollmachten der gewählten Organe weiter schmälert. Wäre es nicht auch für die parlamentarische Demokratie überlegenswert, wie man derartige Entscheidungen nicht an den gewählten Organen vorbei, sondern in einer Symbiose von Volksentscheiden mit dem Wirken des Vertretungsorgans verbindet?

Anmerkungen

1 Paul Nolte: Was ist Demokratie? Geschichte und Gegenwart. Verlag C. H. Beck, München 2012, S. 21

2 Vgl. Luciano Canfora: Eine kurze Geschichte der Demokratie, PapyRossa Verlag, Köln, 2006, S 16 f.

3 Vertrag über eine Verfassung für Europa. Vom europäischen Konvent angenommen am 13. Juni und 10. Juli 2003. Dem Präsidenten des Europäischen Rates in Rom überreicht am 18. Juli 2003, S. 3

4 ebenda

5 Friedrich Engels: Der Ursprung der Familie, des Privateigentums und des Staates, in: Karl Marx/
Friedrich Engels: Ausgewählte Schriften in zwei Bänden, Verlag für fremdsprachige Literatur, Moskau
1950, S. 247

6 a. a. O., S. 247

7 Vgl. Karl Wilhelm Welwei: Die griechische Frühgeschichte, C. H. Beck Verlag, München 2002, S. 117

8 Engels: Der Ursprung der Familie …, a. a. O., S. 35

9 Canfora: Eine kurze Geschichte …, a. a. O., S. 35

10 So Günter Benser: Basisdemokratie gestern, heute und morgen, in: Reiner Holze, Siegfried Prokop
(Hrsg.): Basisdemokratie und Arbeiterbewegung, Karl Dietz Verlag, Berlin 2012, S. 29

11 Emanuel Geibel: Klassisches Liederbuch. Griechen und Römer in deutscher Nachbildung, Berlin
1875, Nachdruck Inselverlag Leipzig 1959, S. 12

12 Canfora: Eine kurze Geschichte …, a. a. O., S. 41

13 a. a. O., S. 49

14 Zitiert in Samuel Singer: Thesaurus proverbiorm medi aevi, Berlin 2001, S. 69

15 Vgl. Ellen Meiksins Wood: Demokratie contra Kapitalismus – Beiträge zur Erneuerung des historischen Materialismus, Neuer ISP Verlag, Köln 2010, S. 215

16 Vgl. Jochen Bleicken: Die athenische Demokratie, UTB Verlag, Stuttgart 1995, S. 225 ff.

17 Paul Nolte: Was ist Demokratie …, a. a. O., S. 44 f.

18 a. a. O., S. 31 f.

19 Peter Sloterdijk: Der verletzte Stolz. Die Ausschaltung der Bürger in Demokratien, in: *Der Spiegel*
45/2012, S. 138

20 a. a. O., S. 142

21 Friedrich Engels: Der Ursprung der Familie, des Privateigentums und des Staates …, a. a. O., S. 263

22 Vgl. Polybios: Der Aufstieg Roms. Historien, Marixverlag, Wiesbaden 2010

23 Paul Nolte: Was ist Demokratie …, a. a. O., S. 41

24 a. a. O., S. 42

25 Liselot Huchthausen, Einleitung zu: Das Römische Recht, Aufbau Verlag Berlin und Weimar 1989,
S. IX

26 Vgl. Friedrich Engels: Der Ursprung der Familie …, a. a. O., S. 255

27 Eine Veröffentlichung der erhaltenen Texte des Zwölftafel-Gesetzes erfolgte in: Das Römische
Recht, Aufbau Verlag Berlin und Weimar 1989, S. 3–7

28 Vgl. Traute Petersen: Eine Maske, die Rom war, in: *Frankfurter Allgemeine Zeitung* vom 13. August
2014, S. 3

29 Konfuzius: Gespräche (Lun-Yu). Aus dem Chinesischen übersetzt und herausgegeben von Ralf
Moritz, Verlag Philipp Reclam, Leipzig 1986, Ziffer I.6

30 a. a. O., Ziffer XII,7

31 Karl Popper: Die offene Gesellschaft und ihre Feinde, Bd. 1, J. C. B. Mohr und Siebeck, Tübingen,
7. Auflage 1992, S. 26 f.

32 Charta der Grundrechte der Europäischen Union (2000 C364/01), Artikel 17, in: *Amtsblatt der europäischen Gemeinschaften* vom 18. Dezember 2000, S. C364/12

33 Bürgerliches Gesetzbuch (BGB), § 903

34 Friedrich August von Hayek: Wissenschaft und Sozialismus, in: Gesammelte Schriften in deutscher
Sprache: Abt. A, Aufsätze; Bd. 7. Mohr, Siebeck, Tübingen 2004, S. 61 f.

35 Vgl. Volker Nienhaus: Persönliche Freiheit und moderne Demokratie. F. A. Hayeks Demokratiekritik
und sein Reformvorschlag eines Zweikammersystems. Mohr Siebeck, Tübingen 1982, S. 18

36 Dennis C. Mueller/Robert Tollison/Thomas Willett: Representative Democracy via Random Se-
lection, in: Dennis C. Mueller (Hrsg.): The Economic Approach to Public Policy, Ithaca 1976, S. 539–560

37 Zitiert in Hubertus Buchstein: Demokratie und Lotterie. Das Los als politisches Entscheidungsinstrument von der Antike bis zur EU, Campus Verlag, Frankfurt/New York 2009, S. 412 .

38 John Burnheim: Über Demokratie, Wagenbach Verlag, Berlin 1987, S. 171 ff., sowie dazu die informative und kritische Darstellung von Hubertus Buchstein, Demokratie und Lotterie ..., a.a.O., S. 374 f.

39 Assar Lindbeck: Stabilization Policy in Open Economies with Endogenous Politicians, in: American Economic Review: Papers and Proceedings 66, 1–19

40 Florian Felix Weyh: Die letzte Wahl. Therapien für die leidende Demokratie. Eichborn, Frankfurt am Main, 2007

41 Hubertus Buchstein Demokratie und Lotterie ..., a.a.O., S. 405

42 Cicero: Staatstheoretische Schriften, Akademieverlag, Berlin 1974, Erstes Buch, S. 72 f., R.N. 34–51

43 Hans-Hermann Hoppe: Der Staat als bloßer Konkurrent. In: *Focus* 35/2012, S. 40–42

44 Fareed Zakira: Das Ende der Freiheit. Wieviel Demokratie verträgt der Mensch, Deutscher Taschenbuchverlag, München 2007, S. 239. Das 2003 in den USA unter dem Titel: »The Future of Freedom. Illiberal Democracy at Home and Abroad« erschienene Buch wurde inzwischen in 19 Sprachen übersetzt und weltweit verbreitet

45 Paul Collier: Gefährliche Wahl. Bundeszentrale für politische Bildung, Schriftenreihe Band 1041, Bonn 2010, S. 91 sowie S. 151 f. (Putschanleitungen)

46 Julia Klöckner: Gut dass bei uns viele Migranten mitmachen, in: *Focus* 49/2012, S. 32

47 Günter Benser: Basisdemokratie gestern, heute und morgen, in: Reiner Holze, Siegfried Prokop (Hrsg.): Basisdemokratie und Arbeiterbewegung, Karl Dietz Verlag, Berlin 2012, S. 29

48 ebenda. Der Althistoriker Arthur Rosenberg – auf den sich in dieser Frage Ekkehard Lieberam in seiner Schrift »Demokratie und Manövrierfähigkeit der parlamentarischen Demokratie« stützt – schätzte ein, dass etwa ein Drittel der Bürger Athens zwar nicht jeden Tag, »aber doch viele Tage im Jahr von öffentlicher Tätigkeit lebte«. Dazu: Arthur Rosenberg: Demokratie und Klassenkampf im Altertum (1921) Neuauflage Ahriman- Verlag, 2007

49 Vgl.: Herman Hansen: Die Athenische Demokratie, Akademie Verlag Berlin, 1995, S. 43 ff.

50 Friedrich Engels: Der Ursprung der Familie ..., a.a.O,. S. 295

51 Paul Nolte: Was ist Demokratie ..., a.a.O., S. 37

52 Vgl. Thomas Kurz: Das Morgenland. In Silicon Valley formt sich eine neue Elite, die nicht mehr nur bestimmen will, was wir konsumieren, sondern wie wir leben. In: *Der Spiegel* 10/2015, S. 22

53 Vgl. Peter Schrag: Paradise Lost: California's Experience, America's Future, The New Press, Berkley 1998

54 David Broder: Democracy Derailed, New York 2000; sowie: Fareed Zakaria: Das Ende der Freiheit ..., a.a.O., S. 183

55 Fareed Zakaria, a.a.O., S. 187

56 a.a.O., S. 191

57 Susanne Koelbi, Daniel Steinvohrt, Volkhard Windfuhr: Arabischer Winter, in: *Der Spiegel* 49/2012, S. 95

58 Cicero: Staatstheoretische Schriften ..., a.a.O., S. 71, R.N. 71

59 a.a.O., S 237, R.N. 15–41

60 Marina Weisband: Wir nennen es Politik – Ideen für eine zeitgemäße Demokratie, J.G. Cottaische Buchhandlung, Stuttgart 2013, S. 7

61 a.a.O., S. 89

62 a.a.O., S. 131

63 a.a.O., S. 79

64 Jaron Lanier: Irgendjemand zahlt immer, Interview, in: *Der Spiegel* 27/2014, S. 122

65 Marina Weisband: Wir nennen es Politik ..., a.a.O., S. 173

66 Georg Diez: Rosa die Dritte, in: *Der Spiegel* 11/2013, S. 139

67 Jan Christoph: Unter Piraten. Nach ihrem Erfolg in Berlin mischt die neue Partei die Republik auf, in: *Stern* 43/2011, S. 56

68 Sven Becker u. a., in: *Der Spiegel* 13/2012, S. 18

69 Markus Dettmer u. a.: Mensch gegen Maschine, in: *Der Spiegel* 36/2016, S. 14

70 Thomas de Maizière: Das Netz ist kein rechtsfreier Raum, Rede auf dem Global Cyberspace Cooperation Summit in Berlin am 3. Dezember 2014, in: *heise online* 2014, 49. KW

71 Eric Schmidt & Cohen: Die Vernetzung der Welt. Ein Blick in unsere Zukunft, Rowohlt, Reinbek 2013, S. 13

72 Yvonne Hochstetter: Das Ende der Demokratie, C. Bertelsmann, München 2016, S. 367 und 383

73 Vgl. Petra Bendel: Basisdemokratie, in Dieter Nohlen (Hrsg.): Lexikon der Politik, Band 7: Politische Begriffe, C. H. Beck Verlag, München 1998, S. 66

74 Lothar Köster im Interview mit Friederike Schröter, in: *RBB Online*, 30. Mai 2014

75 Zitiert in: Markus Deggerich/Karoline Kuba: Essbare Landschaften, in: *Der Spiegel* 20/2014, S. 45

76 Thomas Rogalla: Gute Demokratie, schlechte Demokratie, in: *Berliner Zeitung* vom 24./25. Mai 2014, S. 4

77 Frank Schätzing und Klaus Kleber im Gespräch mit Joachim Frank und Martin Scholz, in: *Berliner Zeitung* 1./2. Dezember 2012, S. 5

78 Unter dem oft recht unterschiedlich definierten Begriff der Zivilgesellschaft versteht Nolte eine vom Staat »unabhängige Sphäre der gesellschaftlichen Organisation mit politischem Gestaltungsanspruch«.

79 Paul Nolte: Was ist Demokratie? …, a. a. O., S. 371

V.
Der lange Weg
zur bürgerlichen Republik

Für die Entwicklung der modernen Demokratie wurden im
18. Jahrhundert wichtige Ideen entwickelt. Vor welchem historischen und ökonomischen Hintergrund vollzog sich dieser Erkennt-
nis- und Erfahrungsgewinn? In der Mitte dieses Jahrhunderts tobte
ein erster transkontinentaler Krieg – man kann ihn auch einen
Weltkrieg nennen. Zwischen 1756 und 1763 waren 16 europäische
Staaten in kriegerische Auseinandersetzungen in Europa, im Mittelmeerraum, in der Karibik und in Nordamerika verwickelt. Der
Künstler Adolph von Menzel – bekannt durch viele Werke über
die Pracht des Preußischen Hofes – malte, bedrückt von der Grau-
samkeit des Krieges, Leichenbilder gefallener Militärangehöriger.
    Die militärischen Auseinandersetzungen zwischen England
und Frankreich vollzogen sich in erster Linie auf dem amerikanischen Kontinent. Der französische Monarch Ludwig XVI. hatte,
um seinem britischen Gegner zu schaden, mehr als 10 000 Soldaten, Waffen und Geld ebenso einen Teil seiner Flotte über Jahre
zur Unterstützung der Unabhängigkeitsbewegung in Amerika
eingesetzt. Das trug zum Erfolg der Unabhängigkeitsbewegung
bei. Im Frieden von Paris (1783) musste die britische Krone die
Unabhängigkeit ihrer dreizehn nordamerikanischen Kolonien
anerkennen. Der Weg zur Bildung der Vereinigten Staaten von
Amerika war damit geebnet.
    In Folge der außerordentlichen Kriegsaufwendungen waren
besonders in Frankreich die Staatskassen leer. Ein Staatsbank-

rott drohte.[1] Auch in Amerika war nach dem siegreichen Ende der militärischen Auseinandersetzungen mit der britischen Kolonialmacht ein hoher Schuldenstand erreicht.[2] Obendrein stellte Frankreich mit dem Pariser Frieden seine Finanzhilfen an die amerikanischen Unabhängigkeitskräfte ein. Auch die ressourcenreichen USA benötigten länger als ein Jahrhundert, ehe sie nach blutigen inneren Auseinandersetzungen im internationalen Geschehen als Weltmacht zu agieren begannen.

1. Der widersprüchliche Beginn

Gegen Ende des 18. Jahrhunderts trafen in Frankreich vor allem drei gesellschaftliche Ereignisse aufeinander. Erstens: In der sozialen Struktur des Landes wuchs die Rolle der Industriellen, Kaufleute und Bankiers. Sie mussten einen erheblichen Teil der wachsenden Steuerlast des Feudalstaates des Königs Ludwig XVI. leisten. Das widersprach ihren ökonomischen Grundinteressen. Zweitens: Das geistige Klima des Landes wurde von den Ideen der vorwiegend französischen Aufklärer geprägt. Vernunft, Menschlichkeit und eine gerechte Ordnung, die den allgemeinen Willen zum Ausdruck bringt, sollte demnach künftig das politische System des Landes bestimmen. Drittens: Die Arbeiter in den Städten und ebenso die Bauern litten bittere Not. Hunger und Hoffnungslosigkeit verbreiteten sich. Die Bereitschaft selbst zu Verzweiflungstaten wuchs in Städten wie auf dem Lande.

Die Initialzündung der gesellschaftlichen Bewegungen, die zur französischen Revolution von 1789 führten, war die Information über den französischen Staatshaushalt 1788. Die Staatsschuld betrug mehr als das Doppelte des Bargeldumlaufs. Einen derartigen Fehlbetrag konnte auch eine uferlose Steuererhöhung nicht abdecken. Die Grenze des Zumutbaren war erreicht.[3]

Versuche der Regierung des Monarchen, das Defizit durch neue Steuern zu schließen, riefen selbst in den Ständeparlamenten der Privilegierten Unmut und Gegenwehr hervor.

Im Sommer 1789 hatte sich in Paris die politische Situation zugespitzt. Bürgermilizen waren entstanden. Truppen des Königs umzingelten die Stadt. Gräben wurden ausgehoben, Barrikaden wurden errichtet. Am 14. Juli 1789 nahmen die Massen den weiteren Verlauf der Ereignisse in ihre Hand. Aus den Beständen des Zeughauses bewaffneten sie sich, stürmten das berüchtigte Staatsgefängnis, die Bastille. Der König sah sich gezwungen, seine Truppen abzuziehen. Die Bourgeoisie nutzte den Sieg des Volkes und bemächtigte sich der Verwaltung der Hauptstadt Paris.

Dem Sturm auf die Bastille folgte allerdings keine Machtübernahme der daran beteiligten mutigen patriotischen Pariser Bürger, sondern ein Jahrzehnte langes, viele Opfer hinterlassendes Ringen der unterschiedlichen politischen Kräfte um Macht und Einfluss.

Was mit dieser erfolgreichen Volksaktion begann, endete mit der Kaiserkrönung Napoleons und dessen Niederlagen bei Borodino und in Waterloo. Wie bei jeder grundlegenden Veränderung gesellschaftlicher Verhältnisse musste in den Revolutionsjahren in Frankreich auf vielen Gebieten Neuland betreten werden.

Die Kraftpotentiale der unterschiedlichen Gruppen, die an den Veränderungen beteiligt waren oder gegensteuerten, um ihre Interessen durchzusetzen, veränderten sich. Politische Koalitionen wurden gebildet, nicht selten bald wieder gelöst. Mit dem Erstarken der Revolution formierte sich in Frankreich eine international unterstützte Konterrevolution.

Der Sturm auf die Pariser Bastille erfolgte in einer frühen Periode des Ringens um bürgerliche Freiheitsrechte (1789–1791). Sie fand in Forderungen zur Reduzierung der absoluten Monarchie und dem Versuch der Errichtung einer konstitutionellen Monarchie ihren Ausdruck. Ein Jahr danach – die Große französische Revolution bewegte sich noch in ihren Kinderschuhen – wurde am 14. Juli 1790 in Paris das Föderationsfest gefeiert. Dort zelebrierte Bischof Talleyrand die Festmesse. Vizepräsident Lafayette legte den Eid ab, dass die Franzosen vereinigt mit ihrem König Freiheit, Verfassung und das Gesetz schützen. Meineidig schwor auch Ludwig XVI. dem Volk Treue.[4] Bei diesem Fest (das inzwischen oft als Begründung für die Staatsfeiern am 14. Juli genannt wird) war das Volk Zuschauer, keinesfalls Handelnder. Die aufgezogene Nationalgarde demonstrierte die inzwischen angewachsene Macht der Bourgeoise, während Armeeeinheiten die noch vorhandenen militärischen Potenzen des Monarchen präsentierten.

Als Präambel für eine französische Verfassung war schon im August 1789 eine Erklärung der Menschenrechte erarbeitet worden. Gemäß der Lehre Rousseaus wurde diese Erklärung im Artikel Eins so begonnen: »Die Menschen werden frei und gleich in ihren Rechten geboren und bleiben es.« Damit war unausgesprochen geregelt, dass weiterhin Frauen ohne Rechte blieben. Die zahlreichen Sklaven in den französischen Kolonien wurden davon ebenfalls nicht erfasst. Schon der Artikel Zwei lässt die bourgeoise Handschrift der Verfasser erkennen. Nicht nur Freiheit und Sicherheit der Bürger werden darin unter den Schutz des Staates gestellt, sondern auch das *Eigentum.* Bekanntlich sind Freiheit und Sicherheit völlig andere Kategorien als das Eigentum. Freiheit wird allgemein als ein Zustand definiert, der den Raum von Entscheidungsmöglichkeiten eröffnet. Sicherheit wird als ein gefahrenfreier Zustand bezeichnet. Eigentum bedeutet dagegen etwas völlig anderes, nämlich eine spezielle Form der Herrschaft, die Sachherrschaft, also die rechtliche Zuordnung einer Sache. Zwar widersprach die Verbindung der Freiheitserklärung mit der staatlichen Eigentumsgarantie der juristischen Logik. Sie entsprach allerdings den Grundinteressen des aufstrebenden Bürgertums. Es war und blieb ein beredtes Beispiel dafür, dass Recht als Resultat der Interessen und des Willens der herrschenden Klasse entsteht!

Es erscheint charakteristisch für die frühe klassenbedingte bürgerliche Rechtsetzung, dass im Artikel 17 der französischen Menschenrechtserklärung das Eigentum als »unverjährbares Naturrecht«, das unverletzlich und heilig sei, erklärt wird. In ähnlicher Weise wurde auch in der amerikanischen *Bill of Rights* (im Zusatzartikel V von 1791) dem Eigentum ein besonderer Schutz gewährt. Dieser Artikel forderte zugleich, »keine Entziehung des Lebens, der Freiheit oder des Eigentums ohne faires Verfahren«. Es wäre allerdings ein Irrtum zu glauben, dass über die Aufnahme des Recht auf Eigentum in die Menschenrechtserklärung bei den Gründervätern der amerikanischen Verfassung absolute Einigkeit herrschte.

Thomas Jefferson, Verfassungsvater und späterer Präsident der USA, legte gerade zur Eigentumsregelung in der Unabhängigkeitsverfassung eine gewisse Zurückhaltung an den Tag. Er ersetzte bei der Darlegung der Rechte im Entwurf des Dokuments den Begriff Eigentum durch »the pursuit of Happiness«, das Streben nach Glück.[5] Das hatte aber auf die amerikanische Praxis kaum Einfluss, in allen amerikanischen Bundessaaten war das Recht auf Eigentum rechtlich verankert.

Die Siedler und Kolonisten verteidigten ihr – in nicht wenigen Fällen durch Landraub erworbenes – Eigentum mit der Kraft ihrer militärischen Überlegenheit. In den Unabhängigkeitsurkunden hatten die Gründungsväter der USA das Recht auf Leben und auf Freiheit an vorderer Stelle platziert. Es war im Kern aber ein rassistisches Recht.

Als die Amerikanische Verfassung 1787 beschlossen wurde, waren die allein davon betroffenen amerikanischen weißen Siedler eine absolute Minderheit im Territorium des neu geschaffenen Staates. Den etwa zwei Millionen weißen Siedlern standen drei bis fünf Millionen Indianer und annähernd eine Million afrikanischer Sklaven gegenüber. Diese wurden von allen Rechten ausgeschlossen, ihrer kulturellen Identität beraubt, umgesiedelt, getötet, gedemütigt und in skrupelloser Weise ausgebeutet. Die Vernichtungspraxis gegenüber den amerikanischen Ureinwohnern vollzog sich wohl erstmals in der Geschichte auf der Grundlage von legalen liberalen Gesetzen einer vorgeblich zivilen Gesellschaft, die in der Realität gegenüber ihren Mitbewohnern in sehr vielen nachweisbaren Fällen ein Kollektiv von Mördern war. Der Weg zur amerikanischen Demokratie hatte einen menschenverachtenden Start, von dessen Konturen sich dieser große Staat – wie die aktuellen Erscheinungen des amerikanischen Rassismus zeigen – bis in unsere Tage nicht lösen konnte. Man erinnert sich auch in diesem Zusammenhang der Erkenntnis von Karl Marx: »Die Tradition aller toten Geschlechter lastet wie ein Alp auf den Gehirnen der Lebenden.«[6]

Die Grundideen der noch heute gültigen Unabhängigkeitserklärung (1776) und der Verfassung der USA von 1787 (die inzwischen durch annähernd 50 Zusatzartikel erweitert wurde – so 1791 durch das Recht jeden Bürgers, eine Waffe zu tragen) wirken im Guten wie im Schlechten. Im Urtext der Verfassung der USA lautet der Zusatzartikel 2: »Da eine gut ausgebildete Miliz für die Sicherheit eines freien Staates erforderlich ist, darf das Recht des Volkes, Waffen zu besitzen und zu tragen, nicht beeinträchtigt werden.« Die amerikanischen Verfassungsväter hatten beim Waffenrecht also eher an die Ausrüstung der Milizen gedacht als an einen Zustand, der heute die Bürger der USA in Angst und Schrecken versetzt. Der Zusatzartikel 12 regelt seit 1804 die Einführung des noch heute gültigen elitären Wahlsystems (das durch die im 18. Jahrhundert dominierenden religiösen Auffassungen geprägt wurde). So ist in der Unabhängigkeitserklärung zu lesen: »Alle Menschen sind gleich geschaffen [...], der Schöpfer hat ihnen bestimmte unveräußerliche Rechte verliehen, zu denen Leben, Freiheit und das Streben nach Glück gehören.« Die Menschenrechte sind theonomes, d. h. Gottesrecht betreffendes Gedankengut.[7]

Mit derartigen Gottesbezügen waren die drei Verfassungen im ersten Jahrzehnt der französischen Revolution nicht belastet. Die französischen Verfassungen von 1789, 1793 und von 1795 widerspiegelten jedoch die Ideen und Interessen der im Kampf um die Staatsmacht jeweils dominierenden gegensätzlichen politischen Gruppierungen. Die wesentliche Differenz in diesen Dokumenten betraf vor allem die Regelung der Eigentumsrechte und die Bestimmung darüber, wer in welcher Weise an Wahlen zum obersten Vertretungsorgan, der Nationalversammlung, teilnehmen kann. In der französischen Menschenrechtserklärung vom August 1789 wurde – unter dem Eindruck der Massenaktionen in Paris – noch ein Recht aller Bürger zur Gesetzgebung beizutragen, verkündet. Allerdings wurde – als sich die Situation zu beruhigen schien – am 22. Dezember des gleichen Jahres ein Wahlrecht beschlossen, das die (männliche) Bevölkerung in Aktiv- und in Passivbürger einteilte und allein den Besitzenden (steuerzahlenden) ein Stimmrecht zubilligte. Damit waren etwa drei Millionen Männer ihres Wahlrechts beraubt. Die von den linken Kräften im Juni 1793 in Kraft gesetzte Jakobinerverfassung enthielt dagegen erstmals wichtige originäre demokratische Elemente. Künftig sollte danach die Nationalversammlung jährlich in direkter allgemeiner Wahl gebildet werden. Über die Verfassung und andere wichtige Gesetze sollten Plebiszite entscheiden. Die Wirtschaft wurde im Interesse einer gerechten Verteilung der Güter zeitweise staatlich reguliert und kontrolliert. Bei der Abstimmung über diese Jakobiner-Verfassung – die erste demokratische Verfassung nach der Antike – stimmten fast zwei Millionen Franzosen für das Dokument, 17 000 stimmten dagegen.[8]

1794 waren jedoch die konterrevolutionären bürgerlichen Kräfte erstarkt. Die Jakobiner wurden gestürzt und ihre Repräsentanten – darunter der große Revolutionsführer Maximilien de Robespierre – und über 90 seiner Mitstreiter am 28. und 29. Juli 1794 ohne Urteil enthauptet. Die Reaktion kannte keinen Pardon. Mit dem Sturz und der Vernichtung der Jakobinerherrschaft wurde Frankreich zu einer Republik der Eigentümer. In deren Direktoralverfassung vom 23. September 1795 gehörte die Abkehr vom allgemeinen und direkten Stimmrecht und die Einführung eines Klassenwahlrechts zu den vordergründigen Neuregelungen. Demokratische Mitwirkung war der bürgerlichen Elite – bei allen Lippenbekenntnissen zu Freiheit und Gleichheit – suspekt. Wahlrechtsausschluss der arbeiteten Bevölkerung war der Bourgeoisie in dieser ersten Periode der Erhebung zur herrschenden Klasse das erste Mittel der Wahl.

Noch gravierender als in der Wahlrechtsfrage gestaltete sich im ersten Jahrfünft der französischen Revolution eine Metamorphose – von der Euphorie der ersten Tage bis zur Dominanz bürgerlicher Positionen – bei der Kodifizierung der Eigentumsregelungen in der Verfassung Frankreichs.

Die in dieser Situation geschaffene Verfassung von 1795 brachte die Anliegen und Interessen des wohlhabenden französischen Bürgertums ziemlich unverblümt zum Ausdruck. Aus der Menschenrechtserklärung wurde die Passage gestrichen, dass die Menschen frei und gleich sind. Hervorgehoben wurden die Heiligkeit des Eigentums und die uneingeschränkte Verfügungsgewalt des Eigentümers (eine Regelung, der seit 1900 bis heute das deutsche Bürgerliche Gesetzbuch folgt). Die Gewaltentrennung wurde nunmehr Bestandteil der Staatsordnung.[9]

Die bürgerliche französische Revolution, die mit dem Sieg der Volksmassen an der Bastille ihren Anfang nahm, hatte ihr Ziel erreicht. »Das Überdauernde war gewiss nicht sehr heroisch: Statt eines blauweißroten Dreiklangs aus Freiheit, Gleichheit und Brüderlichkeit kapitalistische Ausbeutungsformen und Eigentumsverhältnisse samt dem modernen Klassenstaat der Bourgeoisie als dazugehörigem Überbau [...]. Er verlieh Leistungen, Einrichtungen und Leitsätzen der bürgerlichen Gesellschaft Flügel, den Erdball zu umkreisen.«[10]

Kaum war sich die Elite des französischen Großbürgertums mit der Direktoralverfassung von 1785 ihrer Macht sicher, entsandte sie ihre Truppen und ihre befähigtsten Generale nach Italien und nach Südeuropa. Ihr erfolgreichster Militär, der korsische General Napoleon Bonaparte, begann im Mai 1798 mit einer Flotte und annähernd 40 000 Soldaten den Feldzug nach Ägypten. Als sich im August des gleichen Jahres die politischen Differenzen im Heimatland Frankreich wieder einmal zuspitzten, verließ Napoleon sein Expeditionskorps. Sei Ziel war es, der instabilen Situation in Paris Herr zu werden. Dort übernahm er anfangs den Vorsitz im Gremium der drei damals regierenden Konsuln. Mit großem Geschick nutzte er seine außerordentliche Autorität, um mit weitsichtigen Entscheidungen die fragile politische Situation grundhaft zu stabilisieren. Der körperlich kleine Korse erwies sich in wenigen Jahren als außerordentliches politisches Talent. Er war eher ein Mann der großen Würfe als einer der kleinen Schritte. In relativ kurzer Zeit räumte er mit dem im Lande grassierenden Bandenwesen auf. Auch auf anderen Gebieten schuf er Ordnung, er sorgte für eine effektive Verwaltung, sanierte die Staatsfinanzen und beendete die Differenzen zwischen Kirche und Staat.

Seit 1793 waren in Frankreich Vorarbeiten für ein den gesellschaftlichen Verhältnissen adäquates Zivilrecht geleistet worden ohne dass ein Ergebnis erreicht wurde. Im Jahr 1800 nahm sich Napoleon der Sache an. Er berief statt der vielköpfigen, oft zerstrittenen Gremien der Vorjahre eine vierköpfige Kommission. Ihr erteilte Napoleon den Auftrag, die verschiedenen in Frankreich geltenden Gewohnheitsrechtssysteme und Übergangsbestimmungen aus dem letzten Jahrzehnt einer Rechtsvereinheitlichung zu unterziehen. Im März 1804 war das Ergebnis dieser Arbeit entscheidungsreif. Als *Code civil* ging es in die Rechtsgeschichte ein.

Dieses Zivilrecht nahm die Grundgedanken der französischen Revolution, der Gleichheit (aller Männer) vor dem Gesetz, des Schutzes der Freiheit und des Eigentums sowie der strikten Trennung von Kirche und Staat auf. Binnen weniger Jahre wurde der Code civil (auch als *Code Napoleon* bezeichnet) in den meisten Staaten Europas zur Grundlage des Zivilrechts. In Deutschland wurde es endgültig 1900 durch das Bürgerliche Gesetzbuch abgelöst.

Napoleon beherrschte mit seinem strategischen Vermögen und seiner Fähigkeit, Massen für neue Aufgaben zu begeistern, wesentliche Seiten hoher Staatskunst. Er gestaltete nicht nur die französische Gesellschaft auf neue Weise, er verstand es auch, die öffentliche Meinung durch sein Auftreten und durch seine Beziehungen zu der sich damals sprunghaft entwickelnden Presse zu beeinflussen. Aber auch er verrechnete sich zunehmend, vor allem nach der Selbstkrönung als Kaiser der Franzosen 1804. Er degenerierte, wurde unduldsamer, jähzornig bis zur Gewaltanwendung. Sein Eroberungsdrang wurde maßlos. Während die Jakobiner ausdrücklich darauf verzichtet hatten, sich in Angelegenheiten anderer Völker einzumischen, gehörte Napoleon zu den Exporteuren der französischen Revolution. Er verband dabei die Verbreitung der Revolutionsideen meisterhaft mit den Interessen der französischen Großbourgeoisie an der Ressourcenausbeutung anderer Völker.

Während das römische Reich von seiner Entstehung bis zum Untergang Jahrhunderte existierte, benötigte der früher so erfolgreiche Napoleon nur wenige Jahre, um das bis 1812 herausgebildete, fast alle Länder Europas umfassende französische Reich und Einflussgebiet zu verspielen. Schon der Ablauf der Ereignisse der amerikanischen und der französischen Revolution im 18. Jahrhundert hatte den Nachweis dafür erbracht, dass der Weg aus einem überlebten in ein zeitgemäßes demokratisches politisches System (schon wegen der Gegenwehr der in Machterhaltung erfahrenen konterrevolutionären Kräfte) über weite Strecken nicht nur durch demokratisches Gelände verlaufen wird. Es müssten auch die Hindernisse überwunden werden, die die Konterrevolution in jedem Fall errichtet.

Trotzdem ragt »die Große Revolution der Franzosen« hervor als ein Meilenstein, der den langen Weg aus dem feudalen Mittelalter in unser Heute – gehasst oder bewundert, je nachdem auf welche Seite der Barrikade sich ihr Betrachter auch noch zweihundert Jahre nach ihren Geschehnissen stellt – deutlich markiert.[11] Die Entwicklung demokratischen Gedankenguts und demokratischer Bewegungen in Deutschland ist ohne den Einfluss der Ideen der französischen Aufklärer und der Errungenschaften der Kämpfer der französischen Revolution nicht denkbar.

2. Das 19. Jahrhundert – ein erstarkendes Bürgertum, eine autoritäre Staatsordnung

Der 81-jährige Johann Wolfgang von Goethe beschrieb seine Sorge um das 19. Jahrhundert in einem Brief: »Alles aber, mein Teuerster, ist jetzt ultra, alles transzendiert *(geht über sinnliche Erfahrungen hinaus – H. G.)* unaufhaltsam, im Denken wie im Tun. Niemand kennt sich mehr, niemand begreift das Element, worin er schwebt und wirkt, niemand den Stoff, den er bearbeitet. [...] Junge Leute werden viel zu früh aufgeregt und dann im Zeitstrudel fortgerissen. Reichtum und Schnelligkeit ist, was die Welt bewundert und wonach jeder strebt. Eisenbahnen, Schnellposten, Dampfschiffe und alle möglichen Fazilitäten der Kommunikation sind es, worauf die gebildete Welt ausgeht, sich zu überbilden und dadurch in der Mittelmäßigkeit zu verharren.«[12]

Der greise Dichter hat damit keine Gesellschaftsprognose unterbreiten wollen. Er hat aber zweifellos eindrucksvoll wesentliche Konturen der Zeitenwende, die sich im 19. Jahrhundert vollzog, empfunden: Den technischen und industriellen Fortschritt, die Reduzierung der zwischenmenschlichen Kommunikation und die Mittelmäßigkeit der aufstrebenden bürgerlichen Klasse. Im 19. Jahrhundert erodierte unter dem Druck der Veränderung der sozialen Verhältnisse das über Jahrhunderte stabile Feudalsystem. Die Herrschaft des Marktes und des Geldes drängte an die Spitze der Gesellschaft, bedrängte, verdrängte die Macht der Monarchen und Fürsten. Kein Menschenalter danach formierte sich eine neue gesellschaftliche Kraft, die Arbeiterklasse.

Die ersten zwei Jahrzehnte des 19. Jahrhunderts begannen recht prosaisch und im Kern konterrevolutionär. Im September 1814 reisten Diplomaten aus etwa 200 feudalen Monarchien und Fürstentümern sowie Repräsentanten einiger Stadtstaaten nach Wien. Auf der Tagesordnung der von Fürst Metternich organisierten Konferenz stand nicht weniger als die Neuordnung Europas. Neun Monate tagte und tanzte der Kongress. Gebhard Leberecht von Blücher, preußischer Generalfeldmarschall, charakterisierte diese Zusammenkunft in junkerlicher Art: »Der Kongress gleicht einem Jahrmarkt in einer kleinen Stadt, wo jeder sein Vieh hineintreibt, es zu verkaufen und zu vertauschen.«[13] Im Kern aber ging es um sehr bedeutende Entscheidungen. Dieser Kongress des europäischen Feudaladels gestaltete seine Beschlüsse gemäß den vitalen restaurativen Interessen seiner Teilnehmer.

Die früheren dynastischen Staatssysteme sollten wiederhergestellt und damit die napoleonische Staatsordnung beseitigt werden. Einig war man sich darüber, die von der französischen Revolution eingeleiteten gesellschaftlichen Veränderungen zu liquidieren. Eine Ausnahme blieb jedoch die Säkularisierung. Die Feudalpotentaten versprachen sich vom Fortbestand der Trennung von Kirche und Staat schlicht Machtgewinn und eine Reduzierung von Zahlungen an den Klerus. Allen künftigen revolutionären Bestrebungen wollte man aus erkennbaren Klasseninteressen konsequent und gemeinsam entgegengetreten. Gerade deshalb wurde als Sonderregelung des Kongresses die Bildung einer heiligen Allianz beschlossen, der zunächst Preußen, Österreich und Russland angehörten. Sie war darauf gerichtet, revolutionäre Bewegungen in jedem Teilnehmerstaat auch durch gegenseitige Intervention zu bekämpfen.[14]

In der statistischen Kommission des Wiener Kongress wurden in langen Debatten die künftigen Grenzen der europäischen Staaten vorbereitet. Vielerlei Interessen waren zu berücksichtigen. Dabei galt allerdings der Grundsatz, wer mit Napoleon auch nur zeitweise koaliert hatte, der verliert Teile seines Landes. Als Strafe für die Unterstützung Napoleons bei der Völkerschlacht von Leipzig verlor deshalb das Königreich Sachsen fast zwei Drittel seines Territoriums und 40 Prozent seiner Einwohner an Preußen und an Thüringen. Dänemark musste wegen seiner Zusammenarbeit mit Napoleon Norwegen an Schweden abgeben.

Auf dem Kongress war man sich auch darüber einig, eine Organisationsform für eine Verbindung der damals 41 deutsche Staaten zu finden. Metternich plädierte für ein relativ enges Bündnis mit einem starken Exekutivorgan. Dem standen jedoch Partikularinteressen der feudalen Kleinstaaten entgegen. Geschaffen wurde deshalb lediglich ein Deutscher Bund souveräner Staaten mit Österreich als Präsidialmacht. Oberstes Organ des Bundes war eine Bundesversammlung. Diese setzte sich aus den Monarchen und Fürsten zusammen. Geregelt wurde, dass der Bund nicht Rechtsnachfolger des alten deutschen Reiches sei. Den Staaten des

Bundes wurde aufgetragen, dass sich jeder Staat eine Verfassung geben solle. Damit ließen sich viele der damals 41 Staaten Zeit. In Preußen und Österreich währte es mehr als dreißig Jahre, ehe eine Landesverfassung auf den Weg gebracht wurde.

Die politischen Verhältnisse, das Recht – besonders auch das Verfassungsrecht – veränderten sich im 19. Jahrhundert – gerade auch in den deutschen Ländern widersprüchlich, nicht selten auch recht gemächlich. Dagegen vollzog sich die technische und industrielle Entwicklung und das wissenschaftliche Leben kraftvoll. Friedrich Engels nannte die industrielle Revolution »eine Epochenzäsur«, die in einem kurzen Zeitraum »außerordentliche Veränderungen hervorgebracht« hat.[15] Grundlegend veränderte sich die Energiegewinnung. Bis in das 18. Jahrhundert bildeten Mensch, Tier, Wasser und Wind die wichtigsten Energiequellen. Das 19. Jahrhundert begann mit dem Siegeszug der Dampfmaschine und endete mit der Verbreitung der Elektroenergie. Frühere Handarbeit wurde durch Maschinenarbeit abgelöst. Die gesellschaftliche Arbeitsteilung, der Handel und das Bankwesen entwickelten sich stürmisch. Eisenbahnen durchzogen alle Landesteile. Die industrielle Revolution, nahm in Deutschland gegen 1835 Fahrt auf. Das führte zu tiefgreifenden sozialen Veränderungen. Auf dem Lande lockerte sich die über Jahrhunderte manifestierte Leibeigenschaft. Die Städte als Zentren der Industrie, des Handels und der Verwaltung erstarkten. Die industrielle Entwicklung wurde durch neue wissenschaftlich begründete Verfahren, vor allem in der Metallerzeugung, Metallverarbeitung und in der Chemie beschleunigt.

Bedingt durch den industriellen Fortschritt wuchs das Selbstbewusstsein und das Interesse der sich herausbildenden bürgerlichen Klasse an Teilhabe an der noch in den Händen des Adels liegenden Macht. Vor allem wuchs das bürgerliche Interesse an der Überwindung der durch die deutsche Kleinstaaterei bedingten Hemmnisse für die Wirtschaftsentwicklung (Zollgrenzen, uneinheitliche Rechtssysteme, unterschiedliche Interessen der herrschenden Monarchen und Fürsten etc.). Der Beginn des 19. Jahrhunderts war zudem eine Zeit der Erarbeitung und Verbreitung neuer theoretischer Überlegungen zur gesellschaftlichen Entwicklung. Seit 1790 hatte Immanuel Kant mit der »Kritik der reinen Vernunft«, der »Kritik der praktischen Vernunft« und der »Kritik der Urteilskraft« das geistige Leben bereichert. Wenig später veröffentlichte Johann Gottlieb Fichte seine »Grundlage der gesamten Wissenschaftslehre« sowie »Das System der Sittenlehre«. Dem folgten Friedrich Wilhelm Joseph Schellings »Untersuchungen über das Wesen der Freiheit« und Georg Wilhelm Friedrich Hegels umfangreiches philosophisches Werk. Schließlich erschienen die weltverändernden Werke von Karl Marx und Friedrich Engels zur Analyse der kapitalistischen Gesellschaft und zur Organisation und Strategie der Arbeiterklasse.

Es entwickelte sich ein Bildungsbürgertum und ebenso ein Wirtschaftsbürgertum. Der wachsende Wohlstand des Bürgertums war von Anbeginn mit einer Verarmung breiter Kreise der Bevölkerung begleitet. Ausbeutung wurde von Anbeginn großgeschrieben. Der Arbeitstag in den Fabriken währte zumeist mehr als zehn Stunden. Kinderarbeit war in Manufakturen, in der Industrie, selbst in Bergwerken und über ein weiteres Jahrhundert in der Landwirtschaft die Regel. (In den 30er Jahren des 20. Jahrhunderts wurde in meiner Heimat in der Magdeburger Börde der Schulunterricht über Wochen unterbrochen und die Kinder zur Arbeit auf den Gütern von Großagrariern geschickt.)

Der Charakter der täglichen Arbeit änderte sich grundlegend. Die industrielle Arbeitsteilung führte dazu, dass der Beschäftigte den Überblick über das Endprodukt und die Zusammenhänge der Herstellung verlor. Der kaum Pausen zulassende Takt der industriellen Produktionsabläufe bedeutete für die Beschäftigten die Veränderung gewohnter Lebensrhythmen und einen vorher kaum gekannten Grad der Organisation und Arbeitsdisziplin. Auch auf dem Lande fanden viele Familien keinen Broterwerb mehr. Es entwickelte sich eine starke Binnenwanderungsbewegung zu den Städten hin.

Zugleich nahm die Zahl deutscher Auswanderer zu. Zwischen 1850 und 1860 wanderten (bei einer Einwohnerzahl von etwa 25 Millionen) mehr als eine Million Deutsche vor allem nach Amerika aus. Das 19. Jahrhundert wurde zu einer Periode großer sozialer Spannungen. Es fanden Hungerrevolten statt. Zunehmend artikulierten sich Interessen und Forderungen zur Überwindung der feudalen Kleinstaaterei. Es gab Rufe und Aufrufe zur Freiheit.

Besonders im deutschen Südwesten begegneten sich auf Volksfesten Studenten, liberale bürgerliche Kommunalpolitiker und Handwerker. Sie debattierten und erhoben Forderungen zur Überwindung der feudalen Enge, nach Freiheit und für die Einheit Deutschlands. Im Mai 1832 fanden in Hambach und in Gaibach Volksfeste mit tausenden Beteiligten statt. Bei allem Aufbegehren der bürgerlichen Patrioten erwies sich dabei, dass ihre Entschlossenheit zum Handeln nicht annähernd so ausgeprägt war wie die Repressionsbereitschaft der jeweiligen Landesherren. Auf dem Hambacher Fest (gegen 25 000 Teilnehmer) wurde zwar über die Bildung eines permanenten Nationalkonventes debattiert. Das fand aber keine Mehrheit. Man einigte sich auf die Gründung von Vaterlandsvereinen. Die Behörden ließen neun der Redner auf dem Hambacher Fest verhaften. Das Gaibacher Fest wurde von den königlichen bayerischen Ministerien als »große demokratische Verschwörung« eingestuft. Der Hauptredner, der Würzburger Bürgermeister Behr, musste eine zehnjährige Festungshaft absitzen. Als Frankfurter Patrioten im April 1833 unter der Führung des Arbeiterführers Karl Schapper einen Aufstand planten, griff noch vor einer ersten Aktion Militär ein und machte kurzen Prozess. Neun Tote und 24 Verletzte waren zu beklagen. 2500 preußische und österreichische Soldaten besetzten über längere Zeit die Stadt.

Die französische Februarrevolution von 1848 hatte weitreichende Folgen. Die bürgerlichen und proletarischen Kräfte erkämpften die Absetzung des Kaisers, die Wiedererrichtung der Republik, einen Regierungsbeschluss zur Beendigung der Sklaverei, die Anerkennung eines Rechts auf Arbeit und ein allgemeines Wahlrecht. So manche dieser Errungenschaften wurde innerhalb weniger Jahre durch restaurative Kräfte eliminiert. Trotzdem wurde in dieser Zeit eine wichtige Etappe des Kampfes um demokratische Rechte eingeleitet. Die französische Februarrevolution wurde zur Initialzündung für die Sammlung und für den Kampf radikaldemokratischer Bürger, frühsozialistischer Arbeiter und verarmter Bauern in Deutschland und in anderen europäischen Staaten für Freiheit, demokratische Reformen, soziale Verbesserungen und nationale Einigung der Fürstentümer.

In Deutschland gingen die politischen Bewegungen, die zu den Märzereignissen 1848 führten, vom Großherzogtum Baden aus. In kurzer Zeit erstreckten sie sich auf alle Teile des Landes. Auch der preußische König Friedrich Wilhelm IV. sah sich unter dem unverkennbaren Druck der Massen gezwungen, Zugeständnisse erkennen zu lassen. Er sagte zu, einen Landtag einzuberufen, Pressefreiheit zu gewähren und Zollschranken zu beseitigen. Als diese Maßnahmen am 18. März auf dem Berliner Schlossplatz verkündet werden sollten, fielen Schüsse. In den folgenden 24 Stunden wurden mehr als 350 Berliner Bürger, darunter Frauen und Kinder, vom Militär niedergemetzelt. Am 19. März wurden die Toten auf dem Schlossplatz aufgebahrt. Der König verneigte sich zwar vor den Toten und ließ das Schloss mit den Reichsfarben der Revolutionäre schwarz-rot-gold dekorieren. Das aber war nichts anderes als eine skrupellose konterrevolutionäre List. Schon am Tag darauf schrieb er seinem Bruder: »Die Reichsfarben musste ich gestern freiwillig aufstecken, um alles zu retten. Ist der Wurf gelungen […], lege ich sie wieder ab.«[16]

Seit dem 18. März 1848 tagte in der Frankfurter Paulskirche die Nationalversammlung, um eine Gesamtdeutsche Reichsverfassung zu erarbeiten. Deren Abgeordneten entstammten zumeist dem Bildungsbürgertum. Es waren Beamte, Hochschullehrer, Anwälte, Offiziere und Richter, deren Vita in vielen Fällen von der politischen Atmosphäre der Restauration nach dem Wiener Kongress geprägt war. Schon im Juni 1848 hatte Friedrich Engels kritisch angemerkt: »Das deutsche Volk hatte sich in den Straßen fast aller großen und kleinen Städte des Landes und speziell auf den Barrikaden von Wien und Berlin seine Souveränität erobert. […] Der erste Akt der Nationalversammlung musste sein, diese Souveränität des deutschen Volkes laut und öffentlich zu proklamieren. Ihr zweiter Akt musste sein, die deutsche Verfassung auf der Grundlage der Volkssouveränität auszuarbeiten und aus dem faktisch bestehenden Zustande Deutschlands alles zu entfernen, was dem Prinzip der Volkssouveränität widersprach. Während der ganzen Session musste sie die nötigen Maßnahmen ergreifen, um alle Reaktionsversuche zu vermeiden, um den revolutionären Boden, auf dem sie steht, zu behaupten, um die Errungenschaft der Revolution, die Volkssouveränität vor allen Angriffen sicherzustellen.«[17]

Die großbürgerliche Mehrheit der Nationalversammlung zog es jedoch vor, die Souveränität einem Monarchen zu überlassen. Der 28. März 1849 wurde zum Tag des Scheiterns des Verfassungsentwurfs des Frankfurters Paulskirchen-Parlaments. Der Preußenkönig lehnte die Krone mit gehässiger Verachtung der Nationalversammlung ab. Nie und nimmer wollte er sich von diesem nichtadligen Gremium zum Kaiser ernennen zu lassen. An seine Schwester, die russische Zarin Alexandra Feodorowna, schrieb er: »Du hast die Abfertigung der Frankfurter Mensch-Esel-Hund-Schweine und Katzen Deputation gelesen. Sie heißt auf grob deutsch: Messieurs! Ihr habt mir ganz und gar nicht das Recht, das Allermindeste zu bieten. Bitten, soviel ihr wollt, geben – Nein – denn dazu müsstet ihr im Besitz von irgend etwas sein und das ist nicht der Fall.«[18] Als die Märzrevolution in Berlin niedergeschlagen wurde, ließ die Preußenregierung Plakate kleben. Diese verkündeten drohend: »Gegen Demokraten helfen nur Soldaten!«

Auch Paul Nolte nannte 1848 eine gescheiterte Revolution. An diese akzeptable Erkenntnis fügt der Berliner Professor eine seiner aus Wunschdenken gespeisten Prognosen an: »Auch im gemeinsamen europäischen Bewusstsein, in der Demokratieerinnerung der Europäische Union, ist 1848 kaum verankert. Dabei hat dieser Völkerfrühling *(der 1848/49 mit einer feigen Gilde untertäniger Abgeordneter, annähernd tausend Todesopfern und einer großen Zahl Häftlingen in den Staatsgefängnissen endete – H. G.)* in jüngster Zeit Nachfolger in grenzüberschreitenden Demokratiebewegungen gefunden: 1989 in Mittel- und Osteuropa und 2011 im *arabischen Frühling* Nordafrikas.«[19] Mit derartigen Plattheiten verkommt Wissenschaft – die aus objektiven Ursachen Erkenntnisse suchen sollte – zur vorwiegend aus Hoffnungen und Zeitungsberichten gespeisten oberflächlichen Propaganda.

Das deutsche Bürgertum erinnerte in Frankfurt vor der Paulskirche nicht etwa mit einem Gedenkstein an den erschossenen demokratischen Abgeordneten der deutschen Nationalversammlung Robert Blum. Es schmückte den Platz mit einem Relief für Otto von Bismarck, der an der Niederschlagung der Revolution 1848 aktiv beteiligt war. Er wurde mit gezogenem Schwert abgebildet. Vielleicht wird man klüger und gedenkt auf dem neu zu gestaltenden Berliner Schlossplatz in würdiger Form der Märzgefallenen von 1848. Ob für einen derartigen Vorschlag der Hauch einer Hoffnung besteht?

Während der Märzrevolution 1848 und auch in den Verhandlungen des Frankfurter Paulskirchen-Parlaments gehörte die Einführung eines allgemeinen und gleichen Wahlrechts zu den demokratischen Grundforderungen. Preußen und viele andere deutsche Staaten beschritten nach der Niederlage der Märzrevolution im Wahlrecht eine entgegengesetzte Richtung. Sie erfanden ein variationsreiches Klassenwahlrecht. Preußen und Oldenburg führten ein Dreiklassenwahlrecht ein. Lübeck erfand ein Vierklassenwahlrecht, die Hansestadt Bremen brachte es auf acht Klassen. Überall wurden die Wähler nach der Höhe ihrer Steuerleistung (im Grunde im Kontext zu ihrem Einkommen) in getrennten Listen geführt. In nicht wenigen Fällen hatte ein Wähler der obersten Steuerklasse den gleichen Einfluss auf das Wahlergebnis wie hunderte minderbemittelte Wähler in einer unteren Wahlrechtsklasse. Dieses Klassenwahlrecht entsprach den Interessen des Großkapitals und deren Grundsatz »Wer zahlt, schafft an«. Die Regelung des damit verbundenen komplizierten Verfahrens zeigte eine Nähe zum preußischen Exerzierreglement. »Wahlrecht und Wahlverfahren«, schrieb Karl Marx, waren »so eingerichtet, dass nicht nur die große Masse des Volkes ausgeschlossen, sondern auch der privilegierte Rest der zügellosesten Einmischung seitens der Bürokratie unterworfen ist [...]. – Die Bürokratie (hat) darüber hinaus das Recht, die Wahlbezirke nach Belieben zu teilen, zusammenzulegen, zu ändern, abzutrennen und neu zu vereinigen«.[20] Das den bürgerlichen Interessen adäquate Dreiklassenrecht blieb in Preußen bis zur Novemberrevolution 1918 in Kraft.

Für die Wahl zur Vertretungskörperschaft des Norddeutschen Bundes wurde 1866 ein allgemeines gleiches Wahlrecht eingeführt. Das erfolgte vor allem auf Initiative Bismarcks nicht im Ergebnis einer demokratischen Erleuchtung, sondern aus machtpolitischem Kalkül. Als Bismarck 1862 sein Amt antrat, befand sich Preußen erneut in einer revolutionären Krise. Die bürgerlich Liberalen fürchteten bereits die hinter ihnen stehenden Arbeiter. Bismarck nutzte das aus und schreckte die ihm wenig sympathischen bürgerlichen Liberalen damit, eine Volksbewegung der unteren Schichten auszulösen. August Bebel verwies darauf, dass »Bismarck in dieser Situation alle Register zog, um Herr der Lage zu werden und seine Werkzeuge nahm, wie er sie fand. Das allgemeine Wahlrecht schien ihm geeignet, die Arbeiterbewegung gegen die liberale Bourgeoise auszuspielen.«[21] Dabei machten sich die marxistischen Denker – die die Interessenlage der Herrschenden wohl einzuschätzen wussten – über das allgemeine Wahlrecht im bürgerlich-aristokratischen Staat keine Illusionen. Engels arbeitete heraus, dass das Proletariat sich mit Verfassungs- und Wahlrechtsfragen vor allem deshalb befasst, »um die politische Macht zu erobern«.[22] Auf die Frage: »Kann die Reaktion der Arbeiterklasse einen wirklichen Anteil an der politischen Macht bieten?«, antwortete er: »Unbedingt nein.«[23]

Die Bismarcksche Reichsverfassung von 1871 basierte auf dem Verfassungswerk des norddeutschen Bundes von 1866. Beide folgten dem autoritären Grundmuster, dass demokratische, antiautoritäre und antireligiöse Elemente den von Bismarck angestrebten kleindeutschen Nationalstaat (ohne Österreich, jedoch unter der Dominanz Preußens) nur störten. In beiden Verfassungen findet man (im Gegensatz zum verworfenen Entwurf der Paulskirchen-Verfassung) keine Aussage zu Bürger- und Menschenrechten. Der nunmehr auf der Basis des allgemeinen Wahlrechts zu bildende Reichstag war allerdings ein recht einflussloses Element im System der Staatsorgane. Artikel 23 der Reichsverfassung räumte dem Reichstag lediglich das Recht ein, Vorschläge für Gesetze zu unterbreiten und Petitionen an den Reichskanzler weiter zu leiten.[24] Er verfügte praktisch weder über ein Beschlussrecht noch konnte er Regierungskontrolle ausüben.

Alle wesentlichen Sachfragen wurden durch den Kanzler entschieden. Dem waren alle Mittel zur Machterhaltung und zur Durchsetzung seiner Ziele recht. Im Oktober 1878 erließ auf Bismarcks Initiative Kaiser Wilhelm das berüchtigte Sozialistengesetz. Die drei kurzgefassten Paragraphen dieser Entscheidung wurden mit dem Satz eingeleitet: »Vereine, welche durch sozialdemokratische, sozialistische oder kommunistische Bestrebungen den Umsturz der bestehenden Gesellschaftsordnung bezwecken, sind zu verbieten.«[25] Hunderte Sozialdemokraten wurden inhaftiert. Annähernd tausend Parteimitglieder wurden aus ihren

Wohnorten und ins Exil gezwungen. Die von Bismarck und seinen Hintermännern mit diesem Gesetz verbundenen Erwartungen wurden nicht erreicht. Das Gegenteil war der Fall. Von Wahl zu Wahl wuchs die Wählerschaft der SPD. Als dieses Gesetz aufgehoben wurde, hatte sich die Stimmenzahl für die verbotene Partei verdreifacht. Künftige deutsche Regierungen zogen aus diesem erfolglosen Versuch des Kaiserreiches erkennbare Schlussfolgerungen, mit welchen anderen Mitteln eine gut organisierte Opposition kleingehalten werden kann. Eine weitere Methode des Bismarckschen Regierungshandelns, vor allem in Konfliktsituationen, war die Verbreitung einer Staatsstreichbesorgnis und das Drohen mit dem Staatsnotstand vor allem, um die Angst loyaler Wählerschichten zu provozieren.[26] »Wenn ich nicht staatsstreichere, setze ich nichts durch«, hat Bismarck ein solches Vorgehen selbst kommentiert.[27]

In der Bismarckschen Reichsverfassung wurde die staatliche Souveränität – entgegen der Idee Rousseaus – nicht aus dem Willen des Volkes abgeleitet, sondern anfangs dem Bundesrat und nach 1871 dem Deutschen Kaiser übertragen. Dieser musste allerdings von Bismarck in diese Würde regelrecht gepresst werden. Bismarck berichtete seiner Frau: »Diese Kaisergeburt war eine schwere, und Könige haben in solchen Zeiten ihre wunderlichen Gelüste wie Frauen, bevor sie der Welt hergeben, was sie doch nicht behalten wollen. Ich habe als Accoucheur *(Geburtshelfer – H.G.)* mehrmals das dringende Bedürfnis, eine Bombe zu sein und zu platzen, dass der ganze Bau in Trümmer gegangen wäre. Nötige Geschäfte greifen mich wenig an, aber die unnötigen verbittern.«[28]

Die Bismarcksche Staatskunst stützte sich nicht auf eine mündige Bürgerschaft, sondern auf die Repressivmacht der staatlichen Verwaltung der monarchischen Staatsstruktur. Freiheit der Wirtschaftsentwicklung, Nationalismus und Gehorsam der Untertanen gehörten zu den Grundpfeilern des Systems. Demokratie war in diesem deutschen Reich keine elementare Kategorie.

Die Verfassung von 1871 definierte Deutschland noch nicht als Nationalstaat, sondern (in der Präambel der Reichsverfassung) als »ewigen Bund zum Schutze des Bundesgebietes«. Namentlich werden in der Verfassungspräambel die Könige und Großherzöge aufgeführt, die diesen Bund geschlossen haben. So entstand 1871 keine demokratische Verfassung. Das verabschiedete Verfassungs-Dokument schuf eine militärisch dynastische Staatsordnung, mit der auch die Großbourgeoisie gut leben konnte. Bei allen Problemen der Bismarckschen Reichsverfassung ist festzustellen, dass sie die letzte deutsche Verfassung war, die allein von den Interessen deutscher Verfassungsväter geprägt war. Das sollte sich im 20. Jahrhundert grundlegend ändern!

3. Der Weg nach Weimar

In der Zeitspanne zwischen der Inkraftsetzung der Bismarckschen Reichsverfassung (1871) und der Annahme der Verfassung der Weimarer Republik (1919) vollzogen sich epochale technische, ökonomische, soziale, politische und kulturelle Veränderungen. Die Elektroenergie revolutionierte die Produktionsprozesse und veränderte das Leben der Menschen in den Städten und partiell auch auf dem Lande. Das Eisenbahnnetz durchzog alle wesentlichen Teile des Reiches. Autos, selbst Fluggeräte wurden konstruiert und zunehmend in die Serienproduktion überführt. An den deutschen Küsten wuchsen leistungsstarke Häfen und Werften. Dampfschiff-Linien ermöglichten den Transport von Personen und Gütern in alle Kontinente. Der Bau von Kriegsschiffen wurde intensiv vorangetrieben. Mit der Großindustrie gewannen Banken zunehmende Bedeutung. Industrie, Außenhandel und Finanzinstitute schufen immer engere Beziehungen zu den staatlichen Organen, vor allem um Aufträge zu akquirieren, ihre Auslandsbeziehungen auszubauen und ihr Eigentum im In- und Ausland zu schützen. Die staatliche Verwaltung – über Jahrhunderte ein höfischer steuereintreibender Apparat – wuchs in vorher nie gekannten Dimensionen. Das Volumen der Aufgaben der staatlichen Verwaltungen wuchs, die Ministerialbürokratie wurde zu einem Wirtschaftsförderungsfaktor. Den Parlamentariern des Deutschen Reichstages blieb dagegen im bismarckschen System neben der Budgetbehandlung wenig Entscheidungsvollmacht.

Zur gleichem Zeit veränderten sich die Lebensverhältnisse der Deutschen gravierend. Zwischen 1850 und 1910 verdreifachte sich die Zahl der Einwohner Preußens. Einen besonders starken Zuwachs verzeichneten die Städte. In Berlin verzehnfachte sich zwischen 1850 und 1910 die Einwohnerzahl. Ähnlich gestaltete sich die Situation in Düsseldorf, Essen und in Frankfurt am Main. Deutschland wandelte sich vom Agrar- zum Industriestaat. Das hatte erkennbaren Einfluss auf die Arbeitsbedingungen. Der Rhythmus der industriellen Arbeit erforderte nunmehr von dem Beschäftigen ständige Präsenz und eine permanente Arbeitsdisziplin bei einem oft mehr als zehnstündigem Arbeitstag.

Die Bedingungen des kapitalistischen Produktionsprozesses und in den engen, nicht selten kasernenähnlichen Wohnstätten der Arbeiter brachten neue soziale Beziehungen hervor. Solidarität der Ausgebeuteten bildete sich als sozialer Wert heraus. Arbeitervereine entstanden im Bildungsbereich, im Sport, in der Kultur und auf anderen Gebieten des gesellschaftlichen Lebens. In den Leitungsgremien ihrer Vereinigungen – oft auch in den sozialdemokratischen Ortsvereinen – gewannen Arbeiter die Fähigkeit sich zu organisieren, miteinander gegen Ungerechtigkeit zu kämpfen und füreinander Solidarität zu üben. Das tat Not, denn niedrige Löhne und latente Arbeitslosigkeit grassierten über Jahrzehnte. In den 90er Jahren des 19. Jahrhunderts wanderten jährlich mehr als 100 000 deutsche Arbeitslose vor allem nach Amerika aus. 1891 erklärte Reichskanzler Caprivi im Reichstag: »Entweder wir exportieren Waren oder wir exportieren Menschen. Mit dieser steigenden Bevölkerung ohne eine gleichmäßig zunehmende Industrie sind wir nicht in der Lage, weiter zu leben.«[29]

Die Verdichtung der Bevölkerung in Städten schuf bisher unbekannte Massenphänomene. Stand früher dem Bauern bzw. dem Landarbeiter ein bekannter Gutsherr oder Ortsschulze – dem man täglich begegnen konnte – gegenüber, anonymisierte sich in der Industrie wie in der Stadt das Verhältnis zur Obrigkeit. Ebenso wenig wie der Beschäftigte im Großbetrieb in der Regel den Eigentümer oder Aktionäre zu Gesicht bekam, kannte der Stadtbewohner die Verantwortlichen, die über die Rahmenbedingungen des kommunalen Lebens bestimmten. Die sozialen Verhältnisse, die Politik und auch die Bedingungen eines demokratischen Miteinander veränderten sich grundlegend. Klasseninteressen und Klassenauseinandersetzungen gewannen Bedeutung.

a) Wachsende Anforderungen an demokratische Verhältnisse

Völlig neue Anforderungen ergaben sich bei der Verwirklichung der im 18. Jahrhundert erarbeiten Konstrukte zur Volkssouveränität und zur Gestaltung demokratischer Verhältnisse. Die Idylle der überschaubaren städtischen Gemeinschaft – die der theoretischen Vision Rousseau zu Grunde lag – war in einem Staatswesen mit einer achtstelligen Einwohnerzahl nicht zu realisieren. Die Praxis hat über Jahrzehnte den Nachweis erbracht, dass Demokratie-Projekte des 20. und 21. Jahrhunderts deshalb auch verkümmerten, weil damit versucht wurde, entweder die Prinzipien der Demokratiegestaltung im griechischen Stadtstaat oder in der (Rousseauschen) Genfer Gemeinde zu kopieren. Das gilt offensichtlich auch für Verwertung der Gestaltungsprinzipien der Pariser Kommune. In den 72 Tagen ihrer Existenz hat diese revolutionierende Gemeinschaft der Pariser Patrioten der direkten Demokratie elementare neue Impulse (durch die Rechenschaftspflicht aller staatlichen Organe, das Recht auf Abberufung von Abgeordneten, die Regelung der Verantwortlichkeit von Richtern) vermittelt. Für die Gestaltung demokratischer Verfahrensweisen in einer repräsentativen Demokratie (die in der Massengesellschaft unumgänglich sein wird) hatte die Pariser Kommune weder Zeit noch Gelegenheit.

Die Praxis der repräsentativen Demokratie im vergangenen Jahrhundert hat erwiesen, je größer die Differenz ist, die sich zwischen Wählern und Gewählten auftut und je mehr Institutionen (Meinungsmacher, Medien) in das damit entstandene Vakuum einwirken können, desto fragiler wird die demokratische Substanz der Repräsentation.

Die aktuelle Praxis, dass in vielen Bereichen das Europarecht, nicht selten auch Entscheidungen internationaler Militärkoalitionen (NATO) Vorrang vor der Entscheidung nationaler Parlamente haben, vergrößert die aktuellen Defizite der repräsentativen Demokratie erheblich. Es war zweifellos ein signifikantes Signal, als der herausragende Jurist und Altbundespräsident Roman Herzog im Juni 2016 feststellte: »Das politische System erreicht die Menschen nicht mehr. [...] Deutschland ist mit der Entwicklung seiner Demokratie ins Hintertreffen geraten.«[30] Das sollte zum Nachdenken anregen.

Ohne Zweifel ist das Demokratiedefizit der Gegenwart nicht mit einer Summe kleiner Schritte, sondern allein auf der Grundlage einer tabulosen Bilanz und mit einer kühnen und weitsichtigen Entschlossenheit für systemische Veränderung des politischen Systems zu bewältigen. Schließlich steckt im ersten Fünftel des 21. Jahrhunderts angesichts der Globalisierung, der Ökonomisierung vieler Lebensbereiche und der auf Individualität gerichteten sozialen Tendenzen die repräsentative Demokratie in einer tiefen Krise. Vor allem junge Leute bewegt die berechtigte Frage, ob die traditionellen Demokratiekonzepte mit einem modernen Staat kompatibel sind. Ihnen genügt nicht mehr die tägliche Übermittlung der Nachricht »Deutschland ist ein demokratischer Rechtsstaat.« Sie suchen nicht nach weiteren politischen und juristischen Floskeln, sondern nach ehrlichen, nachvollziehbaren, ihre Mitwirkung ermöglichenden Alternativen.

In Roman Herzogs Empfehlung zur Veränderung demokratischer Verhältnisse schimmern allerdings auch dessen konservative Positionen durch. Er meint: »Das Volk will mitreden. Wir sollten es mitreden lassen, aber nicht unbedingt mitentscheiden.«[31]

Sicher, in der modernen Gesellschaft kann nicht jede Frage durch Referenden entschieden werden. Mit den von Politikern zu oft gebrauchten Floskeln »Wir müssen unsere Politik besser erklären oder mit Informationsveranstaltungen zu Projekten die Mitwirkungsbereitschaft der Bürger fördern« kann man vielleicht Teilerfolge erreichen, doch das Grundproblem der Politikverdrossenheit damit kaum lösen.

Der im Sommer 2015 von der Bundesregierung geplante Bürgerdialog »Gut leben in Deutschland« beispielsweise versandete schnell. Zu oft gehen die Bürger aus derartigen Veranstaltungen mit der aus bitteren Erfahrungen gespeisten Gewissheit heraus, wir haben unsere Bedenken und Vorschläge eingebracht, die Oberen aber machen – unbeeinflusst davon – doch was sie wollen. Demokratie wird nicht in unverbindlichen Gesprächen erstarken. Demokratie wird sich nur stabilisieren können, wenn das Versprechen auf Teilhabe eingelöst wird!

Bürger und Bürgergemeinschaften sollten, müssten Gelegenheit finden, frühzeitig am kreativen Prozess der Erörterung von Lösungsvarianten zu wichtigen oder sie betreffenden Angelegenheiten in allen Vertretungskörperschaften teilzunehmen. Kleine Staaten wie die Schweiz und Irland haben bei der Einbeziehung der Bürger in Entscheidungen über Staatsangelegenheiten interessante Ergebnisse erzielt. Das ist wahrscheinlich ein Hinweis darauf, dass Demokratie zu ihrer Entfaltung menschlich beherrschbarer Räume bedarf. Ebenso schafft das Gelegenheit für Neuansätze zur Bereicherung demokratischer Strukturen. In Irland wurde beispielsweise 2013 versucht, eine Synthese von Volksabstimmung, Losverfahren und parlamentarischer Entscheidung zu schaffen. 2013 wurde dort in Vorbereitung einer Verfassungsänderung eine Konferenz einberufen, in der 44 Parlamentsabgeordnete und 66 durch Losentscheid ermittelte Bürger über Monate die Änderung von acht Verfassungsartikeln debattierten. Gutachten wurden eingeholt. Bürger konnten über das Internet Vorschläge einbringen. Über den Verfassungsänderungsvorschlag der Konferenz wurde in einem Referendum abgestimmt.[32] Mit diesem Verfahren wurde Sachkunde und die Meinung von Bürgern einbezogen und der Gefahr zu begegnen versucht, dass Referenden für populistische Entscheidungen missbraucht werden. Bürgereinfluss wurde auf einem anderen Weg als über Parteien mit Erfolg gewährleistet.

b) Hintergründe und Voraussetzungen der Verfassung
   der Weimarer Republik

Professor Paul Nolte hat offensichtlich ein Faible für Jahreszeiten bei der Definition von Demokratieperioden. Nicht nur das Desaster der arabischen Staaten nach 2011 war für ihn ein hoffnungsvoller arabischer Frühling. Auch das bittere Ende des ersten Weltkrieges wird von ihm als »Der kurze Frühling der europäischen Demokratie« bezeichnet.[33] Als Begründung dafür erklärt er: »Einerseits schlug die Stunde der Demokratie – nicht so sehr im alltäglichen Denken und Handeln, auch nicht in den Theorien und bei den Wissenschaftlern, wohl aber in den Institutionen.«[34]

Ein wohl erstaunlicher Demokratiefrühling, der weder das Denken und Handeln der Menschen erfasst noch ohne theoretische und wissenschaftliche Begleitung ins Land fällt, und dessen einziger Adressat die Institutionen, d.h. die zentralen Machtorgane des Staates, sind. Derartiges bezeichnet man wohl eher als einen Putsch von oben denn als demokratischen Frühling.

Nolte versucht auch, seine Leser glauben zu machen, dass die neue Demokratie »zuallererst ein Produkt eines langen politischen Kampfes von fortschrittlichen Liberalen, Sozialdemokraten und demokratischen Nationalbewegungen, die ihren Erfolg wohl zu schätzen wussten und aufs Ganze gesehen auch [...] klug mit ihm umgingen« war.[35] War es so, oder erscheint es dem Autor nur so?

Möglicherweise hat Nolte mit seiner Institutionen-Variante ohne es zu wollen den Nagel auf den Kopf getroffen. Denn der deutsche Part, die Kräfte, die im Hintergrund die Entwicklung, die zur Weimarer Verfassung führten, in einer (international vereinbarten oder auch erzwungenen) Aktion steuerten, waren die Oberste Heeresleitung und rechte Führer der SPD. Es waren nicht legitime Vertreter des Volkes, sondern restaurative Institutionen!

Wie vollzogen sich die Ereignisse, die 1919 zur Gründung der ersten deutschen Republik führten? Im Verlaufe des Jahres 1917 wurde offensichtlich, dass vor allem nach dem Eintritt der Vereinigten Staaten von Amerika (an der Seite Englands und Frankreichs) in die militärischen Auseinandersetzungen die Niederlage Deutschland absehbar war. Pläne für die Gestaltung der Nachkriegsordnung wurden in den Hauptstädten der Kriegsgegner Deutschlands erarbeitet. Frankreich als Hauptbetroffener der deutschen Invasion war der Überzeugung, dass das Deutsche Reich künftig zerschlagen werden solle. Die deutschen Einzelstaaten sollten in ihrer völkerrechtlichen Souveränität wiederbelebt werden. Weite Gebiete sollten von alliierten Truppen besetzt werden. Die deutsche Staatsbürgerschaft sollte eliminiert werden.[36]

Dieser französischen Position widersetzten sich mit aller Energie vor allem US-Präsident Woodrow Wilson und der britische Premier Lloyd George. Wilson ging dabei davon aus: Jenseits Deutschlands steht »das Russland der bolschewistischen Revolution, eine schwer abzuschätzende unheimliche Drohung; ein intaktes Deutsches Reich mag da eher massiven Prellbock gegen Osten darstellen, als ein Sammelsurium mitteleuropäischer Kleinstaaten«.[37] Die russische Oktoberrevolution hatte folglich bewirkt, dass die gleichen Westmächte – die mit Expeditionskorps in die junge Sowjetrepublik eindrangen und den erfolglosen Versuch starteten, die Revolution militärisch niederzuringen – nunmehr mit einer spezifisch deutschen Lösung eine Barriere gegen Russland in Mitteleuropa zu errichten suchten.

Die seit den ersten Tagen der Sowjetmacht unverkennbare antisozialistische Grundtendenz der Politik der Westmächte wurde zu einer wesentlichen Grundbedingung für die Weiterexistenz eines einheitlichen deutschen Staates nach dessen Niederlage im Ersten Weltkrieg. Ohne Oktoberrevolution in Russland war es folglich sehr ungewiss, ob die alliierte Nachkriegslösung zur Weimarer Republik oder zu einer Wiederbelebung der deutschen Kleinstaaten geführt hätte. Dass es sich bei der Haltung der USA in dieser Frage nicht um eine abstrakte Position, sondern um harte Politik handelte, ließ Präsident Wilson in einem Schreiben an Friedrich Ebert vom 12. November 1918 erkennen. Ebert hatte die USA um Lebensmittellieferungen ersucht. Wilson antwortete, die USA seien bereit, Lebensmittel zu liefern, »vorausgesetzt, eine nicht-kommunistische Regierung behält in Deutschland die Macht«.[38] Die gleiche Strategie verfolgte die deutsche Oberste Heeresleitung unter General Ludendorff. Sie legte der Ebert-Regierung nahe, »Präsident Wilson und ganz Amerika mit Schrecken vor Umsichgreifen des Bolschewismus in Deutschland zu erfüllen«.[39]

Bereits seit dem zweiten Halbjahr 1917 agierte die Oberste Heeresleitung (OHL) in Richtung einer genehmen Nachkriegslösung. Durch eine »Parlamentisierung« des autokratisch-monarchistischen Systems in Deutschland suchte die OHL Partner aufzubauen, mit denen die Kriegsgegner bereit waren zu verhandeln. Das erfolgte nicht uneigennützig. Mit einem solchem Schachzug wollte die OHL aus der Schusslinie verschwinden. Parlamentarier sollten bei den schwierigen Waffenstillstands- und Friedensverhandlungen mit den zu erwartenden negativen Folgen zum Sündenbock gemacht werden. Ludendorffs Nachfolger General Groener hinterließ: »Mir konnte es nur lieb sein, wenn bei diesen unglückseligen Verhandlungen, von denen nichts Gutes zu erwarten war, das Heer und die Heeresleitung so unbelastet wie möglich blieben […]. Es kam mir und meinen Mitarbeitern darauf an, die Waffe blank und den Generalstab für die Zukunft unbelastet zu erhalten.«[40]

Im Herbst 1918 wurde im Zuge dieser Aktion im Reichstag ein wenig beachtetes Gesetz zur Änderung der Reichsverfassung eingebracht und beschlossen. Es regelte, dass der Kanzler nicht dem Monarchen, sondern dem Reichstag verantwortlich sei. Auch die Entscheidung über Krieg und Frieden wurde dem Reichstag zugewiesen.[41]

Das allein wurde jedoch von den USA und ihren Verbündeten für einen Verhandlungsbeginn noch nicht akzeptiert. Über die Haltung von US-Präsident Wilson wurde berichtet, »nur die Abdankung Wilhelms II. werde die Bereitschaft der Deutschen zum demokratischen Sinneswandel vor aller Welt offenbaren und die Stellung des amerikanischen Präsidenten festigen«. Am 9. November 1918 wurde dem Kaiser vorgetragen: »Nach der letzten Note Wilsons hat das Volk das Gefühl, dass wir ohne Kaiser einen besseren Frieden bekommen. Das ist auch die Meinung, die in Berlin verbreitet wird.«[42] Eine solche Note Wilsons wurde bis dato nicht gefunden.

Nicht weniger mysteriös erscheint es, dass Wilhelm II. schon am Morgen nach dieser Nachricht in einem Sonderzug mit reichem Gepäck sang- und klanglos in Richtung Niederlande verschwand.

Ist die Historikermeinung akzeptabel, der Abgang des Kaisers erfolgte so unauffällig und ohne jede Gegenreaktion, weil man mit Wichtigerem beschäftigt war und weil »die Katastrophe der Kriegsniederlage, die Furcht vor einer Reprise *(Wiederholung – H. G.)* der russischen Revolution« alles andere überlagerte?[43] Oder liefen geraume Zeit vorher über geheime Kanäle dazu schon Absprachen und Vorbereitungen? Wie dem auch sei, die Monarchie, die für den Preußenkaiser mit Pomp im Spiegelsaal von Versailles inthronisiert wurde, verschwand 47 Jahre später wie ein Dieb in der Nacht. Der bis in unsere Tage reichende Adelskult so mancher feudaler Nachkommen ist oft an Peinlichkeit kaum zu überbieten. Dieser liefert nicht nur Stoff für die Boulevardpresse, er wird auch von deutschen Gerichten als verhandelbar akzeptiert. Der Bundesgerichtshof hat 1998 in einem Rechtsstreit zugunsten Prinz Ferdinands von Preußen die archaischen Erbfolge-Regelungen des Hauses Preußen als rechtens anerkannt.[44]

Am 9. November 1918, dem Tag, als der Kaiser abdankte, an dem Prinz Max von Baden dem Sozialdemokraten Friedrich Ebert mittags um 12 Uhr die Kanzlerschaft übertrug, hatten die Soldaten, Matrosen und Arbeiter an den Fronten und in vielen Städten die Reste der monarchischen Staatsmacht ins Wanken gebracht. Im Berliner Regierungsviertel versammelten sich unter roten Fahnen bewaffnete Arbeiter und Militärangehörige.

Eine Historikeranalyse kam zu dem Ergebnis: »Die deutsche Demokratie hatte, wenn auch als Tochter der Niederlage und mit Geburtshilfe ihres alten Gegners, der Armee, im Oktober 1918 das Licht der Welt erblickt. [...] Wenn die Sozialdemokratische Partei Deutschlands mit einigem Recht die Mutterstelle der ersten deutschen Republik vertrat, so wird man wohl der Armeeführung die Vaterschaft zusprechen.«[45] Die rechten Kräfte in der Führung der Sozialdemokratischen Partei hatten sich schon früh als Mitstreiter bei der Umsetzung der Strategie der USA und der deutschen OHL angeboten. Schon im Februar 1918 hatte das Mitglied des Parteivorstandes der SPD Otto Braun öffentlich erklärt, wir »müssen zwischen den Bolschewiki und uns einen dicken, sichtbaren Trennungsstrich ziehen«.[46]

Die Revolutionäre des November 1918 handelten spontan. Sie folgten ihren Intentionen, die aus dem starken Willen zur Änderung des verhassten kaiserlichen Systems – das ihnen über Jahre Hunger, Krieg und Ungerechtigkeit beschert hatte – resultierten. An den Fronten und in den deutschen Städten bildeten sie analog russischer Erfahrungen Räte als revolutionäre Machtorgane. Diese Bewegung war so stark, dass die seit dem Mittag des 9. November 1918 regierenden Sozialdemokraten mit einem Etikettenschwindel ihre Regierung in »Rat der Volksbeauftragten« umbenannten.

Die immer stärker werdenden Arbeiter- und Soldatenräte waren der Regierung Ebert ein Dorn im Auge. Sie wollten keine Rätemacht, sondern eine den USA und der Obersten Heeresleitung genehme bürgerliche Ordnung schaffen. Der Weg dazu schien ihnen in den ersten Novembertagen 1918 durch die starke linke Bewegung in den Arbeiter- und Soldatenräten verbaut. Wie kam es aber, dass schon im Dezember 1918 die Reichsrätekonferenz die errungene Macht aus der Hand gab und sich für die Linie der Rechten in der SPD und damit für die Wahl einer verfassungsgebenden Nationalversammlung aussprach? Der Historiker Hagen

Schulze hat den Hintergrund dieser fast unerklärlichen Wende in der Haltung der Mitglieder der Reichsrätekonferenz recherchiert und schon vor Jahren in einer – leider auch von mir unbeachteten – Veröffentlichung vorgestellt.[47]

Das Ergebnis seiner Untersuchung besagt: Am 9. November 1918 beschlossen die Vertreter der Berliner Arbeiter- und Soldatenräte für den nächsten Tag eine Gesamträteversammlung durchzuführen, um dort eine provisorische Revolutionsregierung zu wählen. Unerkannt nahm an der Beratung am 9. November auch das Mitglied des Vorstandes der SPD Otto Wels teil. Er witterte die Gefahr. Noch in der Nacht zum 10. November mobilisierte er 150 »sozialdemokratische Funktionäre, die irgendwann einmal mit dem Militär Bekanntschaft gemacht haben, steckte sie in Uniformen«, um sie als Soldatenräte auszugeben. »In guter militärischer Haltung marschierte diese Truppe zum Zirkus Busch *(dem vorgesehenen Tagungsort der Räte – H. G.)* ab, und als man dort am Abend des 10. November nach langen stürmischen Debatten zur Abstimmung schritt, ergab sich, dass nur mit den Soldatenstimmen Mehrheiten zugunsten des Rates der Volksbeauftragten *(also der Ebert-Regierung – H. G.)* zustande kamen.«[48]

Mit dieser dubiosen Fünften Kolonne der rechten SPD-Führer gelang es dann am 16. Dezember 1918, den Weg zur Nationalversammlung, zur Weimarer Verfassung und zur bürgerlichen Republik frei zu räumen. Bisher hat den Feststellungen von Schulze nach meiner Kenntnis niemand widersprochen. Sie erhellen den blamablen dunklen Hintergrund bei der Errichtung der ersten deutschen Republik.

Zu den dunklen Seiten dieser bedeutsamen Ereignisse 1918/19 gehört zweifellos das Zusammenwirken der rechten SPD-Führung mit der Obersten Heeresleitung zur militärischen Niederschlagung der Novemberrevolution 1918. Friedrich Ebert war keine acht Stunden im Amt, da erreichte ihn ein Anruf vom Chef der OHL. General Groener sicherte ihm, was da auch komme, die Unterstützung des Militärs zu. Es entstand ein Pakt auf Gegenseitigkeit. »Die OHL stellte sich für die Doppelaufgabe der Rückführung des Heeres in die Heimat und die Machtsicherung der Reichsregierung zur Verfügung. Ebert dagegen sagte zu, dass durch die sozialistische *(die der rechten SPD-)*Führung die Autorität des

Offizierskorps gestützt und die der Soldatenräte zurückgedrängt werden sollte.«[49]

Groener kommentierte das in einem Brief an seine Frau mit der Bemerkung, er werde Ebert »stützen, so lange es irgend geht, damit der Karren nicht noch weiter nach links rutscht«.[50]

Dazu sollte Groener bald Gelegenheit erhalten. In den letzten Dezemberwochen 1918 spitzten sich die Widersprüche zwischen der Ebert-Regierung und linken Kräften in Berlin zu. Herangeführte Regierungstruppen verweigerten den Befehl zur Erstürmung des Quartiers der Volksmarine-Division im Berliner Marstall. In den ersten Januartagen rückten die linken Kräfte in Berlin vor. Am 6. Januar 1919 war Berlin weitgehend in den Händen der Aufständischen. Ebert und seine Getreuen hatten schon am 5. Januar, über Hinterhöfe fliehend, Berlin verlassen. Damit schlug die Stunde des Militärs. Am 11. Januar 1919 rückten – unter dem Kommando von SPD-Kriegsminister Gustav Noske – Regierungstruppen in Berlin ein. Mit Panzern, Artillerie und Maschinengewehren gingen sie gegen die sich mit Handfeuerwaffen und Steinen wehrenden Aufständischen vor. Zwei Tage später war der letzte Widerstand erloschen. Die Berliner Polizei zählte 165 Todesopfer, darunter Frauen und Kinder. Am 15. Januar wurden die prominenten Führer des Spartakusbundes Karl Liebknecht und Rosa Luxemburg von Reichswehroffizieren ermordet. Vier Tage später, am 19. Januar, fanden in der bedrückenden Atmosphäre dieser dramatischen Ereignisse die Wahlen zur verfassungsgebenden Nationalversammlung statt. Der Weg dahin war freigeschossen.

c) Die Weimarer Verfassung – der bürgerliche Versuch

Verfassungen entstehen in der Regel im Ergebnis längerfristiger geistiger Vorarbeit, gründlicher Analysen der gesellschaftlichen Gegebenheiten und der Abwägung der politischen und sozialen Folgen derart grundlegender Dokumente. Für die Vorbereitung der »Weimarer Reichsverfassung« musste alles in Eile erfolgen. Wichtige Prämissen für die deutsche Nachkriegsverfassung waren vor allem vom amerikanischen Präsidenten Wilson vorgegeben. Deutschland sollte die Monarchie durch eine parlamentarische Republik ersetzen und einem westlichen bürgerlichen Staatsmodell folgen, um die Rolle als Prellbock gegenüber der russischen Revolution erfüllen zu können. Wer aber sollte eine derartige Verfassungsurkunde vorbereiten?

In den ersten Jahrzehnten des 20. Jahrhunderts verfügte Deutschland auch im bürgerlichen Lager über kluge Köpfe (u. a. Georg Jellinek, Friedrich Naumann, Emil Lask, Karl Jaspers, Gustav Radbruch, Werner Sombart, Max Weber), die eine gründliche Verfassungsdebatte befruchtet hätten. Für wenige Tage gab es unter den Verantwortlichen des »Rates der Volksbeauftragten« den Gedanken, den renommierten Juristen und Soziologen Max Weber für die Arbeit an der Reichsverfassung heranzuziehen.[51] Friedrich Ebert aber entschied sich für den bis dahin unbekannten und bald wieder aus der öffentlichen Wahrnehmung verschwundenen Berliner Kommunalpolitiker und Professor an der Handelshochschule Hugo Preuß.

Wie kam es aber, dass Hugo Preuß den Auftrag für den Verfassungsentwurf erhielt? Preuß gehörte zu den deutschen Links-Liberalen. Ihm war ein Obrigkeitsstaat zuwider. Bedingt durch sein kommunales Engagement gehörte die Selbstverwaltung der Gemeinden, ein von unten nach oben gegliedertes Staatssystem zu seinen Visionen. »Hugo Preuß, der Bildungsbürger, machte sich über vieles Sorgen, nur nicht über das Kapital und dessen unübersichtliche Macht. […] Die Freiheit, die er meinte, das war die bürgerliche Freiheit wie um 1848 […]. Der Linksliberale, der den verbürgerlichten Sozialisten und Sozialdemokraten schon unter Wilhelm II. weit entgegenkam, um ihnen dabei zu helfen, sich aus engem Klassenbewusstsein zu lösen und zu freier Staatsbürgerlichkeit zu finden.«[52]

Preuß, der noch 1917 die Monarchie für reformierbar hielt, veröffentlichte am 14. November 1918 im Berliner Tageblatt einen Artikel, in dem er das Bürgertum aufrief, Schlappheit abzulegen und die Neuorganisation eines Staatswesens voranzutreiben, um nicht in bolschewistischen Terror abzugleiten. Tags darauf berief der Vorsitzende des Rates der Volksbeauftragten Friedrich Ebert den Berliner Lokalpolitiker Preuß zum Staatssekretär des Inneren. Seine Aufgabe wurde es, kurzfristig den Entwurf für eine Verfassung vorzulegen. Auf welcher Grundlage aber sollte dieses Dokument bauen, welche Ziele sollte es anstreben? In Berlin brannte

die Luft. Es wurde geschossen und gestorben. Die Wahl der verfassungsgebenden Nationalversammlung war für den 19. Januar
1919 angesetzt. Niemand konnte voraussehen, welche politischen
Kräfte in diesem Gremium dominieren und auf die Verfassungserarbeitung Einfluss nehmen werden.

In den letzten zwei Wochen des Jahres 1918 formulierte Preuß
seinen ersten Verfassungsentwurf. Noch ehe Noske mit den Militärverbänden in Berlin einmarschierte, präsentierte Preuß am
3. Januar 1919 dem Kabinett sein Reißbrettprojekt. Eine gründliche Beratung war nicht möglich. Zwei Tage später suchte das
Ebert-Kabinett vor den Berliner Aufständischen auf Schleichwegen das Weite.

Einen Monat danach, am 6. Februar 1919, versammelten sich
die am 19. Januar gewählten Abgeordneten der Nationalversammlung in Weimar. Die Sozialdemokraten (als stärkste Fraktion)
bildeten mit der Demokratischen Partei die »Weimarer Koalition«.
Sie machten sich mit dem Entwurf von Preuß vertraut, berieten
und veränderten Details je nach Interessenlage und verabschiedeten die endgültige Fassung am 31. Juli 1919. Am 14. August
1919 unterzeichneten der inzwischen als Reichspräsident gewählte
Friedrich Ebert und ebenso die anwesenden Minister die »Weimarer Reichsverfassung« im Wirtshaus »Zum Weißen Hirsch«
im thüringischen Schwarzburg. Hugo Preuß war nicht dabei. Er
hatte seine Mitarbeit an der Bearbeitung der von ihm entworfenen
Verfassung im Juni 1919 gekündigt und seine Funktion als Innenminister in der Regierung Scheidemann niedergelegt.

Die Eile bei der Verfassungsgesetzgebung und die unterschiedliche Interessenlage der Beratungsteilnehmer führten im
endgültigen Verfassungsdokument zwangsläufig zu den verschiedenartigsten, realisierbaren, gewollten und nicht gewollten
Verfassungsregelungen. Zu den gewollten Aussagen gehören zweifellos der Artikel 152, der die Vertragsfreiheit der Wirtschaft und
der Artikel 153, der das wirtschaftliche Eigentum unter den Schutz
des Staates stellten. Zu den ungewollten Verfassungsregelungen
ist sicher der umfangreiche Artikel 165 zu zählen. Darin wird
den Arbeitern und Angestellten das Recht deklariert, Räte bis
zu einem »Reichsarbeitsrat« zu bilden. Der Rätegedanke war in
Anbetracht des Wirkens von Arbeiter- und Soldatenräten derart

im Bewusstsein der Bevölkerung verfestigt, dass man dem in der Verfassungsformulierung zu entsprechen suchte. Allerdings nur in der Formulierung. Nie wurde ein Reichsarbeitsrat gebildet.

Um einer gewissen Form gerecht zu werden, wurde 1920 »als vorläufiger Ersatz« für den laut Artikel 165 zu schaffenden Rat per Gesetz ein vorläufiger Reichswirtschaftsrat gegründet.[53] (Dessen Vorläufer war allerdings der 1881 in Preußen gebildete Reichswirtschaftsrat.) Über die Rechte des Rates wurde zehn Jahre eine geruhsame akademische Debatte geführt. Im April 1933 wurde er aufgelöst.[54] In wesentlich kürzerer Zeit wurde der im November 1918 eingesetzten Sozialisierungskommission ein Ende gesetzt. Ihr war in den Revolutionstagen 1918 die Aufgabe übertragen, alle dafür reifen Industriezweige sofort zu sozialisieren. Vier Monate danach erklärte ihr Vorsitzender Karl Kautsky das erfolglose Ende der Arbeit dieser Kommission. Die Weimarer Republik bewegte sich mit der Führung der SPD im bürgerlichen Fahrwasser.

Was aber waren wesentliche Bestandteile der Weimarer Verfassung? Es war die erste deutsche nicht-monarchische Verfassung. Artikel 1 regelte: »Deutschland ist eine Republik. Die Staatsgewalt geht vom Volke aus.« Der erste Satz dieses Artikels entsprach der Situation und den internationalen Forderungen beim Friedensabschluss. Der zweite Satz, der im Kern keine Feststellung, sondern einen Anspruch an die Regierenden und an die Wähler bedeutete, hatte es weitaus schwerer mit der Realisierung.

Weder der rechtlichen Stellung der Parteien noch deren Positionen im parlamentarischen Wirken widmete die Weimarer Verfassung ein Wort. Als das Paulskirchen-Parlament 1848 den Parteien keine Beachtung schenkte, war das verständlich, denn noch hatten sich keine Parteien gebildet. 1919 aber hatten sich Parteien organisiert, wirkten im Lande und nahmen Aufgaben bei der Auswahl und der Unterstützung der künftigen Abgeordneten wahr.

Der Grundrechtskatalog der Weimarer Verfassung entsprach weitgehend den 1848 im Paulskirchen-Parlament erarbeiteten Grundsätzen. Hinzugefügt waren einige soziale Rechte (Schutz der Mutterschaft und der Jugend). Das war, wenn auch eine überwiegend rein deklaratorische Aussage, zweifellos ein Fortschritt. Es stand im Gesetz. Man konnte sich darum bemühen. Eine

Verbindlichkeit der Grundrechte war aber dieser Verfassung noch fremd. Deutschland machte mit der Weimarer Verfassung die ersten oft holprigen Schritte in Richtung einer parlamentarischen Demokratie. Das galt auch für die in der Weimarer Verfassung erstmals eingeräumte Möglichkeit, Volksbegehren und Volksbescheide durchzuführen. Versuche, auf diesem Weg Einfluss auf die Reichsgesetzgebung zu nehmen, scheiterten in allen Fällen, wenn auch aus unterschiedlichen Gründen.

Als ein gravierender Konstruktionsfehler des Weimarer Verfassungsdokuments erwies sich der inzwischen berüchtigte Artikel 48 der Reichsverfassung. In Anlehnung an die frühere absolute Macht von Monarchen wurden im Artikel 48 der Weimarer Verfassung dem Reichspräsidenten verhängnisvolle Vollmachten für einen Notstandsfall eingeräumt. Demnach konnte er nach eigenem Ermessen mit Hilfe militärischer Gewalt alle Rechte der verfassungsgemäßen Organe, ebenso die Grundrechte außer Kraft setzen. Von diesem zweifellos kaum demokratisch zu bezeichnenden Recht hat nicht allein Reichspräsident Hindenburg mit verhängnisvollen Folgen Gebrauch gemacht. Auch Reichspräsident Friedrich Ebert hatte während seiner Präsidentschaft (1919–1925) 135 Verordnungen nach Artikel 48, darunter vierzig Verordnungen zur Behebung wirtschaftlicher Notstände, erlassen.[55]

Friedrich Eberts Nachfolger als Reichspräsident, der preußische General Paul von Hindenburg, unterstützte seit 1930 die Maßnahmen der bürgerlichen Minderheitsregierungen, indem er auf der Basis des Artikel 48 deren Entscheidungen als Notverordnungen in Kraft setzte. Die Regierungen Brüning I, Brüning II und Papen mutierten damit zu (in der Verfassung nicht vorgesehenen) Präsidialkabinetten.

Am 30. Januar 1933 ernannte Hindenburg auf der Basis der ihm in der Verfassung Artikel 53 eingeräumten Vollmacht zur Ernennung des Regierungschefs Hitler zum deutschen Kanzler. Das, obwohl Hindenburg und seinen Hintermännern die antidemokratische und antihumane Politik Hitlers und seiner Spießgesellen bekannt war. In einem Prozess vor dem Leipziger Reichsgericht hatte Hitler sogar unverhohlen die Beseitigung der mit der Weimarer Verfassung geregelten Staatsordnung angekündigt. Er hatte – ohne eine Reaktion der Herren Richter – ausgesagt, er würde bei einer Machtübernahme »den Staat in eine Form gießen, die unseren Gedanken entspricht.«[56] Öffentlicher und ungestrafter konnte der von Hitler angestrebte Staatsstreich kaum angekündigt werden. Was folgte, war eine grausame menschenverachtende kriegslüsterne Diktatur.

Im Februar 2014 wurde im Stadtmuseum in Weimar eine Ausstellung zum 95. Jahrestag des Beginns der Deutschen Nationalversammlung in Weimar eröffnet. Dort war über die Weimarer Verfassung als einer gescheiterten Demokratie ohne Demokraten und von einem hoffnungsvollen mutigen Wagnis zu lesen. Wer nachdenkt wird sich derartig oberflächlichen Floskeln wahrscheinlich verweigern. War es nicht das Bündnis der rechten Führer der Sozialdemokratie mit der kaiserlichen Militärführung und die Erhaltung der kaiserlichen Beamtenschaft, die den Gegnern der Demokratie Möglichkeit gab, auch die SPD weiter zurückzudrängen und den Faschisten den Weg zu bahnen?

War es nicht die von Wilson entwickelte, von der Obersten Heeresleitung und der Führung der SPD übernommene Politik, Deutschland zu einem Bollwerk gegen das sozialistische Russland zu gestalten, die breite Massen gegen die Verbürgerlichung der Weimarer Republik aufbrachte und obendrein zur Spaltung der am Beginn des 20. Jahrhunderts starken Arbeiterbewegung in Deutschland führte? Unter diesen Umständen schmolzen demokratische Ansätze der Weimarer Verfassung im Trommelfeuer der konservativen rechten Kräfte.

Man muss schon an den historischen Tatsachen vorbeisehen, wenn man dem Urteil von Nolte aus dem Jahr 2012 folgt, dass Preußen in der Weimarer Republik »eine beeindruckende Bastion der Demokratie« war.[57] Nolte konzediert zwar zu Recht, dass die ostelbischen Junker ein antidemokratisches Machtzentrum bildeten. Hat er aber nichts von den Machtkämpfen in Berlin, den Streiks, den Protestaktionen und den heftigen, teils bewaffneten Auseinandersetzungen in Preußen zwischen 1919 und 1933 erfahren? Hat Nolte nie bei Kollegen gelesen, dass die preußische Verwaltung »neben dem Offizierskorps die einzige Körperschaft (sei) die Einheit und Kontinuität des Staates verbürgte«.[58] Nach welchen Kriterien werden in der aktuellen Berliner historischen Forschung »Bastionen der Demokratie« definiert?

Die Weimarer Republik und die mit ihr verbundenen Hoffnungen auf ein demokratisches Staatswesen hatten kaum eine Chance. Sie entstand und existierte unter schwierigen Umständen mit einer starken, gut organisierten rechten Gegnerschaft und keinem überzeugten Verteidiger im linken Spektrum. Verfassungen sind eben nicht Resultate juristischer Formulierungskunst. Sie wirken nur dann nachhaltig, wenn Ihre Grundlinien die soziale Situation reflektieren und der Gesellschaft und den Wählern ein verständliches und überzeugendes Zukunftskonzept bieten

Reichspräsident Friedrich Ebert geriet 1924 in die Mühlen der konservativen Gerichtsbarkeit. In einem dubiosen Prozess musste sich der schwerkranke Ebert der Anklage erwehren, mit seiner Nähe zum Munitionsarbeiterstreik 1918 (der zur Beendigung des Ersten Weltkrieges beigetragen hatte) Landesverrat begangen zu haben. Schon das Klageersuchen machte das antidemokratische politische Klima, das fünf Jahre nach der Inkraftsetzung der Weimarer Verfassung herrschte, deutlich. Ebert begegnete den Vorwürfen nicht offensiv, sondern erklärte in einer Stellungnahme: »Ich bin mit der bestimmten Absicht in die Streikleitung eingetreten, den Streik zum schnellsten Abschluss zu bringen und eine Schädigung des Landes zu verhüten.«[59] Diese nicht gerade arbeiterfreundliche Handlungsweise Eberts interessierte die Richter in keiner Weise. Das Magdeburger Gericht stellte im Ergebnis des schmutzigen Prozesses fest, dass der Reichspräsident durch seine Beteiligung am Massenstreik Landesverrat begangen habe. »In den Kreisen der Großbourgeoisie, als deren Retter sich gerade Friedrich Ebert im Revolutionsgetümmel erwiesen hat, war Mitleid mit dem zutiefst Verletzten kaum auszumachen.«[60] Das war nicht anders zu erwarten. Das Bürgertum sucht den politischen Gegner nur als Bundesgenossen, wenn es eine Situation mit eigenen Kräften nicht zu bewältigen vermag. Ist das gelungen, lässt sie den »benutzten« Politiker – das ist die bürgerliche Logik der Klassenauseinandersetzung – fallen. Von wenigen Ausnahmen einmal abgesehen.

Als zwei Monate nach dem Magdeburger Urteil Reichspräsident Ebert verstarb, erklärte der Magdeburger Richter, Landgerichtsrat August Bewersdorff, skrupellos und folgenlos, er sei es gewesen, der den »Kerl zur Strecke gebracht« habe.[61]

Das war zweifellos keine rechtsstaatliche Auslassung, sondern Klassenjustiz. Solche Richter konnten Hitler und seine Konsorten für ihre menschenverachtenden Ziele gut gebrauchen.

Anmerkungen

1 Vgl. Jacques Necker: Campte rendu, in: Œuvres completes, II, S. 23 f.

2 Vgl. Willi Paul Adams: Die USA vor 1990, Oldenbourg-München 2000, Band 28 des Oldenbourg Grundriss der Geschichte, S. 38

3 Vgl. Walter Markov, Albert Soboul: 1789. Die große Revolution der Franzosen, Urania-Verlag, Leipzig, Jena, Berlin 1989, S. 47

4 a.a.O., S. 79

5 Vgl. Christoph Rühe: Das politische Denken von John Taylor of Caroline, Haupt Verlag, Bern-Stuttgart-Wien 2010, S. 120

6 Karl Marx: Der achtzehnte Brumaire des Louis Bonaparte, in: Ausgewählte Werke in zwei Bänden, Verlag für fremdsprachige Literatur, Moskau 1951, S. 226

7 Wilhelm Wertenbruch: Die Religion in Geschichte und Gegenwart, Band IV, Spalte 870, Mohr Siebeck Verlag, Tübingen 2008

8 Vgl. Walter Markov: 1789 …, a.a.O., S. 197 f.

9 a.a.O., S. 261 f.

10 a.a.O., S. 277

11 a.a.O., S. 279

12 Johann Wolfgang von Goethe: Brief an Zelter vom 6. Juni 1825, in: Goethes Briefwechsel mit Zelter 1799–1832, Wolkenwander Verlag, Leipzig 1923, S .128

13 Zitiert nach Franz Mehring: 1813–1819. Von Kalisch nach Karlsbad, Dietz Verlag, Stuttgart 1913, S. 72

14 Vgl. Wolfram Siemann: Vom Staatenbund zum Nationalstaat, C. H. Beck, München 1994, S. 319

15 Friedrich Engels: Die Lage der arbeitenden Klasse in England, MEW Bd. 2, Berlin, S. 299

16 Preußenkönig Friedrich Wilhelm IV. an Prinz Wilhelm 20. März 1848. Zitiert in: Christopher Clark: Preußens Aufstieg und Niedergang 1600–1947, Deutsche Verlagsanstalt, München 2007, S. 560

17 Friedrich Engels, in: MEW Bd. 5, Dietz Verlag, Berlin 1959, S. 14

18 Zitiert in Christopher Clark: Preußens Aufstieg …, a.a.O., S. 566

19 Paul Nolte: Was ist Demokratie? Geschichte und Gegenwart, C. H. Beck Verlag, München 2012, S. 99

20 Karl Marx/Friedrich Engels: MEW Bd. 12, Dietz Verlag, Berlin 1961, S. 620

21 August Bebel: Aus meinem Leben, Dietz Verlag, Berlin 1961, S. 72

22 Friedrich Engels: MEW Bd. 16, S. 68

23 a.a.O., S. 72

24 Bundesgesetzblatt des Deutschen Bundes, 1871 Nr. 16. S. 64–85

25 Reichsgesetzblatt Nr. 34, ausgegeben zu Berlin, den 22. Oktober 1878

26 Vgl. Michael Stürmer: Das ruhelose Reich. Deutschland 1866–1918, Siedler Verlag, München 1983, Bd. 1, S. 116

27 ebenda

28 Otto von Bismarck: Briefe an seine Gattin aus dem Kriege 1870/71. Brief 65 vom 21. Januar 1871, Cottasche Buchhandlung Nachfolger, Stuttgart und Berlin 1903, S. 78

29 Reichskanzler von Caprivi am 10. Dezember 1891 im Deutschen Reichstag, zitiert in: Michael Stürmer: Das ruhelose Reich …, a.a.O., S. 49

30 Roman Herzog: Braucht Deutschland wieder einen Ruck?, in: *Focus* 23/2016, S. 34

31 a. a. O., S. 35

32 Vgl. David Van Reybrouck: Wahlen sind nicht demokratisch, in: *Der Spiegel* 31/2016, S. 118

33 Paul Nolte: Was ist Demokratie? …, a. a. O., S. 239

34 a. a. O., S. 245

35 ebenda

36 Vgl. Gitta Steinmeyer: Die Grundlagen der französischen Deutschlandpolitik, Klett Cotta, Stuttgart 1979, S. 116

37 Zitiert in: Hagen Schulze: Weimar-Deutschland 1917–1933, in: Siedler, Deutsche Geschichte, Bd. 2, München 1982, S. 15

38 a. a. O., S. 21

39 Paul von Hintze an Reichskanzler, 12. November 1918, in: Politisches Archiv des Auswärtigen Amts, Bonn, Wk 30

40 Wilhelm Groener: Lebenserinnerungen, Vandenhoeck und Rupprecht, Göttingen 1975, S. 449, 466

41 Gesetz zur Abänderung der Reichsverfassung vom 28. Oktober 1918, in: *dokumentArchiv.de*

42 Vorgeschichte des Waffenstillstands, Amtliche Urkunden, hrsg. v. d. Reichskanzlei Berlin, Hobbing Verlag 1919, S. 165

43 Hagen Schulze: Weimar-Deutschland …, a. a. O., S. 154

44 Bundesgerichtshof, BGH 2. Dezember 1998, IV ZB 19/97

45 Hagen Schulze: Weimar-Deutschland …, a. a. O., S. 155, S. 171

46 Otto Braun: Die Bolschewiki und wir, in: *Vorwärts* Nr. 46 vom 15. Februar 1918

47 Vgl. Hagen Schulze: Weimar-Deutschland …, a. a. O., S. 166

48 ebenda

49 a. a. O., S. 170

50 Dorothea Groener-Geyer: General Groener. Soldat und Staatsmann, Societäts Verlag, Frankfurt 1955, S. 117

51 Vergl. Dirk Kaessler: Max Weber. Eine Einführung in Leben Werk und Wirkung, Campus Verlag, Frankfurt am Main 2003, S. 38

52 Günther Gillessen: Konstitutionelle Gemütsergötzlichkeiten, Rezension in der *Süddeutschen Zeitung* zu: Gesammelte Schriften von Hugo Preuß, Bd.1, Campus, Frankfurt am Main, in: *Süddeutsche Zeitung* vom 8. November 2007

53 Verordnung über den vorläufigen Wirtschaftsrat vom 4. Mai 1920, RGBL 1920, S. 858

54 RGBL 1933 I. vom 5. April 1933, S. 165

55 Vgl. Hagen Schulze: Weimar-Deutschland …, a. a. O., S. 99

56 Adolf Hitler, zitiert in: Jahrbuch des öffentlichen Rechts 21 (1933/34), S. 4 f.

57 Paul Nolte: Was ist Demokratie? …, a. a. O., S. 269

58 Reinhart Kosselleck: Staat und Gesellschaft in Preußen 1815–1848, in: Hans-Ulrich Wehler (Hrsg.): Moderne deutsche Sozialgeschichte, Vandenhoeck und Ruprecht, Göttingen 1976, S. 63

59 Der Prozess gegen den Reichspräsidenten, zitiert in: Norbert Podewin: Ebert und Ebert, edition ost, Berlin 1999, S. 314

60 a. a. O., S. 317

61 a. a. O., S. 321

VI.
Das Grundgesetz:
Vorentscheidungen, Entstehung
und Probleme

Die Reichsverfassung von 1871 und die Weimarer Reichsverfassung entstanden nach einem Krieg. So war das auch beim Grundgesetz der Bundesrepublik Deutschland. Wie schon bei der Weimarer Reichsverfassung wurden wesentliche Leitlinien der Verfassungsaussagen durch die Siegermächte vorgegeben. Ebenso wie 1919 in Weimar erfolgten die Beratungen für den Entwurf des Grundgesetzes ohne Einbeziehung des Volkes, abgeschirmt im engen Kreis von Spezialisten. Die daran Beteiligten hatten zumeist in der Weimarer Republik ihre Denkweise entwickelt und ihre Sachkenntnis in Verfassungsfragen in dieser ersten Stolperstrecke der parlamentarischen Demokratie erworben. Sie waren aber nicht allein am Werk, als sie das noch heute geltende Grundgesetz vorbereiteten. 1919 genügten noch die verbindlichen Hinweise des US-Präsidenten Wilson, um die Entstehung einer Verfassung der ersten deutschen parlamentarischen Republik zu beeinflussen. Das sollte 1948/49 ganz anders sein.

1. Das Grundgesetz –
ein Akt demokratischer Selbstbestimmung?

Für die Erarbeitung des Grundgesetzes wurde ein engmaschiges System der Einflussnahmen von Besatzungsoffizieren geschaffen, die den Entwurf jedes Artikels des Grundgesetzes prüften, akzeptierten oder korrigierten. Zum Zentrum der amerikanischen »Betreuung« der deutschen Verfassungsarbeiten wurde die politische Abteilung der amerikanischen Militärregierung unter der Leitung von Hans Simons.[1] Simons hatte seinen Job schon 1947 folgendermaßen beschrieben: »Die USA exportieren Demokratie, weil sie Märkte im Ausland suchen. [...] Moralische Missionen seien so ein Komplement *(eine Ergänzung – H. G.)* ihrer materiellen Lage.«[2]

Über das Verhältnis der amerikanischen Mitarbeiter von Simons zu den deutschen »Verfassungsvätern« schrieb der US-Verbindungsoffizier Antony R. F. Pabsch: »We observe them, then we cocktail them, dine them and lunch with them.« (Wir beobachten sie, nehmen einen Drink mit ihnen, essen mit ihnen zu Mittag und zu Abend.)[3]

Unter welchen wesentlichen historischen Umständen vollzog sich 1948/49 die Arbeit am Bonner Grundgesetz? Sie erfolgte auf Anweisung, nach Leitlinien und mit einer Terminstellung, die am 1. Juli 1948 von amerikanischen, britischen und französischen Militärgouverneuren den westdeutschen Ministerpräsidenten in Gestalt der Frankfurter Dokumente als verbindliche Order übergeben wurden. Das am 23. Mai 1949 in Kraft getretene Grundgesetz vermittelt in seiner Präambel die Feststellung, das deutsche Volk habe »Kraft seiner verfassungsgebenden Gewalt dieses Grundgesetz beschlossen«. Das deutsche Volk aber war nicht beteiligt, nicht einmal befragt worden. Amerikanische Majore hatten schon eher Einfluss darauf, was im Grundgesetz geregelt wird und was nicht.

Autoren von Grundgesetz-Kommentaren haben es deshalb nicht leicht mit der Begründung und Erläuterung der Grundgesetzpräambel. Zwei Professoren der Universität Münster haben es 2012 folgendermaßen versucht: »Dem *(der Volkssouveränität – H. G.)* steht nicht entgegen, dass das Volk am Erlass des Grundgesetzes nicht beteiligt war, da alle (beteiligten) Länder das Grundgesetz als verbindliche Fassung angesehen haben und mit den Wahlen zum Bundestag auch das Grundgesetz bestätigt wurde.«[4] Hätten die Autoren dieser Behauptung nur die Stimmzettel zur Bundestagswahl am 14. August 1949 sowie die Wahlaufrufe der CDU und der SPD[5] angesehen, hätten sie erkannt, dass in keinem dieser Dokumente auch nur ein Wort über eine Bestätigung des Grundgesetzes enthalten war.

Eine Lektüre dieser Dokumente lohnt sich allerdings, wenn man Gründungsideen der Bundesrepublik zu erhellen sucht. Der Wahlaufruf der CDU von 1949 gehört zu den wenigen Dokumenten, mit denen die Dominanz der USA bei der Gestaltung der politischen Ordnung der Bundesrepublik zugegeben wird. Darin ist zu lesen: »In dieser weltweiten Auseinandersetzung hat die deutsche Frage für die beteiligten Mächte natürlich nicht die gleiche Bedeutung wie für uns. Für uns ist es eine Lebensfrage. Für die anderen Mächte sind wir nur ein Objekt der Politik, ein Faktor, der je nach eigenen Interessen und nach der jeweiligen Politik verschieden beurteilt und gewertet wird. Es ist das unselige Schicksal Deutschlands, dass in Europa die Grenzlinie der Interessensphären infolge der unglücklichen Kriegspolitik der westlichen Alliierten quer durch Deutschlands geht. Somit ist der wesentliche Teil Deutschlands zum Vorfeld der amerikanischen [...] Politik geworden.«[6] In den Sonntagsreden des derzeitigen Bundestages wird der amerikanische Einfluss durch Floskeln über die angebliche Selbstbestimmung des deutschen Volkes bei der Verfassungsgesetzgebung ersetzt.

Mit Kalkül wird der jungen Generation auch vorenthalten, dass der international renommierte Philosoph Karl Jaspers im April 1964 – also 15 Jahre nach Annahme des Grundgesetzes – öffentlich erklärte: »Alle Deutsche Träger des Staates? Nein, sie sind bisher noch zumeist Untertanen, nicht Träger des Staates. Sie wählen alle vier Jahre eine ihnen vorgelegte Liste, aber wissen nicht eigentlich was. Denn sie haben sich zu fügen. Zunächst den Vorschlägen der Parteien, dann der Obrigkeit, die sich für ihre Autorität auf das Volk beruft, das sie gewählt habe [...]. Das Volk kann nicht selber mitregieren. Es regieren die von ihm beauftragten Vertreter, die Parlamentarier, die ihrerseits den Kanzler wählen. Die Frage ist erstens, welche Wirkung überhaupt vom Volke ausgeht: Sie ist ungemein gering. Selbst die Wahlen sind keine eigentlichen Wahlen, sondern Akklamation zur Parteienoligarchie. Zweitens ist die Frage, welche Qualitäten die Parlamentarier als Politiker haben sollten und wirklich haben. Das ist von schicksalhafter Bedeutung.«[7] Und nun – ein halbes Jahrhundert nach der kritischen Einschätzung von Jaspers – verbreitet sich in Deutschland und in Europa das Gespenst des Vertrauensverlustes der Völker der EU in ihre politischen Führungen, der Sorge um die Reste der Demokratie und die Vergrößerung des unsozialen Abstandes zwischen Arm und Reich.

Lohnenswert ist auch die Lektüre des 1948er Wahlaufrufs der SPD-Führung. Er beginnt mit der Feststellung: »Hinter dem Wall der kämpfenden Sozialdemokratie haben die Rechtsparteien die unsoziale Epoche der deutschen Wirtschaftspolitik entwickelt [...] Was wollen die Sozialdemokraten? Planung der Wirtschaft, produktive Vollbeschäftigung [...], Sozialisierung und Bodenreform, Hilfe für die wirtschaftlich Schwachen, [...]sozialer Wohnungsbau. Was tut not? Der Kampf gegen drei große Lügen steht im Vordergrund. Die Lüge von dem Segen der freien Wirtschaft, die eine Herrschaft der Reichen gegen die Armen bedeutet. Gegen die Lüge von dem Gegensatz der christlichen und unchristlichen Parteien. Die Lüge von der Möglichkeit der nationalen Einheit [...].« Festgestellt wird: »Das Grundgesetz verwirklicht nicht die Ziele der Sozialdemokratie.«[8]

65 Jahre danach erklärte der Vertreter der SPD im Bundestag: »Das Grundgesetz hat uns [...] eine glückliche Demokratie beschert. Schon deshalb ist das Grundgesetz die beste Verfassung, die Deutschland jemals hatte.«[9]

Steht den Rednern bei derartigen Erklärungen Unkenntnis über die Geschehnisse oder die Absicht der Verklärung von gesicherten Tatsachen zur Seite? Die vorgenannten grundlegenden sozialen Forderungen der SPD nach Wirtschaftsplanung, Sozialisierung, Bodenreform und gegen die Herrschaft der Reichen waren in der Bundesrepublik nicht umzusetzen. In der benachbarten DDR wurden sie allesamt verwirklicht.

2. Eine gemeinsame Deutschlandvision oder Spaltung?

Die Zukunft der politischen und sozialen Ordnung in Deutschland wurde bekanntlich nach der Niederlage des faschistischen Regimes im Zweiten Weltkrieg vorrangig von den Alliierten der Antihitlerkoalition bestimmt. Maßgebliche Grundentscheidungen dazu wurden im unvergleichlichen politischen Klima der letzten militärischen Auseinandersetzungen auf dem europäischen Kontinent auf internationalen Konferenzen in Jalta (4. bis 11. Februar 1945) und in Potsdam (17. Juli bis 2. August 1945) getroffen. Gemäß den Regelungen des Potsdamer Abkommens wurden in allen Besatzungszonen die Oberste Macht von den Oberkommandierenden der jeweiligen Streitkräfte ausgeübt.

Jeder Krieg folgt einer eisernen Logik, es geht um Leben oder Tod, um Sieg oder Niederlage. Solange die Mächte der Antihitlerkoalition gegen die faschistischen Armeen kämpften, wurde auch das Denken der Staatslenker dieser Länder in erster Linie von zwei Grundfragen beherrscht: Erstens, wie ist dieser vom deutschen Imperialismus verursachte Krieg, der so viele Menschen das Leben kostete, der von der Wolga bis auf die britische Insel zu unvorstellbaren Zerstörungen geführt hat, möglichst unter geringen eigenen Verlusten siegreich zu beenden. Zweitens, wie ist möglichst langfristig zu gewährleisten, dass Deutschland, von dem innerhalb von 25 Jahren zwei Weltkriege ausgingen, nicht noch einmal seine Nachbarn oder andere Völker angreifen kann. Diese Kriegslogik bestimmte den Gegenstand und den Geist der Beratungen der Repräsentanten der Antihitlerkoalition in Teheran, in Jalta und in Potsdam. Das ist auch im Protokoll der Potsdamer Konferenz nachlesbar.[10] Dieses Dokument wurde von der amerikanischen Delegation vorbereitet und am 17. Juli 1945 auf der Eröffnungssitzung der Potsdamer Konferenz an Stalin und Churchill übergeben.[11] Es ging ohne wesentliche Änderungen in das Abschlussprotokoll der Konferenz ein.

In der offiziellen Mitteilung über diese Konferenz der drei Mächte wird grundsätzlich festgestellt: »Auf der Konferenz wurde eine Vereinbarung über die politischen und wirtschaftlichen Grundsätze einer koordinierten Politik der Alliierten gegenüber dem besiegten Deutschland in der Periode der alliierten Kontrolle erzielt [...]. Der deutsche Militarismus und Nazismus werden ausgerottet, und die Alliierten werden in Übereinstimmung miteinander in der Gegenwart und in der Zukunft auch andere Maßnahmen treffen, die notwendig sind, damit Deutschland nie wieder seinen Nachbarn oder die Erhaltung des Friedens in der Welt bedrohen kann.«[12]

Für die Konzipierung einer gemeinsamen künftigen deutschen Friedensordnung waren jedoch im Sommer 1945 keine Voraussetzungen vorhanden. So wurden schon auf der Potsdamer Konferenz die Unterschiede in den sozialen Positionen, den politischen Auffassungen und den Interessen der Verhandlungspartner deutlich.

Der Historiker Peter Matthias Alexander Graf von Kielmansegg beschreibt, dass in Potsdam gerade der Punkt erreicht war, »an dem die Illusion einer Einigung noch möglich war, wirkliche Einigung schon nicht mehr«. Die in ihren Gesellschaftssystemen so unterschiedlichen Alliierten konnten »zwar einen Krieg gemeinsam führen und gewinnen, nicht aber einen europäischen Frieden gemeinsam gestalten«.[13] Dies führte letztlich dazu, dass es den Siegermächten nicht gelang, ein gemeinsames Projekt für die politische, soziale, und rechtliche Entwicklung eines einheitlichen Nachkriegsdeutschlands zu erarbeiten.

Bereits in der Zeit, als die »Großen Drei« in Potsdam konferierten, hatten sich im westlichen Lager konservative Gegenströmungen herausgebildet, die auf eine deutsche Teilung setzten und die künftige politische Verfassung der Bundesrepublik Deutschland – ganz im Sinne der Strategie Woodrow Wilsons von 1918 – als einen Prellbock gegen den Sozialismus zu gestalten suchten. Der einflussreiche amerikanische Politiker George Kennan verfasste 1945 ein strategisches Dokument, in dem vorgetragen wurde: »Die Idee, Deutschland gemeinsam mit den Russen regieren zu wollen, ist ein Wahn. [...] Wir haben keine andere Wahl als unseren Teil Deutschland – den Teil, für den wir und die Briten Verantwortung übernommen haben – zu einer Form der Unabhängigkeit zu führen, die so befriedigend, so gesichert, so überlegen ist, dass der Osten sie nicht gefährden kann [...]. Besser ein zerstückeltes Deutschland, von dem wenigstens der westliche Teil Deutschlands als Prellbock für die Kräfte des Totalitarismus wirkt, als ein geeintes Deutschland, das diese Kräfte wieder bis an die Nordsee vorlässt.«[14]

Welche Bedeutung diese Position von Kennan für die tatsächliche Politik der USA gewann, dokumentierte Kissinger 2014 in einer Publikation. Er schrieb: »Der umfassendste strategische Plan wurde von George Kennan vorgelegt. Kein anderer Mitarbeiter des Außenministeriums hat jemals die Debatte über die Rolle Amerikas in der Welt in vergleichbarem Maß geprägt [...]. Die Vereinigten Staaten (sollten sich) in Westeuropa eine Einflusssphäre sichern und unter ihren Schutz stellen – wobei die Trennlinie durch Deutschland führen müsse.«[15] Es war kein Zufall, sondern logische Folge, dass Kennan zum Chef des Planungsstabes im US-Außenministerium ernannt wurde.

Seine profunde Kenntnis der sensiblen Elemente in der UdSSR (er arbeitete 1945/46 in der Moskauer Botschaft der USA) wurde in seiner Überlegung zur Beseitigung des politischen Systems der UdSSR deutlich. Er meinte: Würde »die Einheit und Wirkungskraft der Partei als politisches Instrument« auch nur geringfügig gestört, könne sich Russland über Nacht von einer der stärksten in eine der schwächsten und bedauernswerten Gesellschaften verwandeln.[16]

Als am Ende 20. Jahrhunderts zum Sturm auf die sozialistischen Staaten geblasen wurde, gehörte die über Jahre vorbereitete Zerstörung der Autorität und Wirkungskraft der führenden Parteien zur Zentralachse der antikommunistischen Strategie. Als im Februar 1989 der US-Sicherheitsrat die 31 Seiten umfassende Direktive NSR 3 zur Attacke auf die sozialistischen Staaten beschloss, gehörte »das Ende des Monopols der kommunistischen Partei« zu den vorrangigen Zielen.[17] Die Auseinandersetzung der politischen Systeme, die nach dem Ersten Weltkrieg begann, nahm am Ende des 20. Jahrhunderts globale Dimensionen an. Sie wurde durch die Bündelung der Kräfte und langfristiger Strategien vor allem der NATO-Staaten zugunsten der Westmächte zum Ergebnis geführt.

3. Hoffnungen der Nachkriegszeit – oder Eine Revolution wird nicht zugelassen

Aktuelle historische Darstellungen der ersten Nachkriegsjahre vermitteln nicht selten das wenig realistische Bild eines angeblich mehrheitsfähigen Siegeszuges der kapitalistischen Marktwirtschaft in Nachkriegsdeutschland. Verdrängt wird dabei die Tatsache, dass in der Bevölkerung und der Mehrheit der sich nach 1945 formierenden politischen Kräfte die Erkenntnis Raum gewann, welche Gefahren vom kapitalistischen System ausgehen. Vielen war noch in unmittelbarer Erinnerung, dass die deutschen Banken, die Herren der deutschen Großindustrie am Krieg, an der Ausplünderung anderer Völker und an der Ausbeutung deutscher und ausländischer Arbeiter skrupellos verdient hatten.

Als Konsequenz daraus erwuchs die Forderung nach Enteignung der Konzerne und des Eigentums der Kriegsverbrecher und letzlich nach einem Systemwechsel zum damals auch im Westen Deutschlands populären Sozialismus, der seinerzeit elementaren Losung auch der SPD zwischen Köln und Frankfurt an der Oder. Viele Beweise für diese Haltung breiter Kreise des Volkes sind verschüttet. Erinnert sei hier an die Analyse von Professor Theo Pirker, der 1977 feststellte: »Der Sozialismus der Einheitsgewerkschaft schien den Massen der Arbeitnehmer in Westdeutschland kein parteipolitisches Anliegen zu sein – er war allgemeiner Grundsatz und Wille.«[18] Zu den Tatsachen, auf die sich Pirker mit dieser Aussage stützt, gehört zweifellos auch der Generalstreik in den Westzonen im November 1948. Das war mit mehr als neun Millionen Beteiligten der größte Streik in der deutschen Geschichte seit dem Kapp-Putsch 1920. Zu den Forderungen der Streikenden gehörte auch die Überführung der Grundstoffindustrie in Gemeineigentum und die Demokratisierung und Planung der Wirtschaft.

Forderungen nach einer demokratischen, nicht mehr von Kapitalinteressen geprägten Wirtschaftsordnung wurden nach Kriegsende nicht nur von Kommunisten, sondern ebenso von Sozialdemokraten und auch von bürgerlichen Kräften besonders auch in der CDU erhoben.

Für die SPD hatte Kurt Schumacher – ein erbitterter Gegner der Kommunisten – am 27. Oktober 1945 verkündet: »Auf der

Tagesordnung steht heute als der entscheidende Punkt die Abschaffung der kapitalistischen Ausbeutung und die Überführung der Produktionsmittel aus der Hand der großen Besitzenden in gesellschaftliches Eigentum, die Lenkung der gesamten Wirtschaft nicht nach Profitinteressen, sondern nach den Grundsätzen volkswirtschaftlich notwendiger Planung.«[19] Im Mai 1946 hatte die SPD zur sofortigen sozialistischen Initiative gegenüber allen praktischen Problemen in Staat und Wirtschaft aufgerufen und den Sozialismus zu einer Tagesaufgabe erklärt.[20]

Heute fragt kaum noch jemand danach, was aus derartigen Erklärungen geworden ist. Die Tagesaufgabe war bald schnell vergessen, über Bord geworfen. Wenn sozialdemokratische Repräsentanten unserer Tage im Chor mit dem deutschen Bürgertum in wiederholten Erklärungen den Sozialismus und die Planwirtschaft in der DDR wie Teufelszeug verketzern, wäre nachzufragen, wie sie zu der politischen Forderung ihrer Partei von 1946 standen und stehen.

Auch in der CDU entwickelte sich 1945/46 in der Ostzone wie in den Westzonen eine starke Bewegung für einen christlichen Sozialismus. Im Februar 1946 erklärte deren Repräsentant Jakob Kaiser: »Die Ordnung aber, der die bürgerliche Ordnung nunmehr Platz zu machen hat, wird eine sozialistische Ordnung sein müssen. [...] Was die Wirtschafts- und Sozialordnung des christlichen Sozialismus angeht, so will er im Gegensatz zur kapitalistischen Wirtschaft einzig und allein dem Menschen untergeordnet sein müssen.«[21]

Im Frühjahr 1947 dominierte der Arbeitnehmerflügel der CDU noch so stark, dass in dem berühmt gewordenen Ahlener Programm der CDU mehrheitlich folgende Grundsätze aufgenommen worden sind: »Das kapitalistische Wirtschaftssystem ist den staatlichen und sozialen Lebensinteressen des deutschen Volkes nicht gerecht geworden. Nach dem furchtbaren politischen und sozialen Zusammenbruch als Folge der verbrecherischen Machtpolitik kann nur eine Neuordnung von Grund auf erfolgen. Inhalt und Ziel dieser sozialen und wirtschaftlichen Neuordnung kann nicht mehr kapitalistisches Gewinn- und Machtstreben, sondern nur das Wohlergehen unseres Volkes sein.«[22] Mit Losungen aus diesem Ahlener Programm gewann die CDU zwar die Landtagswahlen 1947 in Nordrhein-Westfalen. Das Ahlener Programm blieb jedoch nicht mehr als eine systemfremde, die schlichten Wähler täuschende Episode der Partei Adenauers.

Gegen Ende des Jahres 1946 erarbeiteten die Länder der westlichen Besatzungszonen Landesverfassungen. Das Staats- und Rechtsverständnis dieser Nachkriegsverfassungen entsprach zumeist den bürgerlichen Traditionen und der Geisteshaltung der beteiligten Beamten und Rechtsgelehrten, die Ausbildung und Berufspraxis in der Weimarer Zeit erfahren hatten. Ein solches Vorgehen kollidierte im Allgemeinen nicht mit den Intentionen der Militärverwaltungen der Besatzungsmächte, denen die Entwürfe zur Genehmigung vorzulegen waren. Die Verfassungsentwürfe der Länder in der amerikanischen Zone wurden mehrfach geprüft. Das geschah sowohl im Büro der Militärverwaltung in Deutschland *(Office of Military Gouvernment of the United States,* OMGUS*),* in Washington im *Office of Research and Intelligence* des *State Department* (ORI, der seit Januar 1946 umbenannten *R&A-Branch*) und im *War Department*.[23]

Dort wurde vor allem geprüft, ob diese Entwürfe »mit den erklärten Grundsätzen und Zielen amerikanischer Politik vereinbar waren«.[24] Letztlich passierten diese nach verschiedenen Korrekturen trotzdem die dreifache Kontrolle. Das geschah mit einer Ausnahme. Das war der Entwurf der Verfassung des Landes Hessen.

Der Verfassungsentwurf, den der Landtag Hessen der amerikanischen Militärregierung in Frankfurt am Main im Herbst 1949 vorlegte, trug die Handschrift von August Zinn und des sozialdemokratischen Historikers Ludwig Bergsträßer. Anstoß bei den Behörden der USA fand vor allem der vorgesehene Artikel 41. Er lautete: »Mit Inkrafttreten dieser Verfassung werden

1. In Gemeineigentum überführt: der Bergbau (Kohle, Kali, Erze), die Betriebe der Eisen- und Stahlerzeugung, die Betriebe der Energiewirtschaft und das an Schienen und Oberleitungen gebundene Verkehrswesen.

2. Vom Staate beaufsichtigt oder verwaltet: die Großbanken und Versicherungsunternehmen und diejenigen in Ziffer 1 genannten Betriebe, deren Sitz nicht in Hessen liegt.«[25]

Diese vorgeschlagene Verfassungsnorm entsprach zwar den Interessen und Forderungen breiter Kreise der hessischen Bevölkerung.

Sie verstieß auch in keiner Weise gegen eine Rechtsvorschrift aus dem Potsdamer Abkommen oder gegen Beschlüsse des damals noch tätigen Alliierten Kontrollrates. Sie stießen trotzdem auf heftigen Widerstand der US-Militäradministration unter General Lucius D. Clay. Nicht nur der Artikel 41 war Clay zutiefst suspekt. Auch der nachfolgende Artikel 42, der Gesetze ankündigte, nach denen der »Grundbesitz, der nach geschichtlicher Erfahrung die Gefahr politischen Missbrauchs oder die Begünstigung militaristischer Bestrebungen in sich birgt, im Rahmen einer Bodenreform einzuziehen«[26] ist, stieß auf manifeste amerikanische Bedenken.

Die US-amerikanische Militärregierung ordnete an, bei der Volksabstimmung über die Landesverfassung am 1. Dezember 1946 gesondert über den Artikel 41 abstimmen zu lassen. Das Ergebnis: 71,9 Prozent der an der Abstimmung teilnehmenden Hessen votierten für den Artikel 41! Als die durch Volksentscheid bestätigte Verfassung des Landes Hessen am 11. Dezember 1946 rechtsgültig in Kraft trat, wurde auf Befehl von General Clay – dem das Eigentumsrecht der Unternehmer eine heilige Kuh war – die Anwendung des Artikel 41 verboten.[27]

Die hessische Verfassung war dem sensibelsten Tabu des bürgerlichen Verfassungsverständnisses zu nahegekommen. Für den Neuaufbau nach 1945 galt in den westlichen Besatzungszonen die Rahmenbedingung: Revolution wird nicht geduldet. Die Politik der US-Administration in Westdeutschland ging, wie Kielmansegg feststellte, von der Möglichkeit aus: »Ein irgendwie neutralisiertes Deutschland konnte in Abhängigkeit von der Sowjetunion geraten, sich sogar freiwillig der Sowjetunion zuwenden. Tatsächlich war die Sorge, die Sowjetunion könne auf gesamtdeutscher Bühne – etwa durch eine dominierende KPD – entscheidende Vorteile gewinnen, erstaunlich groß. In den Akten taucht sie immer wieder auf.«[28]

4. Vorbereitung der Weststaatsgründung

Die seit 1945/46 im Vollzug der von Kennan entwickelten amerikanischen Strategie der Schaffung eines westeuropäischen Bollwerks gegen die UdSSR und deren Verbündete konnte – das schätzte man in Washington realistisch ein – unmittelbar nach Kriegsende nicht »aus dem Stand« umgesetzt werden. Die westdeutsche Front dafür musste gründlich vorbereitet werden. Dazu bedurfte es einer entsprechenden politischen Stimmungslage in den USA und bei ihren westlichen Verbündeten. Ebenso waren dafür langfristig zu lösende Vorbereitungen in den drei westlichen Besatzungszonen erforderlich. Auf dem politischen Feld wurde der aus der Nazizeit noch wuchernde Antikommunismus geschürt.

Mit der Vereinigung der westlichen Besatzungszonen zur Bi- und Tri-Zone und mit der Torpedierung des Versuchs des Zueinanderkommens der Ministerpräsidenten aus Ost und West 1947 in München wurden wichtige politische Weichen zur Manifestierung der Teilung Deutschlands gestellt.[29] Die 4000 Seiten umfassende historische Darstellung von Heinrich August Winkler »Der lange Weg nach Westen« beschreibt, was Deutschland betrifft, die falsche Richtung. Die historischen Tatsachen verweisen darauf, dass die USA – also der Westen – sich seit dem Beginn des 20. Jahrhunderts und besonders nach 1945 aus politischen Gründen auf den Weg nach Europa (also von den USA in Richtung Osten) begeben haben. Die Verlagerung des NATO-Gebiets an die Ostgrenzen Russlands gehört zu den aktuellen Ereignissen dieser Marschrichtung der USA.

Zu den ersten Maßnahmen auf ökonomischem Gebiet gehörte die Verfügung des amerikanischen Militärgouverneurs Lucius D. Clay vom 26. Mai 1946, die in der Konferenz der Staatschefs der Hauptmächte der Antihitlerkoalition vereinbarte Entnahme von Reparationen für die UdSSR aus den Westzonen zu stoppen.[30] Das bewirkte einen zweifachen Effekt. Die Westzonen und später die BRD wurden von international vereinbarten Leistungen in einem viele Milliarden umfassenden Wert entlastet. Das damit für die UdSSR entstandene Defizit wurde durch Entnahmen und Warenlieferungen aus der Sowjetisch besetzten Zone und bis 1954 aus der DDR ausgeglichen. (Den 99,1 Milliarden DM Reparationen der DDR standen 1953 2,1 Milliarden der Bundesrepublik Deutschland gegenüber. »Die DDR trug also 97–98 Prozent der Reparationslast Gesamtdeutschlands.«)[31]

Damit wurden die Ausgangsbedingungen der – gegenüber der BRD räumlich kleineren und wirtschaftlich schwächeren –

DDR im Wettbewerb der sozialen Systeme außerordentlich verschlechtert. Der im Juli 1947 gestartete Marshall-Plan vermittelte der Wirtschaft in Westdeutschland und auch westeuropäischen Nachbarstaaten wirkungsvolle Unterstützung zur Überwindung der Kriegsfolgen, zur Verbesserung der Versorgungslage und zu einer spürbaren Stärkung der Kräfte des Kapitals. Die bekannte kanadische Publizistin Naomi Klein bezeichnet den Marshallplan als stärkste Waffe an der ökonomischen Front. Ihre 2007 publizierte Untersuchung kommt zu dem Ergebnis: »Zudem fühlten sich so viele Deutsche zum Sozialismus hingezogen, dass die US-Regierung lieber die Teilung Deutschlands akzeptierte, als zu riskieren, das ganze Land zu verlieren – entweder durch den völligen Zusammenbruch oder einen Sieg der Linken.

In Westdeutschland baute die US-Regierung mit dem Marshallplan ein kapitalistisches System auf, das nicht dazu gedacht war, schnell und problemlos neue Märkte für Ford und Sears zu schaffen, sondern das aus sich heraus so erfolgreich werden sollte, dass Europas Marktwirtschaft gedieh und der Kommunismus seine Attraktivität verlor.«[32] Mit der separaten Währungsreform im Juni 1948 wurde die Spaltung Deutschlands irreversibel vertieft.

Erwartungsgemäß lenkten auch die westlichen Geheimdienste früh ihre Blicke und ihre Aktionen auf die Beeinflussung der politischen Eliten in der westdeutschen Gesellschaft. In einer Untersuchung amerikanischer Dienste ist zu lesen, dass der Verdacht, dass US-Geheimdienste auch der Entwicklung von westdeutschen Gewerkschaften und der Sozialdemokratie besondere Aufmerksamkeit widmeten, berechtigt sei.[33]

Das von Allan Dulles geleitete OSS-Büro in Europa hatte sich schon vor Ende des Krieges darauf vorbereitet, Personen zu finden und zu formen, die künftig in Deutschland amerikanischen Interessen dienen können. Im Rahmen der Aktion *Crown Jewels (Kronjuwelen – H. G.)* waren dafür geeignete Personen kontaktiert und in der etwa 1500 Personen umfassenden »Weißen Liste« nach Zielvorstellungen registriert worden. Auf dieser Liste standen u. a. der Berater von Dulles, Dr. Wilhelm Hoegner, er wurde bald bayrischer Ministerpräsident; der OSS-Informant Paul Dickopf fand seinen Platz als Polizeiführer; Erich Ollenhauer, der auf dieser Liste vermerkt ist, kam an die Spitze der SPD, und Ludwig

Rosenberg in führende Gewerkschaftsposition. Die Liste ließe sich fortsetzen.[34]

Zu den Pionieren der CIA-Infiltration in Westeuropa gehörte zweifellos Frank Wiesner sr., dieser hatte sich vorher als Wallstreet-Anwalt einen Namen als Vertreter des Großkapitals gemacht. Wiesner übernahm es, 1947 die Abteilung der CIA für verdeckte psychologische Operationen aufzubauen.

Zu seinen engsten Mitarbeitern gehörte Thomas W. Braden. Dieser war für die geheimen Operationen in Deutschland zuständig. Braden, der seine Tätigkeit wohl zu tarnen wusste, nannte sich in Deutschland Warren Henkins. Öffentlich erklärte er 1999 ungeniert: »Ich bin froh, dass die CIA unmoralisch war, denn wir hatten ja den Kalten Krieg zu gewinnen.« Zugleich ließ er durchblicken: »Ich weiß, dass Willy Brandt Geld von der CIA erhalten hat. Und überhaupt war es so, benötigte ein deutscher Politiker mit demokratischen Absichten Hilfe und Unterstützung gegen die Kommunisten, hat die CIA geholfen.«[35]

Der wohl einflussreichste Mann, den Braden auf Deutschland und besonders auf die deutschen Gewerkschaften und die SPD ansetzte, war der als Superagent bezeichnete Jay Loveston.

Ted Morgan legte über Loveston eine Studie mit dem bezeichnenden Titel »A Covert Life – Communist, Anticommunist and Spymaster« (Ein Untergrundkommunist, Antikommunist und Meisterspion) vor.[36] In der Nachkriegszeit tauchte Loveston begleitet von seinem Adlatus Irving Brown als Spitzenagent der CIA in Westdeutschland auf. Superagent Loveston organisierte – finanziell gut ausgestattet – Kongresse, Ausstellungen, Schulungen, Begegnungen und was man sonst so zur Kontaktarbeit benötigt.[37] Loveston hatte seine Hände in vielen Bereichen der westdeutschen Politik. 1960 wurde er in »Würdigung seiner Verdienste« mit dem Großen Verdienstkreuz der Bundesrepublik Deutschland geehrt. Neben Loveston und Brown arbeiteten Victor Reuter und sein Bruder Walter für die CIA. Jede der beiden Seiten bearbeitete eine unterschiedliche Klientel. Reuter pflegte besonders enge Beziehung zu Willy Brandt und zum damaligen Westberliner Bürgermeister Ernst Reuter.

Den US-Geheimdiensten ging es im umfassenden Sinne um einen beständigen Einfluss auf das Denken, auf die Lebensweise der Bevölkerung. Vielfältige Mittel wurden eingesetzt, damit die Westdeutschen dem american way of life folgen. Ein Spitzenagent beschreibt: »Wir organisierten den Kongress für kulturelle Freiheit und schickten das Boston Sinfonieorchester nach Europa.« Organisator des Kongresses für kulturelle Freiheit wurde Melvin J. Lasky. Er gestaltete – ausgerüstet mit Finanzmitteln der CIA – den Kongress für kulturelle Freiheit zum Forum der nichtkommunistischen Linken in Deutschland und in Europa.[38]

Um den künftigen Bundeskanzler brauchten sich die Emissäre der USA nicht zu bemühen. Sie wussten, dass er auf ihrer Seite stand. Konrad Adenauer hatte schon im Oktober 1945 Gleichgesinnten die Auffassung übermittelt, er betrachte »die Trennung in Osteuropa, das russische Gebiet und Westeuropa« als »Tatsache«. Schon zu diesem frühen Zeitpunkt vertrat er die Auffassung: »Die Schaffung eines zentralisierten Einheitsstaates wird nicht möglich, auch nicht wünschenswert sein.«[39]

Zu einer derartig präzisen Aussage konnte im Herbst 1945 kein Hellseher, sondern nur ein Insider, ein Angehöriger des inneren Kreises der politisch Mächtigen kommen. Adenauer hatte früh zu mehreren Personen engen Kontakt, die mit den geheimsten Absichten der konservativen Kreise der USA vertraut waren. Dazu gehörte der Staatssekretär im US-Verteidigungsministerium John McCloy. McCloy war über Jahrzehnte der Deutschlandspezialist der Herrschenden in den USA. Schon am 28. März 1945, als in Deutschland noch der Krieg tobte (im März hatte die amerikanische Armee den Rhein überschritten, erst am 10. April hatte sie Hannover erreicht), hatte Konrad Adenauer bereits Besuch von Just Lunning, einem Mitarbeiter amerikanischer Dienste. Adenauer hatte ihn – auf welchem Wege auch immer – zu einem Gedankenaustausch eingeladen.[40] Seinem Besucher hielt Adenauer einen Vortrag über seine Sicht auf zwei Deutschlands.

Adenauers Politikverständnis korrespondierte mit den Interessen der konservativen Kreise der USA um Präsident Truman und ebenso mit denen des westdeutschen Großbürgertums.

Es klang im Nachhinein fast visionär, als Adenauer im Oktober 1945 gegenüber Journalisten erklärte: »Nach meiner Ansicht sollten die Westmächte die drei Zonen, die sie besetzt halten, tunlichst in einem staatsrechtlichen Verhältnis zueinander belassen.

Das Beste wäre, wenn die Russen nicht mittun wollen, sofort wenigstens aus den drei westlichen Zonen einen Bundesstaat zu bilden.«[41]

Die mit der UdSSR vereinbarte Konzeption eines künftig einheitlichen Deutschland wurde von den Westalliierten früh aufgegeben. Peter Graf Kielmannsegg kam im Ergebnis seiner Forschungen zur deutschen Nachkriegsgeschichte zu dem Ergebnis: »Alle Vereinbarungen, die der Sowjetunion Möglichkeiten der Einwirkung auf ganz Deutschland eröffneten – und das heißt praktisch alle denkbaren gesamtdeutschen Lösungen – mussten als gefährlich erscheinen [...]. Keine Seite sprach aus, dass sie in den Ungewissheiten des sich rasch verschärfenden Ost-West-Konfliktes nicht mehr gewillt sei, ihr Verfügungsrecht über den eigenen Anteil an der Beute Deutschland zur Disposition zu stellen. Nachdem der Kalte Krieg nun einmal ausgebrochen war, musste nüchterne Kalkulation der eigenen Interessen – um die deutschen ging es ja nicht – jede der entzweiten Siegermächte notwendig zu dem Schluss führen, dass keine der allenfalls aushandelbaren gesamtdeutschen Lösungen ihr so viele Vorteile bringen konnte wie die Teilung.«[42]

Zu den gravierendsten Einschnitten in der Geschichte der deutschen Teilung gehört zweifellos die Währungsreform, die am 20. Juni 1948 in den Westzonen durchgeführt wurde.

Die politischen, wirtschaftlichen und geographischen Bedingungen für das Vorhaben einer Weststaatsbildung und dessen Westintegration waren gegen Ende der vierziger Jahre des 20. Jahrhunderts einschränkungslos gegeben. Das Territorium und die Bevölkerungszahl in den Westzonen Deutschlands überstiegen die des Kontrahenten im Osten um mehr als das Doppelte. Die Westzonen verfügten mit dem Ruhrgebiet, mit den industriellen Kernen von Hamburg bis München und von Mannheim bis Kassel über erhebliche Rohstoffquellen, energetische Grundlagen und umfassendes industrielles Potential, das von der Stahlindustrie bis weit in die Leichtindustrie reichte.

Das deutsche Bürgertum, das mit der Gründung der Bundesrepublik die Machtverhältnisse und die Gesellschaft neu organisierte, verfügte über eine seit Generationen – im Grunde über mehr als hundert Jahre – gesammelte Leitungserfahrung in Staat und Wirtschaft, über ein beträchtliches geistes- und naturwissenschaftliches Potential, über umfangreiche Erfahrungen in der Bewältigung gesellschaftlicher Konflikte. Die amerikanischen und britischen Demokratie- und Rechtsvorstellungen, die bei der Bildung der Bundesrepublik im staatlichen Bereich und auch in der Praxis der Medien wie im öffentlichen Umgang Pate standen, rieben sich zwar mit den Positionen einiger erzkonservativen Kräfte, konnten aber insgesamt verkraftet werden. Schließlich wurden sie zum Bestandteil der westlichen Lebensweise.

Der sogenannte Neubeginn war im Westen eher ein »Weiter so!«. Nur eben ohne Hitler, ohne dessen Partei und deren Organisationen. Doch bald auch mit seinen Gehilfen von Globke über Gehlen bis zu Richtern, Staatsanwälten, Beamten, Diplomaten, Hochschullehrern und natürlich auch Geheimdienstlern und Militärs. Es war auch ein weiter so mit den Strukturen und Prinzipien der kapitalistischen Wirtschaft, mit dem Bürgerlichen Gesetzbuch, mit dem bürgerlichen Rechtssystem.

Der Masterplan, der den Weg zum Grundgesetz und der Gründung der Bundesrepublik vorzeichnete, war vorrangig ein Produkt amerikanischer und britischer Deutschlandpolitik. Wie die Gründung der NATO, die Westintegration der künftigen Bundesrepublik und die deutsche Wiederbewaffnung gehörte auch die Erarbeitung des Grundgesetzes zur Gesamtstrategie, die sich unter amerikanischer Führung im westlichen Bündnis herausgebildet hatte.

Das Schlüsselereignis zur Vorbereitung der Bonner Republik war die Londoner Sechsmächtekonferenz (Februar – Juni 1948), an der die USA, Großbritannien, Frankreich und die Benelux-Staaten teilnahmen. Hier wurde die mit der Truman-Doktrin vorgegebene Marschrichtung in ein umfangreiches Konzept praktischer Maßnahmen umgesetzt.

5. Die Frankfurter Dokumente – ein bürgerlicher Weststaat wird angeordnet

Am 1. Juli 1948 übergaben die drei westlichen Militärgouverneure in Frankfurt am Main den westdeutschen Regierungschefs der Länder der drei Westzonen die in London ausgearbeiteten »Frankfurter Dokumente« zur Gründung eines Weststaates und damit der langfristigen Spaltung Deutschlands. Die »Frankfurter Dokumente« waren kurz und knapp. Sie umfassten keine drei Seiten und enthielten unmissverständliche Kommandos. Dokument I regelte die Grundlinien für die Verfassung. Vorgesehen war dabei, dass dem zu erarbeitenden Verfassungsentwurf durch eine Volksabstimmung die erforderliche Legitimation vermittelt werden soll.[43]

Dokument II forderte die Überprüfung der Ländergrenzen. Das Dokument III schließlich enthielt die Grundsätze eines Besatzungsstatutes.

Es wurde angeordnet, dass die Ministerpräsidenten der westdeutschen Länder innerhalb von zwei Monaten eine verfassungsgebende Versammlung einberufen. Dieser kurzfristige Termin war von der amerikanischen Delegation in London ebenso durchgesetzt worden wie auch die Festlegung, dass die Regierungsbildung innerhalb von 30 Tagen nach Billigung des Grundgesetzes zu erfolgen habe. Die herrschenden Kreise der USA hatten es im Sommer 1948 zweifellos eilig mit der überfallartig verordneten Staatswerdung und Westintegration der Bundesrepublik.

Der damit verbundene Druck auf die Ministerpräsidenten überraschte die meisten schon. Ein Analyst der damaligen Situation beschreibt dies folgendermaßen: »Die Verhandlungen der Ministerpräsidenten, die Treffen der Parteipolitiker, die Beratungen mit den Militärgouverneuren, die Sitzungen der Landesregierungen, die auf diesen denkwürdigen Auftritt *(die Übergabe der Frankfurter Dokumente – H. G.)* folgten, wurden damals und werden bis heute gemeinhin als *dramatisch* bezeichnet.«[44]

Der damalige württembergische Ministerpräsident Reinhold Maier beschrieb den ihnen von den Westalliierten belassenen Entscheidungsspielraum folgendermaßen: »Entweder einer staatlichen, zumindest staatsähnlichen Organisation zustimmen mit der unvermeidlichen Konsequenz einer Teilung Deutschlands, wenn nicht, was das Schicksal verhüten möge, auf Dauer [...] ohne eigene Rechte dahinvegetieren, was im Grunde gar nicht möglich war.«[45]

Die Militärgouverneure der Westmächte drückten jedoch auf zügige Durchführung. »Die USA gaben dabei«, wie Klaus Wiegrefe 2009 treffend im *Spiegel* bemerkte, »einen engen Korridor vor, in dem sich die Gründerväter bewegen durften [...]. Ohne Washingtons Einfluss würde die heute viel bewunderte Bundesrepublik anders aussehen, wenn es sie denn überhaupt gäbe.«[46]

Sechs Wochen nach der Übergabe der Frankfurter Dokumente traf sich eine zwölfköpfige Herrenrunde auf der beschaulichen Insel im bayerischen Chiemsee. Abgeschottet vom politischen Alltag und bar jeden Kontaktes mit Interessenvertretungen des Volkes war ihnen übertragen, in Konklave die Grundzüge der künftigen Konstitution des westdeutschen Staates zu entwerfen. Die Zeit drängte. Zwei Arbeitswochen waren ihnen eingeräumt. Erkennbare Interessengegensätze zwischen den Vertretern der bürgerlichen Parteien und der SPD zum politischen System des künftigen Staats traten nicht auf. Das Frankfurter Dokument I gab die Leitlinien vor. Zudem hatten sich wesentliche soziale Grundauffassungen der CDU und der von Kurt Schumacher geführten SPD weitgehend angeglichen. Unter dem Antikommunisten Schumacher hatte sich die SPD in den Nachkriegsjahren von ihrer traditionellen programmatischen Position der Bebel-Zeit weitgehend gelöst. 1948 ging es den rechten Kräften in der SPD nicht mehr um die Freiheit der Arbeiterklasse, sondern um die Freiheit der Persönlichkeit.[47]

Wie sehr sich das Staatsverständnis des erfahrenen SPD-Barden Carlo Schmid dem der Kreise um Adenauer angenähert hatte, war bereits 1947 in seinen Formulierungen bei der Erarbeitung der Landesverfassung von Baden-Württemberg abzulesen. Blumig hatte Schmid schon im Artikel 1 dieses Dokumentes formuliert: »Der Mensch ist berufen, in der ihn umgebenden Gemeinschaft seine Gaben in Freiheit und in der Erfüllung des ewigen Sittengesetzes zu seinem und der anderen Wohl zu entfalten. Der Staat hat die Aufgabe, ihm hierbei zu dienen.«[48] Der Staat wurde damit aus

Sicht des SPD-Repräsentanten nunmehr als Diener »des ewigen Sittengesetzes« und nicht mehr, wie bei Bebel, als Instrument der Klassenherrschaft definiert. Eine Positionswende um 180 Grad war damit vollzogen. Marx, Bebel, selbst Lassalle hatte man damit hinter sich gelassen. Die SPD hatte sich von proletarischen Positionen entfernt und der bürgerlichen Auffassung erheblich genähert. Bommarius kommentierte diese Metamorphose sozialdemokratischer Positionen als »kopernikanische Wende« im deutschen Staatsverständnis.[49]

Dieser Wandel in der SPD war eine der wesentlichen Voraussetzungen dafür, dass im Verfassungskonvent innerhalb weniger Tage das Grundgerüst des künftigen Grundgesetzes einvernehmlich vereinbart wurde. Noch gab es aber Sozialdemokraten, die sich zur demokratischen Tradition bekannten und sich vom Erbe Bebels nicht trennen wollten. So plagten den Chef der hessischen Staatskanzlei Hermann Brill bei dem, was da erörtert wurde, rechte Sorgen. Seinem Tagebuch vertraute er an: »Es ist wirklich traurig anzusehen, wie wenig juristisches Ethos in diesen Menschen vorhanden ist. [...] Sie sehen die Dinge in erster Linie von den schon einmal diskutierten Bedürfnissen der Verwaltung. Sie wollen einen gut funktionierenden Staatsapparat, aber sie wollen nicht, dass der Staat nur eine Funktion des Volkes ist.«[50] Derartige Positionen gingen der SPD-Führung um Schumacher natürlich gegen den Strich. Brill, der zu den herausragenden Persönlichkeiten des Widerstandes gegen die Naziherrschaft gehörte, fiel im Vorstand der SPD umgehend in Ungnade. Als einzigem SPD-Teilnehmer des Verfassungskonvents wurde ihm die Teilnahme an den Arbeiten des nunmehr zu bildenden Parlamentarischen Rates von der »Hannover-Clique um Menzel und Schumacher«[51] verweigert.

Mit begründetem Erstaunen mussten Anhänger der SPD damals feststellen, dass im Verfassungskonvent Konsens auch darüber erzielt war, dass das künftige Grundgesetz mit »Sozialisierungsabsichten« nicht »belastet« werden sollte. Die Militärregierungen waren ebenso wie das konservative deutsche Bürgertum für ein privatkapitalistisches, vom Staat unabhängiges Wirtschaftsmodell. Schon im Juli 1947 war im Zusammenhang mit dem Marshallplan der amerikanische Oberbefehlshaber der amerikanischen Truppen in Deutschland, General Lucius D. Clay von Washington in der Direktive Nr. 1779 angewiesen worden, »keine Maßnahmen in Bezug auf ein öffentliches Besitzrecht zu billigen«.[52]

In jeder Phase der Vorbereitung des Grundgesetzes nahmen Vertreter der westlichen Besatzungsmächte auf dessen Ausgestaltung Einfluss. Die Militärgouverneure waren bei der Entstehung des Grundgesetzes der Bundesrepublik Deutschland die Herren des Verfahrens. Deutlich wurde das auch in der Erklärung, die der Verfassungsexperte der SPD Carlo Schmid am 8. September 1948 vor dem Parlamentarischen Rat abgab. Er sagte dort: »Wenn man die Dokumente Nr. I und III liest, die die Militärbefehlshaber den Ministerpräsidenten übergeben haben, dann erkennt man, dass die Besatzungsmächte sich eine ganze Reihe von Sachgebieten und Befugnissen in eigener oder konkurrierender Zuständigkeit vorbehalten haben. Es gibt bald mehr Einschränkungen der deutschen Befugnisse in diesem Dokument Nr. I *(Grundlinien der Verfassung – H. G.)* als Freigaben und Befugnisse! Die erste Einschränkung ist, dass uns für das Grundgesetz bestimmte Inhalte auferlegt sind; weiter, dass wir das Grundgesetz, nachdem wir es hier beraten und beschlossen haben, den Besatzungsmächten zur Genehmigung vorlegen müssen. Dazu möchte ich sagen: Eine Verfassung, die ein anderer zu genehmigen hat, ist ein Stück der Politik der Genehmigungsberechtigten, aber kein reiner Ausfluss der Volkssouveränität des Genehmigungspflichtigen! Die zweite Einschränkung ist, dass uns entscheidende Staatsfunktionen versagt sind: Auswärtige Beziehungen, freie Ausübung der Wirtschaftspolitik; eine Reihe anderer Sachgebiete sind vorbehalten. Legislative, Exekutive und sogar die Gerichtsbarkeit sind gewissen Einschränkungen unterworfen.«[53]

Es gehört zu den Phänomenen der Urteilsbildung der politischen Eliten, wie sich die Bewertung des Grundgesetzes mit dem zeitlichen Abstand zu dessen Inkraftsetzung verklärt. Im September 1959 stellte selbst Konrad Adenauer in einer Feier zum 10. Jahrestag fest, das Grundgesetz »habe zu Recht manche Kritik einstecken müssen«. Er entschuldigte das damit, dass »der Parlamentarische Rat nur wenig Zeit gehabt« habe und deshalb das Grundgesetz nicht vollkommen hätte machen können.[54] Der damals von der politischen Klasse hofierte Rektor der Kölner Universität Hermann Jahrreiß hob zu gleicher Gelegenheit hervor, Kritik am Grundgesetz sei berechtigt. Die Schwächen des Grundgesetzes resultieren daraus, dass der Parlamentarische Rat sich von seinem eigentlichen Auftrag gelöst habe und wie in einem Rausch darüber hinausgegangen sei, um sich dann »doch vor der größeren, der weiteren Aufgabe des echten verfassungsgebenden Gremiums als zu schwach zu erweisen, indem er die Situation einfach nicht erkannt, oder aber nur rückwärtsblickend alte Formen, überalterte Institutionen als Hilfen für möglich gehalten habe«.[55] Ab dem 20. Jahrestag der Inkraftsetzung des Grundgesetzes wird das Grundgesetz jedoch in den Festreden vor dem deutschen Bundestag von Vertretern der CDU bis zu den Linken ausnahmslos zum Glücksfall der Geschichte erhoben.[56]

Kaum jemand hatte größeren Einblick in die Hintergründe der Schaffung der Bundesrepublik Deutschland und bei der Genese des Grundgesetzes als Hans Simons. In einer 1951 in Chicago veröffentlichen Arbeit offenbarte er: »Demokratie und Menschenrechte, Föderalismus und eine unabhängige Justiz in Westdeutschland sind nicht das erste Ziel der Alliierten, vielmehr Mittel zum Zweck, einen Partner für die westeuropäische Integration zu finden, bessere Bedingungen für den Marshall-Plan zu schaffen und in der Mitte Europas einen Schwachpunkt zu beseitigen, der nicht länger brüchig gelassen werden durfte.«[57]

Ihm und seinen »Mitwirkenden« ging es wie den politischen und militärischen Zentren der USA im Kern um die Schaffung eines antikommunistischen Bollwerks im Zentrum Europas.

6. Zur Genese des Grundgesetzes

Wie angeordnet, trat in den Mittagsstunden des 1. September 1948 der Parlamentarische Rat zusammen, um die Arbeit am Grundgesetz zu einem Ergebnis zu führen. Der Modus der Bildung dieses Rates war in den Frankfurter Dokumenten vorgeschrieben. 61 Männer und vier Frauen gehörten ihm an. Als Präsident des Rates wurde entgegen anderen Erwartungen nicht ein Teilnehmer des Verfassungskonvents, sondern Konrad Adenauer gewählt.

In wenigen Wochen wurde grundlegende Übereinstimmung in den Kernfragen des künftigen Grundgesetzes erreicht. Nolte versieht das im Schnellverfahren entstandene Dokument mit der pastoralen Verklärung: »Damit war, den Schöpfern des Grundgesetzes auch durchaus bewusst, der Keim für die zivilreligiöse Überhöhung, für die *Heiligkeit* des Grundgesetzes gesetzt.«[58]

Gegenüber der Weimarer Verfassung, deren Grundrechtsregelungen nicht einklagbar waren, sollte nunmehr die gesamte Verfassungskonstruktion auf dem Fundament einklagbarer Grundrechte ruhen. In kritischer Auswertung des Missbrauchs des Notverordnungsrechtes des Reichspräsidenten in der Weimarer Republik wurden bei den Regelungen dem Bundespräsidenten vorrangig repräsentative Aufgaben übertragen.

Die in der Öffentlichkeit hervorgehobene Aufwertung der Grundrechte und deren Einklagbarkeit hatten gegenüber den Regeln der Weimarer Verfassung – wenn auch nicht uneingeschränkt – positive Auswirkungen für die Beziehungen von Bürgern und Staat.

Zugleich wurde damit jedoch der Justiz ein bis dahin weder bekanntes noch unmittelbar erwartetes hohes spezifisches Gewicht im Rahmen der Gewaltenteilung vermittelt. Damit wurde im Grundgesetz die Souveränität und der Regelungseinfluss der – ohne jeden Einfluss des Volkes und seiner Vertretungen – zu bildenden und tätigen Gerichte weitaus stärker ausgebaut als die Rechte der durch Wahlen legitimierten Parlamente. Bald sollte sich erweisen, dass diese Konstruktion angesichts des richterlichen lebenslangen Status – Entscheidungsbefugnisse ohne Rechenschaftspflicht auszuüben – sich zu einer kritischen Masse verdichtete. Angemerkt sei, dass inzwischen die richterliche Auslegung der Grundrechte in einigen Fällen recht skurrile Formen angenommen hat. In Auslegung des Artikels 2 des Grundgesetzes (Recht auf freie Entfaltung der Persönlichkeit) wurde durch Rechtsprechung des Bundesverfassungsgerichtes inzwischen sowohl das Füttern von Tauben auf Straßen und Anlagen[59] und ebenso das Reiten im Walde[60] zum Schutzbereich der in Artikel 2 des Grundgesetzes definierten Grundrechte erhoben.

Über den Grundgesetztext wurde lediglich in den Länderparlamenten abgestimmt. Diese »Zustimmungsveranstaltungen«

fanden in der dritten Maiwoche 1949 statt. Der bayerische Landtag stellte sich dabei quer. Er verweigerte die Zustimmung. Um diesen Eklat nicht zur Krise auswachsen zu lassen, unterbreitete die bayrische Staatsregierung daraufhin dem Landtag einen listigen Antrag. Er besagte, dass bei Annahme des Grundgesetzes in zwei Dritteln der westdeutschen Länder »die Rechtsverbindlichkeit dieses Grundgesetzes auch für Bayern anerkannt« werde.[61] Damit hatte Bayern eigene Verantwortung für dieses Grundgesetz von sich gewiesen.

Der Parlamentarische Rat folgte in seiner Arbeit zur Vorbereitung des Grundgesetzes mit einer *Ausnahme* strikt den Anweisungen in den Frankfurter Dokumenten. In dieser Ausnahme waren sich CDU und SPD früh einig. Sie waren strikt dagegen, dass über das Grundgesetz – wie in den Frankfurter Dokumenten vorgesehen – in einer Volksabstimmung entschieden werden soll. Die westlichen Militärgouverneure erlaubten, dass eine Zustimmung in den Länderparlamenten ausreicht. Das Misstrauen zum Wahlvolk war und ist grundsätzlicher Natur. Es blieb bis heute tief verwurzelt.

Am 23. Mai 1949 wurde das Grundgesetz vom Parlamentarischen Rat verabschiedet. Unbeantwortet blieb an diesem Tage und auch später die Frage, ob es ein Zufall war, dass dieser Schlussakt der Arbeit am Grundgesetz auf den Tag gelegt wurde, an dem vier Jahre zuvor die faschistische Dönitz-Regierung in Flensburg ihre Tätigkeit eingestellt hatte. Tatsächlich wurde mit der Entscheidung vom 23. Mai 1949 über das Grundgesetz die in keinem Völkerrechtsdokument der Antihitlerkoalition vorgesehene Spaltung Deutschlands besiegelt. Die amerikanische Strategie der Schaffung eines Bollwerks gegen den Sozialismus war in einem elementaren Segment umgesetzt. Für den Historiker Nolte begann an jenem Tag »das Räderwerk der modernen Demokratie« zu laufen.[62]

Lief es immer in eine gute Richtung?

Wäre nicht ein ernsthaftes Nachdenken darüber angebracht, wie man das Wahlvolk weitaus besser als bis dato in die Vorbereitung grundlegender Entscheidungen einbeziehen könne? Das setzt als erstes voraus, dass den Wahlbürgern rechtzeitig und allseitig offenbart wird, welche grundlegenden Entscheidungen im Parlament vorbereitet werden. Zurzeit kennt in vielen Fällen nicht einmal die Mehrheit der Abgeordneten die Motive und Hintergründe von Bundestagsentscheidungen. Wer erfährt welche Interessenverbände und Lobbyisten die Parlamentsvorlagen beeinflusst haben und welche externen in- oder ausländischen Kräfte bei der Erarbeitung der Vorlagen in den Ministerien mitwirkten? Uninformierte Abgeordnete können nicht ihrem Gewissen, sondern nur der Empfehlung ihrer Fraktion folgen. Nicht oder falsch informierte Bürger können nicht in Sachkunde entscheiden. Allerdings ist die Substanz des Abgeordnetengewissens längst zu einem Streitproblem der Staatstheorie und der politischen Praxis in der Bundesrepublik geworden. Der frühere Bundesverfassungsrichter Hans Hugo Klein erklärte in einem Kommentar des Grundgesetzes, mit dem hehren Gewissensgrundrecht habe das freie Abgeordnetenmandat nichts zu tun. »Gewissen meine hier lediglich den Inbegriff der intellektuellen Anstrengung zur Erfüllung der Aufgabe.«[63]

Der langjährige konservative Bundestagsabgeordnete Peter Gauweiler hinterließ im Ergebnis seiner Bundestagserfahrungen: »Wo die eigene Meinung nur im Verborgenen gesagt wird, verkümmert die Demokratie. Die parlamentarische Politik – Politik als Richtungsbestimmung – ist dann keine öffentliche Sache mehr. Parlamentarier sind keine Parlamentsangestellten, die sich auch nicht so behandeln lassen dürfen. Heute werden die Mitglieder des Deutschen Bundestages täglich mit ihrer Abhängigkeit von den Fraktionsapparaten, dem Machtgefüge ihrer Parteien und der Regierung konfrontiert. Das wird immer peinlicher, vor allem wenn die Rettung nur in einem hemmungslosen Nach-dem-Munde-Reden oder Schweigen gesucht wird.«[64]

Eine Abgeordnetenbefragung der *Change Centre Foundation* ergab: »Je nach Politikfeld bezweifeln 65 bis 68 Prozent der Volksvertreter selbst, einen großen Einfluss zu haben.«[65]

Der langjährige SPD-Parlamentarier Karl Lauterbach beschrieb schon 2009, die meisten Abgeordneten seien nur noch »Stimmvieh und Claqueure«.[66] Unter diesen Umständen »gelangen in den Parteiendemokratien nur selten jene Typen nach oben, die den größten Mut und Gestaltungswillen aufbringen, sondern jene mit der größten Anpassungsbereitschaft. In der modernen Politik setzt sich durch, wer die größte Frustrationstoleranz aufbringt und am wenigsten an einem konkreten Ergebnis orientiert ist.«[67]

Die großen Volksparteien handeln – wie ein Analyst feststellt – »gegen den Geist des Grundgesetzes; sie organisieren nicht den Kampf der Ideen, sondern bilden die Kulisse für Auftritte ihrer Spitzenleute. Sie verkommen zu staatlich subventionierten Eventagenturen [...]. Inzwischen sind die Parteitage von CDU und SPD nur noch die Simulation von Teilhabe. Artikel 21 ist nicht mehr Basis der Parteiendemokratie, sondern das Alibi für den Machtmissbrauch der Parteien.«[68]

Gab es nach dieser veröffentlichten Kritik eine adäquate Reaktion, einen Aufschrei in den betroffenen Parteien? Es ging alles seinen gewohnten Gang nach dem Motto: Ist der Ruf erst ruiniert, lebt es sich ganz ungeniert. Im Juni 2016 zog Arno Widmann die bedrückende Bilanz seiner über Jahre erfolgten Beobachtungen: »Seit vielen Jahren werden die Bürger auch in Deutschland von zentralen Entscheidungen ausgeschlossen. Entweder weil gewaltige parlamentarische Mehrheiten sich auf einen einzigen Weg – Euro, Hartz IV, Bankenrettung, internationale militärische Interventionen, Griechenland, Flüchtlinge – geeinigt haben oder weil es der Regierung gelingt, ihre Taten nicht etwa als gut, sondern als alternativlos darzustellen.«[69]

Diese schleichende Entdemokratisierung unserer Gesellschaften hat verhängnisvolle Folgen für das politische Klima und führt zu immer schwerer beherrschbaren Spannungen und Polarisierungen.

Die Demokratiedefizite des Grundgesetzes in seiner ursprünglichen Fassung haben sich in den 60 Jahren seiner Wirkung eher vergrößert als verringert. Vor allem Notstandsgesetze in den 50er und 60er Jahren und nunmehr Antiterrorgesetze haben zu spürbaren Einschränkungen der Bürgerrechte geführt. Vor wenigen Jahren beklagte selbst der Präsident des Bundesverfassungsgerichtes eine zunehmende »Entparlamentarisierung [...], weil die politischen Weichenstellungen bereits früher und außerhalb des Parlaments erfolgt sind.«[70]

Das Grundgesetz, das derzeit in Kraft ist, unterscheidet sich von dem 1949 beschlossenen Dokument erheblich. Durch 59 verfassungsändernde Gesetze wurde es in seiner Substanz von 1949 bis 2000 verändert. Rein quantitativ ist es um mehr als das Doppelte gewachsen.[71]

Grundlegende Veränderungen waren insbesondere die Wehrverfassung (7. Änderungsgesetz, 1956), die Notstandsverfassung (17. Änderungsgesetz, 1958), die Regelung über den großen Lauschangriff (45. Änderungsgesetz, 1998), die Neufassung der Auslieferung Deutscher an andere Staaten (47. Änderungsgesetz, 2000) und die Zulassung des Dienstes an der Waffe durch Frauen (48. Änderungsgesetz, 2000). Damit wurde massiv in verbriefte Grundrechte eingegriffen und der Freiheitsraum der Bürger eingeengt und die demokratische Substanz reduziert.

Das Grundgesetz wurde am 23. September 1990 im Zusammenhang mit dem Vollzug des Einigungsvertrags verändert. Als eine Klippe in diesen Änderungen erwies sich die Präambel. Darin ist von deutschen Ländern die Rede, die zum Zeitpunkt dieser Veränderung noch nicht existierten. (Die »neuen Bundesländer« sollten erst mit Wirkung vom 14. Oktober 1990 gebildet werden. Deren parlamentarische Gremien wurden erst Wochen später gewählt.)[72] Ein staats- und völkerrechtsverbindlicher Beitritt dieser Länder zur Bundesrepublik konnte folglich *nicht* vollzogen werden. Am 23. August 1990 erklärte jedoch bekanntlich die Volkskammer der DDR »den Beitritt der DDR zum Geltungsbereich der Bunderepublik Deutschland gemäß Artikel 23 des Grundgesetzes mit Wirkung vom 3. Oktober 1990«. Das wurde und wird gefeiert.

Es waren also nicht die (noch nicht existierenden) »neuen Länder«. Es war die Volkskammer, die den Beitritt der DDR (als Völkerrechtssubjekt) zum Geltungsbereich des Grundgesetztes erklärte. Gab es Gründe, diese grundsätzliche Entscheidung der in den westlichen Medien gepriesenen »frei gewählten« Volkskammer in der Präambel des Grundgesetztes zu verschleiern? Sollte auch das Grundgesetz mit keinem Wort die tatsächlichen rechtlichen Schritte zur Vereinnahme der DDR erkennbar machen? Oder ging es schlicht darum, im Text des Grundgesetzes die korrekte Bezeichnung des Beitrittssubjektes »DDR« zu vermeiden? Das aber wäre kaum als würdige und korrekte Wiedergabe eines elementaren verfassungsrechtlichen Vorgangs zu bewerten.

Nach Vollzug des Einigungsvertrages wurde im November

1990 eine Verfassungskommission des Bundestages und des Bundesrates gebildet. Mit der Bundestagsdrucksache 12/600 legte diese Kommission ihr dürftiges Ergebnis am 5. November 1993 vor. Essenzielle Änderungen erschienen der Kommission entbehrlich.

7. EU-Recht versus Grundgesetz

Demokratie als Volksherrschaft ist keine abstrakte Kategorie. Immer geht es darum, wer für die Ziele und Regeln einer Gemeinschaft Verantwortung trägt und rechtsverbindlich zu entscheiden hat. Im staatlichen Bereich bestimmt das Maß der nationalen Souveränität die realen Möglichkeiten, Entscheidungen demokratisch zu erarbeiten und als Recht zu kodifizieren. Die Bundesrepublik Deutschland hat sich von Anbeginn in der Präambel des Grundgesetzes verpflichtet, »in einem vereinten Europa« dem Frieden zu dienen.

Schon 1949 bestimmte der Artikel 24 des Grundgesetzes in Ziffer 1: »Der Bund kann durch Gesetz Hoheitsrechte auf zwischenstaatliche Einrichtungen übertragen.« Das Bundesverfassungsgericht kommentierte diese Grundgesetzregelung folgendermaßen: »Mit der Übertragung von Hoheitsrechten ist die Rücknahme bzw. der Verzicht auf die ausschließliche Ausübung hoheitlicher Gewalt durch deutsche Organe gemeint, mit dem Zweck, die Ausübung fremder Hoheitsgewalt im innerstaatlichen Bereich zu ermöglichen.«[73]

Ich habe im Laufe meines Berufslebens die Verfassungen von mehr als 50 Staaten kennengelernt, mich mit deren Ursprüngen und sozialen Wirkungen beschäftigt. Einen derartigen Vorausverzicht im Bereich der Hoheitsrechte, also der Souveränität – in einer Gründungsverfassung wie im deutschen Grundgesetz – ist mir nirgends sonst begegnet. Man mag dafür unterschiedliche Begründung finden. Ist es aber nicht wahrscheinlich, dass die USA und die Westmächte, als sie den Kalten Krieg begannen und 1948 in den Frankfurter Dokumenten die Grundsatzentscheidung über die politische Verfassung der Bundesrepublik trafen, davon ausgingen, auch die westeuropäischen Kernstaaten zu einem Prellbock gegen den Kommunismus zu verbinden? Das erklärt vielleicht auch, warum bei den Londoner Verhandlungen 1948 – bei denen es um die Veränderung und Verknüpfung der westeuropäischen Politik in der ersten Periode des Kalten Krieges ging – nicht nur die Siegermächte USA, Großbritannien und Frankreich, sondern auch die Benelux-Staaten beteiligt waren.

Einen gewissen Einfluss auf die nationalstaatliche Souveränität hatten schon seit längerer Zeit supranationale Organisationen (besonders die UNO) für ihre Mitgliedsstaaten. Auch globale Märkte wirken jenseits der Nationalstaaten und der von ihnen eingerichteten Organisationen auf Formen und Inhalte der Rechtsentstehung, die sich dem Einfluss von Nationalstaaten entziehen.[74]

Keine internationale Organisation aber beeinflusst, besser: begrenzt die Souveränität ihrer Mitgliedsstaaten und damit die Entfaltungsmöglichkeiten der Demokratie stärker als die Europäische Union. In grundlegenden internationalen Vertragswerken hat die EU Werte und Prinzipien ihrer Organisation geregelt. Offensichtlich in der Erwartung, alle Mitglieder entwickeln sich innerhalb der EU in gleicher gewünschten Weise, wurden 1993 Kopenhagener Aufnahmekriterien für die Osterweiterung[75] beschlossen.

Nach dem Sieg im Kalten Krieg hat man dabei jedoch keinen Gedanken darauf verschwendet, wie vorzugehen wäre, wenn ein EU-Mitglied Jahre nach seiner Aufnahme bedingt durch eine Wahlentscheidung oder ein Referendum sich von einzelnen der Aufnahme-Kriterien verabschiedet. Grundlegende Veränderungen der nationalen Politik einzelner Staaten wie in Ungarn oder in Polen oder Nichtbereitschaft der Mehrheit der EU Staaten zur Mitwirkung an der europäischen Flüchtlingspolitik waren von den Entscheidungsträgern der Kopenhagener Kriterien nicht erwartet. Offensichtlich folgte man der 1993 international verbreiteten Fiktion des amerikanischen Politikwissenschaftlers Francis Fukuyama, dass der Zusammenbuch der UdSSR das Ende der Geschichte bedeute und sich künftig in allen Staaten der Erde die amerikanische Wirtschafts- und Lebensweise durchsetzen werde.[76]

Die siegestrunkene Vorstellung, dass sich nach dem Ende des Kalten Krieges die Welt, die Lebensweise, die Erwartungen und die Interessen der Völker, der Staaten und der ökonomischen Mächte nicht mehr – oder nur in einer Richtung – verändern und alle fundamentalen Widersprüche und Unterschiede sich in Wohlgefallen auflösen, gehörte von Anbeginn zu den strategischen Irrtümern. Erstaunlich bleibt lediglich, wie viele Politiker, Wissenschaftler und Journalisten der westlichen Welt der Vision Fukuyamas ursprünglich folgten.

Die »Ewigkeitserwartungen«, die bei den Aufnahmekriterien der EU offensichtlich vorherrschten, dominierten ebenso beim Vertrag von Lissabon zur rechtlichen Regelung für den Austritt eines Staates aus der EU. Der Artikel 50 des Lissaboner Vertrages erklärt in einem dürren Satz: »Jeder Mitgliedstaat kann im Einklang mit seinen verfassungsrechtlichen Vorschriften beschließen, aus der Union auszutreten.«[77] Ein Prozedere für einen Austritt wurde jedoch nicht erarbeitet.

Die Europäische Union »vereint in sich eine beträchtliche Zahl von Hoheitsrechten auf verschiedenen Politikfeldern, die mit unmittelbarer Geltung in den Mitgliedsstaaten ausgeübt werden. [...] Das Schritt um Schritt ausgeweitete Gemeinschaftsrecht überzieht sie *(die Mitgliedstaaten – H. G.)* mit einem engmaschigen Netz von Vorschriften.«[78]

Mit ihren 35 000 hochbezahlten Mitarbeitern hat die EU Gesetze, Vorschriften und Detailregelungen in einem Umfang von mehr als 50 000 Seiten produziert. Dabei geht es um grundsätzliche Probleme der Außenpolitik und ebenso der Innenpolitik, die tief in das Leben der Bürger der Mitgliedsstaaten eingreifen. Wer kann wohl in diesem Wust das für ihn Wichtige oder gar das Verbindliche herausfiltern? Wer sich beispielsweise mit der Europäischen Menschenrechtskonvention (EGMR)[79] beschäftigt, wird bekannte humanistische Formulierungen über Würde, Freiheit, Gleichheit, Bürgerrechte und gegen Diskriminierung finden. Stutzen wird der Leser dieses Dokuments aber, wenn es um das Recht auf Leben geht.

Im Absatz 2 des Artikel 2 (Recht auf Leben) dieser Konvention findet er die erstaunliche Feststellung: »Eine Tötung wird nicht als Verletzung dieses Artikels betrachtet, wenn sie durch eine Gewaltanwendung verursacht wird, die unbedingt erforderlich ist, um

a) jemanden gegen rechtswidrige Gewalt zu verteidigen;
b) jemanden rechtmäßig festzunehmen oder jemanden, dem die
   Freiheit rechtmäßig entzogen ist, an der Flucht zu hindern;
c) einen Aufruhr oder einen Aufstand rechtmäßig niederzuschla-
   gen.

Unter Aufruhr versteht man auch rechtlich die Aktion, auch die
Empörung einer größeren Menschenmenge gegen tatsächliche
oder scheinbare Missstände. Soll nunmehr bei öffentlicher Zu-
sammenrottung die Polizei von der Schusswaffe Gebrauch machen? Unklar bleibt auch, wie das beschriebene Tötungsrecht mit
dem drei Jahre später beschlossenen Protokoll 13 des Europarates
zum absoluten Verbot der Todesstrafe korrespondieren kann.[80]

Zugleich regelt die EU tausende lächerliche Details und erweist sich als ein kaum durchdringliches Bürokratiemonster. Sie
regelte u. a. wann Kleiderbügel als Verpackung gelten, wie laut
ein Fön sein darf, wie weiß ein Porree sein muss: »Mindestens
ein Drittel der Gesamtlänge oder die Hälfte des umhüllten Teils
muss von weißer oder grünlicher Färbung sein. Jedoch muss
bei Frühlauch/Frühporree der weiße oder grünlich weiße Teil
mindestens ein Viertel der Gesamtlänge oder ein Drittel des umhüllten Teils ausmachen.« Die EU-Verordnung 97/2010 regelt verbindlich, wie bei Herstellung einer Pizza Napoletana vorzugehen
ist: »Der Pizzabäcker schiebt mit etwas Mehl die belegte Pizza
mit Hilfe einer Drehbewegung auf einen Holz- oder Alumini-
umschieber, [...] dann lässt er sie mit einer schnellen Bewegung
des Handgelenks auf die Ofensohle gleiten.«[81] (Weiteres sei dem
Leser erspart).

Derartige Überregelungen entstammen zumeist dem von tausenden Lobbyisten beeinflussten Beamtenapparat. Diesen durch
Korpsgeist verbundenen Clan kann wenig erschüttern. Ihm steht
mit Catherine Day die Generalsekretärin der EU-Kommission
vor. Ein Insider schilderte: »Ihr Wort ist Gesetz.« Er verglich das
Wirken der irischen Generalsekretärin »mit der Rolle des Groß-
inquisitors in Schillers Drama Don Carlos, der am Hof des Königs die Fäden in der Hand hielt.«[82]

Den Regelungsdrang gegenüber den Mitgliedstaaten hat die
EU stetig entwickelt. 1963 stellte der Europäische Gerichtshof fest,
dass Gemeinschaftsrecht in den Mitgliedsstaaten unmittelbar

gilt.[83] Damit erfolgte ein tiefer Eingriff in die verfassungsmäßigen Rechte und Handlungsräume. Zugleich verloren die nationalen Parlamente der Mitgliedsstaaten die Chance, die durch die EU entschiedenen Angelegenheiten einem demokratischen Verfahren zu unterziehen. Mögliche demokratische Mitwirkung in den Staaten wurde durch unkorrigierbare Anweisungen aus Brüssel ersetzt. Der Brüsseler Bürokratie war schon früh eine autokratische Tendenz eigen. Der Spezialist für das EU-Recht Dieter Grimm erhellte die inzwischen eingebürgerte Praxis der EU in der Weise: »Die Gemeinschaft stellt Anforderungen an die innerstaatliche Organisation und die nationale Rechtsordnung, die Voraussetzung für die gleichmäßige Anwendung des Gemeinschaftsrechts sind.«[84] Grimm folgert daraus: »Was die Legitimationsfunktion angeht, kann die nationale Verfassung ihren Anspruch, dass alle in ihrem räumlichen Geltungsbereich ausgeübte Herrschaft ihre Legitimität vom Volk erhält, nicht mehr einlösen.«[85] Das bedeutet, die dem Grundgesetz zugrunde liegende Position von der durch das Volk gegebenen Legitimation des Handelns der deutschen Verfassungsorgane erhält immer größere Brüche. Brüche, die oft zu Lasten einer klugen, den nationalen Bedingungen entsprechenden sachlichen Lösung und in jedem Fall zu Lasten der Demokratie und einer freien Entscheidung der Bürger und ihrer Volksvertreter führen. Die Demokratie eignet sich offensichtlich im Gegensatz zur Wirtschaft nicht für grenzenlose Globalisierungsexperimente!

Beleuchtet wird dieser Tatbestand durch eine Kontroverse zwischen Bundestagspräsident Norbert Lammert und dem Präsidenten des Bundesverfassungsgerichtes (BVG) Andreas Voßkuhle zur Interpretation des BVG-Urteils zum Lissabon-Vertrags vom 30. Juni 2009. Dort war dargelegt, dass das oberste Gebot der Verfassung »Die Staatsgewalt geht vom Volke aus« nicht abwägungsfähig, sondern unantastbar sei. Außerdem: Das Grundgesetz setzt »die souveräne Staatlichkeit Deutschlands nicht nur voraus, sondern garantiert sie auch.«[86] Lammert missfiel diese »Betonung der nationalen Souveränität, die mit Blick auf die realen Verhältnisse längst nicht mehr existiert«. Er kritisierte: »Für ein oberstes Gericht, das eine Verfassung zu interpretieren hat, die es gibt, nicht eine, die man gerne hätte, ist die Inflationierung eines Kriteriums *(also der Souveränität – H. G.),* das in der Verfassung gar nicht vorkommt, schon ein vergleichsweise kühner Zugriff.«[87]

Voßkuhle reagierte darauf höflich und nannte die Souveränitätsabstinenz-Erklärung des Bundestagspräsidenten »in der Sache nicht überzeugend, um es vorsichtig zu formulieren«.[88] Wann aber wird aus dem internen Disput zwischen zwei Präsidenten von deutschen Verfassungsorganen eine Aufklärung der Öffentlichkeit darüber, mit welcher Souveränität die Bundesrepublik noch ausgestattet ist.

Möglicherweise widerspiegelt der Einwand des Bundestagspräsidenten die Realität. Ist die Bundesrepublik ein souveräner Staat oder ein abhängiger Teil im europäischen politischen System? Ist die Antwort darauf zu vernachlässigen oder ein gravierendes Problem für die demokratische Kultur? Seit Jahren schwelt ein Streit über das Verhältnis der Macht der Organe der EU und der verbliebenen Rechte der Mitgliedsstaaten und ihrer Bürger. Die Präsidenten und Richter des Bundesverfassungsgerichts haben sich dazu immer wieder geäußert. Präsident Papier stellte 2014 fest: »Durch unlimitierte und unüberschaubare Maßnahmen Dritter – wie in diesem Fall der EZB *(Europäische Zentralbank – H. G.)* – kann die Haushaltsautonomie in Deutschland ausgehöhlt werden.«[89]

Martin Schulz kanzelte das Bundesverfassungsgericht ab, als er erklärte: »Ich glaube, das Bundesverfassungsgericht hat nicht verstanden, wie Demokratie auf der europäischen Ebene funktioniert.«[90]

Verfassungsgerichtspräsident Voßkuhle wich dem Streit aus und meinte: »Die Frage des letzten Wortes sollte man zwischen dem EuGH und dem Bundesverfassungsgericht so wenig stellen, wie in einer Ehe.«

Als 2014 ein Antrag zur Klärung der umstrittenen Anleiheaufkäufe der EZB (OMT-Programm) beim Bundesverfassungsgericht einging, hegte das Gericht Zweifel an der Übereinstimmung eines solchen Vorgehens mit dem Grundgesetz. Vorsichtshalber entschied man sich jedoch, die Klage dem EuGH vorzulegen. Der EuGH entschied, und das Bundesverfassungsgericht beugte sich dem Urteil. Entgegen seiner ursprünglichen Haltung wies es am 21. Juni 2016 die Klagen gegen das OMT-Programm ab.[91]

Im Zusammenhang mit der Referendumsentscheidung Großbritannien über den Austritt des Landes aus der EU hat die Debatte über die Zukunft der EU neue Dimensionen angenommen. Die Spitzen der Brüsseler EU-Institutionen, vor allem Kommissionspräsident Jean-Claude Juncker und Parlamentspräsident Martin Schulz wollen die Europäische Union dadurch stabilisieren, dass sie Vollmachten der EU-Organe vergrößern und die Europäische Kommission zu einer »echten europäischen Regierung erheben«. Bundesfinanzminister Wolfgang Schäuble plädierte in einem Interview für »Schnelligkeit und Pragmatismus« bei der Lösung von Problemen in Europa, notfalls auch ohne Führungsrolle der EU-Kommission in Brüssel. »Wenn die Kommission nicht mittut, dann nehmen wir die Sache selbst in die Hand, lösen die Probleme eben zwischen den Regierungen.«[92]

Erinnert sei daran, dass schon 2014 Altbundespräsident Roman Herzog die Bundesregierung vor einer »Entkoppelung der EU-Institutionen von der Realität der Menschen« gewarnt hat. Schon 2007 hatte der ehemalige Präsident des Bundesverfassungsgerichts festgestellt, die Bundesregierung Deutschland sei nur noch eingeschränkt als parlamentarische Demokratie zu bezeichnen. Er erinnerte dabei an eine offizielle Zählung der Rechtsakte der Bundesrepublik. 84 Prozent stammten aus Brüssel, nur 16 Prozent aus Berlin. Herzog machte aus seinem Urteil, »dass sich EU-Instanzen immer mehr Zuständigkeiten zuschanzen«, kein Hehl.[93] Niemand widersprach ihm. Niemand änderte den demokratiegefährdenden Trend!

Die Direktorin des *European Democracy Lab,* die noch vor wenigen Monaten die These vertrat, man müsse die Nationalstaaten und die Staatsbürgerschaft in Nationalstaaten abschaffen, erklärt nunmehr im Juli 2016: Die EU beschließt »viele Dinge, die sich unmittelbar auf den Lebensalltag aller Europäer auswirken […]. Das europäische Parlament hat kein originäres Legislativrecht. Die EU ist nicht nach dem Prinzip der Gewaltenteilung organisiert, in der die Legislative die Exekutive kontrolliert. Was immer der EU-Rat entscheidet, die europäischen Bürger können kaum etwas dagegen tun. Demokratie sieht anders aus. […] Auf nationalstaatlicher Ebene würde man ein derart verkorkstes politisches System nie zulassen.«[94]

Die Zukunft der EU aber wird mit hoher Wahrscheinlichkeit nicht von den versiertesten Professoren, wohl auch nicht von Parlamentariern, sondern eher durch die Strategen in Washington und in der NATO und ihren europäischen Stützen entschieden.

8. Die Dritte (und Vierte) Gewalt

Rechtsstaatlichkeit bedeutet die Herrschaft des Rechts und nicht das Recht des Stärkeren. Wo immer Bundespräsident Gauck, Kanzlerin Merkel oder ihr Haushistoriker Heinrich August Winkler öffentlich auftreten, wiederholen sie diesen Satz. Er erscheint wie eine Zentralformel des bundesdeutschen Staatsverständnisses. Wer darüber nachdenkt, wird feststellen, gewogen und zu leicht befunden.

Erstens bedeutet Demokratie Herrschaft des Volkes – nicht Herrschaft des Rechts. Zwischen Volk und Recht bestehen bekanntlich Unterschiede, die keiner Erklärung bedürfen.

Zweitens ist das Recht, dessen Herrschaft wir unterliegen sollen, keine stabile, für jedermann erkennbare, sondern eher eine kaum erfassbare (und sich permanent ändernde) Kategorie. In der Wissenschaft herrscht die Meinung vor, die besagt, der Rechtsbegriff »ist so vielschichtig und umfassend, dass er sich nicht mehr einheitlich bestimmen lässt, vielmehr jede Bestimmung nur einen einzelnen Aspekt erfassen kann«.[95] Was soll der Einzelne unter diesen Umständen verstehen, wer oder was über ihn und andere Mitbürger – in Form des Rechts – die Macht ausübt. Die Macht des Rechts bleibt ihm imaginär, nichtssagend allgemein, undurchschaubar. 2016 bestand das Recht der Bundesrepublik aus einem Dickicht von mehr als 250 000 staatlichen Vorschriften. Das lässt dem Bürger das Recht ähnlich wie dem Buddhisten das Nirwana als undurchdringbar erscheinen.

Und *drittens* schließlich lohnt sich darüber nachzudenken, wie Gesetze und andere normative Akte des Staates – also Recht – entstehen. Nach der geltenden Verfassungsordnung der Bundesrepublik durch die Parlamentsentscheidung der stärksten Partei oder einer mehrheitsbildenden Parteienkoalition. Nur der Stärkere im Parlament hat die Möglichkeit, Recht zu schaffen, Recht entspringt folglich aus dem Willen und den Interessen des Stärkeren. Dass hinter dem Stärkeren im Parlament in der Regel, zumindest oft, außerordentlich starken Kräfte der Märkte, oft auch große international organisierte Organisationen u. a. über Lobbyisten – aber auch auf anderen informellen Kanälen – agieren und auf Entscheidungen der Gesetzgeber einwirken, gehört inzwischen zum Allgemeinwissen.

Die Bundesrepublik verfügt über ein filigranes, überbordendes Rechts- und Justizsystem. Die Abgeordneten des Bundestages können sich auf einen Apparat von 2600 Mitarbeitern und zahlreichen Experten aus Ministerien und anderen Bundesbehörden stützen. In der 2013 endenden Legislaturperiode des Bundestages wurden 553 Gesetze verabschiedet.[96] Mit einer unübersehbaren Summe von Geboten wird der Bürger in fast allen Bereichen des Lebens von Rechtsvorschriften begleitet. Dazu kommen mehr als 4000 europäische Verordnungen und etwa 1000 Richtlinien. Hardinghaus hat im Ergebnis einer Analyse festgestellt: »Der Bürger ist jetzt noch mehr Untertan, als er es vorher war, bevor der Staat versuchte gerecht zu sein. Der Bürger kann einen Experten bezahlen, einen Steuerberater, der nach Regelungslücken sucht und sich am Staat, dem Wächter der Gerechtigkeit, vorbeischleicht.«[97]

Altbundeskanzler Helmut Schmidt prägte den Begriff vom *lähmenden Rechtswegestaat.* Die Anzahl der sozialversicherungspflichtigen Juristen (also ohne freiberufliche Anwälte und ohne beamtete Richter und Staatsanwälte) hat sich von 2001 (167 000) bis 2011 (223 000) erheblich vergrößert. Der Wust der rechtlichen Regelungen verdrängt in vielen Regierungsdienststellen das Bemühen um eine sachgerechte Lösung durch ein Streben nach juristischer Absicherung. Im Bundesfinanzministerium waren schon 2014 von den neun Abteilungsleitern sieben Juristen. Insgesamt standen den 214 Ökonomen in diesem Haus 333 Juristen gegenüber.[98]

Noch stärker ist die Zahl der zugelassenen Anwälte gestiegen. Zwischen 1950 und 1990 entwickelte sich ihre Anzahl von 12 000 auf 36 000. Danach ging es sprunghaft voran, im Jahr 2000 waren es schon 104 000 Anwälte. 2016 sind inzwischen 163 779 Anwälte tätig. Eine konfliktschaffende Gesetzgebung und ein immer ausgefeilteres Rechtswege- und Strafprozesssystem verschaffen der

Anwaltschaft eine wachsende Klientel und einen Gesamtumsatz von etwa 16 Milliarden Euro. Der permanent zunehmende Umfang der juristischen Gesetzgebung bedingt, dass trotz der 20 000 deutschen Richter, 6000 Staatsanwälte[99] und etwa 5000 Gerichtsvollzieher sich die Vorgänge in den Gerichten häufen. Von einer Klage bis zur Entscheidung vergehen oft Jahre.

Bildet man eine Summe der in der Rechtspflege Tätigen, erreicht man (ohne Mitarbeiter des Strafvollzuges) etwa eine halbe Million. Damit wird eine erhebliche administrative und intellektuelle Potenz gebunden. Um das hier vorgelegte Zahlenwerk noch zu vervollständigen, sei darauf verwiesen, dass es 2013 in Deutschland 1,7 Millionen zumeist mit üppigen Privilegien bestückte Beamte gab. (Die Ausgaben für Beamtenpensionen betragen jährlich mehr als 26 Milliarden Euro.)

Im Jahr 1960 umfasste die bundesdeutsche Beamtenschaft 700 000 Personen. 2004 gab es schon 1600 000 Beamte. Eine Umkehr scheint dringend geboten, ist allerdings angesichts der Juristenlobby im Bundestag und bei der EU kaum zu erwarten.

Die Bundesrepublik Deutschland ist ein starker Staat mit einem beträchtlichen juristischen Potential. Haben die wachsende Zahl der tätigen Juristen und der Zuwachs der laufenden Verfahren der Demokratie in Deutschland gutgetan? Es ist zu bezweifeln. Man mag mir entgegensetzen, dass meine Urteilskriterien zu wenig mit der Genese der Staats- und Rechtsordnung der Bundesrepublik korrespondieren. Deshalb zitiere ich an dieser Stelle Norbert Blüm, den langjährigen Bundesminister, der das politische System der Bundesrepublik mit der Muttermilch aufgenommen und über viele Jahre aktiv mitgestaltet hat. Er schrieb 2014: »Es hat lange gedauert, bis mir dämmerte, dass die hehre Justiz doch nicht der von menschlichen Schwächen befreite Ort des reinen Rechts ist. Dass aber unter dem Deckmantel der Unabhängigkeit eine Rechtspflege agiert, die mit sublimer Selbstherrlichkeit und handfester Abhängigkeit ausgestattet ist, diese Erkenntnis traf mich jäh wie ein Blitz [...]. Meine Zweifel an der dritten Gewalt sind im Laufe meiner Recherchen gewachsen. Die dritte Gewalt schickt sich an, Staat im Staate zu werden. Die Jurisdiktion scheint niemandem rechenschaftspflichtig zu sein, außer sich selbst, und schmort so im eigenen Saft vor sich hin. Ich bezweifle nicht die unverzichtbare Funktion der Unabhängigkeit der dritten Gewalt. Aber ich beklage die Selbstgefälligkeit, mit der sie jedwede Kritik als Angriff auf ihre Unabhängigkeit abschmettert. Richter und Rechtsanwälte sind die letzten Berufe, die für sich eine Art Berührungstabu beanspruchen. Sie sind wie Brahmanen, die in einem westlichen Exil ihr Kastenwesen aufrichten und damit den demokratischen Rechtsstaat unterwandern.«[100]

Diese Feststellungen von Blüm berühren wesentliche, jedoch nicht alle Seiten der dritten Gewalt. Unberührt bleiben die Nachwirkungen des Wirkens vieler schwer belasteter Nazi-Juristen. Der Leiter der Zentralstelle zur Aufklärung nationalsozialistischer Verbrechen in Ludwigsburg Kurt Schrimm erklärte 2014 resignierend: »Uns waren die Hände gebunden.« Die Rechtsprechung habe der Verfolgung der Männer lange entgegengestanden.[101] Warum sind aber die Leiter und Staatsanwälte dieser 1958 eingerichteten Behörde ein halbes Jahrhundert mit ihrem in 1,6 Millionen Karteikarten gebündeltem Wissen nicht im Bundestag oder bei der Bundesregierung oder in der Öffentlichkeit vorstellig geworden? Warum sind die Verantwortlichen der Zentralstellen im Mainstream antidemokratischer Vertuschung mitgeschwommen?

Vor allem aus der Sicht der Bürgerrechte ist über viele weitere Problem unserer dritten Gewalt nachzudenken. Warum soll verständlich sein, dass vermögende Parteien ihr Recht mit teuren Anwälten über alle Instanzen durchsetzen können, während für die weniger Betuchten schon der Weg in die erste Berufungsinstanz nicht finanzierbar ist? Warum vergeht selbst bei weitgehend übersichtlichen Verfahren zwischen der Einleitung des Verfahrens und Urteil so lange Zeit? Die Tatsache, dass beim zweifellos komplizierten NSU-Verfahren vor dem Münchner Landgericht 15 Monate zwischen dem Bekanntwerden der NSU-Verbrechen (4. November 2011) und der Prozesseröffnung (Mai 2013) lagen, verwunderte. Dass der Prozess in drei Jahren und 295 Verhandlungstagen noch kein Ende erreicht hat, lässt an der Effektivität der Arbeit der Ermittlungsbehörden zweifeln. Dass aber erst am 205. Verhandlungstag (6. Juli 2016) die Anwälte der Opfer das erste Mal Gelegenheit hatten, Fragen an die Hauptangeklagte Zschäpe zu stellen, setzt in Erstaunen. Prozessbeobachter stellen immer wieder fest, dass es in vielen Verfahren nicht um Klärung einer Sachlage, sondern um juristische Spitzfindigkeiten geht.

Als im NSU-Prozess versucht wurde zu klären, ob eine Frau Mitgliedern der NSU einen Pass zur Verfügung gestellt hat, wurde eine Tatsachenfeststellung wegen Verjährung ausgeschlossen. Blüm zitiert in seinem Buch einen Richter, der schlicht erklärte: »Wahrheiten interessieren mich nicht.«[102] Als im August 2016 der Prozess in die Sommerpause ging, waren annähernd 300 Prozesstage absolviert. Jeder davon kostete etwa 150 000 Euro. Folglich der bisherige Prozess mehr als 40 Millionen Euro.[103] Hat man sich aber in dieser Zeit der Wahrheit genähert?

Der Präsident des Bundesverwaltungsgerichts Klaus Rennert beantwortete 2014 die Frage, warum die Klage eines Journalisten zur flächendeckenden Überwachung durch Geheimdienste nicht angenommen wurde, der Kläger habe »nicht dartun können, dass er selbst betroffen war«. Eine Form war nicht gewahrt, also das Anliegen nicht von Bedeutung. Auf die Frage, ob das massenhafte Abhören der Telekommunikation mit dem Datenschutzrecht kollidiere, lautete Rennerts Antwort: »Das überschaue ich nicht. Mir drängen sich aber folgende Fragen auf: Wie schützen wir den Netznutzer vor sich selber. Unser Leitbild ist das autonome Individuum.«[104] Das heißt wohl nichts anderes als, Bürger kümmert euch selbst um euren Schutz. Sachfragen auszuweichen ist offensichtlich zur verbreiteten Praxis geworden.

Zur vierten Gewalt haben sich seit geraumer Zeit die Medien selbst erklärt. Im Unterschied zu den drei »klassischen« Gewalten, der Legislative, der Exekutive und der Judikative ist diese vierte Gewalt weder in ihren Vollmachten noch in ihrer Verantwortung geregelt. 1965 hat der erfahrene Journalist und Geisteswissenschaftler Paul Sethe den Satz geprägt: »Pressefreiheit ist die Freiheit von 200 reichen Leuten, ihre Meinung zu verbreiten [...]. Frei ist, wer reich ist.«[105] Der zu jedweder Übertreibung fähige Kolumnist des *Stern* Hans-Ulrich Jörges versucht dagegen den Lesern seines Magazins 2016 weiszumachen, dass die Medien sich »als starke vierte Weltmacht etabliert« hätten.[106]

Darüber, wer die anderen drei Weltmächte wären, hat der Autor verständlicherweise kein Wort verloren. Ohne Zweifel haben Medien einen großen Einfluss auf die öffentliche Meinung.

Medien können im Zusammenspiel mit geeigneten Staatsanwälten einen Bundespräsidenten zur Strecke bringen, können wie bei der psychologischen Vorbereitung der Irakaggression der USA beitragen, Kriege vorzubereiten, sie können Regierungspolitik verbreiten, können Missstände aufdecken, können Wichtiges ignorieren, Nebensächliches hochspielen, können informieren und manipulieren, können bildend, unterhaltsam und langweilig sein. Anstand wie Skrupellosigkeit sind ihnen eigen. Medien üben heute wahrhaft Macht aus.

Die Personalstärke der Armee der Medienbeschäftigten ist trotz der Reduzierung vieler Redaktionsstellen in den letzten Jahren enorm. Im Jahr 2014 registrierte die Bundesagentur für Arbeit 217 000 Medienbeschäftigte, darunter 96 400 Redakteure, Journalisten und Öffentlichkeitsarbeiter in Festanstellung.[107] Die Macht der Medien ist allerdings kein Bestandteil der Staatsmacht. Ihre Herrschaft über Informationen und Desinformationen verfügt über keine demokratische Legitimation und unterliegt keiner parlamentarischen Kontrolle.

Weltweit beherrschen fünf Medienkonzerne die öffentliche Meinung, das sind AOL Time Warner, NBC Universal, Bertelsmann, Murdoch und Viacom.[108] Zweck und Ziel dieser Medienkonzerne ist – nicht anders als in den Finanz- und Wirtschaftsorganisationen – der Gewinnerwerb. Ob in der Nachrichten-Branche, in der Unterhaltung oder im Kunstmarkt unterliegt jedes gelieferte Produkt den Kriterien des Profits. Diese unternehmerische Monopolisierung schränkt nach vielfachem Urteil die publizistische Qualität ein. »Journalisten verstehen sich« – so schätzt das der Psychologe Michael Schmitz, der über lange Jahre für das *ZDF* tätig war, ein – »als Kontrolleure der Macht. Sie üben dabei selber Macht aus. Sie bestimmen, welche Themen sie darstellen, welche sie ignorieren, wer sich womit öffentlich zu Wort meldet. Mächtige brauchen die Medien, um Meinung zu machen und Medien suchen die Nähe zur Macht, um Informationen zu bekommen. Journalisten können Zugang zur Macht erlangen, solange sie der Macht gewogen bleiben.«[109]

In ihrem Wirken können sich die Medien auf eine Vielzahl von Privilegien stützen, die zum Teil aus Zeiten stammen, als die Konzentration und der politische Einfluss des Journalismus nicht annähernd so ausgeprägt waren wie heute. In der Europäischen Menschenrechtskonzeption wurde 1953 geregelt: »Die Freiheit der Medien und ihre Pluralität werden geachtet.«[110]

Gestützt darauf bilden Medien das von ihnen bearbeitete Geschehen nicht nur ab, sie beeinflussen die öffentliche Meinung im zunehmenden Maße aktiv. Wie Frank Schirrmacher in seinem Werk »Ego, das Spiel des Lebens« feststellte, ist es der Massenpsychologie gelungen, die Seelen der Menschen so zu manipulieren, »dass neutrale Dinge in einem anderen Licht erschienen. Auch die Dinge konnten manipuliert werden, dass sie die Psyche, ja den gesamten Verhaltenskodex veränderten.«[111] An anderer Stelle hebt er hervor: »Unsere neue technische Welt reproduziert bis ins Detail das ökonomische Weltbild, das neoklassische und neoliberale Ökonomen seit den Fünfzigerjahren entwickelt haben [...] Jedes iPhone, jede Datenbrille, jeder geniale Finanz- oder Werbe- oder Suchalgorithmus ist in erster Linie ein Ereignis der sozialen Physik und dient der Installation des Menschen in ein neues ökonomisches System. Der Automat simuliert den Menschen, wenn der Mensch automatengerecht simuliert wurde.«[112] In gleicher Weise vollzieht sich das Vorgehen der modernen Medien.

Die bekannte konservative Leiterin des Allensbach-Institutes Elisabeth Noelle-Neumann (1916–2010) fand: »In verschiedenen Untersuchungen zeigt sich bei deutschen Journalisten eine Dominanz der eher aktiven, teilnehmenden Rolle mit dem Ziel, den gesellschaftlichen Prozess selbst zu beeinflussen.«[113]

Auch aktuelle Untersuchungen dieses Institutes besagen, dass die Skepsis der Bevölkerung gegenüber den Medien gewachsen ist.[114] Die Politiknähe ist vielen Journalisten wesenseigen. »Der deutsche Journalist braucht nicht bestochen zu werden, er ist so stolz eingeladen zu sein, ein paar Schmeicheleien [...]. Er ist schon zufrieden, wie eine Macht behandelt zu werden.«[115] Über die humanen Defizite des skrupellos auf die Macht der Bilder setzenden verbreiteten Katastrophenjournalismus lohnt es nicht, ein Wort zu verlieren.

Anmerkungen

1 Vgl. Herbert Graf: Interessen und Intrigen: Wer spaltete Deutschland?, edition ost, Berlin 2011, S. 160 ff.

2 Zitiert in: Edmund Spevack: Ein Emigrant in amerikanischen Diensten. Zur Rolle des Politikwissenschaftlers Hans Simons in Deutschland nach 1945, in: Claus-Dieter Krohn (Hrsg.): Rückkehr und Aufbau nach 1945. Deutsche Remigranten im öffentlichen Leben Nachkriegsdeutschlands, Schriften der Herbert-und-Elsbeth Weichmann-Stiftung) Metropolis- Verlag, Marburg 1997, S. 321 ff.

3 Zitiert in: Christian Bommarius: Das Grundgesetz. Eine Biographie, Rowohlt Verlag, Berlin 2009, S. 166

4 Hans Jarass/Bodo Pieroth: Kommentar zum Grundgesetz, C. H. Beck, München 2012, S. 11

5 Wahlaufruf der CDU 1949, Hans-Seidel-Stiftung München, Sign. Nr. 3/87. Wahlaufruf der SPD, 1949, veröffentlicht in: Sozialdemokratischer Pressedienst, Hannover, Georgenstraße 33, »Sonderversand«

6 Wahlaufruf der CDU 1949, a. a. O., S. 15

7 Karl Jaspers: Wohin treibt die Bundesrepublik?, in: *Der Spiegel* 17/1966, S. 46 f.

8 Alle Zitate aus dem Wahlaufruf der SPD 1949, a. a. O., S. 1–5

9 Thomas Oppermann, Rede in der Gedenkveranstaltung 65 Jahre Grundgesetz im Deutschen Bundestag, 23. Mai 2014

10 »Die Potsdamer (Berliner) Konferenz der höchsten Repräsentanten der drei alliierten Mächte – UdSSR, USA und Großbritannien (17. Juli – 2. August 1945)«, Dokumentensammlung, Verlag Progreß, Staatsverlag der DDR, Moskau-Berlin 1986, Dok. Nr. 158, »Protokoll der Berliner Konferenz der Großmächte« vom 1. August 1945, S. 383 ff.

11 a. a. O., Dok. Nr. 33, »Memorandum der Delegation der USA über die Politik hinsichtlich Deutschlands«, S. 254 ff.

12 a. a. O., Dok. Nr. 159, »Mitteilung über die Berliner Konferenz der drei Mächte, 2. August 1945«, S. 403

13 Peter Graf Kielmansegg: Das geteilte Land – Deutschland 1945–1990, in: Deutsche Geschichte, Bd. 4, Siedler Verlag, München 2000, S. 24

14 George F. Kennan: Memoiren eines Diplomaten, München 1982, S. 264

15 Henry Kissinger: Weltordnung, Bertelsmann, München 2014, S. 321 f.

16 »X« (Pseudonym von George F. Kennan): The Sources of the Sovjet Conduct, in: *Foreign Affairs* 25, New York, vom 4. Juli 1947

17 Michael Beschloss/Strobe Talbot: At the Highest Levels, The Inside Story of the End of cold War, Little, Brown and company, New York. Deutsche Fassung: Auf höchster Ebene: Das Ende der Geheimdiplomatie und die Politik der Supermächte 1989–1991, ECON Verlag, Düsseldorf, Wien und Moskau 1993, S. 591

18 Theo Pirker: Die verordnete Demokratie, Verlag Olle und Wolle, Berlin 1977, S. 55

19 Veröffentlicht in: Susanne Miller: Die SPD vor und nach Godesberg, Bonn 1974, S. 75 ff.

20 Vgl. »Forderungen und Ziele der SPD«, Mai 1945. In: Ossip Flechtheim, Dokumente zur parteipolitischen Entwicklung. Bd. 3, S. 17 ff.

21 Jakob Kaiser: Reden auf der Vorstandssitzung der CDU am 13. Februar 1946. In: Jakob Kaiser: Wir haben eine Brücke zu sein. Reden, Äußerungen und Aufsätze. Hrsg. Christian Hacke, Köln 1988, S. 86 f.

22 Veröffentlicht in: Konrad Adenauer und die CDU in der britischen Besatzungszone 1946–1949, Dokumente zur Gründungsgeschichte der CDU Deutschlands, Konrad-Adenauer-Stiftung, Bonn 1975, S. 280 ff.

23 Vgl. Petra Marquardt-Bigman: Amerikanische Geheimdienstanalysen über Deutschland 1942–1949, Oldenbourg, München 1995, S. 229–232

24 a. a. O., S. 230

25 Originaltext: Hessische Verfassung, Offenbach am Main 1947, S. 3–27. Nachdruck in: »Verfassungen deutscher Länder und Staaten«, Staatsverlag der DDR, Berlin 1989, S. 368

26 Ebenda, Artikel 42

27 Vgl. Christian Bommarius: Das Grundgesetz. Eine Biographie, Rowohlt Verlag, Berlin 2009, S. 125

28 Peter Graf Kielmansegg: Das geteilte Land – Deutschland 1945–1990, in: Deutsche Geschichte, Bd. 4, Siedler Verlag, München 2000, S. 36

29 Vgl. Herbert Graf: Interessen und Intrigen …, a. a. O., S. 135–142

30 Vgl. Conrad Franchot Latour, Thilo Vogelsang: Okkupation und Wiederaufbau. Die Tätigkeit der Militärregierung in der amerikanischen Besatzungszone Deutschlands 1944–1947. DVA, Stuttgart 1973, S. 159

31 Siegfried Wenzel: Was war die DDR wert? Versuch einer Abschlussbilanz, Das Neue Berlin, Berlin 2000, S. 43

32 Naomi Klein: Die Schock-Strategie. Der Aufstieg des Katastrophenkapitalismus, S. Fischer Verlag, Frankfurt am Main 2007, S. 348.

33 Vgl. Petra Marquardt-Bigman: Amerikanische Geheimdienstanalysen …, a. a. O., S. 183

34 Vgl. Heinz Höhne: Der Krieg im Dunkeln. Macht und Einfluss der deutschen und russischen Geheimdienste, Bertelsmann, München 1985, S. 479; Jürgen Heideking/Christof Mauch: Geheimdienstkrieg gegen Deutschland. Göttingen 1993, S. 113; Klaus Eichner: Nachkriegsstrategie der Westalliierten und ihrer Geheimdienste, in: *Geschichtskorrespondenz* Nr. 1/14. Jg., Berlin, Januar 2008

35 In: Germany made in USA – wie US-Agenten Nachkriegsdeutschland steuerten. Film von Joachim Schröder (*WDR, Phoenix*, 1999)

36 Ted Morgan: A Covert Life – Communist, Anticommunist and Spymaster, Random House, New York 1999

37 Film von Joachim Schröder

38 ebenda

39 Konrad Adenauer: Brief an den Oberbürgermeister von Duisburg vom 31. Oktober 1945. Zitiert in: Rolf Steininger: Ein neues Land an Rhein und Ruhr. Die Ruhrfrage 1945/46 und die Entstehung Nordrhein-Westfalens, Kohlhammer, Köln 1990, S. 227/229

40 Petra Marquardt-Bigman: Amerikanische Geheimdienstanalysen …, a. a. O., S. 171 f.

41 Zitiert in: Gösta von Uexküll: Konrad Adenauer in Selbstzeugnissen und Dokumenten, Rowohlt, Reinbek 1976, S. 72

42 Peter Graf Kielmansegg: Das geteilte Land …, a. a. O., S. 36 f.

43 Frankfurter Dokumente (1. Juli 1948). In: *document-Archiv. de*, URL

44 Christian Bommarius: Das Grundgesetz …, a. a. O., S. 138

45 Reinhold Maier: Erinnerungen 1948–1953, Tübingen 1966, S. 55

46 Klaus Wiegrefe: Die goldene Chance, in: *Der Spiegel* 7/2009, S. 46

47 Vgl. Peter Merseburger: Der schwierige Deutsche. Kurt Schumacher. Eine Biographie, Propyläen Verlag, Stuttgart 1996, S. 238

48 Zitiert in: Christian Bommarius: Das Grundgesetz …, a. a. O., S. 118

49 ebenda

50 Hermann Brill: Herrenchiemseer Tagebuch. Hrsg. Rüdiger Griepenburg. In: *Vierteljahreshefte für Zeitgeschichte* 34 (1986), S. 621

51 So Christian Bommarius: Das Grundgesetz …, a. a. O., S. 153

52 Vgl. Germany 1947–1949. The Story in Documents, Washington, 1950, S. 33

53 Carlo Schmidt: Rede im Parlamentarischen Rat, 8. September 1948, Stenographischer Bericht, S. 70 ff., Archiv des Autors

54 Zitiert in: Bewährung und Herausforderung. Die Verfassung vor der Zukunft: Dokumentation zum Verfassungskongress 50 Jahre Grundgesetz, Bundesministerium des Innern (hrsg.), VS Verlag für Sozialwissenschaften, Wiesbaden 1999, S. 238. Ebenso: Konrad Adenauer, Rundfunkansprache zum zehnjährigen Bestehen der Bundesrepublik, 20. September 1969

55 Hermann Jahrreiß, zitiert in: Bewährung und Herausforderung: Die Verfassung vor der Zukunft – Dokumentation zum Verfassungskongress »50 Jahre Grundgesetz / 50 Jahre Bundesrepublik Deutschland« vom 6. bis 8. Mai 1999 in Bonn, hrsg. vom Bundesministerium des Inneren, Opladen 1999, S. 249–262

56 Darauf verwies Herta Däubler-Gmelin in der Bundestagsdebatte am 14. Mai 2009, Protokolle des Deutschen Bundestages, 16. Wahlperiode, 222. Sitzung, Berlin 14. Mai 2009, S. 24322

57 Hans Simons: The Bonn Constitution and its Government, in: Germany and the Future of Europa, Chicago 1951, S. 14; vgl. auch: Christian Bommarius: Das Grundgesetz …, a. a. O., S. 134

58 Paul Nolte: Was ist Demokratie? Geschichte und Gegenwart, C. H. Beck, München 2012, S. 303

59 Entscheidungen des Bundesverfassungsgerichtes (BVerfG) 54,143,146

60 BVerfGE 80, 137, 124ff.

61 Vgl. Christian Bommarius: Das Grundgesetz …, a. a. O., S. 214

62 Paul Nolte: Was ist Demokratie? …, a. a. O., S. 305

63 Zitiert in: Ralph Bollmann: Eine Frage des Gewissens, in: *Frankfurter Allgemeine Sonntagszeitung* vom 16. August 2015, S. 19

64 Peter Gauweiler: Der Deutschlandversteher, Interview mit Alexander Wendt, in: *Focus* 18/2016, S. 42

65 *www.change-centre.org*, Umfrage bei 2000 deutschen Abgeordneten: Was will Politik wirklich ändern? 9. Februar 2011

66 Zitiert in: Markus Feldenkirchen: Der Quertreiber, in: *Der Spiegel* 8/2006

67 Markus Feldenkirchen: Die bequeme Republik, In: *Der Spiegel* 32/2013, S. 24

68 René Plister: Ein Mann namens Scholz, in: *Der Spiegel* 9/2015, S. 12

69 Arno Widmann: Der Zorn der Ausgeschlossenen, in: *Berliner Zeitung* vom 27. Juni 2016, S. 8

70 Hans-Jürgen Papier: Die Parlamente müssen wiederbelebt werden, in: *Frankfurter Allgemeine Zeitung* vom 22. Mai 2009

71 Angaben aus: Patricia Robbe: 60 Jahre Bundestag – Zahlen und Fakten, Wissenschaftliche Dienste des Bundestages WD 3–381/09

72 Gesetzblatt der DDR 1990, Teil I Nr. 51

73 BVerfGE 59, 63/90; 68,1/90; 73, 339/374

74 Vgl. Gunter Teubner: Globale Bukowina, in: Rechtshistorisches Journal des Max-Planck-Instituts für Europäische Rechtsgeschichte, Frankfurt am Main 15/1996, S. 255

75 Europäischer Rat Kopenhagen, 21.-22. Juni 1993, *www. kopenhagener_kriterien&olid=153851224*

76 Francis Fukuyama: Das Ende der Geschichte, Kindler Verlag, München 1992

77 EU-Vertrag von Lissabon, 13. Dezember 2007

78 Dieter Grimm: Die Zukunft der Verfassung II – Auswirkungen von Europäisierung und Globalisierung, Suhrkamp 2012, S. 89

79 Jens Meyer-Ludwig: Europäische Menschenrechtskonvention, Handkommentar, Nomos Verlag, Baden-Baden 2011

80 Europarat, Protokoll 13, zur Konvention zum Schutze der Menschenrechte und Grundfreiheiten bezüglich der Abschaffung der Todesstrafe unter allen Umständen.

81 Vgl. Christoph B. Schlitz: Die EU ist Herrscherin über unseren Alltag, in: *Welt online*, 5. Mai 2014

82 Zitiert in: Christoph Pauly u. a.: Die Unverstandenen, in: *Der Spiegel* 20/2014, S. 29

83 EuGH Urteil vom 5. Ferbuar 1963, Rs:26/62

84 Dieter Grimm, Die Zukunft der Verfassung …, a. a. O., S. 121

85 a. a. O., S. 123

86 BVerfGE 123, 343

87 Norbert Lammert, zitiert in: Rolf Lamprecht: Ich gehe nach Karlsruhe, Deutsche Verlagsanstalt, München 2011, S. 319 f.

88 a. a. O., S. 320

89 Hans-Jürgen Papier: Karlsruhe ist konsequent, in: *Focus* 7/2014

90 Zitiert in: Melanie Amann u. a.: Die Anmaßung, in: *Der Spiegel* 11/2014 S.20

91 Vgl. *Zeit online* 21. Juni 2016: Verfassungsgericht weist Klage gegen EZB - Anleihekaufprogramm ab

92 Zitiert in: Martin Schulz fordert echte europäische Regierung, *FAZ-net* vom 3. Juli 2016

93 Roman Herzog: Gegen das Grummeln, Brief an Kanzlerin Merkel, in: *Welt am Sonntag* vom 15. Juni 2014

94 Ulrike Guérot: Das Problem ist Brüssel, in: *Focus* 25/2016, S. 37

95 Münchener Rechtslexikon, C. H. Beck Verlag, München, Bd. 2, S. 24, Sp. 2

96 Deutscher Bundestag, Bundestag beschließt in vier Jahren 553 Gesetze, *Bundestag/dokumente/ textarchiv/2013/46598866_kw37_statistik/213 446*

97 Barbara Hardinghaus: Mutter Staat, in: *Der Spiegel* 12/ 2013, S. 57

98 Vgl. Christian Reiermann: Herrschaft der Juristen, in: *Der Spiegel* 24/2014, S. 79 f.

99 Alle Zahlenangaben aus: Statistik-Portal / Statistiken und Studien aus über 18 000 Quellen

100 Norbert Blüm: Einspruch. Wider die Willkürlichkeit an deutschen Gerichten, Westend Verlag, Frankfurt am Main, 2014, S. 13 und 20

101 Kurt Schrimm in: Zu spätes Recht für die Opfer des Terrors, in: *Frankfurter Allgemeine Zeitung* vom 19. September 2014, S. 4

102 Norbert Blüm: Einspruch …, a. a. O., S. 45

103 *ntv.de* 3. August 2016

104 Reinhard Müller. Interview mit Klaus Rennert, in: *Frankfurter Allgemeine Zeitung* vom 13. August 2014, S. 4

105 Paul Sethe, zitiert von Rudolf Augstein: Abschied von Paul Sehte, in: *Die Zeit* vom 30. Juni 1967

106 Hans-Ulrich Jörges: Die vierte Weltmacht, in: *Stern* vom 24. April 2016, S. 16

107 Veröffentlicht in: *Spiegel online* 2. Januar 2015

108 *Internationaler Hintergrundinformationsdienst für Politik, Wirtschaft und Wehrwesen*, Zeit-Fragen Verlag, Zürich 2007

109 Michael Schmitz: Opportunisten und Illusionskünstler. Warum der Grat zwischen Macht und Machtmissbrauch so schmal ist, in: *Der Spiegel* 33/2012, S. 53; sowie in: Michael Schmitz: Psychologie der Macht, Kremayr & Scheriau Verlag, Wien 2012

110 Europäische Menschenrechtskonvention Art. 11 / Abs. 2, 1953

111 Frank Schirrmacher: Ego. Das Spiel des Lebens, Karl Blessing Verlag, München 2013, S. 240

112 a. a. O., S. 192

113 Elisabeth Noelle-Neumann: Publizistik, Massenkommunikation, in: Das Fischer Lexikon, Frankfurt am Main 1989, S. 63

114 Vgl. Helmut Markwort: Angst vor der Wahrheit, Misstrauen gegen die Medien, in: *Focus* 48/2015

115 Kurt Tucholsky, zitiert von Hans Leyendecker in: *Süddeutsche Zeitung - Magazin* 19/2009

VII.
Nachdenken über einen
untergegangenen Staat

In diesem abschließenden Kapitel geht es um die 1949 gegründete und 1990 von der Deutschen Bundesrepublik einverleibte Deutsche Demokratische Republik (DDR). Seitdem ist mehr als ein Vierteljahrhundert ins Land gegangen. Das meiste, was materiell und kulturell an die DDR erinnert, ist zerstört oder wird durch den antikommunistischen Chor der Herrschenden in der Politik und den Medien in arroganter Siegerpose schlecht geredet. Erhalten, gepflegt und als Synonym für den untergegangenen Staat angesehen werden reale oder märchenhafte Opfergeschichten und Schreckensbilder aus Haftanstalten.

1. Schwierigkeiten mit der Wahrheit

Auch ich habe es erfahren, dass wohl jeder, der nur versucht, über die Wirklichkeit der DDR aus seinem Erfahrungshorizont zu berichten, günstigenfalls zum Weißwäscher erklärt, wenn nicht als Betonkopf denunziert wird. Zeitzeugen sterben Jahr für Jahr aus. Die jetzt in der Blüte des Lebens stehende Generation der etwa 30-Jährigen hat die DDR nicht mehr erlebt. Sie kann ihre Meinung nicht mehr aus der Quelle des Selbsterlebten oder aus unvoreingenommenen Studien schöpfen, sondern vorwiegend aus zumeist einseitigen, oft wahrheitswidrigen Mediendarstellungen. Warum aber verschwenden Politiker und Medienverantwortliche derart viel Zeit, Geld, politische und journalistische Potenz, um Tag für Tag Konterpropaganda gegen einen nichtexistierenden Staat zu leisten?

Offensichtlich sind dafür drei Gründe dominierend. Erstens soll – ausgehend von der angeblichen Alternativlosigkeit der neo-kapitalistischen Ordnung der Bundesrepublik – jede Erinnerung daran gelöscht werden, dass es über fast ein halbes Jahrhundert einen angesehenen deutschen Staat mit einer nicht profitorien-tierten, sondern den Menschen dienenden Wirtschafts- und Ge-sellschaftsordnung gab. Zweitens soll mit der permanenten Diffa-mierung der DDR den Millionen Bürgern, die nicht zum relativ kleinen Kreis der überzeugten Opponenten in der DDR gehörten, das schlechte Gewissen vermittelt werden, ihre Lebensleistung ei-ner unrühmlichen Sache gewidmet zu haben. Drittens wird damit schließlich die antikommunistische Politik und Propaganda des Kalten Krieges nahtlos weitergeführt.

Wer sich dem entgegen zu stellen versucht, wurde von Herrn Gauck schon 2006 bei seiner Begründung der zweiten Phase der Aufarbeitung der DDR folgendermaßen abgekanzelt: »Da gibt es den Trotz der roten Reaktionäre, Ex-Stasi-Leute und einstigen SED-Eliten, die den diktatorischen Charakter ihres Systems leug-nen. Weil sie sich geistig nicht befreien wollen, denunzieren sie die Freiheit.«[1] Als persönliche Meinung des fanatischen DDR-Gegners Gauck wäre eine solche Erklärung eine Privatangelegenheit. Sie wurde allerdings – und deshalb steht sie der öffentlichen Debatte darüber offen – zur Staatsdoktrin, zur Leitorientierung der vor zehn Jahren eingeleiteten »zweiten Phase der DDR-Aufarbeitung«.

Jahre nach dieser hasserfüllten Auslassung von Gauck un-tersuchten das *Emnid-Institut* im Auftrag der Bundesregierung (2009) und die *Forsa Gesellschaft für Sozialforschung und strategi-sche Analysen mbH* im Auftrag des Brandenburger Landtags (2011) die Stimmung der ostdeutschen Bevölkerung. Emnid kam zu dem Ergebnis: »49 Prozent der Befragten stimmten der Einschätzung zu, die DDR hatte mehr gute als schlechte Seiten. Es gab ein paar Probleme, aber man konnte da gut leben. Weitere acht Prozent vertraten die Ansicht, die DDR hatte ganz überwiegend gute Seiten. Man lebte dort glücklicher und besser als heute im wieder-vereinigten Deutschland.« In den westdeutschen Bundesländern (wo man es offensichtlich besser weiß, wie es in der DDR gewesen sein müsste) war das Befragungsergebnis anders. Dort befanden 52 Prozent der Befragten, die DDR habe mehr schlechte als gute Seiten gehabt.[2]

Die Forsa-Umfrage in Brandenburg brachte ein analoges Urteil der Befragten zum Ausdruck. Im Resümee der umfangreichen Untersuchung wird festgestellt: »Auf die Frage nach den sozialen Assoziationen zur DDR überwiegen die positiven Assoziationen gegenüber negativen Assoziationen.«[3] Ob die Lebensleistung der Ostdeutschen ausreichend anerkannt wird, verneinen 71 Prozent der Befragten.[4] Gehört diese Mehrheit der Befragten nach der Gauckschen Definition zu den roten Reaktionären, Ex Stasi-Leuten und SED-Eliten, die dem Bannstrahl des evangelischen Geistlichen unterliegen?

Sowohl die *Süddeutsche Zeitung* wie auch einige Abgeordnete im Brandenburger Landtag erschraken ob der Ergebnisse dieser Umfragen.[5] Sollten sie aber nicht eher über ihre eigene eklatante Fehleinschätzung erschrecken? Wurden sie nicht Opfer ihrer eigenen irrealen Propaganda? Wurden Schlussfolgerungen aus dieser politischen Fehleinschätzung von Politikern und Journalisten gezogen? Einsicht erwuchs keinesfalls. Im Gegenteil, sie verblieben bei der bundesdeutschen Maxime des »weiter so«. Das eigene irrige Vorurteil über die DDR wurde danach umso subtiler und intensiver verbreitet. Nicht ohne Erfolg. Zwei junge Frauen aus der Partei Die Linke (die ältere 1989 16-jährig, die jüngere neunjährig) veröffentlichten im April 2016 als Urteil über den 1990 untergegangenen Staat: Die DDR-Bürger »wuchsen in autoritären und vor allem nicht demokratischen Strukturen einer bisweilen sehr kleinbürgerlichen Gesellschaft auf. Ein Erlernen und Erfahren der Demokratie und Rechtsstaatlichkeit war schwer möglich. Eine breit getragene antiautoritäre Bewegung wie die 68er in Westdeutschland konnte in der DDR nicht entstehen.«[6]

Woher die Autorinnen ihre Erkenntnis auch gezogen haben, sie bestätigen die schlichte Wahrheit: »Je länger die DDR Geschichte hinter uns liegt, desto dicker sind die Lügen, die über sie verbreitet werden.« Genussvoll kann sich jedermann so weiter über einen Staat, den man nur flüchtig erlebt hat, auslassen. Man kann sich mit allem, was man behauptet, sicher sein, der Beschuldigte kann sich nicht mehr wehren, er kann weder etwas einsehen noch etwas richtigstellen. Auf ein nicht mehr existierendes politisches System kann man ohne Sorge auf Entgegnung täglich draufschlagen. Mutig ist das wohl nicht, ehrenhaft wohl kaum, eher schäbig.

Das einzig Bleibende eines solchen Vorgehens ist, man hat einen Beitrag geleistet, dass aus Voreingenommenheit, Lügen und Halbwahrheiten verdichtete Meinungsbilder entstehen. Von politischem Ethos ist ein solches Vorgehen Lichtjahre entfernt. Selbst wenn die letzten Bundesbürger, die die DDR erlebt und mitgestaltet haben, gestorben sind, ist kaum zu erwarten, dass Sachlichkeit in die Geschichtsbetrachtung gegenüber der DDR einziehen wird. Das Urteil ist gesprochen. Die Sieger genießen – so meinen sie – für alle Zeit die Deutungshoheit. Der Weg zur Wahrheit führt aber nicht durch das Tor der Unterstellungen, sondern allein durch das Tor der Tatsachen. Deshalb sei am Ende dieser Darstellung auf einige wohl gesicherte Erkenntnisse über das politische System, die Möglichkeit und Grenzen der Demokratie in der DDR, über Gründe ihres Entstehens und ihres Untergangs verwiesen.

2. Der schwere, komplizierte Anfang

Die ersten Nachkriegsjahre waren für alle Menschen zwischen Rhein und Oder, besonders auch für die agierenden deutschen Politiker, eine außerordentlich komplizierte Zeit. Auf der Potsdamer Konferenz (17. Juli bis 2. August 1945) wurde auf der Grundlage amerikanischer Vorschläge über die Zukunft Deutschlands verhandelt. Einig waren sich die Repräsentanten der Antihitlerkoalition noch über die Demokratisierung, Entnazifizierung und Demilitarisierung Deutschlands. Die oberste Macht wurde den Oberkommandierenden der Siegermächte übertragen. Wenn auch verbunden durch den »Kontrollrat«, war die Machtausübung der Siegermächte in Deutschland nach dieser Regelung viergeteilt. Wie das Potsdamer Abkommen in der jeweiligen Besatzungszone umgesetzt wurde, lag im Ermessen des jeweiligen Chefs der Militäradministration, der lediglich des Einvernehmens seiner Regierung bedurfte. Schon am ersten Tag der Potsdamer Konferenz hatte der amerikanische Präsident Truman vorgeschlagen, die künftige Friedensregelung für Deutschland zu späterer Gelegenheit im Kreis der Außenminister zu beraten. Wer konnte damals annehmen, dass mit diesem taktischen Zug die Hauptfrage der Nachkriegsordnung, die Zukunft eines entmilitarisierten demokratischen Deutschlands, einer Übereinkunft mit dem obersten Repräsentanten der UdSSR – die die Hauptlasten des Krieges gegen Nazideutschland getragen hatte – entzogen wurde?

Nach dem Tod des US-Präsidenten Franklin D. Roosevelt am 12. April 1945 übernahmen in den USA und im Bündnis der westlichen Hauptmächte politische Kräfte die Macht, die einen vordergründig aggressiven Kurs gegenüber der UdSSR betrieben. Vorzeichen dafür hatte es schon in den letzten Kriegsmonaten gegeben. Im März 1945 hatte sich US-Geheimdienstchef Allan Dulles in Zürich in der Villa des deutschen Industriellen Hugo Stinnes mit SS-Generälen getroffen, um über gemeinsame Projekte zu beraten.[7] In den ersten Maitagen 1945 wurde seitens der US-Armee entgegen den Vereinbarungen mit der UdSSR im französischen Reims mit Abgesandten der – nach dem Tod Hitlers eingesetzten – Regierung unter Admiral Dönitz verhandelt. Der britische Premierminister Winston Churchill, ein erzkonservativer Gegner der UdSSR, flog nach seinem Selbstbekenntnis mit der Grundidee nach Potsdam, »die britischen und amerikanischen Armeen und Luftstreitkräfte (stellen) noch eine gewaltige bewaffnete Macht dar. […] Jetzt war der letzte Moment für eine Generalbereinigung.«[8]

Kaum war das Jahr 1945 vergangen, redete man im Westen Klartext. Am 5. März 1946 begründete Winston Churchill in einer Rede vor dem Westminster College in Fulton im US-Bundesstaat Missouri die Strategie des Kalten Krieges. Als Synonym der Teilung Europas und damit der Spaltung Deutschlands wählte er den ein Jahr vorher von Hitlers Propagandaminister Goebbels in die Welt gesetzten Begriff von einem eisernen Vorhang, der »von Stettin an der Ostsee bis hinunter nach Triest an der Adria gezogen wird.« Zwei Wochen zuvor, am 22. Februar war das (8000 Worte umfassende) Kennan-Telegramm in Washington eingegangen. Darin war als künftige Strategie der USA formuliert: »Die Idee, Deutschland gemeinsam mit den Russen regieren zu wollen ist ein Wahn. [...] Wir haben keine andere Wahl, als unseren Teil Deutschlands [...] zu einer Form der Unabhängigkeit zu führen, die so befriedigend, so gesichert, so überlegen ist, dass sie der Osten nicht gefährden kann. [...] Besser ein zerstückeltes Deutschland, von dem wenigstens der westliche Teil Deutschlands als Prellbock gegen die Kräfte des Totalitarismus wirkt, als ein geeintes Deutschland, das diese Kräfte wieder bis an die Nordsee vorlässt.«[9]

Warum wurde hier im Zusammenhang mit den Betrachtungen zur DDR über Ereignisse geschrieben, die sich inzwischen vor mehr als 60 Jahren ereignet haben? Das erfolgt, weil in jener Zeit (1945/46) die Weichen der Geschichte grundlegend umgestellt wurden. Die USA und ihre Verbündeten trennten sich vom Grundkonsens der Siegermächte im Zweiten Weltkrieg, Deutschland als demokratischen Einheitsstaat zu erhalten. In ihrer seit 1918 verfolgten und gegen die UdSSR gerichteten Strategie war die Schaffung eines Separat-Staates im Westen nicht mehr als ein Schachzug im großen Spiel der weltweiten System-Auseinandersetzung.

Die UdSSR blieb bis in die Mitte der 50er Jahre bei ihrer strategischen Position der Schaffung eines neutralen, demokratischen Gesamtdeutschlands. Ein ehrenvoller, nicht selten auch krampfhafter, letztendlich vergeblicher Versuch, der aber über ein Jahrzehnt zunehmend an den von den Westmächten geschaffenen europäischen Realitäten vorbeiging. Elke Scherstjanoi analysierte 1999 die sowjetische Deutschlandpolitik. Sie stellte »Illusionen Stalins bezüglich des nationalen deutschen Zusammenhalts einerseits und der Tragfähigkeit der Antihitlerkoalition andererseits« fest. Als Ursachen dafür verwies sie auf sowjetische »Defizite sowohl bei der Klärung eigener Interessen als auch bei der Analyse der bewirkten Veränderungen in der SBZ *(sowjetischen Besatzungszone – H. G.)*, übertriebene Hoffnungen auf eine gesamtdeutsche Ausstrahlung ostdeutscher Gesellschaftsentwürfe, Überzeichnung der Differenzen im westlichen Lager, Unerfahrenheit im Umgang mit politischen Parteien, insbesondere auf internationalem Parkett, all das ließ die sowjetische Führung Entwicklungen tolerieren, mittragen und vorantreiben, die sie eigentlich nicht gebrauchen konnte.«[10]

Taktische Wendungen in der sowjetischen Deutschlandpolitik übertrugen sich im ersten Nachkriegsjahrzehnt auf die Handlungsrichtung und die Handlungsfähigkeit der deutschen Führungskräfte sowohl vor als auch nach der Gründung der DDR am 7. Oktober 1949. Sie trugen auch zu Irrtümern und Fehlentwicklungen bei. Die von der UdSSR besetzte Zone verfügte neben den vorgenannten strategischen Unwägbarkeiten über die schlechtesten ökonomischen Voraussetzungen im Wettstreit der Systeme. Auf wirtschaftlichem Gebiet war die sowjetisch besetzte Zone gegenüber den Zonen der Westalliierten traditionell schwach. In der Nachkriegszeit war sie von den historisch gewachsenen ökonomischen Kreisläufen abgeschnitten und durch die überproportionale Reparationsleistung für ganz Deutschland bis über die Grenzen der Belastbarkeit in Anspruch genommen.

Durch Kriegseinwirkungen waren in der SBZ 45 Prozent der Industrieanlagen, 70 Prozent der Kapazitäten zur Energieerzeugung zerstört oder schwer beschädigt. Vom deutschen Vorkriegsbestand befanden sich auf dem künftigen Territorium der DDR folgende Produktionsanteile: Eisenerz fünf, Steinkohle drei, Elektromotoren acht, Verbrennungsmotoren sieben, Getriebe und Wälzlager fünfzehn Prozent. Obendrein war im Ergebnis des Lancaster-Protokolls, das im September 1944 (unter völlig anderen Voraussetzungen, auch nicht mit ausgeprägter Sachkenntnis) die räumlichen Dimensionen der künftigen Besatzungszonen klären sollte, die DDR vor die Tatsache gestellt, dass in der Mitte ihres Territoriums mit Westberlin und dessen Zugangswegen (Luft-, Land- und Wasserkorridore) ein Sondergebiet mit einem hochsensiblen, über lange Zeit verhandlungsresistenten internationalen Regelungsmechanismus existierte.[11]

Schwieriger kann man sich die Bedingungen für die Gründung und Gestaltung eines Staatswesens, auch die Ausgestaltung und Entwicklung demokratischer Verhältnisse, kaum vorstellen. Ohne starke Verbündete hätte die DDR nicht entstehen, nicht über vierzig Jahre so beeindruckend wachsen können. Der Hauptverbündete, die UdSSR, hatte in der Nachkriegszeit mit enormen Kriegszerstörungen auf seinem Territorium, mit Hunger und vielen Nöten seiner Bürger zu kämpfen. Daraus resultierte ebenfalls, dass die Schwäche der Sowjetunion auch die DDR in den 80er

Jahren in eine existentielle Krise manövrierte. Dies wurde von den Gegnern des Sozialismus früh erkannt und mit allen politischen, medialen, ökonomischen und militärischen Mitteln ausgenutzt.

3. Werden und Abschmelzen des Demokratie-Konzepts der DDR

Von allen Parteien, die die Zeit der Nazidiktatur im Exil verbrachten, war die KPD zweifellos diejenige Partei, die sich auf die Neugestaltung der politischen Verhältnisse in der Nachkriegszeit am intensivsten vorbereitet hat. Sie trennte sich von früheren realitätsfernen Irrtümern vor allem in der Bündnispolitik in der Weimarer Republik und konzipierte schon 1944 die Grundlinien ihres künftigen Herangehens. In der UdSSR erhielt die Exilleitung der KPD 1944 die Möglichkeit, eine Schule für die Vorbereitung von Mitwirkenden beim deutschen Neuaufbau zu betreiben.

Zur Eröffnung des Lehrgangs erklärte der spätere Präsident der DDR Wilhelm Pieck: »Das Neue in Deutschland ist, dass wir die Aufgabe haben, die ganze Nation aus der tiefen historischen Krise herauszuführen, und dass wir dazu eine breite Front – weit über die Arbeiterklasse hinaus – schaffen müssen, um diese Aufgaben zu erfüllen. Wir müssen in ernster Selbstkritik die Mängel u(nd) Fehler in unserer Politik erkennen, warum es uns früher nicht gelungen (ist), die Einheitsfront herzustellen, die Reaktion in Deutschland zu schlagen, die Aufrichtung einer faschistischen Diktatur zu verhindern.«[12]

Das war zweifellos ein demokratischer Ansatz für das künftige Vorgehen. Es gibt keine deutsche Partei, die zu diesem Zeitpunkt über eine derart wegweisende Orientierung für die Nachkriegszeit verfügte.

Schon in ihrem legendären Aufruf vom 1. Juni 1945 bekannte die KPD: »Wir sind der Auffassung, dass der Weg, Deutschland das Sowjetsystem aufzuzwingen, falsch wäre, denn dieser Weg, entspricht nicht den gegenwärtigen Entwicklungsbedingungen in Deutschland. Wir sind vielmehr der Auffassung, dass die entscheidenden Interessen des deutschen Volkes in der gegenwärtigen Lage für Deutschland einen anderen Weg vorschreiben, und zwar den Weg der Aufrichtung eines antifaschistischen, demokratischen Regimes, einer parlamentarischen Republik mit allen Rechten und Freiheiten in Deutschland.«[13]

Die rechtliche Konsequenz aus dieser politischen Erklärung zogen die Führungskräfte der nunmehr mit der SPD zur SED vereinigten Partei mit dem im November 1946 veröffentlichten Verfassungsentwurf für ein geeintes Deutschland. Diese folgte dem urdemokratischen Grundsatz: »Alle Staatsgewalt geht vom Volke aus, wird durch das Volk ausgeübt und hat dem Wohle des Volkes zu dienen. Das Volk verwirklicht seinen Willen durch Wahl von Volksvertretungen, durch Volksentscheid, durch Mitwirkung an der Verwaltung und Rechtsprechung und durch eine umfassende Kontrolle der öffentlichen Verwaltungsorgane.«[14] Mit dieser Grundthese war ein Quantensprung in der Entwicklung des deutschen Verfassungsrechts und ebenso in der Demokratiekonzeption vollzogen. Da die Westmächte mit der Herausbildung eines bürgerlichen Weststaates unveränderliche Verhältnisse in Europa schufen, blieb der »Gegenseite« nichts anderes als eine Staatsgründung im territorialen Bereich ihrer Besatzungszone übrig. Grundlage der Verfassung der im Oktober 1949 gegründeten DDR war der im November 1946 veröffentlichte Entwurf. Dieser wurde über mehr als zwei Jahre öffentlich diskutiert, durch 129 Änderungsvorschläge ergänzt und im Mai 1949 von dem aus allgemeinen Wahlen hervorgegangenen Deutschen Volksrat verabschiedet. Nie war vorher eine deutsche Verfassung auf derart demokratische Weise vorbereitet worden.

Anzumerken ist, dass sich die Demokratieentwicklung im Osten Deutschlands nicht allein auf Verfassungserörterungen beschränkte. Angestrebt wurde von Anbeginn die Verwirklichung des Prinzips: »Alles für das Volk, alles mit dem Volk.« Die erste große Maßnahme in dieser Richtung war die Durchführung der demokratischen Bodenreform, die in den Dörfern in die Hände von Bodenkommissionen gelegt wurde, in denen vorwiegend Kleinbauern, Landarbeiter und Umsiedler vertreten waren. (Im Ergebnis der Bodenreform erhielten Kleinbauern, Landarbeiter und Umsiedler kostenlos 2,3 Millionen Hektar Boden. Ein nicht geringer Teil davon wurde (nach 1990) und wird durch die Bundeseigene Bodenverwertungsgesellschaft (BVVG) zu hohen

Preisen zugunsten des Bundeshaushalts feilgeboten.) Über die ersten Schritte zur Enteignung von Kriegs- und Naziverbrechern und zur Bildung von Volkseigentum wurde 1946 in einem Volksentscheid entschieden. In der Industrie wurden Pläne beraten. Die Verantwortlichen aller Leitungsebenen legten periodisch vor den Arbeitskollektiven Rechenschaft ab.

Die in der DDR angestrebte sozialistische Demokratie lässt sich nicht mit der Schablone der bürgerlichen Demokratie messen und beurteilen. Das aus mehreren Gründen. Erstens strebte die DDR – den Gedanken von Rousseau folgend – nach einem Typ der Volkssouveränität, in dem gewählte Volksvertretungen (und nicht Gerichte) das letzte Wort bei grundsätzlichen Entscheidungen haben. Zweitens erfasste die sozialistische Demokratie nicht nur (wie im bürgerlichen Staat) die politisch-staatlichen Sphären der Gesellschaft, sondern ebenso den Bereich der Wirtschaft. Drittens waren alle staatlichen Entscheidungen so erarbeitet und formuliert, dass sie auch ohne juristische Spezialausbildung gelesen und verstanden werden können. Ihre Adressaten waren die betroffenen Werktätigen und die verantwortlichen Organe. Viertens wurde den Bürgern der DDR durch öffentliche Sprechstunden in allen staatlichen Organen und durch das Eingabenrecht eine permanente Möglichkeit geboten, ohne einengende Verfahrensregeln sich an jedes staatliche Organ mit Vorschlägen, Hinweisen und Beschwerden zu wenden. Strenge Regeln sorgten für eine kurzfristige Bearbeitung aller Anliegen.

In der Mitte der 60er Jahre gingen allein beim Staatsrat der DDR jährlich zwischen 75 000 und 90 000 Briefe aus der Bevölkerung ein. Jährlich sprachen zwischen 7000 und 9000 Bürger beim Staatsrat vor.[15] In den Gemeinden, Städten, Kreisen und Bezirken gab es wöchentlich zwei »Sprechtage«, bei denen Bürger ohne Anmeldung in jedem Verantwortungsbereich einen Mitarbeiter erreichen konnten. In den Ministerien existierten »Besucherbüros«, die der Öffentlichkeit täglich zur Verfügung standen.

Ein ausgeprägtes Element der Demokratiegestaltung in der DDR war die öffentliche Diskussion über Gesetze und andere grundlegende Dokumente. Die erste Verfassung wurde 1946 als Entwurf (noch als Verfassungsentwurf für ein einheitliches Deutschland) veröffentlicht und nach eingehender Debatte 1949 von der Volkskammer beschlossen. Der Vorschlag zur Ausarbeitung einer neuen Verfassung der DDR wurde den Bürgern im April 1967 unterbreitet. Etwa ein Jahr danach beriet am 31. Januar 1968 die Volkskammer der DDR über den Stand der Arbeiten und die Grundaussagen des Verfassungsentwurfs.

In der Debatte über diesen grundlegenden Entwurf fiel wie selbstverständlich die Bemerkung: »Es ist für uns alltäglich geworden, dass die Projekte unserer Gesetze und Beschlüsse unter Teilnahme einer großen Zahl von Wissenschaftlern und Spezialisten sowie anderer erfahrener Bürger ausgearbeitet und dann zur öffentlichen Diskussion gestellt werden. In diesen Diskussionen äußern gewöhnlich Zehntausende Bürger und Kollektive der Werktätigen ihre Gedanken und machen Vorschläge zu den unterbreiteten Entwürfen [...]. Das Kriterium für ihre Berücksichtigung im Gesetzestext wird nicht durch irgendein Kräfteverhältnis und den Kampf irgendwelcher rivalisierender Gruppen bestimmt, sondern einzig durch den Grad ihres Nutzens für die Gesellschaft und jeden Einzelnen.«[16] Der Kommission zur Ausarbeitung der Verfassung gingen in der Zeit vom 31. Januar 1968 (Tag der Veröffentlichung des Verfassungsentwurfs) bis zum 22. März 1968 12 454 Vorschläge zum Verfassungsentwurf zu, die von der Kommission geprüft wurden.

Im Ergebnis der Volksdiskussion wurden 118 Änderungen vorgenommen, wodurch die Präambel und 55 Artikel des Entwurfs Veränderungen erfuhren.[17]

Vier Tage später, am 26. März 1968, beschloss die Volkskammer der DDR das »Gesetz zur Durchführung eines Volksentscheides über die Verfassung« und berief eine Zentrale Abstimmungskommission, in der 17 Personen aus allen Fraktionen in der Volkskammer vertreten waren. Ich gehörte dieser Kommission an und kann reinen Gewissens bestätigen, dass diese Abstimmung am 8 April 1968 – einem sehr heißen Frühlingstag – korrekt und ohne Zwischenfälle verlaufen ist. Bei einer Beteiligung von 98,05 Prozent der Stimmberechtigten stimmten 94,49 Prozent für den Entwurf der Verfassung der DDR.

Diese öffentliche Erörterung des Verfassungsentwurfs war kein Einzelfall in der Geschichte der DDR. Ebenso wurden 1963 die Ordnungen über die Aufgaben und Arbeitsweise der Örtlichen

Volksvertretungen und ein Erlass über die grundsätzlichen Aufgaben und die Arbeitsweise der Organe der Rechtspflege über Monate zur öffentlichen Diskussion gestellt. Der Rechtspflegeerlass wurde in 80 000 Veranstaltungen mit nahezu 2500 000 Bürgern erörtert. Annähernd 300 000 Bürger sprachen auf diesen Veranstaltungen. Etwa 6000 Änderungsvorschläge gingen dem Staatsrat zu.[18]

Ebenso wurde (vom September 1963 bis zum April 1964) ein neues Jugendgesetz, ein neues Familiengesetzbuch (1965), die Neufassung des Arbeitsgesetzbuches (1966) und andere Rechtsakte in öffentlicher Debatte erörtert, ehe sie in der Volkskammer Gesetzeskraft erhielten.

Besonders in den 60er Jahren, als nach den Grundsätzen der »Programmatischen Erklärung des (im September 1960 als Organ der Volkskammer geschaffenen) Staatsrates der DDR« verfahren wurde, gewann die sozialistische Demokratie kräftig Konturen. In dieser richtungsweisenden, vor der Volkskammer am 4. Oktober 1960 abgegebenen Erklärung wurde eine höhere Qualität der Arbeit der staatlichen Organe gefordert und energische Maßnahmen eingeleitet. Darin wurde auf eine klare staatliche Ordnung orientiert, die gewährleistet, wofür jeder verantwortlich ist und von wem welche Entscheidungen getroffen werden. »Gleichzeitig sind die Initiative und die Mitarbeit der Volksmassen notwendig, denn die Einbeziehung der Werktätigen in die Leitung unseres Staates und der Wirtschaft ist kein Lippenbekenntnis, sondern eine Lebensfrage unserer sozialistischen Gesellschaftsordnung. Hier liegen letzten Endes die entscheidenden Ursachen für die Überlegenheit des Sozialismus, für seine Stärke und Wachstumspotenzen. Das müssen alle Partei-, Staats- und Wirtschaftsfunktionäre wirklich begreifen und zum Inhalt ihrer Arbeit machen.«[19]

Ulbricht war ein Mann, der Klartext redete. Er beließ es nicht bei Orientierungen für die Zukunft. Unmissverständlich kritisierte er, was noch zu verändern war. In der gleichen Erklärung vor der Volkskammer ist nachzulesen:»Nicht selten jedoch begegnet man Vorschlägen der Menschen mit seelenlosem, bürokratischem Verhalten. Es wird noch zu sehr kommandiert, abgewiesen, anderen über den Mund gefahren, rechthaberisch aufgetreten und bevormundet [...]. Oft in der guten Absicht, unserem Staat und unserer Sache zu dienen, werden Menschen vor den Kopf gestoßen, weil man ihnen zu wenig Achtung entgegenbringt, ihre Meinung nicht anhört, weil man nicht den richtigen Ton findet, weil man überheblich ist und weil man ganz und gar fälschlich meint, Höflichkeit und gutes Benehmen vertrage sich nicht recht mit dem Sozialismus. Aber gerade das Gegenteil ist der Fall.«[20]

Die angestrebte Demokratie in der SBZ und in der DDR sollte nicht allein Plenartagungen und Ausschusssitzungen von Parlamenten umfassen, sie sollte alle Bereiche des gesellschaftlichen Lebens erreichen. Sie gestaltete sich im praktischen Mitwirken im täglichen Erleben. (1988 wirkten von den etwa zwölf Millionen erwachsenen DDR-Bürgern 208 506 als gewählte Abgeordnete in örtlichen Volksvertretungen, 186 252 weitere Bürger arbeiteten als berufene sachverständige Mitglieder in den ständigen Kommissionen dieser Kommunalparlamente mit. Mehr als 150 000 Bürger leiteten in ehrenamtlichen Wahlkommissionen der Bezirke, Kreise, Städte und Gemeinden die Wahlvorbereitung und den Wahlablauf. 55 911 gewählte Bürger waren Mitglieder örtlicher Schiedskommissionen. 61 544 Bürger wirkten als Schöffen in Bezirk- und Kreisgerichten. 255 074 gewählte Werktätige wirkten in 28 533 Konfliktkommissionen der Betriebe. Etwa 600 000 Männer und Frauen wirkten in Elternbeiräten an Schulen. 150 000 Bürger waren in Ausschüssen der Konsumgenossenschaften tätig. Die Aufzählung ließ sich fortsetzen.)[21]

Natürlich wurde nicht in allen hier aufgeführten Gremien gleich kontinuierlich und effektiv gearbeitet. Das Füreinander-da-sein war in der DDR jedoch – wenn auch mit manchen Unterschieden – zweifellos ausgeprägt. Ignoranz, Eigennutz, Verantwortungslosigkeit, Karrierismus, die Neigung zum Mittelmaß und zur Liebedienerei, zu autoritären Umgangsformen und so manche andere negativen menschlichen Eigenschaften haben sich allerdings auch in der langen Übergangsperiode zum Sozialismus nicht in Luft aufgelöst. Manche wurden durch Gemeinschaftssinn und gesellschaftliche Kontrollen zwar gemindert, sie erwiesen sich aber als »therapieresistent.« Nie aber war die DDR, wie so manche bürgerlichen Staaten, ein Haifischbecken der Eigennützigen, ein Tummelplatz von Profiteuren oder eine Spielwiese vermögender Reicher, die in ihrem Luxus das Geld verjubeln, das andere erarbeitet haben.

Die DDR kannte keine Lobbyisten im Umfeld der Entscheidungsgremien. Ein hohes Maß an Gerechtigkeit und sozialer Gleichheit war ein Markenzeichen der DDR. Deshalb gehörten in der DDR die Grundsätze »Gleicher Lohn für gleiche Arbeit« und »Gleicher Lohn für Männer und Frauen« zu den ehernen Grundlagen der Tarifgestaltung. Abgeordnete der Volkskammer wie der Kommunalparlamente benötigten zu ihrer Kandidatur die Zustimmung ihres Arbeitskollektives, ihm mussten sie Rechenschaft über ihre Parlamentsarbeit ablegen. Bei erheblichen Mängeln war jeder Abgeordnete abrufbar. Auch zentrale staatliche Organe legten regelmäßig vor der Volkskammer Rechenschaft ab.

In meinem Archiv befindet sich der Bericht des Staatrates der DDR an die Volkskammer über seine Tätigkeit in der Wahlperiode 1963–1967. Auf 96 DIN A 4-Seiten wird darin Rechenschaft über alle Aktivitäten des Staatsrates, seiner Mitglieder und ihres Vorsitzenden abgelegt.

Der Weg vom »Ich zum Wir«, der begangen werden sollte, war keine glatte Betonpiste. Zu manchen Zeiten (vor allem in den 60er Jahren) waren spürbare Fortschritte zu verzeichnen, aber es gab auch Zeiten der Stagnation und auch von Rückschlägen. Jede der drei Generationen, die in der DDR lebten, (die Aufbaugeneration, die Generation, die nach 1945 ausgebildet wurde und die DDR mitgestaltete, sowie die nach 1975 Geborenen, die lediglich ihre Kindheit in der DDR verbrachten und diesen Staat – wenn überhaupt – vor allem in seiner Krise in Erinnerung behielten) musste neue Probleme meistern, um den Erfordernissen der Entwicklung gerecht zu werden.

Der vor allem in den 60er Jahren im Zusammenhang mit der Festigung des politischen und wirtschaftlichen Systems erreichte Fortschritt in der Entwicklung der sozialistischen Demokratie und der ökonomischen Leistungsfähigkeit setzte sich mit dem 1971 auf dem VIII. Parteitag vorgenommenen Paradigmenwechsel nicht fort. Er wurde gebremst und in Teilen in sein Gegenteil verkehrt. Das war allerdings nicht die alleinige Ursache der sich am Ende der achtziger Jahre herausbildenden politischen Krise der DDR.[22]

4. Demokratie erfordert konsequentes Handeln, Lernen und auch die Abwehr von Aggressionen

Aus Erfahrungen kann man lernen, sie erweisen sich jedoch als nicht vererbbar. Wirklichkeitsfremd wäre es davon auszugehen, dass sich das neue Demokratiekonzept der DDR ohne Probleme und stets in gleicher Qualität entwickelt und durchgesetzt hätte. Dagegen wirkten eine Summe sehr verschiedenartiger Faktoren. Dazu gehörten insbesondere:

Erstens brachten die sozialen Veränderungen in der DDR Gewinner und Verlierer hervor. Die entlassenen Nazibeamten bekamen – soweit sie nicht wegen Verbrechen strafrechtlich zur Verantwortung gezogen wurden – die Möglichkeit, eine Arbeit außerhalb ihrer früheren Behörde anzunehmen. Ein nicht geringer Teil von ihnen zog es vor, in den (von 1945 bis 1961) komplikationslos erreichbaren Westen umzuziehen. Andere blieben am Ort in einer inneren Emigration. Ein dritter Teil beteiligte sich am Neuaufbau und nahm alle politischen Rechte und Freiheiten wahr. Von den enteigneten Rittergutsbesitzern zogen die meisten den Weg in den Westen vor, ehe nicht wenige von ihnen nach 1990 in die Gemäuer ihrer Schlösser und Herrenhäuser zurückkamen. Dominierte bei der Bodenreform die Losung »Junkerland in Bauernhand«, so hat nach 1990 so manches Krankenhaus, manche Kinderdiabetes-Station und manche soziale Einrichtung in den Herrenhäusern die Reinkarnation zum Adelssitz erlebt.

Zweitens erforderte die antifaschistisch-demokratische Neuordnung natürlicherweise die Abkehr von manifesten Gewohnheiten. Gemeinschaftssinn war nun gefragt. Das dem Bürgerlichen Eigene: »Das mach ich wie ich will« fand immer weniger Zuspruch. Das führte zu Problemen und zu sehr unterschiedlichen Reaktionen der Beteiligten, auch zur Absenkung der Bereitschaft zum Mitwirken. Die moderne Hirnforschung hat sich eingehend mit der Veränderung von Gewohnheiten beschäftigt. Dabei kam der Leiter des Instituts für Hirnforschung der Universität Bremen Prof. Dr. Gerhard Roth zum Ergebnis, »für unser Gehirn gibt es kaum Schwierigeres, als Gewohnheiten abzulegen«.[23]

Diese Aussage deckt sich mit einer zu selten beachteten Erkenntnis Lenins aus dem Jahr 1920. Er ermahnte in der Schrift

Der »Linke Radikalismus«, die Kinderkrankheit im Kommunismus
seine Mitstreiter: »Die Macht der Gewohnheit von Millionen und
aber Millionen ist die fürchterlichste Macht.«[24] In den 40 Jahren
der Existenz der DDR bildeten und stabilisierten sich viele neue
Gewohnheiten. So manche alte Gewohnheit blieb erhalten oder
revitalisierte sich in der kritischen Zeit der Wende. Diese Resis-
tenz von Gewohnheiten gehört zweifellos zu den Realitäten, die
bei jedweder Veränderung politischer Systeme, die im nationalen
wie im internationalen Rahmen – wie sich u. a. in der aktuellen
europäischen Debatte zeigt – stärker wirken als politische Wil-
lenserklärungen und manche Rechtsnorm.

Drittens darf nicht vergessen werden, dass bis zur Bildung der
DDR in den meisten ostdeutschen Städten sowjetische Kommandanturen mit Entscheidungsvollmacht wirkten. Die oft wechselnden Kommandanten und ihre verantwortlichen Offiziere waren
nicht immer gleich gut mit deutschen Verhältnissen und mit der
Mentalität der Bürger vertraut. Nicht selten führten da Irrtümer,
Unerfahrenheit und mangelnde Kenntnis eigener Vollmachten
und der deutschen Mentalität in Kommandanturen zu tragischen
Fehlentscheidungen, die sich auf das Leben und die junge Demokratie kontraproduktiv auswirkten.

Dokumente aus sowjetischen Archiven verweisen darauf, dass
mindestens fünf getrennte, miteinander nicht kooperierende
Strukturen seit 1945 in der Sowjetischen Besatzungszone tätig waren. Die SMAD unterstand dem Verteidigungsminister. Getrennt
davon arbeiteten unter der Leitung des Mitglieds des Politbüros
der KPdSU Malenkow die Reparationsbrigaden. Autark gegenüber allen anderen sowjetischen Einrichtungen war unter Leitung
von Generaloberst Serow der Sicherheitsapparat (NKWD). Der
Politische Berater des Oberkommandierenden Semjonow unterstand dem Außenminister, die Propagandaabteilung der SMAD
dem Sekretariat des ZK der KPdSU.[25]

Aus dem ausführlichen Dokumententeil dieser Veröffentlichung geht hervor, dass vor allem aus der SMAD permanent
Signale nach Moskau übermittelt wurden, dass Unklarheiten über
die Ostgrenze, den Umfang und die Nichteinhaltung von Zusa-
gen zum Demontageende und das Vorgehen sowjetischer Sicherheitsorgane gegenüber der Bevölkerung in der SBZ die politische

Arbeit erheblich erschweren. Sie blieben meist ohne Reaktion. Der Historiker Bonwetsch erklärte nach eingehendem Aktenstudium: »Die Probleme waren auch der Propagandaverwaltung nur zu bewusst und spielten im internen Verkehr zwischen ihr, der SED und der Parteiführung in Moskau immer wieder eine Rolle. In fast allen Berichten der Propagandaverwaltung über Tagungen des Parteivorstandes der SED, aber auch im direkten Verkehr zwischen der SED und der KPdSU wurden sie angesprochen. Aber in diesen Fragen hatte die Propagandaverwaltung kaum Spielraum. Denn an der Absicht, die deutschen Ostgrenzen nicht mehr in Zweifel zu ziehen, auf den Reparationen und Demontagen zu beharren und die deutschen Kriegsgefangenen als Arbeitskräfte für den Wiederaufbau des Landes zu behalten, ließ die sowjetische Führung in voller Übereinstimmung mit den Absprachen, die mit den Alliierten getroffen waren, nicht den geringsten Zweifel.«[26]

Viertens ist zu berücksichtigen, dass mit der – gemäß den Entscheidungen der Alliierten im Potsdamer Abkommen – konsequenten Entnazifizierung innerhalb kurzer Zeit Zehntausende Mitarbeiterstellen belasteter Nazis in den Behörden, Gerichten Schulen und auch in Betrieben neu zu besetzen waren. Von etwa 40 000 Lehrerstellen war etwa die Hälfte kurzfristig neu zu besetzen. Bei Juristen war die Situation schwieriger. Gegen 70 Prozent der Richter und Staatsanwälte waren zu entlassen.

In Westdeutschland war die Lage nicht anders. Dort aber waren die politisch Verantwortlichen der Auffassung, man könne für die Belasteten keinen Ersatz schaffen. Man beließ nicht wenige von ihnen wegen ihrer bürgerlich konservativen oder auch wegen ihrer antikommunistischen Kampferfahrungen bewusst in ihren Ämtern. Die sechs Jahrzehnte später öffentlich beklagte Nichtverfolgung vieler schwer belasteter Naziverbrecher im Westen ist eine Folge der Beibehaltung von Naziaktivisten in der Justiz. In der DDR war man konsequent. Unbelastete Frauen und Männer mit ausreichender Vorbildung und gesellschaftlicher Akzeptanz übernahmen nach der Absolvierung von Neulehrerkursen und Volksrichterschulen die freigewordenen Stellen.

Das alles vollzog sich nicht im Galopp. Mehrere Jahre waren erforderlich, bis alle Ausbildungen absolviert und alle Stellen neu besetzt waren. Das war für alle Beteiligten eine anstrengende Aufgabe. Sie wurde jedoch mit Elan und mit dem angestrebten Erfolg durchgeführt. Bald danach war die nächste Generation der an pädagogischen und juristischen Fakultäten ausgebildeten Fachleute herangewachsen und sicherte die hohe Qualität des Bildungswesens und auch der Rechtspflege in der DDR. Zweifellos hat es in den ersten Jahren dieser Entwicklung eine erkennbare Fehlerquote mancher Verwaltungsorgane gegeben. Derartige Nachteile waren allerdings nicht annähernd so hoch wie diejenigen, die der westdeutschen Justiz durch Nazirichter und dem westdeutschen Bildungswesen über Generationen durch Nazilehrer entstanden sind. Aber jeder Irrtum bleibt ein Irrtum, jede Fehlentscheidung konnte Bereitschaft zum demokratischen Mitwirken trüben oder gar ersticken.

Fünftens hatte die DDR – wie alle anderen Staaten auch – durch internationale Regelungen, anfangs vor allem durch das Potsdamer Abkommen und die daraus abgeleiteten Konsequenzen, später – nach Gründung der DDR – aus internationalen Konventionen und Verträgen politische, ökonomische und militärische Verpflichtungen zu erfüllen, die auch demokratischem Handeln Grenzen setzten. Verträge und internationale Konventionen sind einzuhalten, solange sie rechtsgültig sind. Es wäre ein Fehler, vor derartigen (teils in frühen Zeiten geschlossenen) internationalen Handlungsbegrenzungen und Handlungserfordernissen die Augen zu verschließen.

Sechstens hatte sich die sowjetisch besetzte Zone und ab 1949 die DDR im Kalten Krieg subversiver geheimdienstlicher, militärischer Bedrohungen und eines Wirtschaftskrieges in Form von Embargoregelungen und der wiederholten Drohung der BRD und deren Verbündeten zum Bruch abgeschlossener Vereinbarungen zu erwehren. Die Wahrnehmung legitimer Sicherheitsinteressen der DDR erforderten einen unerwartet hohen materiellen und personellen Einsatz. Die Abwehr gegnerischer Bedrohung war für die DDR zu allen Zeiten ein existentielles Problem. Es gab aber besonders in Spannungszeiten im Bereich der inneren Sicherheit auch Fehleinschätzungen, die zu Übertreibungen und Übergriffen führten.

Diese Feststellung rechtfertigt jedoch keinesfalls die seit 1990 verbreitete tatsachenwidrige, mit Schauermärchen betriebene

Propaganda-Kampagne über die angeblich flächendeckende Überwachung der DDR-Bürger durch das Ministerium für Staatssicherheit. Schon 2009 hat Daniela Dahn nach eingehenden Recherchen festgestellt, dass zu keinem Zeitpunkt mehr als 0,5 Prozent der DDR-Bürger von einer operativen Aktivität des MfS berührt waren. Von diesem halben Prozent (der erwachsenen DDR-Bürger, also etwa 60 000 Personen) galten »die Hälfte aller Personenkontrollen gar nicht Dissidenten, sondern den eigenen Systemträgern, Leuten, die aufgrund ihrer Stellung durch den Gegner missbraucht werden könnten«.[27]

Finden derartige Recherchen bis in unsere Tage nicht auch in den Staaten der westlichen Welt statt? Wie schmal fiel auch 2009 die wenige Zeilen umfassende Berichterstattung über die Analyse vom Freiburger Historiker Josef Foschepoth zur millionenfachen Öffnung, Kontrolle und teilweise Vernichtung von Postsendungen aus der DDR durch bundesdeutsche Behörden gegenüber den permanenten Beschuldigungen von DDR-Behörden aus?[28]

Es gehört zum Mainstream der Geschichtsklitterung, die Historie der DDR im Nachhinein als eine Geschichte von Widerständen, Aufständen und diktatorischer Überwachung darzustellen. Die Notabeln der Bundesrepublik versammeln sich inzwischen gern in den von den Architekten und Werktätigen der DDR errichteten Kulturstätten, dem Leipziger Gewandhaus, dem Berliner Schauspielhaus und der Dresdener Semperoper, würdigen deren Errichter keines Wortes, begegnen denen, die dafür Kraft, Geist und enorme Mittel aufgebracht haben, nur mit dem Hass kalter Verachtung. Eine ehrenwerte Gesellschaft?

Aktuelle Untersuchungen bringen ans Licht[29], dass schon vor der Gründung der DDR die CIA in der SBZ im Rahmen des Projekts Pastime Agenten rekrutierten, sie in einem Netz von Netzführern, Unteragenten, Funkern, Kurieren oder Schleusern verband und Vorräte und Rückzugsorte organisierten.[30]

Wie zu erwarten, hatte auch die vom amerikanischen Geheimdienst gesteuerte Organisation Gehlen ihre Hände tief im Sumpf der SBZ. Ihre Planungen zielten schon vor 1948 darauf, ein System von Schläferagenten mit 45 Außenfunkern zu betreiben. Ähnliche Projekte planten die Gehlen-Schlapphüte auch in Polen, in der ČSSR und in Österreich. Im »Juno-Programm« dieser Organisation wurden Agenten für die Beobachtung militärischer Objekte, die Beobachtung und Infiltration von Verkehrsleitstellen sowie von 29 Regierungsstellen eingesetzt oder angeworben.

Insbesondere waren die Gehlen-Leute bestrebt, in Zentrale Partei- und Regierungsstellen einzudringen. Das geschah zweifellos mit partiellen Erfolgen. Als ich als 24-jähriger Hochschulabsolvent meine Arbeit in der Regierungskanzlei aufnahm, saß zwei Zimmer von mit entfernt eine Frau, die später als Agentin der Gehlen-Organisation mit dem Decknamen »Gänseblümchen« enttarnt wurde. Auf der anderen Seite des Korridors arbeitete ein Stenograph, der im Dienst der britischen Auslandsspionage stand. Zu diesen beiden kam der Spitzen-Agent Gehlens, der unter dem Decknamen »Helwig« arbeitete und Spezialbeziehungen zum obersten Sowjetbeamten in der DDR, Semjonow, pflegte.[31] Wachsamkeit war unter solchen Umständen ein Gebot demokratischen Handelns.

Im Kampf um die Schwächung der DDR – als Folge der westlichen Strategie der Osterweiterung des amerikanischen Einflusses – beschränkte man sich im Westen nicht auf Geheimdienstoperationen. Schon seit 1949 begannen militärische Vorbereitungen gegen den Osten. Unter Leitung des als Holzhändler getarnten Wehrmacht-Offiziers Albert Schnez wurde der Kern einer Armee geschaffen. Schnez sammelte 2000 Offiziere der Waffen-SS und der Wehrmacht sowie etwa 10 000 Männer. Im Kriegsfall sollte die Truppe auf 40 000 Mann aufgestockt werden. Trotz der geltenden Kriegswaffenverbote kümmerte sich der Wehrmachtsgeneral Anton Grasser um die Waffenbeschaffung für diese Geheimarmee. Kanzler Adenauer wusste von diesen Aktivitäten und beauftragte Gehlen mit der »Betreuung und Überwachung« der Truppe.

Die Truppe bekam den Geheimcode »Unternehmen Versicherung«. Schnez suchte und fand auch die Zusammenarbeit mit dem SS-Kriegsverbrecher Otto Skorzeny. Als in der Organisation Gehlen darüber beraten wurde, schlug – wie aus 2014 gefundenen Akten hervorgeht – der Bearbeiter (1951!) vor, zunächst »die SS« zu fragen: »Sie ist ein Faktor und wir sollten vor einem Entschluss die dortigen Auffassungen eingehend sondieren.«[32] Diese protokollierte Aussage ist wohl ein erhellendes Dokument über die erhaltenen Nazinetzwerke in der »demokratischen Grundordnung der Bundesrepublik Deutschland«.

Nach ihrer Gründung avancierte Schnez zum Heeresinspekteur der Bundeswehr. Sein Waffenbeschaffer Grasser wurde Generalinspekteur der Bereitschaftspolizei und Inspekteur des Bundesgrenzschutzes.

In Realisierung der amerikanischen Europapolitik vollzogen sich nicht nur die Aktivitäten durchgeknallter SS-Leute und Wehrmachtsoffiziere. Kurz vor Weihnachten 2014 wurde die »Atomwaffenbedarfsstudie« des amerikanischen Strategic Air Command von 1956 der Öffentlichkeit offenbart. Demnach bildeten allein Berlin, Bernau, Hennigsdorf, Oranienburg, Schönwald und Velten 91 Ziele für jeweils eine amerikanische Atombombe. In der Mitte der 50er Jahre verfügten die Streitkräfte der USA über Wasserstoffbomben des Typs MK-15 mit einer 300-fach stärkeren Sprengkraft als die Hiroshima-Bombe und 1200 Atombomben vom Typ MK-7 mit jeweils der Sprengkraft der Hiroshima-Bombe.[33] 27 Kilogramm schwere Atom-Tornister-Bomben vom Typ W-54 waren seit 1964 mit Wissen der Bundesregierung in Sondermunitionslagern auf dem Territorium der BRD stationiert.

Die W-54 sollten »im »Hinterland des Gegners« – also vorrangig in der DDR – eingesetzt werden.[34] Wer über Sicherheitspolitik der DDR heute zu urteilen versucht, sollte um der Wahrheit willen nicht das Bedrohungspotential, dessen sich die DDR erwehren musste, außer Acht lassen. Wer ist heute noch darüber informiert, dass an einem der kritischsten Termine der politischen Auseinandersetzung in Europa im Juli 1961 der Verteidigungsminister der BRD Franz Josef Strauß von amerikanischen Generalen aufgefordert wurde, ein erstes Ziel für einen Atombombenabwurf auf die DDR zu nennen. Strauß nannte – »unter den gegebenen Übeln das Geringste« – als erstes Ziel einen Ort in der Altmark unweit von Magdeburg.[35]

Angesichts einer derartigen Bedrohung wäre es wohl unverantwortlich gewesen, hätte die politische Führung der DDR dieser Gefährdung des Lebens der Menschen in der DDR und des Friedens in Europa tatenlos zugeschaut. Es war zweifellos eine humanistische Pflicht zu reagieren, die geheimen Pläne der USA und der Nato so gut es geht aufzudecken, das Land vor jedweder

Infiltration von Nato-Verbündeten – ob als Agent, Funker, Kurier, Schläfer oder als Inspirator innerer Opposition – zu schützen und die Verteidigungskraft eigener Streitkräfte im adäquatem Verhältnis zur Bedrohungslage zu gewährleisten.

Eine grundlegende Änderung der amerikanischen Strategie vollzog sich in den 70er Jahren nach der politischen und militärischen Niederlage der USA im Vietnam-Krieg. Das führte zu einem unverkennbaren Imageverlust der aggressiven Politik der herrschenden Kräfte in den USA und weltweit. Zugleich gewannen die USA auch die Erkenntnis, dass der Versuch, den Vormarsch der sozialistischen Kräfte in Südostasien mit militärischen Mitteln aufzuhalten, gescheitert war. Henry Kissinger berichtete in dem 1979 erschienenen Zweiten Band seiner Memoiren, dass sich Strategen der US-Politik bei einer Suche nach einer künftigen Strategie der Hinterlassenschaft von George Kennan zum Vorstoß gegen den Sozialismus erinnerten. Als neues (altes) Ziel wurde von Henry Kissinger, John McCloy, Dean Acheson und John Foster Dulles formuliert: »Sowjetischen Vorstößen mit Stärke begegnen und geduldig auf die Aufweichung der sowjetischen Verhältnisse warten. […] Wir müssen eine Politik der Stärke schaffen; wir müssen stärker aufbauen, und wenn wir diese Stärke geschaffen haben, wird sich die Weltlage zu ändern beginnen.«[36]

Hauptkomponenten der nachfolgenden US-Politik waren erstens ein verstärktes Wettrüsten. Das sowohl, um militärische Überlegenheit zu erlangen, zugleich aber um die gegenüber dem westlichen Lager ökonomisch schwächeren sozialistischen Staaten Europas »totzurüsten«. Zweitens wurde die Destabilisierung der inneren Ordnung der sozialistischen Staaten nicht dem Selbstlauf überlassen. Es wurden in einem langfristigen Programm US-Organisationen geschaffen oder reaktiviert, die in aller Welt, vordergründig aber in sozialistischen Ländern in Europa, oppositionelle Kräfte mit Geld, Ausrüstung und Anleitung mit dem Ziel organisierten und unterstützten, die Destabilisierung der politischen Verhältnisse zu fördern.

Wie die Ergebnisse 1989/1990 erkennen lassen, wurde in dieser Strategie der Rat George Kennans aus dem Jahre 1947 ernstgenommen, der Schlüsselpunkt jeder Veränderung in den sozialistischen Staaten sei die Untergrabung der »Autorität, Einheit und

Wirkungskraft« der führenden Parteien.[37] An der Destabilisierung der inneren Kräfte der sozialistischen Länder wirkten in den USA und den von ihnen geführten Verbündeten – wie im Kapitel III dargestellt – verschiedene politische Kräfte mit.

Wussten die Bürgerbewegungen, die 1989/90 in Leipzig, in Berlin, in Plauen und in anderen Orten demonstrierten, in wessen Gesellschaft sie da geraten waren. Waren sie wirklich Akteure? Oder doch nur subtil gesteuerte Helfer der Mächtigen in den USA, die die Fäden zogen, die verdeckt organisatorische, materielle und finanzielle Unterstützung gewährten, um ihrem Jahrzehnte vorher definierten Ziel, den Sozialismus in Europa auszumerzen, näher zu kommen.

Als Bundeskanzler Kohl 1989 Präsident George Bush besuchte, um mit geschwellter Brust über die Lage in der DDR nach dem Fall der Mauer zu beraten, nahm Bush seinem Besucher den Wind aus den Segeln. Kohls Intimus Johannes Ludwig überlieferte die wörtliche Antwort Bushs: »Auf diese Veränderung, auf diese Öffnung haben wir 45 Jahre hingearbeitet, jetzt hast du meine persönliche Unterstützung, daraus das Beste für Deutschland zu machen.«[38]

Der US-Präsident erklärte mit diesem Satz die seit Beendigung des Zweiten Weltkrieges realisierte Strategie der USA. Was in der Krise der DDR 1989/90 ablief, war Teil der Orientierung im Konzeptionsvorschlag von George Kennan. Dass sich die USA früher als die Regierung der Bundesrepublik auf das Endspiel 1989/90 vorbereitet hatten, macht die im Februar 1989 verabschiedete Direktive des Nationalen Sicherheitsrates der USA NS-3 deutlich. Diese definiert, welche Veränderungen in den sozialistischen Staaten von den USA kurzfristig angesteuert werden (liberale Gesetze, unabhängige Rechtsprechung, kritische Presse, Dezentralisierung von Entscheidungen, Recht auf privaten Kapitalbesitz, Ende des Monopols kommunistischer Parteien).[39] Als das beschlossen war, erklärte Bushs Sicherheitsberater General Brent Scowcroft, dass »zum ersten Mal die Gelegenheit gekommen sei, das zu vollbringen, wovon frühere Präsidenten nur hätten träumen können – Osteuropa in den Schoß des Westens zurückzuführen«.[40]

1989, als Berliner Bürgerrechtler noch über Zitate von Rosa Luxemburg – die sie im Grunde nur wegen des Satzes, Freiheit ist immer die Freiheit der Andersdenken mochten – debattierten, als die späteren Demonstranten des Neuen Forum noch schliefen; als in Bukarest sich die Repräsentanten der Warschauer Vertragsstaaten trafen, ohne sich mit dem Ernst der Lage zu beschäftigen, als sich nicht nur die Bevölkerung der DDR, sondern auch die Parteiorganisationen der SED über die Sprachlosigkeit der Partei- und Staatsspitze ereiferten, als Markus Wolf in Moskau mit Falin und anderen Politikern über die Krise in der DDR diskutierte, als der Schauspieler Peter Reusse erlebte, wie im Deutschen Theater »die Idee vom 4. November *(Demonstration auf dem Alexanderplatz in Berlin – H. G.)* geboren (wurde) und zwar von keinem Geringeren als Gregor Gysi«[41]; war man sich in Washington und in der Zentrale des CIA am Washington Memorial in Langley im US-Bundesstaat Virginia im Klaren, welche Änderungen in Osteuropa Ziel ihrer Operationspläne war.

Schon in den ersten Monaten des Jahres 1989 hatte die Regierung der USA ihre erfahrensten Geheimdienstler nach Deutschland kommandiert, damit sie den geplanten Sturm nach Osten »in Frontnähe« leiteten. Vernon A. Walters und Milton Bearden wurden für die finale Schlacht mit dem Sozialismus schon im Januar in Position gebracht. Walters hatte sich über Jahrzehnte (im Koreakrieg 1950–1953, bei der Ermordung des Iranischen Ministerpräsidenten Mohamed Mossadegh 1953, beim Militärputsch 1964 in Brasilien, 1973 beim Militärputsch in Chile sowie nach 1974 bei der Erdrosselung der Nelkenrevolution in Portugal) seine Meriten verdient.[42] Er übernahm den Platz des Botschafters der USA in Bonn.

Milton Bearden übernahm mit Sitz in Bonn die Leitung der Osteuropa-Abteilung der CIA. Er verfügte auch über Spezialbeziehungen zu Spitzenkreisen des sowjetischen KGB. Bearden hatte sich mit der Leitung der Aktivitäten der CIA in Afghanistan verdient gemacht.[43] Wer über Hintergründe der Ereignisse, die zum Ende nicht nur der DDR, sondern der sozialistischen Gemeinschaft in Europa führten, objektiv nachzudenken und zu berichten versucht, bleibt mit an Sicherheit grenzender Wahrscheinlichkeit nicht in der Nähe der Tatsachen, wenn dabei die Interessen der Strategie und der Politik der USA, die mit dem Kennan-Telegramm ihren Ausgangspunkt hatten, unberücksichtigt bleiben.

Der Boden für die erfolgreiche Operation der USA in Osteuropa war langfristig bereitet worden. Auf der KSZE-Konferenz in Helsinki hatten sich die sozialistischen Staaten, beruhigt durch die Anerkennung der in der Nachkriegsordnung entstandenen Grenzen, zu Zugeständnissen im Bereich des internationalen Austausches von Informationen und der Verbreitung von Produkten der Print- und der elektronischen Medien bereit erklärt. Der Friedensforscher Professor Ernst Otto Czempiel interpretierte den letztgenannten Aspekt mit der schlichten Einschätzung: Das war der Anfang vom Ende der sozialistischen Staaten. »Jetzt drang nicht nur die Stimme Amerikas über den Eisernen Vorhang, sondern der versammelte breite Chor westlicher Medien.«[44]

Nicht wenige der Journalisten westlicher Medien nutzten ihre nunmehr gewonnenen Möglichkeiten, um Oppositionellen, die sich in vielen Fällen unter dem Dach der Kirchen organisiert hatten, eine internationale Plattform zur Verbreitung ihrer Urteile über die sozialistische Gesellschaft zu vermitteln. Die damit einhergehende Zermürbungstaktik wirkte mit der Zunahme wirtschaftlicher Schwierigkeiten destruktiv auf die innere Verfasstheit auch der DDR.

Als im Sommer 1989 die Führung der SED angesichts der sich zuspitzenden Ereignisse im Lande und in den sozialistischen Nachbarstaaten sich als sprachlos und kaum handlungsfähig erwies, stand dem Hauptanliegen der USA-Politik zum Regimewandel in Osteuropa ein geschwächter Gegner gegenüber.

Dissidenten und Reformkräfte in der SED brachten ihren Unmut über die Verkrustungen in der Führung von Partei und Staat immer unverhohlener zum Ausdruck. Im Herbst 1989 schossen – wie bestellt – Oppositionsgruppen wie Pilze aus dem Boden. In vielen Fällen standen Pfarrer und Kirchenvorstände an der Spitze. Zwischen dem Oktober und den ersten zwei Dezemberwochen 1989 standen vorwiegend Forderungen nach einem erneuerten Sozialismus im Zentrum der oft hitzigen Debatten. Das erwies sich allerdings nur als Ouvertüre der strategisch geplanten Aktion.

Die Umsteuerung auf das Endziel der Restauration der bürgerlichen Ordnung begann für die Öffentlichkeit am 19. Dezember 1989 mit den auf die Beseitigung der DDR gerichteten Erklärungen von Kanzler Kohl in Dresden. Nicht zuletzt, weil das mit den Verlockungen der D-Mark verbunden war, fand dieser Kurswechsel eher Befürworter als andere Alternativen. Betrachtet man die Aktionen zur Beseitigung der DDR aus der Sicht des Strafgesetzbuches der Bundesrepublik, wird man – möglicherweise staunend – feststellen: Der § 81 Absatz 1 dieses StGB lautet: »Wer es unternimmt, mit Gewalt oder durch Drohung mit Gewalt 1. den Bestand der Bundesrepublik Deutschland zu beeinträchtigen oder 2. die auf dem Grundgesetz für die Bundesrepublik Deutschland beruhende verfassungsmäßige Ordnung zu ändern, wir mit lebenslanger Freiheitsstrafe oder mit Freiheitstrafe nicht unter 10 Jahren bestraft.« Darauf wurde 1989/90 natürlich nicht verwiesen.

Am 19. Dezember 1989 setzte Bundeskanzler Kohl einen Begriff in die Welt, der bis heute zur Verklärung der Ereignisse zur DDR-Beseitigung und zum Hauptargument der Herrschenden geworden ist. Kohl nannte die Ereignisse im Herbst in der DDR (die von der Bevölkerung als Wende innerhalb des politischen Systems verstanden und bezeichnet wurden) eine »friedliche Revolution«. An dem Tage, als Kohl dies geschickt und nachhaltig in die Welt setzte, arbeiteten in seinem Auftrag im Geheimen schon Wolfgang Schäuble, Horst Köhler, Thilo Sarrazin und andere Beamte seiner Umgebung an den ersten Entwürfen für die Vereinnahmung der DDR in den Bestand der Bundesrepublik. Es ging im Kern um Restauration, nicht um Revolution.

In den USA war das lange vorgedacht. Condoleezza Rice, die zum inneren Kreis der amerikanischen Umsturz-Strategen gehörte, erklärte zwanzig Jahre nach dem Herbst 1989, dass für die USA stets galt, »wer ein vereinigtes freies Europa wollte, konnte kein geteiltes Deutschland dulden … Im Weißen Haus hat nie jemand über die Option einer deutschen Wiedervereinigung ohne deutsche NATO-Mitgliedschaft gedacht.«[45] Wie hätten sich wohl die Herbstereignisse 1989/1990 gestaltet, wenn auch nur einer der damit vertrauten Politiker das verlautbart hätte. Es ging also um keine Revolution, sondern letztlich um die erste Osterweiterung der NATO. Wer wäre dafür zwischen Werra und Oder auf die Straße gegangen?

Trojanische Pferde zogen den Wagen, der von Helsinki zu den Demonstranten in Leipzig und in anderen Orten 1989 führte. Sie bahnten denen den Weg, die der Bewegung die endgültige Richtung zur Eingliederung der DDR in die Bundesrepublik gaben. War es wirklich eine friedliche Revolution, wie inzwischen in jeder Festrede inbrünstig behauptet wird? Der Historiker Martin Sabrow bezeichnete die Abläufe der Ereignisse im Herbst 1998 als einen *rätselhaften Vorgang.*[46]

Condoleezza Rice erkannte: »Offen kritisch trat nur eine winzige Minderheit auf: Vertreter einer Gegenkultur aus Friedens-, Frauen- und Ökologiegruppen, ein paar Figuren des literarischen Establishments und eine Handvoll kritischer marxistischer Intellektueller.«[47] Für Sabrow hatten die Bewegungen in der DDR im Herbst 1989 weder weitsichtige Führer noch vorausschauende Planung.[48] Dafür gab es offensichtlich kein Erfordernis. Schließlich sollten die Ereignisse nicht den im Herbst 1989 erhobenen Forderungen nach einem erneuerten Sozialismus folgen. Sie sollten vorrangig den Boden für die Umkehr der Bewegung zum Anschluss an die Bundesrepublik und ihre D-Mark vorbereiten. Das gelang.

Dabei nutzten die im Regimewechsel inzwischen erfahrenen Hintermänner trotz der zahlenmäßig schwachen Oppositionsbewegung diese Ereignisse mit dem Ziel, große Gruppen in Proteste und Aufmärsche hineinzuziehen, die Erfahrungen der modernen Massenpsychologie. Gemäß der von Le Bon begründeten Ansteckungstheorie *(Contagion theory)* üben soziale Gruppen eine hypnotische Wirkung auf ihre Mitglieder aus. Geschützt durch die Anonymität der Menge, geben Menschen ihre persönliche Verantwortung auf und ergeben sich den ansteckenden Gefühlen der Masse. Nach dieser Theorie entwickelt die Menschenmenge ein Eigenleben, es wühlt Gefühle auf und verleitet Personen tendenziell zu irrationalem Handeln.[49]

Keine Gewalt, dieser Grundsatz gehörte zur *conditio sine qua non* (zur unabdigbaren Voraussetzung) der Abläufe der Herbstereignisse 1989 in der DDR. Zwar gehörte gemäß der von Gene Sharp erarbeiteten Strategie Gewaltlosigkeit zum strategischen Kalkül vieler Protestierender. Der an einigen Orten eskalierte Vandalismus extremer Kräfte unter den Demonstranten entsprach nicht dem Gesamtkonzept der Führungskräfte des *Regime Change* in der DDR. Diese waren der Auffassung, dass die Oppositionellen »in einer bürgerkriegsförmlichen Auseinandersetzung nur die

Verlierer sein können«.[50] Wenn viele der Bürgerrechtler in jener Zeit permanent »Keine Gewalt!« skandierten, war das weniger Selbstbekenntnis, sondern eher ein Ersuchen an die legitim über das Gewaltmonopol verfügende Staatsmacht der DDR. »Wichtiger für den friedfertigen Charakter der Proteste als der Einfluss der alternativen Protestkultur war« – nach dem Urteil des Religionssoziologen der Universität Münster Detlef Pollack – »die Zurückhaltung der Sicherheitskräfte.«[51]

Martin Sabrow stellte im Ergebnis seiner Untersuchungen fest, dass die Machtmittel der DDR fraglos gereicht hätten, um die Demonstrationszüge in den Städten zu zerstreuen »und die Macht des zivilen Ungehorsams zu brechen«.[52] Nach Sabrows Einschätzung hielt das »Bekenntnis der Führung der DDR zur Gewaltlosigkeit bis zum Machtverlust fest«.[53] Der friedliche Charakter der Ereignisse 1989/90 war folglich erstrangig der Zurückhaltung der politischen Führung der DDR zu verdanken! Sie war ebenso der Besonnenheit, dem politischen Ethos der mehr als hunderttausend Waffenträger in der Volksarmee, der Polizei und der Sicherheitsorgane zu verdanken, von denen nicht einer, auch nicht in heikelster Bedrängnis, zur Waffe griff. Dafür mag es unterschiedliche Erklärungen geben. (Besorgnis um die Folgen jedweder Eskalation und manch andere Erwägung mögen dabei auch eine Rolle gespielt haben.) Die wesentliche Ursache ergibt sich zweifellos aus dem Grundsatz sozialistischer Erziehung: Alles für das Volk – nichts gegen das Volk. Die wesentliche Bedingung für den friedlichen Ablauf der Ereignisse 1989/90 war der Humanismus der Führungsorgane der DDR und die Disziplin und Volksverbundenheit aller Waffenträger. Die Gewaltlosigkeit der Herbstereignisse in der DDR war wohl nicht – wie das heute in Festreden und in Geschichtsverklärungen immer wieder unterstellt wird – in erster Linie das Verdienst demonstrierender Oppositioneller.

Angesichts solcher Hintergründe erklären sich die kruden Darstellungen der Ereignisse in den oft wiederholten Erklärungen des Bundespräsidenten. Er unterstellt der DDR-Bevölkerung einerseits, dass deren »eigenverantwortliches Tun« durch »Ohnmacht nach Jahrzehnten totalitärer Diktatur« gelähmt gewesen sei, dass sie »Demokratie nicht über Nacht erlernen konnte«. Zugleich bescheinigt er diesen »Gelähmten«, mit der friedlichen Revolution

»haben die Ostdeutschen den Westdeutschen und der ganzen Nation ein großes Geschenk gemacht«.[54]

Was aber bekamen die Ostdeutschen zurück? Nachweisbar zuerst einmal Massenarbeitslosigkeit und soziale Unsicherheit.

Noch heute, mehr als ein Vierteljahrhundert danach, wird der ostdeutschen Bevölkerung auch im Bericht der Bundesregierung zum Stand der deutschen Einheit 2016 vorgehalten: »Fremdenfeindlichkeit, Rechtsextremismus und Intoleranz stellen eine große Gefahr für die gesellschaftliche, aber auch die wirtschaftliche Entwicklung der neuen Länder dar.« Diese besorgniserregenden Entwicklungen hätten »das Potenzial, den gesellschaftlichen Frieden in Ostdeutschland zu gefährden«.[55]

Was nun? Sind die Bürger in den neuen Ländern Helden und friedliche Revolutionäre oder aus der Sicht der Bundesregierung doch eher Gefährder des sozialen Friedens? Wurde der soziale Frieden im Osten Deutschlands nicht eher und nachhaltiger durch die radikale Deindustrialisierung, durch den massenhaften Verlust von Arbeitsplätzen und die dadurch hervorgerufene Abwanderung junger Fachkräfte, durch ein rigoroses Überstülpen des bundesdeutschen Rechtssystems, durch die Besetzung der Staatsverwaltung und der Justiz durch Westbeamte, durch die Beseitigung sozialer und kultureller Einrichtungen und hasserfüllter Kampagnen zur Delegitimierung all dessen, was mit der DDR zu tun hatte, beeinflusst und bedroht?

Die Friedenspreisträgerin des Deutschen Buchhandels 2016 beschreibt: »Individueller Hass kann spontan und zufällig sein. Kollektiver Hass dagegen ist gezüchtet.«[56]

Rüpelhaft gingen nicht wenige westdeutsche Bundestagsabgeordnete mit den 1990 gewählten ostdeutschen Abgeordneten des Deutschen Bundestages um. Dauernde Zwischenrufe dienten nicht der Sache, sondern der Verunglimpfung der ostdeutschen Abgeordneten. 1992 schied der Jenaer Bundestagsabgeordnete Professor Gerhard Riege aus dem Leben. In seinem Abschiedsbrief hinterließ er: »Mir fehlt die Kraft zum Kämpfen und zum Leben. Sie ist mir in der neuen Freiheit genommen worden. Ich habe Angst vor der Öffentlichkeit, wie sie von Medien geschaffen wird und gegen die ich mich nicht wehren kann. Ich habe Angst vor dem Hass, der mir im Bundestag entgegenschlägt.«[57]

Auch andere haben sich zu einem derart tragischen Schritt gedrängt gefühlt. Man mag sagen, seitdem hat sich in mehr als 25 Jahren viel geändert. Wirklich? Im Oktober 2016 erschien im *Spiegel* ein Artikel unter der Überschrift »Das Erbe der DDR«. Darin wird Bürgern in den neuen Bundesländern nachgesagt, »viele verhalten sich nicht wie freie Bürger, eher wie Freigelassene, deren gelernte Verhaltensregeln zu den Erfordernissen der Gegenwart nicht passen«.[58]

Als ich Kind war, hörte ich oft den arroganten Spruch: »Der Mensch fängt erst beim Leutnant an.« Fängt nun der Mensch erst beim ausgewachsenen Wessi an? Der Wille zur inneren Einheit hat wohl andere Konturen!

5. Offene Fragen?

Die Deutsche Demokratische Republik hat unter außerordentlich schwierigen Bedingungen einen neuen Weg der gesellschaftlichen und staatlichen Entwicklung eingeschlagen. Allein konnte dieser kleine Staat weder dem Ansturm der amerikanischen Vorwärtsstrategie standhalten noch als ressourcenarmes Land selbständig im internationalen Wettbewerb bestehen.

Trotz allem sollte weder vergessen noch übersehen werden, dass die DDR in Teilgebieten ein – auch bisher in Europa – nicht erreichtes Maß an sozialer Sicherheit und Gerechtigkeit erreichen konnte. Dafür stand ein verwirklichtes Recht auf Arbeit, weitgehend gleicher Zugang zu Bildung, Kultur und zum kostenlosen Gesundheitswesen, bezahlbare Wohnungen, flächendeckende Kinderbetreuung, Frauenförderung und weitgehende Geschlechtergleichheit.

Die Bauernbefreiung durch Entmachtung der reaktionären Junkerkaste, die wirkungsvolle Förderung des Genossenschaftswesens in der Landwirtschaft und im Handwerk suchen ihresgleichen. Ein demokratisches Bodenrecht verhinderte jedwede Bodenspekulation und sicherte eine wirksame Mietpreisbremse in den Städten. Die Abschaffung des Beamtentums schuf Voraussetzungen für die Gestaltung einer von inneren Spannungen befreiten modernen Staatsverwaltung, in der sich Vorgesetzte und Mitarbeiter zumeist auf Augenhöhe begegnen konnten. Die Verkehrspolitik räumte der Schiene Vorrang vor der Straße ein. Gewaltdarstellungen in Medien wurden nicht zugelassen. Breite Kreise der Bürger hatten auf Grund erschwinglicher Preise und Beiträge Zugang zu Kultureinrichtungen und zu sportlicher Aktivität.

Anerkennung fand die DDR durch ihre konsequente Verfolgung von Neofaschismus, des Antisemitismus und Rassismus. Ebenso durch die relativ frühe Abschaffung des § 218 und die Anerkennung gleichgeschlechtlicher Lebensweisen. Über Jahrzehnte erlebten Millionen DDR-Bürger, dass ein Leben ohne Kapitalismus, ohne auf Geld und Gewinn zentriertes gemeinschaftliches, demokratisches und solidarisches Leben möglich sein kann.

a) Sozialistische Demokratie als Lebensform

Auch ein Vierteljahrhundert nach dem Untergang der DDR erinnern sich die meisten, die das erlebt haben, der Wärme der humanen Beziehungen in den Wohnbereichen wie in den meisten Betrieben. Der sozialistische Staat hatte zudem in seiner Entscheidungsfindung und in der Durchführung seiner Politik weitaus weniger Reibungsverluste als jedes pluralistisch organisierte Gemeinwesen. Rationalität dominierte, weil volkswirtschaftliches, auf das Wohl der Menschen gerichtetes Denken und Handeln Vorrang vor Partikularinteressen hatte. Konflikte wurden nicht durch gerichtliche Instanzen geschleppt, sondern oft unter Mitwirkung kundiger gesellschaftlicher Kräfte in Schieds- und Konfliktverfahren »vor Ort« aus dem Wege geräumt. Der Staat konnte nach der sachlich ratsamsten Lösung streben, ohne Erforderliches durch Kompromisse mit Kontrahenten zu verwässern. Eindeutig war dabei das Primat der Politik. Keine ökonomische Macht konnte der Politik das Handeln diktieren. Im Gegenteil, die volkseigene Wirtschaft führte einen großen Teil ihrer Gewinne an den Staatshaushalt ab. Nur das ermöglichte der DDR die Finanzierung des vorbildlichen Sozialwesens des Landes. Zwar gab es auch dabei, vor allem als Folge der nach 1971 ausufernden, ökonomisch nicht vertretbaren Subventionspolitik gravierende Fehlentscheidungen und ernste Probleme. Trotzdem verbreitete sich Zukunftssicherheit auch für die nachfolgende Generation. Sie war der Ruhepunkt vieler Familien, bis die explosiven Ereignissen der »Wendejahre« Unsicherheit und Zweifel verbreiteten.

Nach den Anstrengungen und Erfolgen der Aufbaujahre und den in den 60er Jahren angestrebten und vollzogenen Änderungen im ökonomischen und politischen System der DDR wurde mit dem VIII. Parteitag der SED (1971) im Gleichklang mit der sowjetischen Führung eine kontraproduktive Politik eingeleitet. Während vorher der kluge Grundsatz galt »Wie wir heute arbeiten, werden wir morgen leben«, glaubte man künftig: »Wer gut lebt, wird auch gut arbeiten.«

Wurde 1971 der Führung der SED unter Erich Honecker eine gefestigte Partei, ein international geachteter Staat und eine ökonomische Bilanz mit unwesentlichen Auslandsverbindlichkeiten übergeben, waren in kurzer Zeit vorhandene ökonomische Reserven aufgebraucht. Man hatte über die Verhältnisse gelebt. Der unseriöse Gedanke, »wer Schulden hat, wird von den Gläubigern gegrüßt«, machte bei illusionsgetriebenen Politikern die Runde. Die Wahrheit aber bleibt, wer Schulden hat, hat immer kleinere Handlungsspielräume. Allerdings, die bisher in der bürgerlichen Propaganda hochgespielten Auslandsschulden der DDR erweisen sich bei genauem Hinsehen angesichts der derzeitigen Verschuldungslage der USA und der EU als eine zu vernachlässigende Größe. (Es ist bemerkenswert, dass 24 Jahre nach der Einverleibung der DDR in die BRD in der Tageszeitung *Die Welt* ein Artikel mit der Überschrift erschien: »Die DDR war gar nicht pleite.«)[59]

Der Westen verdammt die DDR nicht nur wegen ihres politischen Systems, sondern – worüber eher hinter vorgehaltener Hand gesprochen wurde – wegen des Volkseigentums. Diese nichtkapitalistische Grundlage der sozialistischen Gesellschaft verstieß gegen die heilige Ordnung des Kapitals. Deshalb gehörte die Privatisierung des Volkseigentums zu den ersten und nichtverhandelbaren Ausgangspunkten der Bonner Vorbereitungen für die Übernahme der DDR nach dem ursprünglichen Artikel 23 des Grundgesetzes.

Der noch nicht ausgereifte Sozialismus in der DDR erwies sich nicht allein als eine Staatsform, sondern in vielerlei Hinsicht als eine humane und soziale Lebensform. Das implizierte auch den

Versuch, den Massen nicht nur zu folgen, sondern die humanen Ideen der Gemeinsamkeit in die Massen zu tragen. In der Hinsicht korrespondierte die Gesellschafts- und Demokratiekonzeption mit den Überlegungen von Thomas Mann, der hinterließ: »Wir haben nicht die Plicht, eine unmenschliche soziale Ordnung zu konservieren, sondern wir müssen im Gegenteil alle darauf hinarbeiten, dass eine humanere Ordnung an ihre Stelle tritt, die die wahre Hierarchie der Werte aufbaut, das Geld in den Dienst der Produktion stellt, die Produktion in den Dienst der Menschen und die Menschen selbst in den Dienst eines Ideals, das dem Leben einen Sinn gibt.«[60] Bei ernsthaften Debatten um Probleme und Defizite der DDR werden eine Reihe von Fragen erörtert, auf die hier versucht wird, in aller Kürze eine Antwort zu geben.

b) Frühungsrolle einer Partei. Warum und wie?
Warum wurde in der DDR die führende Rolle der Partei in der Theorie und in der Praxis so herausgestellt? Die Hervorhebung der führenden Rolle der Partei erfolgte nicht in einem Prozess der Selbstermächtigung. Diese außerordentliche gesellschaftliche Stellung der Partei ergab sich aus der historischen Mission der Arbeiterklasse, die, wie von Marx und Engels im 19. Jahrhundert herausgearbeitet, die einzige Klasse war, deren Interesse und Organisationskraft eine Überwindung der Ausbeutungsverhältnisse der bürgerlich kapitalistischen Gesellschaft ermöglichte. Diese Aufgabe und die Errichtung einer von Ausbeutung freien Gesellschaftsordnung konnten die Arbeiter nicht in spontaner Aktion, sondern nur auf der Basis einer soliden Theorie und mit einer weitsichtigen und konsequenten Führung erfüllen. Diese Führungsaufgabe kam der Partei der Arbeiterklasse zu. Damit war zwar relativ klar, wer die Arbeiter und die mit ihnen Verbündeten im Kampf um eine ausbeutungsfreie Gesellschaft führen wird. Allerdings gab das noch keine Auskunft darüber, welchen Platz diese Partei in den verschiedenen Phasen des Übergangsprozesses vom Kapitalismus zum Sozialismus im politischen System einnehmen wird.

Darüber gibt es seit der Oktoberrevolution 1917 in Russland ein immerwährendes Suchen und kontroverse Diskussionen. Nach der Oktoberrevolution in Russland waren die Leitungsorgane der

Kommunistischen Partei die einzigen Gremien, die mit der Autorität und der Legitimation für die Ausübung der gerade eroberten, aber von inneren Gegnern und ausländischen Interventen permanent bedrohten Macht. Daneben existierten Organe der in der Revolution gebildeten Sowjets und Einrichtungen der staatlichen Verwaltung. Nebeneinander und Gegenläufigkeit, mangelnde Rationalität waren die Folge. In seinem letzten Lebensjahr (1923/24) widmete sich Lenin fast ausschließlich dem Thema, wie man die den Bedingungen zwar geschuldete, aber nicht mehr zukunftsfähige Situation verändern müsse. In seinem 1923 unter dem Titel »Lieber weniger, aber besser« veröffentlichen letzten Werk forderte er: »Wir müssen uns, koste es, was es wolle, zur Erneuerung unseres Staatsapparates die Aufgabe stellen: erstens zu lernen, zweitens zu lernen und drittens zu lernen, und dann zu kontrollieren, dass die Wissenschaft bei uns nicht toter Buchstabe oder modische Phrase bleibe (und das kommt bei uns offen gestanden besonders häufig vor), dass die Wissenschaft wirklich in Fleisch und Blut übergehe, dass sie vollständig und wirklich zum Bestandteil des Alltags wird.«[61] Im Ergebnis seiner Überlegungen schlug Lenin vor, den Dualismus von Partei- und Staatsorganen zu überwinden. Er wandte sich gegen die Behandlung großer und kleiner Fragen im Politbüro und stellte seinen Adressaten die Frage: »Bildet denn diese elastische Vereinigung von Sowjet- und Parteidingen nicht eine Quelle außerordentlicher Kraft in unserer Politik.«[62] Es ist bekannt, dass dieser Rat Lenins bei seinen Nachfolgern kein Gehör fand.

Wie aber entwickelte sich das Parteiverständnis in der DDR? Vor der Gründung der DDR war die Führung der SED der einzige zentrale wesentliche Ansprechpartner für die Verantwortlichen der SMAD. Sie kam in diese Position sowohl wegen ihrer traditionellen Beziehungen zur KPdSU, ihrer außerordentlichen Rolle im Widerstand gegen die Nazidiktatur, durch ihre programmatischen Vorarbeiten für die antifaschistisch-demokratische Ordnung und ihrer Verbindung zum werktätigen Volk. Die Mitgliederzahlen der SED wuchsen von 1946–1948 von einer auf zwei Millionen. (Das ist das Doppelte der derzeitigen Mitgliederzahl der CDU und der SPD, die 2016 in einer Koalition Deutschland regieren.) Bedingt durch die Zusammenarbeit mit der KPdSU und die Verbindungen zur Sowjetischen Militäradministration (SMAD 1945–1949) bzw. zur Sowjetischen Kontrollkommission (SKK 1949–1954) ergaben sich relativ analoge Führungsstrukturen in der DDR wie in der UdSSR.

Das aber sollte nicht ewig so bleiben. Vor allem Walter Ulbricht versuchte hier Veränderungen voran zu bringen. Der sowjetische Diplomat Julij Kwizinskij, der 1959 in der Botschaft der UdSSR in der DDR tätig war, berichtet später, dass Ulbricht einen hochrangigen sowjetischen Gesprächspartner fragte, »ob das Politbüro des ZK der KPdSU sich nicht Gedanken darüber mache, dass man auf diese Weise den Staat nicht weiter führen könne«. Die Partei werde so allmählich an Macht einbüßen. Wir glauben offensichtlich, so hielt Ulbricht seinen Gesprächspartner vor, »dass wir der Gesellschaft die Entwicklungsgesetze diktieren könnten und handelten nach dem Schema: Das Politbüro beschließt, dass etwas aufgebaut, abgeschafft oder verboten werden muss, der Rest ist eine Frage der organisatorischen Arbeit der Partei. Wenn der Beschluss nicht erfüllt wird, war seine Durchsetzung schlecht organisiert, das heißt, man muss jemanden bei den Ohren nehmen und bestrafen. Aber wir zweifeln keinen Augenblick daran, dass unsere Beschlüsse richtig und notwendig, gleichsam von Gottes Gnaden sind.«[63]

Erkennbar ab 1960 wagte Ulbricht die Kompatibilität des Führungs- und Leitungssystems der DDR mit der UdSSR schrittweise zu überwinden. Der im September 1961 geschaffene Staatsrat gab ihm die Möglichkeit, größere Nähe zwischen den Bürgern und der politischen Führung zu schaffen und nach und nach grundlegende Entscheidungen von der Parteiebene auf die Staatsebene zu überführen.[64]

Dagegen regte sich vor allem nach dem Wechsel von Chruschtschow zu Breschnew (Oktober 1964) in der KPdSU zunehmender Widerstand, der auch innerhalb der SED Mitstreiter fand. Am Ende einer fünf Jahre währenden unrühmlichen Debatte diktierte 1970 Breschnew seinem Favoriten Erich Honecker in das Notizbuch: »Wichtig ist, dass die DDR eine Struktur haben muss, wie die Sowjetunion und die anderen sozialistischen Länder. Sonst bekommen wir Schwierigkeiten.«[65] Es folgte im Januar ein Brief von Mitgliedern des Politbüros der SED an Leonid I. Breschnew, in dem gefordert wurde: »Die Tätigkeit des Staatsrats, die heute oft dazu benutzt wird, um ohne das Politbüro Entscheidungen zu treffen, wäre der Kontrolle des Politbüros zu unterstellen.«[66] Die SED taktete sich in das System der Leitung der UdSSR in der Periode der Stagnation ein. Es war nicht zum Vorteil der Partei, des Landes und der Demokratie!

c) Parteiensysteme und ihre Grenzen

In den kontroversen Debatten der vergangenen Jahrzehnte über die politischen Verhältnisse und das Parteiensystem in der DDR wird diese, obwohl in der DDR neben der SED (2,1 Millionen Mitglieder) vier weitere Parteien existierten – die CDU (etwa 180 000 Mitglieder), die LDP (etwa 125 000 Mitglieder – also mehr als die FDP der BRD), die Demokratische Bauernpartei (DBD, etwa 115 000 Mitglieder) und die Nationaldemokratische Partei (NDPD, etwa 100 000 Mitglieder), welche alle im Block der antifaschistischen Parteien verbunden waren –, als ein »Einparteiensystem« bezeichnet. Für Nolte und andere bürgerliche Wissenschaftler, Politiker und Journalisten sind Parteiensysteme, die nicht dem westlichen Modell folgen, schlicht Einparteiendiktaturen.[67] Womit begründet Nolte diese Charakterisierung?

Er stützt sich dabei auf eine wohl tausendfach zitierte Darstellung von Wolfgang Leonhard, der vor mehr als einem halben Jahrhundert in die Welt setzte, Ulbricht hätte an einem Abend im Mai 1945 in einer Beratung erklärt: »Es muss alles demokratisch aussehen, aber wir müssen alles in der Hand haben.«[68]

Dieses Zitat ergänzt Nolte mit dem Kommentar: »Sehr schnell wurden *antifaschistisch* und *demokratisch* zu weichzeichnenden Synonymen für *kommunistisch* und meinten jedenfalls, sich dem festgeschriebenen Führungsanspruch der kommunistischen Partei zu beugen.«[69]

Quellensicherheit ist wohl nicht Noltes Stärke. Unschwer hätte er nachlesen können, was Leonhard zu diesem »Zitat« geschrieben hat, nämlich: »Unzählige Male ist dieser Ausspruch zitiert oder besser gesagt verzerrt worden. Meist sollte er beweisen, dass Ulbricht schon damals die Errichtung einer Diktatur geplant habe. Aber das war keine Direktive, die für alle Zeiten zu gelten hatte und schon gar nicht die Urform für den späteren Staatsaufbau der DDR. Ulbricht ging es an diesem Abend darum, die Diskussion zu beenden: Wir sollten die Leute für unsere Arbeit gewinnen, möglichst viele und aus unterschiedlichen politischen Lagern. Wichtig war ihm, dass wir darüber unseren Einfluss nicht verloren.«[70] Denkt man ernsthaft über das Parteiensystem der Gegenwart nach, kommt man an einer Reihe von Tatsachen nicht vorbei.

Erstens sind auch die Mehrparteiensysteme in den Staaten der Welt außerordentlich unterschiedlich. Wer will und kann das traditionelle Zweiparteiensystem der USA mit dem britischen, französischen oder deutschen Parteiensystem, ganz zu schweigen von den Parteiensystemen in Afrika und Asien vergleichen? Die amerikanischen Präsidentschaftsvorwahlen ähneln inzwischen in der Primitivität ihrer Kernaussagen und im Showcharakter ihrer Veranstaltung eher einem Produktmarketing als einer politischen Veranstaltung. In den Staaten Afrikas, des Nahen Ostens und in vielen asiatischen Staaten hat sich im Ergebnis der historischen Entwicklung nie eine der USA oder den Staaten Europas vergleichbare Parteienstruktur herausgebildet.

Zweitens bildet sich in der bürgerlichen Praxis bei Parlamentswahlen jeweils aus den Mehrheitsverhältnissen die »Regierungspartei« (oder Regierungskoalition) heraus. Die Regierung übt damit uneingeschränkt von den Oppositionsparteien Exekutivgewalt aus. Sie kann – wie auch der Deutsche Bundestag das zu jeder Zeit erkennen ließ – allein über den Gegenstand und den Inhalt der rechtlich verbindlichen Gesetze bestimmen. Der Wille des Souveräns – des Wahlvolkes – hat darauf kaum Einfluss. Dem verbreiteten Argument, die Wähler könnten doch alle vier Jahre ein anders zusammengesetztes Parlament wählen, ist nicht zu trauen. Denn im neugewähltem Parlament vollzieht sich das gleiche Verhältnis von allmächtiger Regierungspartei und einflussloser Opposition. Die Regierungspartei (oder die Parteien der Regierungskoalition) sind folglich allein in der Lage, die politischen Ämter zu besetzen. Die Opposition hat nur magere Möglichkeiten der Einwirkung. Im deutschen Bundestag gelten die Ausschüsse als Gremien der Regierungskontrolle. Diese aber werden nach dem Parteienproporz des Plenums zusammengesetzt, sind folglich ausnahmslos in der Hand der Regierungsparteien. Als Instrumente der Regierungskontrolle, ist in den Regularien des Bundestages zu lesen, gelten kleine und große Anfragen, schriftliche Fragen und Fragestunden, aktuelle Stunden, Regierungsbefragungen. Aber alles darf nicht lange Zeit in Anspruch nehmen. »Beiträge der Abgeordneten dürfen *(in der Aktuellen Stunde – H. G.)* nicht länger als fünf Minuten dauern. [...] Die Regierungsbefragung findet in den Sitzungswochen mittwochs ab 13 Uhr im Plenum des Bundestages statt und dauert 30 Minuten.«[71]

In einem aktuellen Bericht über einen ostafrikanischen Staat wurde die Frage gestellt, was in einer schwierigen ökonomischen Situation das Parlament unternimmt. Die Antwort: »Die Regierung ging zum Parlament, um zu informieren. Im Parlament gibt es zwei Parteien, die mehr daran interessiert sind, sich gegenseitig zu beleidigen und anzugreifen, statt die Probleme des Landes zu lösen.«[72] Das ist mit hoher Wahrscheinlichkeit kein Einzelfall in Staaten mit einem Mehrparteiensystem. Für die Demokratie ist die soziale Substanz einer Staatsordnung offensichtlich von weitaus größerer Relevanz als die Anzahl der im Parlament vertretenen Parteien. Zweifellos sind Parlamentssysteme, die auf der Basis einer Partei oder eines stabilen Parteienbündnisses tätig sind, nicht unproblematisch. Damit öffnet sich natürlich die Gelegenheit zur autoritären Herrschaft. Nicht auszuschließen wäre jedoch bei entsprechendem sozialen Umfeld die Möglichkeit, bei einem adäquat gestalteten Einparteiensystem die gesellschaftlichen Kräfte zum Wohle der Gemeinschaft auszugleichen und zu bündeln. Demokratische Parteien und gesellschaftliche Organisationen schaffen in vielen Ländern Beispiele gelebter innerorganisatorischer Demokratie. Sie sind zumeist für die Mitglieder anziehender als Organisationen, in denen Flügelkämpfe und Fraktionen herrschen.

Drittens durchleben wir im 21. Jahrhundert neben vielen anderen Krisen eine tiefe Vertrauenskrise der Parteien in Europa. Vertrauen aber ist das Lebenselixier jedweder Demokratie. Es sinken nicht nur die Mitgliederzahlen und die örtlichen Stützpunkte der Parteien. Die Mitgliedschaft in Parteien wird zu einem Randgruppenproblem. Dramatischer als die vorgenannten Faktoren in allen Staaten der EU ist der Vertrauensverlust der Parteien in der Bevölkerung.

Umfrageergebnisse bringen folgenden Stand des Vertrauens der wahlberechtigten Bevölkerung zu den Parteien zum Ausdruck: Schweden 28 Prozent, Belgien 20 Prozent, Deutschland

18 Prozent, EU Durchschnitt 16 Prozent, Bulgarien 12 Prozent, Litauen neun Prozent, Frankreich fünf Prozent.[73] Mit welcher tatsächlichen Legitimation wirken unter diesen Umständen die politischen Kräfte in den Parlamenten der europäischen Staaten? Ist es nicht hohe Zeit, über die Zukunft der repräsentativen Demokratie nachzudenken? Wenn Parteizentralen nur noch zu Managementzentralen für die Wahl von Spitzenkandidaten der Parteien mutieren, ist ein weiterer Sargnagel am bürgerlichen Parlamentarismus eingeschlagen.

d) Teilung der Gewalten?

Die Gewaltenteilung gehört zu den heiligen Kühen bürgerlichen Staatsdenkens. Ein Nichtvorhandensein einer Gewaltenteilung wurde und wird den sozialistischen Staaten zur Last gelegt. Dem Begründer der klugen Gedanken, die zur Gewaltenteilung führen sollten, dem französischen Philosophen Montesquieu, ging es in den Debatten zur Überwindung des feudalen Absolutismus darum, dass die künftige bürgerliche Macht, die im Parlament ausgeübt werden sollte, durch eine unabhängige Kontrollinstanz komplettiert werden sollte. Diese Idee entstand, um einem – im feudalen Absolutismus ständig praktizierten – Missbrauch der Macht entgegenzuwirken. Zweifellos bedarf jede Art der Ausübung der Staatsgewalt einer unabhängigen Kontrolle. Unbeantwortet ist mit dieser Feststellung die eminent praktische Frage, durch wen und auf welche Weise diese Kontrolle auszuüben ist.

Zu Zeiten Montesquieus war das eine hypothetische Angelegenheit, die sich in die Gedankenwelt Rousseaus von der Volkssouveränität einfügte. Die erste Art von Gewaltenteilung in Deutschland erfolgte sowohl mit der Reichsverfassung von 1871 als auch in der Weimarer Verfassung durch die »horizontale« Verteilung von Gesetzgebungsbefugnissen zwischen dem Reich und den Bundesstaaten. Dabei folgte man gemäß Artikel 13 der Weimarer Verfassung dem Prinzip »Reichsrecht bricht Landesrecht«.

Mit der Verfassung der Weimarer Republik erhielt der Staatsgerichtshof das Recht, »Verfassungsstreitigkeiten innerhalb eines Landes, wenn dort kein Gericht zu ihrer Erledigung bestand, zu klären«.[74] Dieser Staatsgerichtshof war nicht für Verfassungsstreitigkeiten auf Reichsebene zuständig. In den 13 Jahren seiner

Existenz (1920–1933) hat es sich mit kaum mehr als 150 Anträgen beschäftigt.

Wie sieht es aber in der Bundesrepublik aus, wo fast immer, wenn es um Demokratie geht, die Gewaltenteilung als heiliges Prinzip genannt wird. Im Grundgesetz ist von Gewaltenteilung keine Rede. Die Kommentatoren des Grundgesetzes leiteten die Gewaltenteilung aus dem Artikel 20 des Grundgesetzes ab. Wie das Bundesverfassungsgericht erklären die Kommentatoren, Artikel 20 »zielt auf Machtverteilung und die sich daraus ergebende Mäßigung der Staatsherrschaft«. Darüber hinaus soll er für eine rationale und sachgerechte Organisation des Staates sorgen.[75] So klassisch nach Montesquieu klingt das schon nicht mehr. In der Praxis werden Zweifel eher bestätigt als widerlegt. Zweifel sind gegen die verbreitete Vorstellung angebracht, die deutsche Judikative sei eine unabhängige souveräne dritte Staatsgewalt.

Die Bundesrepublik gehört zu den wenigen Staaten, in denen die Richterwahl in einem intransparenten Verfahren durch wenige Parteienvertreter (Richterwahlausschuss) im Bundestag und in Landesparlamenten erfolgt. Gerichte und Richter werden von Justizministerien verwaltet. Schon 1953 hat der Deutsche Richtertag angemahnt: »Gesetzgeberische Maßnahmen, um die Unabhängigkeit des erkennenden Richters sowohl durch die Art seiner Auswahl und Beförderung als auch durch seine Stellung gegenüber der Verwaltung institutionell zu sichern, sind notwendig zur Durchführung des Grundgesetzes.«[76] Nichts dergleichen geschah. Der Bundesverfassungsrichter Böckenförde nannte das deutsche Verfahren der Richterwahl und -beförderung »Parteienpatronage« und eine »personelle Machtausdehnung der Parteien«.[77]

Gewaltenteilung als Staatsprinzip, das auf die Kontrolle der Machtorgane zielt, gilt für den Machtbereich der gesetzgebenden (legislativen) Organe, definiert durch die Kriterien der Souveränität. Die Bundesrepublik Deutschland hat aber, wie 27 andere europäische Staaten, erhebliche Teile ihrer Souveränität auf die Europäische Union übertragen. Unabhängig von der formellen Übertragung gilt nach Entscheidungen des Europäischen Gerichtshofes das Prinzip: EU-Recht hat immer Vorrang vor nationalem Recht.

Über den Anteil des Europäischen Rechts an der Gesetzgebung der Nationalstaaten gibt es keine eindeutigen Aussagen. Für

2009 wurden im Agrarrecht der Bundesrepublik 57 Prozent und im Umweltressort 67 Prozent der deutschen Gesetze durch EU-Entscheidungen vorgegeben.[78] Das hat sich zugunsten der EU geändert. In der EU aber existiert keine Teilung der Gewalten. Die eigentliche Macht haben in der EU die Staats- und Regierungschefs (die den Europäischen Rat bilden) sowie die Europäische Kommission und der Europäische Gerichtshof, beide ohne bzw. mit schwacher demokratischer Legitimation.

Das bedeutet, ein großer, wenn nicht der wesentlichste Teil der deutschen Rechtsetzung und der Rechtsprechung ist durch Abgabe der Souveränität an die EU der Anwendung des Prinzips der Gewaltenteilung entzogen.

Angesichts der realen Situation verkommen Erklärungen von den Vorzügen der bürgerlichen repräsentativen Demokratie, von der offenen Gesellschaft, vom Nutzen des Mehrparteiensystems und von den Weihen der bürgerlichen Gewaltenteilung schlicht zu Worthülsen.

6. Aussichten?

Unbeantwortet muss angesichts der aktuellen Situation die Frage bleiben, in welcher Weise unter den Bedingungen des 21. Jahrhunderts (der Globalisierung, der Digitalisierung vieler Lebensbereiche, der Finanzkrisen und der Differenzen über die Zukunft der Nationalstaatlichkeit) sich wahrhaft demokratische Gesellschaften entwickeln können.

Krisen haben der Demokratie nie gutgetan. Sie haben zumeist zu politischen Polarisierungen und nicht selten zu autoritären Regimen geführt. Der seit langem angestrebte Versuch, die Demokratie durch Perfektionierung von Verfahrensregeln zu revitalisieren, hat nirgends nachhaltigen Erfolg gebracht. Offensichtlich veranlasst allein eine grundlegende – wenn auch anstrengende – Änderung der politischen Systeme, die die Enge bürgerlichen Staatsdenkens überwindet, den Einfluss fremder Mächte, der Märkte und der Institutionen der Massenmanipulation begrenzt, zu Hoffnungen.

Warum sollte die Demokratie Erfordernissen der Globalisierung folgen? Sollte Demokratie – wie immer sie künftig gestaltet sein wird – sich nicht in erster Linie als Instrument des Bürgerwillens und der Bürgerinteressen gegenüber den wachsenden und wechselnden globalen ökonomischen und technischen Strömungen und in jedem Fall als ein Hort des Friedenswillens der historisch gewachsenen Nationen erweisen?

Versuche, Institutionen der Europäischen Union (ob gewählt oder nicht gewählt) mit Vollmachten einer »Überregierung« auszustatten, haben bisher mehr Konfliktpotential erzeugt als überwunden. Ein Weiter-so wie im vergangenen Jahrzehnt wäre (wie die dubiosen Reaktionen von EU-Eliten zum britischen Referendum und zur belgischen Haltung zum CETA-Abkommen befürchten lassen) der Demokratie nicht dienlich. Verkommen die europäischen Parlamente zu Vollzugsorganen von EU- und NATO-Entscheidungen, bleiben der Demokratie kaum Chancen.

In welchen Strukturen und Abläufen sich künftig demokratisches Potential entwickeln wird, darüber sollte man nicht spekulieren. Offensichtlich erscheint jedoch, dass die Kriterien der heutigen politischen Systeme sich künftig als kaum geeignet erweisen. Der erkennbar zunehmende Vertrauensverlust der Wähler zu den Gewählten kann nur auf neuen Wegen überwunden werden. Appelle an die Wähler, sich einzubringen, und an die Gewählten, Politik zu erklären, lösen die Probleme nicht. Jede weitere Reduzierung der Souveränität der nationalen Parlamente reduziert die Chancen für eine Stärkung des demokratischen Potentials. Als zeitgemäß erscheint es, die Abstinenz der staatlichen Machtorgane gegenüber den Banken und der Wirtschaft zu überwinden. Demokratie würde belebt, wenn der Bürger das Primat der Politik gegenüber der Ökonomie spürt.

Warum aber schweigen die Parlamente, wenn Großbanken die nationale Ökonomie gefährden, wenn Handelskonzerne mit erkennbarem Preisdruck bäuerliche Betriebe erdrücken und zur Entvölkerung der Dörfer beitragen, oder wenn in Größenordnungen Arbeitsplätze bedroht werden? Sicher wird es erforderlich sein, neue Lösungen dafür zu finden, wie der künftig zunehmende Sachverstand mit den Bedingungen der Tätigkeit repräsentativer Organe verbunden werden kann. Angesichts der spürbaren Reduzierung der sozialen Bindungen der Parteien gerät das Verhältnis der Parteien zum Staat auf den Prüfstand der Geschichte. Kann man künftig der 1949/1950 entwickelten Parteienstaatslehre weiter folgen oder ist ein Neuansatz erforderlich? Das berührt auch die soziale Zusammensetzung der Parlamente.

Seit geraumer Zeit wächst die Notwendigkeit, die Effektivität der Tätigkeit der staatlichen Organe (durch eine tiefgreifende Reform zur Überwindung der enormen – historisch gewachsenen und durch ein ausuferndes Verwaltungsrecht neu geschaffenen – Reibungsverluste) zu erhöhen. Zweifelhaft erscheint es, ob der derzeitige Trend der Dominanz des Individuellen der Demokratie dienlich sein kann, oder ob nicht eher Gemeinschaftssinn und Demokratie korrespondieren? Auszuloten ist möglicherweise auch ein ausgewogeneres Verhältnis der (oft ewigen) Rechtsnorm zum gesunden Menschenverstand und zu den Erfordernissen der Zukunft.

Ohne Überwindung der Dominanz der politischen, ökonomischen und medialen Großmächte bleiben jedoch der Demokratie wenig Chancen.

Was aber nützen noch so gut gemeinte Ratschläge? Jede Generation wird ihre Wege finden. Entweder mit Erfolg oder in der Hoffnung, dass die Enkel es besser machen.

Anmerkungen

1 Joachim Gauck: Der sozialistische Gang, in: *Der Spiegel* 25/2006, S. 39

2 Gerold Büchner: Mehrheit im Osten sieht DDR positiv – Bericht über die Emnid-Studie zur Stimmung der Ostdeutschen, in: *Berliner Zeitung* vom 26. Juni 2009, S. 6

3 Forsa-Umfrage: Das DDR-Bild der Bevölkerung des Landes Brandenburg, 24. November 2011, Ziffer 30 Zusammenfassung, im Archiv des Autors

4 Forsa Umfrage, a. a. O., 0090 12/11GüWi

5 Wie sollte man die DDR bewerten?, in: *Süddeutschen Zeitung* vom 9. November 2009, sowie: Gerold Büchner: Die Brandenburger lieben ihr Land, erinnern sich aber auch gerne der DDR, in: *Berliner Zeitung* vom 10/11. 12. 2011

6 Luise Neuhaus-Wartenberg und Halina Wawzyniak: Positionspapier zur Lage der Partei Die Linke nach den jüngsten Landtagswahlen, in: *Neues Deutschland* vom 1. April 2016

7 Vgl. Sabine Kaspar: Die Schweiz im Zweiten Weltkrieg, Schnittpunkt für Widerstand und Geheimdienste. Arbeit im Zuge des Seminars »European Resistance to Dictatorship 1942–1945«, *http://www.acipss.org/old/intelligence/beitraege/die_schweiz_im_2wk/index.htm*

8 Winston Churchill: Der Zweite Weltkrieg, Fischer Taschenbuch Verlag, Frankfurt am Main 1999, S. 989

9 George F. Kennan: Memoiren eines Diplomaten, München 1982, S. 264

10 Elke Scherstjanoi: Zwei deutsche Staaten? Zur Nachkriegsplanung Moskaus im Lichte neuer Quellen 1948–1950, in: Tel Aviver Jahrbuch für deutsche Geschichte XXVII/1999, S. 302

11 Vgl. Herbert Graf: Interessen und Intrigen: Wer spaltete Deutschland, edition ost, Berlin 2011, S. 87 f.

12 SAPMO-BArch NY 4036/545 Bl. 54, Veröffentlicht in: Wilhelm Pieck, Gesammelte Reden und Schriften, Bd IV 1939–1945, Dietz Verlag Berlin, 1979, S. 328

13 Aufruf der KPD vom 11. Juni 1945, in: Walter Ulbricht, Zur Geschichte unserer Zeit, Bd. 1 (1. Halbband), Dietz Verlag, Berlin 1955, S. 370

14 Verfassungsentwurf des Parteivorstands der SED vom 16. November 1946, in: Bewegt von der Hoffnung aller Deutschen, Hrsg. Wolfgang Benz, dtv, München 1979, S. 450

15 Vgl. Bericht des Staatsrates der DDR an die Volkskammer über seine Tätigkeit in der Wahlperiode 1963/1967, Volkskammer der Deutschen Demokratischen Republik, 4. Wahlperiode, Sonderdruck. S. 71

16 Walter Ulbricht in der Debatte über den Verfassungsentwurf 1968 in der 7. Sitzung der Volkskammer der DDR am 31. Januar 1968. Zitiert in: Verfassung der Deutschen Demokratischen Republik, Dokumente, Kommentar, herausgegeben von Klaus Sorgenicht, Wolfgang Weichelt, Tord Riemann und Hans Joachim Semler, Berlin 1968, S. 84/85

17 Aus: Schriftlicher Bericht über die Ergebnisse der Volksaussprache zum Entwurf der Verfassung der Deutschen Demokratischen Republik und die Änderungen zum Verfassungsentwurf – vorgelegt von der Kommission zur Ausarbeitung der Verfassung der Deutschen Demokratischen Republik, Berlin den 22. März 1968.

18 Zitiert aus dem Kommuniqué der 27. Staatsratssitzung am 4. April 1963 in: Der Staatsrat der Deutschen Demokratischen Republik 1960–1970 – Dokumentation, Staatsverlag der DDR, Berlin 1970, S. 127

19 Walter Ulbricht: Programmatische Erklärung vor der Volkskammer der DDR am 4. Oktober 1960, in: Schriftenreihe des Staatsrates der DDR Nummer 2/1960, S. 32

20 a.a.O., S. 57

21 Angaben des Statistischen Amtes der DDR – im Archiv des Autors

22 Vgl. Herbert Graf: Interessen und Intrigen. Wer spaltete Deutschland? edition ost, Berlin 2011, Kapitel V

23 Gerhard Roth: Für unser Gehirn gibt es kaum etwas Schwierigeres als Gewohnheiten abzulegen, in: *Focus* 2/2014, S. 101

24 W. I. Lenin: Der »linke Radikalismus«, die Kinderkrankheit im Kommunismus, in: Lenin Werke, Dietz Verlag Berlin, Bd. 31, S. 622

25 Vgl. Norman M. Naimark: Die sowjetische Militäradministration in Deutschland; sowie Bernd Bonwetsch: Sowjetische Politik in der SBZ 1945–1949; beide Publikationen in: Bernd Bonwetsch, Genadij Bordjugov, Norman Naimark: Sowjetische Politik in der SBZ 1955–1949, Verlag J. H. W. Dietz Nachfolger, Bonn 1998

26 Bernd Bonwetsch, a.a.O., S. LI; sowie Dokument 45 (Memorandum des Chefs der SMA-Verwaltung Thüringen I. Kolesnicenko für B. Ponemarjow) a.a.O., S. 195; sowie Stenogramm der Bemerkungen des ZK-Sekretärs A. Kuznetzow, Dokument Nr. 57, a.a.O., S. 252; sowie Entwurf des Berichtes der Kommission des ZK der KPdSU für J.W. Stalin, in: Russisches Zentrum zur Aufbewahrung und Erforschung von Dokumenten der neuesten Geschichte (Rossijski centr chrnenija i izučcenija dokumentov noveješej istorii/), RCChiDNI f.17 op 121, d,640 II 5–10 ›Maschinengeschriebenes Original‹

27 Daniela Dahn: Wehe dem Sieger, Rowohlt, Reinbek 2009, S. 176

28 Vgl. »Gesetzlose Praxis«, Interview mit Prof. Josef Foschepoth, in: *Der Spiegel* 53/2009, S. 15

29 Erich Schmidt-Eenboom/Ulrich Stoll: Die Partisanen der NATO-Stay-Behind Organisationen in Deutschland 1946–1991, Berlin 2016

30 a.a.O., S. 139 f.

31 Vgl. Herbert Graf: Mein Leben. Mein Chef Ulbricht. Meine Sicht der Dinge, edition ost, Berlin 2008, S. 225 ff.

32 Zitiert in: Klaus Wiegrefe, Adenauer und die Geheimarmee, in: *Der Spiegel* 20/2014, S.49

33 Sven Felix Kellerhoff: Kalter Krieg. Hunderte Ziele von US- Atombomben in der DDR. In: *Die Welt* vom 23. Dezember 2015

34 Vgl. Klaus Wiegrefe: Atombombe im Rucksack, in: *Der Spiegel* 5/2016, S. 60

35 Franz Josef Strauß: Die Erinnerungen, Siedler Verlag, Berlin 1998, S. 430

36 Henry Kissinger: Memoiren 1968–1973, C. Bertelsmann Verlag, München 1979, S. 21

37 »X« (Pseudonym für George Kennan): The Sources of the Sovjet Condukt, in: *Foreign Affairs* 25, New York, 4. Juli 1947

38 Zitiert in: Johannes Ludewig: Unternehmen Wiedervereinigung, Osburg Verlag, Hamburg 2015, S. 85

39 Zitiert in Michael R. Beschloss/Strobe Talbot: Auf höchster Ebene. Das Ende des Kalten Krieges und die Geheimdiplomatie der Supermächte 1989–1991, Econ Verlag, Düsseldorf-Wien-New York-Moskau 1993, S. 59 f.

40 a. a. O., S. 24

41 Peter Reusse: Der James Dean des Ostens, in: Der ungeteilte Himmel, Verlag Neues Leben, Berlin 2009, S. 195

42 Detailliert in: Klaus Eichler, Ernst Langrock: Der Drahtzieher Vernon Walters. Ein Geheimdienstgeneral des Kalten Krieges, Berlin 2005

43 Milton Bearden, James Risen: Der Hauptfeind. CIA und KGB in den letzten Tagen des Kalten Krieges, Siedler, München 2004, Teil III

44 KSZE: Die Schlussakte von Helsinki und ihre Auswirkungen, in: Academic dictionaries und encyclopedias, *www.academic.com*

45 Condoleezza Rice: Es ging um den Jackpot, in. *Der Spiegel* 39/2010, S. 53 f.

46 Martin Sabrow: 1989 und und die Rolle der Gewalt, Wallstein Verlag, Göttingen 2012, S. 9

47 Philip Zelikow/Condoleezza Rice: Sternstunde der Diplomatie, Propyläen, Berlin 1997, S. 69

48 Vgl. Martin Sabrow: 1989 ..., a. a. O., S. 19

49 Vgl. Gustave Le Bon: La Psychologie des foules, in: The Croud: A Study of Popular Mind, *http://onlinebooks.libary.upenn.edu/webbin/gutbook/lookup?num=445*

50 Rainer Deppe/Helmut Dubiel/Ullrich Rödel: Demokratischer Umbruch in Osteuropa, Suhrkamp Verlag, Frankfurt am Main 1990, S. 9

51 Detlef Pollack: Die Friedlichkeit der Herbstakteure 1989, in: 1989 und die Rolle der Gewalt, Wallstein Verlag, Göttingen 2012 , S. 125

52 Martin Sabrow: 1989 und ..., a. a. O., S. 20

53 a. a. O., S. 25

54 Zitate aus: Bundespräsidialamt, Erklärung des Bundespräsidenten zum 25. Jahrestag der deutschen Einheit

55 Vgl. Jahresbericht der Bundesregierung zum Stand der Deutschen Einheit, S. 11

56 Carolin Emcke: Mit der Sorge kommt die Blindheit, in: *Der Spiegel* 42/2016, S. 136

57 Gerhard Riege: Abschiedsbrief, zitiert in Uwe-Jens Heuer: Im Streit. Ein Jurist in zwei deutschen Staaten, Nomos Verlag, Baden-Baden 2002, S. 211 f.

58 Stefan Berg: Das Erbe der DDR, in: *Der Spiegel* 40/2016

59 Daniela Dahn: Die DDR war in Wahrheit gar nicht pleite, in: *Die Welt* vom 7. November 2014

60 Thomas Mann: Kultur und Politik, in: Zeit und Werk, Aufbau Verlag, Berlin und Weimar 1965, S. 826

61 Wladimir I. Lenin: Lieber weniger, aber besser, in: Ausgewählte Werke in zwei Bänden, Bd. 2, Verlag für fremdsprachige Literatur, Moskau 1947, S. 1006 f.

62 a. a. O., S. 1013 f.

63 Julij A. Kwizinskij: Vor dem Sturm. Erinnerung eines Diplomaten, Siedler Verlag, Berlin 1993, S. 176

64 Vgl. Herbert Graf: Mein Leben ..., sowie Herbert Graf: Interessen und Intrigen ...

65 SAPMO-BArch DY 30/ J IV 2/2A /3196

66 Brief des SED-Politbüros an Breshnew vom 21. Januar 1971. SAPMO-BArch, DY 30/2119, Bl. 65–96

67 Vgl. Paul Nolte: Was ist Demokratie? …, a. a. O., S. 317 f.

68 a. a. O., S. 319

69 ebenda

70 Wolfgang Leonhard: Meine Geschichte der DDR, Rowohlt Verlag, Berlin 2007, S. 59

71 *Deutscher Bundestag/bundestag/aufgaben/regierungskontrolle-neu/kontrolle/instru/255 462*

72 Carlos Nuno Branco: Das Problem war, dass man Schulden wie eine Goldmine benutzte, *Boaventura Mucipio*, Maputo 15. Juli 2016

73 Eurobarometer 2015

74 Artikel 19 der Weimarer Verfassung, Abs. 1

75 BVerfGE 124,78/120;67, 100/130, sowie: Jarass Pieroth, Grundgesetz für die Bundesrepublik Deutschland – Kommentar, C. H. Beck Verlag, München 2012, S. 506

76 40. Deutscher Juristentag 1953, Beschluss (*http://www.gewaltenteilung.de/jur_beschluesse htm*)

77 Zitiert in: Gerd Langguth: Sind die Parteien zu mächtig?, in: *Die Welt vom* 29. Februar 2000

78 Vgl. Hendrik Kafsack: EU macht weniger Gesetze, in: *Frankfurter Allgemeine Zeitung* vom 3. September 2009

Ein neues Manifest der Linken

Diether Dehm (Hrsg.)
Revolution für Europa
224 Seiten, brosch.
9,99 €
ISBN 978-3-360-02161-8

E-Book
7,99 €
ISBN 978-3-360-50040-3

Ist die EU als Projekt für Völkerverständigung, Frieden und soziale Gerechtigkeit gescheitert? Längst hat sie sich von den Kräften des Finanzkapitals korrumpieren lassen, imperialistisches Gedankengut setzt sich fest, die Krise wird zum Trojanischen Pferd für die Zerstörung des Sozialstaats. Gegen diese Entwicklung legen nun führende Köpfe der europäischen Linken ein gemeinsames Manifest vor: für einen Neustart der EU mit tragfähigen demokratischen und sozialen Grundsätzen, für eine grenzüberschreitende Revolution gegen die Bankendiktatur. Ein Buch zur richtigen Zeit.

Die Verstrickung von deutscher Politik und Wirtschaft

Albertine Schumann (Hrsg.)
Heute Europa, morgen die Welt
Deutsche Großmachtpolitik
in fünf Etappen
240 Seiten, brosch.
17,99 €
ISBN 978-3-360-01861-8

Diese illustrierte deutsche Geschichte räumt nicht nur mit gegenwärtigen Geschichtslegenden vom Unschuldslamm Deutschland auf. Sie zeichnet nach, wie die deutschen Konzerne und Regierungen von der Reichseinigung durch Blut und Eisen und der Anzettelung zweier Weltkriege und schließlich zur aktuellen Unterwerfung der europäischen Konkurrenten marschieren.

Geschichte sollte man nicht von ihrem Ende betrachten

Herbert Graf
**Interessen und Intrigen:
Wer spaltete Deutschland?**
Ein Exkurs über internationale
Beziehungen
288 Seiten, brosch.
14,95 €
ISBN 978-3-360-01818-2

Ohne die Anfänge zu kennen, versteht man oft nicht den Verlauf. Wann plante man die Zerstückelung Deutschlands, vor allem aber: wer verfolgte dieses Ziel und mit welcher Absicht? Welche Schritte wurden von wem unternommen? Welche Schritte wurden von wem unternommen?
Herbert Graf wertete bekannte und unbekannte Dokumente aus und weist überzeugend nach, dass die DDR nicht an mangelnder Demokratie, fehlender Reisefreiheit oder ihrer Wirtschaft zugrunde ging. Zudem setzt er sich mit der Theorie des Dritten Weges auseinander und vermittelt Einblicke in das spannungsreiche Verhältnis zwischen SED und KPdSU. Vor allem aber macht Herbert Graf die globale Operation zur Revision der Ergebnisse des Zweiten Weltkrieges sichtbar, wie es noch nie geschah.

*»Wir versöhnen uns eher
mit unseren Nachbarn
als mit uns selbst.«* Egon Bahr

Matthias Krauß
Wem nützt die »Aufarbeitung«?
Die institutionalisierte
Abrechnung
208 Seiten, brosch.
12,99 €
ISBN 978-3-360-01877-9

E-Book
9,99 €
ISBN 978-3-360-51040-2

Krauß untersucht historisch-analytisch den Umgang mit
der DDR-Vergangenheit im Rahmen der »Aufarbeitung«.
Ausgehend von diesem Begriff entstand ein Netzwerk staatlich wie privat geförderter Akteure und Institutionen, das
eine unübersehbare Fülle bedruckten Papiers produziert,
sich in aktuelle Debatten einmischt und tiefgreifenden Einfluss nimmt. In Presse, Bildung und Wissenschaft hat sich
ein zunehmend kritikloser Umgang mit seinen Repräsentanten und Ergebnissen eingebürgert. So scheinen mehr Fragen
als Antworten zu entstehen – Fragen nach Funktionen,
ideologischem Gehalt und Wirkweisen des Aufarbeitungs-
vorgangs. Der Autor geht dem nach und legt eine Arbeit an
konkreten Fallbeispielen mit theoretischem Anspruch vor.

ISBN 978-3-360-01875-5

Umschlaggestaltung: Buchgut, Berlin
Printed in EU

Die Bücher der edition ost und des Verlags Das Neue Berlin
erscheinen in der Eulenspiegel Verlagsgruppe.

www.eulenspiegel.com